VALERIU MARCU

Machiavelli
Die Schule der Macht

IM ANHANG:
Reflexionen des Autors zu
Lenin und Hitler

Matthes & Seitz

Valeriu Marcu's Machiavellibuch ist zuerst 1937 bei Allert de Lange, Amsterdam, erschienen.
Der Aufsatz über Dogma und Dialektik bei Lenin zuerst in: Die Neue Rundschau, Berlin und Leipzig, August 1929.
Der Aufsatz über Hitlers Revolution des Nihilismus zuerst in: Das Neue Tage-Buch, Nrn. 2, 3, 4, Paris 1938.

 Herstellung und Umschlaggestaltung: Bettina Best, München, unter Verwendung eines Bronzebildnisses Niccolò Machiavellis. Satz: Wirth, München. Druck und Bindung: Freiburger Graphische Betriebe.
ISBN 3-88221-795-2

DAS ERBTEIL DER VERGANGENHEIT

FLORENZ DURCHDRINGT DIE WELT

COSIMO di Medici, der mächtigste Mann im bürgerlichen, unkriegerischen Gewand, der reichste Bankier der Welt, der Kaufmann, der mehr als zweitausend Kilogramm Feingold besass, der die Kriege Venedigs, Mailands und Neapels durch die Entziehung seines Kredits beendigte, dessen Faktorei in Paris die Laune des Königs von Frankreich bestimmte, der die Mitra des Papstes in Pfand hatte, stand im fünfundvierzigsten Lebensjahr, als er nach einer langen, wechselvollen politischen Laufbahn der Herr der florentinischen Republik wurde.

Die Mediceer waren stets Feinde der versprengten feudalen Überreste und der städtischen oligarchischen Geschlechter.

Sie empfanden es als empörend, dass alte Familien, die ihr Vermögen bei ausländischen Fürstenhöfen, durch Völlerei und Trunksucht, durch Bürgschaften für Freunde, während der Aufstände ihrer Untergebenen verloren, die Republik bestimmen und sie in wilde Abenteuer drängen sollten. Die Mediceer sprachen den Populanen, den reichen Männern aus dem Volk, die vor genau geführten Geschäfts-, Haus- und Landwirtschaftsbüchern sassen, aus dem Herzen. Aber sie identifizierten sich nicht mit diesen Vernünftigen des „Soll und Haben" aus der Heimat der Statistik, aus Florenz. Die Medici schreckten nicht vor radikalen Rebellionen zurück. Florenz sah Mitglieder dieser Familie als Verbündete der vierzehn niederen Zünfte; sie konnten die Färber, die Schneider, die Holzfäller, die Steinschleifer, die Tischler, Schuster und Schneider zur Freiheit, zur Rache und zur Gerechtigkeit aufrufen. Gewöhnliche Wollkämmer, barfuss, zerrissen, mit der erbeuteten Fahne des Stadtoberhauptes, des Gonfaloniere, in der Hand, liessen sie in den Palast der Macht eindringen.

Dann erschienen sie als Retter vor einer drohenden Gleichheit der Armut.

Ganz und gar verdarben es die Mediceer mit keiner ringenden Schicht. Dem von ihnen bekämpften Adel borgten sie Geld auf hohe Wucherzinsen, den oberen Zünften gaben sie Ratschläge, den Neureichen halfen sie Überlieferungen sprengen, mit der Innung der Notare und Richter verbanden sie grosse geistige, mit denen der Tuche, der Wolle, der Seide, der Pelze und der Wechsler grosse materielle Interessen. Und selbst mit der Behörde, die sie aus der Stadt verbannte, unterhielten sie geheime Beziehungen.

Eine einzigartige politische Zähigkeit belebte diese Familie. Die Ahnen arbeiteten für die Macht mit der Geduld jener Architekten toskanischer Dome, die nicht hoffen konnten, ihre Gotteshäuser einzuweihen. Ein Medici liess in seinem Palast als Sinnbild der Familie die Schildkröte malen! Für die Herrschaft strebten sie, vom Vater auf den Sohn, geduldig, unbeirrbar.

Während einer hundertjährigen Opposition sammelten die Älteren für die Jüngeren Einfluss neben Einfluss, bis sie alle Übergewichte ihrer Lage zur Alleinherrschaft zusammenhatten. Nicht, weil die Firma „Cosimo di Medici, Figli e Nepoti" eine der reichsten Europas war, konnte sie der Republik ihr Familienwappen aufdrängen. Reich waren noch andere toskanische Handels- und Bankdynastien. Aber keine konnte wie die Mediceer so ausgezeichnet kombinieren: die Angst breiter Bevölkerungsschichten vor den Stürmen innerer Kriege wie vor der Ruhe der Tyrannei; die Sehnsucht der Bürger nach dem Gesetz; die Macht des Geldes und die Ausstrahlung der Bildung.

Die Florentiner sagten, als Cosimo der Herr der Stadt wurde: der neue „Stato" ist da.

Der Stato, der mit ihm zur Macht kam, war die alte mediceische Partei.

Um die Mediceer sammelten sich, seit einem halben Jahrhundert, Familien, die gemeinsam gross wurden, ein gemeinsames Interesse hatten und sich gegenseitig in den Stunden des Bankrotts finanziell nicht preisgaben. Die Kinder und Enkel, die noch in den Windeln lagen, wurden für bestimmte spätere Ämter vorgesehen.

Nicht mehr als fünfzig bis hundert Männer betrug diese Innung der Freundschaft, und nirgends sind die Gesetze dieser Genossenschaft reicher Populanen aufgezeichnet. Das Schwergewicht der Macht ruhte aber seit Cosimo im Lager der Mediceer. Die vereinigten vornehmen Häuser mussten gar nicht unmittelbar regieren, um zu herrschen. Sie bestimmten durch ihren Einfluss die Handlungen der Männer, die ein Amt erhielten. Die Unabhängigkeit des Amtes war nur ein abstraktes Wort aus der Verfassung, ohne jede Wirklichkeit.

Cosimo erweiterte auch nach seiner Machtübernahme nicht die Grenzen dieses Fünfzigmännerstaates. Er übertrug aber die Wohltaten weit über den Rahmen seiner Genossenschaft. Im Vorhof der Macht waren an die zweitausend Anhänger, die den erweiterten Stato, die erweiterte Partei bildeten. Für sie wurde Cosimo der „Vater des Vaterlandes".

Die Republik selbst genoss unter seiner Herrschaft die verschwenderischste Blüte des Wohlstandes. Der Boden der Stadt, gedüngt mit den Zinsen, die aus der ganzen Welt flossen, wurde fruchtbar für Gärten, Villen und Paläste. Das Monumentale berauschte die Florentiner,

und nur die Armen klagten, die vielen neuen steinernen Gebäude liessen ihnen keinen Platz mehr, um die Glieder auszustrecken, vertrieben sie förmlich aus der reichen Republik. Immer zusammengedrängter mussten die „Miserabili" leben; denn die Preise der Terrains und die Mieten verdreifachten sich in zwanzig Jahren.
Ereignisreicher aber als die neue Armut war der neue Reichtum, die neue, stolze, für Farbe und Form sich begeisternde Generation der Besitzenden, die unter Cosimo Florenz erstrahlen liess.
Auf dem Platz des „Mercato Novo" hatten an die siebzig Wechselstuben ihren Tisch im Freien. Manche dieser Banken besassen ihren Palast in der Stadt; aber auf dem „Mercato Novo" vertreten zu sein, gehörte zur Tradition. Denn hier vollzog sich seit zwei Jahrhunderten das Wechselgeschäft. Hier stand auch die öffentliche Münzwaage, auf der alle Goldgulden gewogen und in Säcken versiegelt wurden. Trug ein Geldsack den florentinischen Stempel, dann zweifelte niemand mehr sein Gewicht an. Die meisten dieser Ladentische hatten Filialen in Venedig, Paris, London, in Genua oder in Brügge.
Vor den Herren dieses Marktes wog keines irdischen Schuldners Seele mehr als die andere: die florentinischen Bauern, die Geld für ihren Kleinverkehr brauchten; die einheimischen Getreidehändler, die Wechsel unterzubringen suchten; die schottischen und normannischen Barone, die bei den Faktoreien ihre Burgen und Güter, die Krone Kastiliens, die ihre Juwelen, und die Könige Frankreichs, die die Einnahmen ganzer Provinzen verpfändeten.
In den Kontobüchern des „Mercato Novo" konnte man die Sorgen der ganzen Welt nachlesen: die Schulden der Adligen und Prälaten aus Neapel, England, Frankreich, Tirol, Böhmen und Dalmatien.

Die von veränderten wirtschaftlichen Impulsen tiefbewegten, aufgewühlten Feudalherren und ihre Verbände sahen in den Florentinern oft ihre Rettung. Die Männer mit Harnisch, Tross und Gefolgschaft hatten keine Zahlungsmittel, sie mussten Burg, Wald und Bach erst zu Geld machen. Geld wurde in immer schneller steigendem Masse zum alleinigen Wertmesser aller Dinge. Denn Ehre und Amt, Seelenheil und Ablasszettel, Ruhm und Soldaten, Liebe und Frauen, Einsamkeit und Selbständigkeit konnten erst nach dem Kauf zum eigenen Besitz werden. Viele Adelige wurden durch die gefährliche Hilfe der Bankiers aus Florenz ruiniert.

Den entstehenden zentralen Mächten bekam dieselbe Hilfe aber ausgezeichnet. Die zentralen monarchischen Gewalten hatten eben eine breitere Basis als die partikularen und lokalen. Die Bankiers schufen diesen entstehenden Mächten durch ihre weitverzweigten Geldverbindungen notwendige finanzielle Voraussetzungen. Der öffentliche Kredit und die schwebende Schuld, die die Florentiner für die Könige Frankreichs und Englands kombinierten, gehörten zur ökonomischen Atmosphäre, die die jungen Nationen zum Wachstum ihrer Einheit brauchten.

Diese Stellung, Mithelferin eines neuen Weltzustands zu sein, behielt die florentinische Geldaristokratie noch, als die Reichtumsquellen des Mittelmeeres zu versiegen begannen. Ihre Faktoreien verdrängten alle italienischen Konkurrenten im Ausland. Bevor die Signoria Siena, Lucca, Pisa und Arezzo kaufte, wurden die Banken dieser Städte überflügelt.

Der Florentiner Geldmarkt hätte nicht diese Zähigkeit gehabt, wenn er der Sammelplatz engherziger, in ihren Profit vernarrter Wucherer, und nicht der vernünftiger Abenteurer, mutiger Männer mit festem goldenen

Boden unter den Füssen gewesen wäre. Der Reichtum an Barmitteln war nicht Resultat nur vorübergehender Konjunktur und auch in der Regel nicht das Ergebnis zufällig geglückter Spekulationen. Weil der „Mercato Novo" von der Gesamtwirtschaft zweckmässig gespeist und belebt wurde, konnte er Riesenfallimente und plötzliche Zahlungseinstellungen überleben.

Diese Beständigkeit im Reichtum war die Folge einer bis ins kleinste sich verzweigenden Verbindung von Rohstoffeinkauf, von Veredelungsindustrie und oft waghalsiger Kreditierung des Waren- und Geldhandels. Auch andere Städte hatten, zur selben Zeit, der Summe nach große Darlehensgeschäfte gemacht. Aber keine andere verstand es wie Florenz, den Kredit mit dem Import und Export nach Süd- und Norditalien, nach Frankreich, England und dem Orient zu kombinieren. Keine hatte so viele Ohren und so viele Augen für d i e Zusammenhänge neuer und alter Bedürfnisse, aus denen Reichtum wächst. Keine wusste so gut, Ahnungen von kommenden Auseinandersetzungen machtgieriger Potentaten in den Dienst des Geschäftes zu stellen. Und keine kalkulierte so richtig, wann in den verschiedenen Städten Geldknappheit und Geldflüssigkeit, Warenmangel und Warenüberfluss einzutreten pflegten.

Florenz, das für sein nationales Gewerbe, für das Tuch, Wolle zum Spinnen aus der Champagne, aus Cypern, aus Flandern, aus Griechenland, aus Sardinien und aus der Lombardei, Stoffe zum Färben und zur Veredelung aus England und der Provence, Seide für feinste Stickereien aus Syrien und China, Hermelin und Fuchsfelle aus Kleinasien einführte, — kannte keinen Warenmangel.

In den schmalen Gassen zwischen dem Altmarkt und dem Arno presste sich Laden an Laden. Der Detailhandel bot hier alles feil. Hier schien ein ewiger, an den

Orient erinnernder Jahrmarkt zu leben. Was dem Auge sichtbar war, das blieb nur der kleinste Teil der Ware. Die labyrinthischen Gänge der hohen Quadratbauten, die mit ihren Schatten die Strassen und Ladentische verdunkelten, waren vollgestopft mit Gütern und bereit, die Bedürfnisse ganzer Gegenden zu decken.

Und alle Länder hatten Vertrauen in diese Waren.

Der Wohnungs- und Kleiderluxus des Abendlandes empfing zumeist von hier das Gesetz. Florenz produzierte nicht nur Geld, sondern auch immer neue Bedürfnisse.

Ein französischer Teppich musste erst am Arno mit dem Familienwappen gewebt werden, um wertvoll zu erscheinen. Ein Stuhl, eine Truhe, ein Messing- oder Bronzebecher galten erst dank dem Herkunftszeichen der „Via di Callimala" als vollkommen. Die Frauen hofften, der Natur am besten nachzuhelfen, wenn sie die Borten ihrer Hüte, die Kämme ihrer Haare, die Knöpfe ihrer Blusen hier kaufen liessen, und die Priester meinten, am würdigsten ihres Amtes zu walten, wenn der Webstuhl ihrer Messgewänder in Florenz gestanden hatte.

In der Organisation der Gewerbe bemühten sich die Herren der Wirtschaft, die Qualität ihrer Erzeugnisse zu schützen. Florenz sei in Lied und Rede bei Herren, Baronen und Völkern ob der Bonität seiner Erzeugnisse viel gepriesen — erklären die Statuten der Wollzunft.

In den Handwerksstuben am Arno war die Persönlichkeit des Werktätigen nicht erdrückt. Die manuelle Arbeit fühlte sich als „Arte", als Kunst. Es verschwand weder der Arbeitgeber noch der Arbeitnehmer in der Menge ihrer Waren. Da, wo die Armut nicht nur den Erzeuger, sondern auch das Erzeugnis zu verkrüppeln drohte, in der Hausindustrie, versuchte die städtische Oligarchie, durch die Kirche zu helfen. In der Predigt

mussten die Geistlichen verkünden, wie Spinner und Spinnerin das Garn gemäss den Anordnungen der Zünfte aufzuhaspeln hätten, und in der Ohrenbeichte wurden eindringlich die Armen gefragt, ob sie keine Verfehlung gegen das heilige Gebot der Qualität begangen hätten. Dem Mediceer genügte aber dieser Reichtum noch nicht; hatte ein bekannter Populane unerwartete Verluste erlitten, beim Hasardspiel seine Habe verloren, konnte er seiner Tochter keine Ausstattung geben oder drohten Wucherzinsen, ihn zu ruinieren, dann rettete ihn ein freundschaftlicher Brief des Freigebigen.
Er möchte, sagt Cosimo, am liebsten auch Gott unter seinen Schuldnern haben.
Allen Gestrandeten hilft er, allen, die einen Namen, die eine Tradition haben, allen, die aus Verzweiflung die verbannten Parteihäupter der Albizzi oder Strozzi zurückrufen möchten. Denn Cosimo bekämpft seine Feinde, indem er sie im grossen mediceischen Familienbuch der geschenkten Gelder einträgt. Auch da verlässt die Statistik „diesen grossen Weisen und ebenso grossen Kaufmann" — wie ihn sein Sohn Piero nennt — nicht. Das Buch der toten Darlehen mit nur indirekten, politischen Zinsen hat Cosimo von seinem Grossvater geerbt, und viele feindliche Namen wurden mit der Zeit zu sehr teuren Freunden. Statt die Gegner zu verfolgen, statt sie im Gefängnis zu erdrosseln, erstickte er ihre aufrührerischen Triebe. Er kauft nicht, er hilft. Er verlangt keine Gegenleistung, aber der Beschenkte hat die Zartheit des Gewissens. Vor allem stört er seine Tage nicht durch unnütze Kämpfe. Seine Bank übernimmt zum grossen Teil die Arbeit der Polizei: die Sorge für absolute Ruhe und für eine durchschnittliche Zufriedenheit.
Der neue Herr von Florenz ist nie da zu sehen, wo die Stadt über ihre Angelegenheiten spricht. Cosimo meidet

den Palast der Signoria. Er liebt es nicht, aufzutreten, er hasst alles Offizielle, der Beifall stört ihn wie eine Duzfreundschaft mit Unbekannten. Der Ehrgeiz befiehlt ihm, seine Macht zu verstecken. Er betrachtet sich nicht als unfehlbar; er sagt nur einmal, wie zur Entschuldigung, man könne nicht die Stadt mit Paternoster regieren, und ein ander Mal: Ehre hänge am Kleid, und Tuch sei in jeder Menge käuflich. Cosimo betrachtet sich nie als arriviert. Niemand hat je gehört, dass er über sich selbst redete, er zitiert sich nie, er zeigt seinen Freunden nie Dramatisches aus seiner Vergangenheit. Er arbeitet, als ob es gälte, seine Stellung jeden Tag aufs neue zu erobern.

Regelmässig sitzt Cosimo vom frühen Morgen an im Comptoir seiner Bank. Von hier aus wird die Stadt regiert und werden die in ganz Europa verstreuten Kapitalien überwacht. Hierher gelangen alle Nachrichten, und hier empfängt er die Bürger. Hier sind Florenz und seine Privatunternehmungen zur Einheit geworden; er sieht in jedem Menschen nur *seine* Kreatur und in jedem städtischen Organismus *seine* Schöpfung.

Cosimo hat den Schein als bequemes Mittel der Herrschaft erfunden. Er liess den Florentinern den Schein der Freiheit, den Schein der Mitbestimmung, den Schein der Gleichheit, und gegen Ende seiner Herrschaft liess er selbst von Reichtum nur den Schein. Er respektierte die Eitelkeiten, die Traditionen, die Gewohnheiten und fügte dennoch alles seinem Willen. Bei den Mediceern ist bewundernswürdig, wie es gelingt, in der Politik mehr zu sein als zu sagen: wie der einfache Bürger, wie Cosimo, ohne Szepter, ohne Krone, ohne aufgezeichnete beschworene Legitimität, als Gleicher unter Gleichen, dennoch die in sich gespaltene Gemeinschaft beherrscht, sich ohne Gewalt als Herr über den Geist der Einfältigen und der Klugen erhebt.

Cosimo hat die komplizierten indirekten Herrschaftsräder, wie sie das Mittelalter gar nicht kannte, dank der Allgewalt seines Opportunismus Stück um Stück geformt. Er hat die Florentiner zur Geschmeidigkeit, zum Opportunismus erzogen, er hat das Verhandeln, die „Combinazione", in allen Fragen zur Selbstverständlichkeit gemacht. Dadurch vermochte er eine Bevölkerung zu beruhigen, die gewohnt war, ihre Uneinigkeiten nicht durch Worte, sondern durch Waffen, und die Probleme der Republik nicht durch Gesetze, sondern durch Exil und Todesstrafe zu lösen. In die gepflegte Ruhe des Klosters von San Marco, unweit der mediceischen Bank, zog sich Cosimo regelmässig zurück. Er hatte dieses alte, schon verfallene Haus der Dominikaner wieder aufbauen lassen und brüderlich seinem und den kommenden Geschlechtern die reichste Bibliothek des Abendlandes geschenkt. Nie nach und nie vor ihm wurden jemals an den Schaltern einer Bank Wechsel und Rechnungen für Manuskripte und Codices so freudig honoriert wie von seiner Bankfirma.

Wo eine Spur zu einem griechischen oder römischen Manuskript vermutet wurde, da eröffnete er den Florentinern heiliges Land. Die Augen der Republik, die neunzig Handels- und Bankfilialen in aller Welt, mussten entlegene Klöster erspähen, wo in Kisten gepackt die unkommentierten, durch keine Nachübersetzung aus dem Arabischen verfälschten Plutarch und Aristoteles der Zeit die Macht des Satzes entgegenstellten. Die Florentiner übergeben nach dem geduldigen Fleiss eines halben Jahrhunderts dem Abendland die Vergangenheit wieder. In den Häusern der Nobili nimmt die Bibliothek immer mehr den wichtigsten Platz ein. Häufig entbrennt unter den Aristokraten Eifersucht um Bücher. Strozzi lebt im Streit mit Cosimo Medici und rächt sich, indem er ein Schiff für Konstantinopel ausrüsten lässt und so nach dem Abendland das erste Exemplar der Politik des Aristoteles bringt. Das ist für den Mediceer der letzte Anstoss, um seinen glücklichen Nebenbuhler aus der Republik zu verbannen.

Der Mediceer schenkte mit San Marco, mitten in Florenz, den Humanisten eine Umgebung des Glücks. San Marco war der Welt entrückt und dennoch von den geistigen Kräften der Gegenwart belebt. Cosimo war kein Gelehrter. Voller Demut suchte aber seine Seele den Inhalt und die Formen griechischer Klarheit. Er fand in der Antike die Überwindung der Unruhe im Menschen, der Angst des Einzelnen vor seiner Zwecklosigkeit und seiner Vergänglichkeit. Deshalb vermischten sich bei ihm, wie im Kreis seiner gelehrten Schützlinge, Christentum und Platonismus. San Marco wurde die beste Schule für die Seele eines Selbstherrschers: die Erziehung zur Bescheidenheit durch Erkenntnis, die individuelle Moral, geboren aus dem eigenen Denken. Tagelang sprach Cosimo in seiner Zelle mit halb platonischen, halb christlichen Jüngern. Ein frommer Mann aus dem San Marco, der wusste, wie die Alleinherrschaft den Menschen verderblich ist, wie die Fülle der Macht das Individuum mit Bosheit, Eitelkeit und Oberflächlichkeit vergiftet, meint, nur das Kloster habe Cosimo davor bewahrt, „ein gemeiner Despot" zu werden.

Diese Liebe des Mediceers für die Bildung war aber nicht seine Originalität; Cosimo krönte hier Notwendigkeiten. Indem er zum Enthusiasten eines allgemeinen Willens wurde, ermöglichte und erleichterte er nur seine Herrschaft.

Denn der Trieb zur Bildung gehörte zu dieser Republik wie die geographische Lage, wie der antifeudale händlerische Sinn, wie die städtische Institution, wie

der Mangel an antiken Monumenten, der die schöpferische Initiative nicht belastete, wie die Liebe zur republikanischen Form, wie die jahrhundertealte Unabhängigkeit vom Papst und vom Kaiser, wie der arbeitsame und zugleich neuerungssüchtige Trieb der Bürger, wie die Neigung zum politischen Experimentieren, wie das melodische Sprachelement, aus dem dann das Italienische entstanden ist, wie das Licht, das die Stadt von der Höhe Fiesoles aus in einer silbrigen Klarheit erscheinen lässt und alle Reize der Erde verspricht.
Eine gemeinsame europäische Innigkeit und Erregtheit, geboren aus aller Drangsal und aus unendlicher Sehnsucht nach geläuterter, erneuerter Frömmigkeit, die schon seit dem frühen Mittelalter die stets leidende Kreatur begleitete, der Schrei Franz von Assisis nach der Wiedergeburt in Christo, der Dantes nach dem Imperium des Friedens, endigte, in der mediceischen Republik, im Pathos der im antiken Geist gedeuteten Weltkultur.
Diese Weltkultur wurde von der florentinischen kaufmännischen Nobilität getragen. Zu den Vorteilen der Macht und des Reichtums gesellten sich die der Bildung. Die Bildung und alles, was mit ihr zusammenhing, bekam ein patrizisches Adelsprädikat. Mit einem Buch in den Händen spazieren zu gehen, gewährte in den Strassen von Florenz dieselbe Sicherheit, wie in einer anderen Stadt mit dem Schwert umgürtet zu sein. In den Augen aller war man um so mehr Mensch, je gebildeter man schien.
Was ausserhalb der Kreise der Nobilität an Geschmack und Bildung herrschte, das existierte dank dem moralisch-ästhetischen Einfluss der Aristokratie. Den Oligarchen, den Medici, Caponi, Albizzi, Strozzi, Pazzi, Salvati, Frescobaldi, Gualteroti, Bartolini, Antonori, Soderini zu gleichen, war der Traum der Sattler, Färber,

Glockengiesser, Gürtler und Wechsler. In den Werkstätten dieser Männer wirkte die Geschmacksautorität der Nobili unbestrittener als die politische. Wie es stets einen Kern der Herrschaft gibt — einen Stato —, so auch einen Kern der Bildung. Und wie stets Regierung nie Volk sein kann, so auch die Bildung nicht. In Florenz wurden Herrschaft und Bildung identisch, — eine Erscheinung, die die Geschichte nur noch im Griechenland des vierten vorchristlichen Jahrhunderts kennt. Und beide Epochen sind nur kurze Momente, bloss sechzigjährige Augenblicke der Menschheit.

Kultur und Bildung sind zumeist, wenn die Herrschaft nicht in der Stummheit der Diktatur erstarrt, eine Sache des Palastes. Der Reichtum kauft sich Bildung, leistet sich Kultur. In Florenz aber entsprachen Kultur und Bildung nicht nur der Macht und dem Reichtum, sondern dem Geist und den Idealen der Nobilität selbst. Wer das Geld und wer die Impulse gab, ist nicht mehr zu unterscheiden. Zu den Idealen und den Illusionen der Macht über sich selbst gehörte die Bildung. Reichtum fand seine Rechtfertigung in Bildung. Ein ungebildeter Nobile galt bei seinen Standesgenossen als entartet. Er gehörte dann auch zum Vulgus.

Wie für einen germanischen Ritter ein zahlreicher Heerbann, für einen kastilianischen viele abgehauene Mohrenköpfe, so galt für einen florentinischen Nobile Bildung als soziale Ehre. Die Muse der Herrschaft trug keine Goldwaage, kein Schwert, sondern ein Buch in der Hand.

In diesem Streben nach dem Buch und nach der Bildung offenbarte sich der Florentiner Lust am Leben, die ins Unendliche ging. Es ist die friedliche Bildung des Freien, die keine Kaste der Gelehrten, keine Mandarinen kennt. Diese Wissenschaft diente ja nicht dem Erwerb und gab kein „Recht auf Amt". Sie hatte die Mission, die Grenzen des Genusses, die Möglichkeiten der Empfindung zu erweitern. Sie wollte lehren, das Schöne zu sehen; die Gebildeten waren Kavaliere einer glänzenden Gesellschaft. Sie hatten das Gefühl individueller Kraft und nicht der Ohnmacht und der Armut, die sonst die Männer der Wissenschaft in ihre Zimmer anketten. Die Gebildeten waren die Tätigen, die Optimisten. Es war unbedingt notwendig, griechische und römische Bücher zu besitzen, unbedingt notwendig, viele Nächte zu durchlesen; aber nicht minder notwendig war es, seine Fleischlichkeit zu fühlen, auf die Jagd zu gehen, zu reiten, zu lieben, zu fischen und zu reisen.

„Wir lieben", schreibt Marsilio Ficino, „die unvermischten Farben, die Lichter, die Stimmen, die Herrlichkeit des Goldes, das Weisse des Silbers, die Wissenschaft und die Seele."

Die Träger dieser neuen Gefühle, die Patrizier der mediceischen Jahrzehnte, waren bei alledem keine Phantasten. Sie suchten nirgends das Unbedingte, um es zu bekränzen. Sie wollten nicht für die Antike in die Arme eines uferlos verspielten Traumes fallen. Römertum, Griechentum war ihnen keine Wiederholung einer versunkenen Welt, sondern die praktische Gestaltung des eigenen individuellen Daseins. Die Begeisterung für das patriarchalische republikanische Rom erleichterte den Patriziern sogar ihre häusliche private Strenge. Die Hypokrisie, selbstverständliche treue Begleiterin einer jeden Kultur, bekam in Florenz ein neues, ungetrübtes Gewissen. Sie wurde aus einer Kunst zur Tugend. Denn die Nobili lebten im selben Mass für die Bildung wie für die Macht.

Das Gesicht der florentinischen Oligarchie hatte bei aller Verschiedenheit und Individualität einen gemeinsamen harten Zug. Die Kälte fing schon bei der Fassade ihrer Paläste mit dem roten gleichmässigen Ziegel an.

Diese Herren liebten, solange der Vormittag und der Nachmittag offiziell waren, das geregelte Leben, die Tage mit dem Glockenschlag. In der Frühe hörte der Florentiner zuerst die Messe, „dann ging er", wie ein Chronist erzählt, „des Sommers im schwarzen Lucco, der am Hals gefaltet, und im schwarzseidenen Barett mit langem Zipfel, im Winter mit dem schwarzen Mantel und der ernsthaften Kapuze über die Strasse seinem Geschäft auf dem Markt oder im Palast der Signoria nach." Selten fehlte er beim Mittagstische zu Hause und blieb stets noch eine gute Stunde mit seinen Kindern und seiner Frau. Er war ein unnachgiebiger Gebieter der Familie. Seiner Ehefrau gegenüber fiel ihm die Strenge leicht. Er hatte gewöhnlich für sie keine tiefere Neigung als für den Schreiber, der die Namen der Neuvermählten im Kirchenbuch wie in einer Urne verewigte. Die Gattin war das Unabwendbare, die Schuldigkeit gegenüber eigener städtischer Herrschaft. Denn jede nobilare Familie bildete einen Quaderstein im Gebäude des Stato und der erweiterten Partei. Verstiess ein Geplagter oder ein Übermütiger seine Gattin, dann konnte er seine Partei verlieren, in die Opposition getrieben, ökonomisch ruiniert werden.

Die ganze Liebe und Sorgfalt, die der Nobile für sein Haus übrig hatte, gehörte seinen Kindern. Zwischen Manuskripten und Statuen predigte er den Kult des Studiums und des Humanismus. Er lehrte sie, die politischen Verhältnisse nicht ändern zu wollen, sowohl den Widerspruch der Strasse als auch den der regierenden Familie zu meiden, und dennoch zu trachten, die Freiheit in der Macht zu finden. Diese Erziehung war ihm zugleich Liebe zu seinen Kindern und Treue zu Florenz. Sein eigentliches Leben begann erst im Freundeskreise. Hier verlor er die Schwere der Pflicht, die Würde der

Verantwortung; hier erwartete er von der Frau andere Tugenden und von dem Humanismus leichtere Formen.

Mit angehenden Literaten hatte der Aristokrat seine Jugend verlebt, mit ihnen gemeinsam bei demselben Lehrer Grammatik und Rhetorik gehört; dieselben Ideale hatten sie geformt, dieselben Manuskripte begeistert. Jetzt empfing der Nobile in seinem Salon, in dem alle Gegenstände, die Friese, die Tische, die Decke und die Stühle, den monumentalen Sinn der Republik offenbarten, die Menge der unstät, schnell Produzierenden.

Die Masse der schriftstellerischen Talente, für die Florenz das Zentrum weltlicher Bildung war, verwandelte das Gedankengut der Ahnen in blitzende, gangbare Ideenmünzen. Sie formulierten aristokratische Empfindungen rücksichtsloser als die Nobili. Sie bildeten die prägnanten Sätze des neuen Zeitbewusstseins; sie sagten: Cicero und wir, Plato und wir. Sie teilten die Menschheit in zwei von einander grundtief getrennte Teile: in Kenner der Antike und in Ignoranten. Mit diesen Bildungsmenschen in aller Welt fühlten sich die Humanisten, die in Florenz einander aufs entschlossenste beschimpften, brüderlich vereinigt. Sie sahen in allen Städten, wie sich abseits des Vulgus Zentren des Studiums bildeten. Dieser intellektuelle Archipelagos ist ihnen vereinigt und beseelt vom gleichen Willen des aristokratischen Ideals.

Der Humanismus, der am Arno seine Hauptstadt hatte, konnte nicht anders als kosmopolitisch sein.

Die Literaten waren keine Florentiner, keine Italiener, sondern Lateiner. Bis gegen Ende der Herrschaft Lorenzos galt das Italienische als Verständigungszeichen der Tiere. Dante musste in seiner eigenen Hölle schmachten, weil er die göttliche Komödie italienisch gedichtet

hatte. Das Latein war ihnen die erworbene Heimat ihres Denkens und ihres Fühlens.
Diesen Menschen erschien ihre Gegenwart mit ihren Städten, Festungen und Grenzen, ihren Volksversammlungen und ihren Tyrannen viel zu beengt, um sich in Raum und Zeit zu binden. Sie leisteten sich den wunderbaren, seltenen Luxus, bestehende und werdende Dinge nicht anzuerkennen. Sie stellten dem Ablauf der Ereignisse, der Geschichte, ihr Talent und manchmal ihre Genialität entgegen.
Ihre Sehnsucht richtete sich nach dem Frischen, dem Farbigen, Unmittelbaren, nach all dem, was zwischen Himmel und Erde vom Lichte gebadet wird. Ihre Neugierde wollte sehen und fühlen, die allgemeinen Begriffe verdunkelten sich vor ihnen. Alle gemeinschaftlichen Abstraktionen des Mittelalters, alle moralischen Säulen, die das Empfinden des gewöhnlichen Menschen tragen, wurden gesprengt. Sie sehen im Papsttum nur den Papst, im Kaisertum nur den Kaiser, in der Liebe nur das hohe Lied der Sinne und im Krieg nur den Mord. Die Villen, die Paläste, die Loggien der Republik am Arno waren die unbewaffneten Höhen einer antikriegerischen Gesinnung. Hier trafen sich die Literaten des Friedens mit den Herren der Bank und der Politik. Die Beweggründe der Kaufleute hatten nicht, wie die der Literaten, nur humanistische Gründe. Sie vergassen selten, dass der Friede die gesündeste Luft für ihren Reichtum war, und dieses Wissen von kosmopolitischer Notwendigkeit des Geschäftes machte sie nur empfänglicher für die Wellen antiker Begeisterung ihrer Gäste. Die Ideale, die Impulse des persönlichen, täglichen Daseins, wurden dieselben. Die Kaufleute und die Literaten wollten nicht als Helden, nicht als Krieger, nicht als Asketen, sondern als Epikuräer, als Weise, und wenn es nicht anders ging, als Dilettanten leben.

Sie feierten den Menschen als ein Wunder, das sich bemüht, alle anderen Wunder der Natur zu enträtseln. Und hier in der milden Luft florentinischer Nächte, getrieben durch den eigenen Geist, verführt durch Begriffe, Urteile und Schlüsse, wurde das kriegerische Europa der Spanier, der Deutschen, der Muselmänner und der Franzosen als barbarisch verlacht.

Sie sahen im Krieg keine Spur von Poesie und sprachen nur mitleidig über die Reihe von spanischen Dichtern und Malern, die der Schlacht die besten Einfälle verdankten.

„Ich habe nicht", sagt der Historiker Valla, „die Verpflichtung, für einen Bürger meiner Stadt zu sterben, auch nicht für zwei und auch nicht für drei. Am allerwenigsten habe ich die Verpflichtung, für die Summe aller Bürger, die ich gar nicht kenne und die für mich nichts bedeuten, in den Tod zu gehen."

„Wer der Volksgemeinschaft dient", meint Alberti, „dient niemandem; je mehr etwas Gemeingut ist, um so weniger ist es göttlich."

„Wenn die Commune einer Stadt sich auf der Piazza vereinigt, um den Krieg zu beschliessen", sagt Simonetta, „dann müsste der Herold ausrufen: Alle Vernünftigen und des Lesens und Schreibens Kundigen sollen sofort unsere Versammlung verlassen. Wir, Tiere und Ignoranten, wollen unter uns sein."

Alle kollektiven Tugenden, die aus der Schlacht die ewige Stätte der Kräfte, die einzig mögliche, die einzig unbestechliche Waage der Gerechtigkeit, die Prüferin aller Worte, Ehrgeize und Bestrebungen machten, erschienen den Humanisten als Verneinung jeder Würde und jedes Adels. Der schöne Mensch, der willensstarke Mensch, der Mensch, der nur einen Funken Geist hat, der Mensch, der verdient, vom Schicksal beschenkt zu werden, und der, der jemals eine Idee begriffen hat, verachtet die Schlacht. Es gibt keine Feigheit und keine Verstellung, die nicht höchste Tugend wäre, wenn sie ermöglicht, sich dem Ringen des bewaffneten Vulgus zu entziehen. Die Schlacht gehört zu der niedrigsten Kategorie aller Betätigungen. Eine Stirn, mit dem Lorbeer bekränzt, wird zum Eselskopf. Das Individuum hat, solange es lebt, unendliche Möglichkeiten, und jede Möglichkeit, jede Form und jede Schönheit wird durch die Schlacht vernichtet. Der Mensch ist dem Humanisten nur gross, weil er lebt, und nicht, weil er stirbt.

Und wenn die Fülle der Tage dennoch durch die Schlacht unterbrochen wird, der Condottiere seine Männer sammelt, die Wimpel der Fähnlein flattern, die Krieger den Morgen des Kampfes mit stürmischer Seele erwarten, den Boden angesichts des Feindes küssen, sich dreimal bekreuzigen und dann hauen, plündern oder sterben — in diesen Tagen sucht der Humanist weitweg von den Kräften der Rotte ein freundliches Asyl. Der Humanist kämpft gegen gar nichts, nicht einmal gegen die Schlacht. Sein Geist verbietet ihm jede reformatorische Lust. Er zieht sich nur noch mehr zurück; er pflegt sich und den Garten seiner Bildung, er überlässt die Welt ihren verzehrenden, unberechenbaren Trieben. Florenz wurde seit dem Sieg der mediceischen Familie von keiner kriegerischen Tüchtigkeit mehr beseelt. Die Berechnungen der Bankiers und die Ideale der Humanisten liessen die Stadt am Arno in ihrer Aussenpolitik den Spruch Leonardos da Vinci befolgen: Meide den Sturm!

Kriege um einen nachbarlichen Flecken Erde, gegen eine feindliche Stadt oder einen drohenden Fürsten erschienen den Florentinern als Gegenstände, unwürdig des Denkens und des Wollens. Ein ganz anderer Ehrgeiz durchglühte sie: die Welt durchdringen und überall

im Morgen- und im Abendland, wo der Profit winkte, ein Unternehmen der Stadt mitgewinnen lassen.
Und war es doch unmittelbar notwendig, zu erobern, um sich aller von Florenz ausstrahlenden Strassen ins Ligurische, ins Sienesische und ins Umbrische zu versichern oder um des Arnos von der Quelle bis zur Mündung Herr zu sein, dann sandte die Signoria Kampfwagen voller Gold gegen das Hindernis. Sie liess eine Partei in der feindlichen Stadt siegen und kaufte dann die Siegerin auf. So wurden Orte, die einst Paradiese waren und im weiten Kreis des Mittelmeeres wirkten, so wurden Siena, Pisa, Lucca und Arezzo von Florenz gefesselt.
Die sprengende Kraft dieser friedlichen Eroberer — ihr Handelsgeist — wirkte kriegerischer, revolutionärer, einheitlicher als die stärkste Armee.
Das war ein Prozess, der im alltäglichen florentinischen Leben nichts Feierliches an sich hatte und der auch gar nicht bewusst empfunden wurde.
Die Durchdringung der Welt vollzog sich materiell durch die in der Republik geprägte Münze — durch den „florin" — und geistig durch das neue Lebensgefühl, durch die Macht des Individuums.
Es war der grosse, schon seit drei Jahrhunderten vorbereitete Durchbruch im Bewusstsein. Katholisch, wie alles, was wichtig ist im Abendland, hat der Prozess angefangen. „Wer Gott mit inbrünstiger Seele liebt", hiess es einst in der Bernhardischen Mystik, „der verwandelt sich in ihn." Und jetzt proklamiert sich der Mensch auch zum höchsten Wesen — aber ohne Gott und ohne Götter! Ich habe mich selbst gemacht, sagt der Erdensohn. Er läuft Sturm gegen seine Abhängigkeit, er ergreift Besitz von sich selbst, für sich selbst, proklamiert sich zum Individuum, vergisst seine Todesstunde, seine Zufälligkeit, seine Nebensächlich-

keit. An sich selbst zu arbeiten, seinen Geist und seinen Körper zu formen, erscheint ihm so wichtig, wie eine Schlacht zu gewinnen, ein Buch zu schreiben, ein Land zu entdecken oder eine Kirche zu bauen. Riesengross erhebt sich das eigene, allen Frommen hassenswerte Ich. Der Papst selbst verlässt die Christen, wird zum Griechen und will sich „il Formoso", der Gutgeformte, nennen. Der Mensch, das Individuum, feiert durch Florenz förmlich seinen Einzug in die Welt.

Es ist seine Flucht vor der Gemeinschaft, vor dem Wirtschaftsverband, vor dem Kirchensprengel, vor dem überlieferten Gut und dem überlieferten Bösen, vor dem Vulgus.

Diese Veränderung in dem ganzen Individuum wird unter Cosimo di Medici weithin sichtbar, beginnt mit Niccolò Niccolini, der aus den Schätzen dreier Kontinente die Grundlage aller Bibliotheken Europas legte, mit Pico della Mirandola, der die Schrift über „die Würde des Menschen" verfasst, mit Marsilio Ficino, der dem Abendland die Harmonien Platos wiedergibt. Dieser Aufstand der Auserkorenen, der alle Berge des überlieferten Bewusstseins versetzen wird, erreicht dann unter Lorenzo di Medici eindringlichste Wirklichkeit. Das Individuum ganz allein erklimmt die höchstmögliche irdische Höhe: es wird zur Weltmacht der Idee! Eines freien Menschen Seele wiegt mehr als die aller anderen, die die Souveränität des Geistes nicht erreichen können. Dieses Individuum heisst in derselben Epoche und in derselben Stadt: Leonardo da Vinci, Michel Angelo, Ariost, Guiccardini und N i c c o l ò M a c h i a v e l l i !

NICCOLÒ MACHIAVELLI SIEHT DIE MACHT

DURCH die Dunkelheit der Jahrhunderte ist Lorenzo di Medici — Cosimos Enkel und Erbe — zu sehen; er reitet durch einen silbrig-schimmernden Olivenwald, von seinen Hunden, Jagdknechten und Freunden begleitet. Plötzlich hält er sein Pferd an, berührt leicht die Schulter Marcello Ficinos und fragt ihn: „Was meinst du, dass Glück bedeute?" — „Der Geist!" — „Nein, der Wille!", antwortet Lorenzo.
Er glaubt an den Willen — dieses alles bestimmende Wort der begabten Wölfe der Renaissance —, weil er vom Gefühl grenzenloser Kraft getrieben wird. Lorenzo erschien es, dass alles, was in der Natur, in den Stürmen und Nebeln, im Gewitter und im Schnee sich unbestimmt austobte, im Menschen durch den individuellen Willen gebändigt, gefangen, geformt werde. Sein Ideal sah er deshalb nicht an den noch so weit gezogenen Grenzen menschlicher Möglichkeiten, nur das Unendliche schien ihm das Vollkommene. Und wo er dieses Höhere, die ihm gleiche innere Lage des Individuums ahnt, in der Begabung, da regt sich in ihm die Pflicht; deshalb entzückt ihn jedes Talent. Das einzige Gewissen dieses Menschen rätselhafter Kontraste, der den Veilchen Stanzen widmet und eine ahnungslose Stadt anzünden lässt, der in enthusiastischen Litaneien die Keuschheit feiert und schon im vierundvierzigsten Lebensjahr ob seiner noch enthusiastischeren Liebe für die Dienerinnen der Venus stirbt, schlägt in der Sorge für die Begabten, für die Ausserordentlichen seiner Zeit.
Dieser Mediceer konnte nicht nur jeden echten Funken seines Kreises sehen, sondern er empfand auch die

Schwächen seines humanistischen Milieus. Die Ironie über sich selbst, die Distanz zu den eigenen Freuden, zeigten sie ihm.

Alles war um Lorenzo versammelt, was in Florenz philosophierte, dichtete, malte, bildhauerte, sich mit Mathematik oder Philologie befasste. Sein Haus in der Via Larga, Palast, Bibliothek und Museum zugleich, stand allen offen. Nur die Fassade, nur der Name, nur die Aureole waren fürstlich. In den Gemächern herrschte ein ungezwungener Verkehr. Keine Etikette erinnerte an den Herrscher, kein Zeremonienmeister dirigierte den Anstand. Dem Mahl präsidierte jeden Tag ein anderer aus der Reihe der fünfzig Gäste: der Mathematiker Paolo Toscanelli, dessen Tafeln Kolumbus den Weg über den Ozean weisen sollten, Sandro Botticelli, Michel Angelo, der Dichter und Philologe Poliziano, der Dichter Luigi Pulci, die Philosophen Marcello Ficino oder Pico della Mirandola. Lorenzo vermittelte den Verkehr zwischen Berühmten und Anfängern, die Freundschaft zwischen den ersten Geistern Italiens. Sein halb fürstliches, halb bürgerliches Haus überstrahlte die Höfe der Halbinsel und wurde zur Sehnsucht der Humanisten aller Länder.

Dass Lorenzo der Geldgeber war, verschwand aus dem Bewusstsein der Leute, indem es zur Gewohnheit ward. Er schenkte seinen Freunden das Unbezahlbare, das, was ihm die Natur selbst verliehen hatte: die Impulse seiner breiten, alles umfassenden und stets sich widersprechenden Seele. Er berührte sie mit seinem Glück; denn das Schicksal hatte diesem Mann die Gabe geschenkt, alle verführen zu können. Er meisterte alle Schwierigkeiten, alles Feindliche. Er ritt, als Florenz im unglücklichen Krieg mit Neapel lag, ins feindliche Lager und überzeugte den König von den Vorteilen eines Bündnisses mit der toskanischen Republik. Kein gegnerischer Dolch, keine Falle, keine Kabale vermochten ihn zu treffen. Papst Sixtus IV. starb ihm am richtigen, erhofften Tag. Der Nachfolger: Innocenz wurde sein bester Freund. Der heilige Vater machte Lorenzos vierzehnjährigen Sohn, den späteren Papst Leo X., zum Kardinal. Die Bündnisse und Freundschaften der europäischen Mächte fielen ihm zu. Wenn er reiste, wurden die Winde günstig, und nie wurden seine Feste durch Gewitter gestört. Alle Zufälle verbinden sich für ihn, und das Objekt verliert die Tücke. Wenn ihn die Schmeichler einen Sohn der Sonne nennen, dann schmeicheln sie zwar, aber lügen nicht.

Lorenzo regierte die Stadt nicht mehr, wie Cosimo, aus einem Zimmer der Bank. Die Handelsunternehmungen seiner Familie interessierten ihn nicht, und jede Bilanz erweckte in ihm Langeweile. Fürstlich erzogen, von Jugend an umschmeichelt, stets von prunkenden jungen Männern begleitet, von den Potentaten und Literaten ganz Italiens um Renten angebettelt, meinte er, über viel Geld verfügen zu können, sei die selbstverständliche Eigenschaft eines Herrschers. Nichts durfte an Gold scheitern, und alles Käufliche sollte mediceisch sein. Die erlesensten Ställe, die grössten Jagden, die seltensten Edelsteine, die kostbarsten Sammlungen, die wunderbarsten Gärten Toskanas wurden sein Besitz. Der kaufmännische Sinn seiner Ahnen, die trotz aller finanziellen Weitherzigkeit die Ausgaben nach den Einnahmen gerichtet hatten, diese neue Moralität einer werdenden Welt fehlte ihm ganz. Die seigneurale Lebensführung, die im Gegensatz zu der Wirtschaftlichkeit der Vorfahren, im Gegensatz zu den gerade in jener Zeit proklamierten Maximen der Sparsamkeit stand, bildete sein und seines Kreises Element. Die Erziehung zur Bürgerlichkeit, in den italienischen Städten fest verankert, wurde unterbrochen.

Nicht nur für sich selbst, für die Phantasien seines Geschmacks, verbrauchte er eine der grössten europäischen Erbschaften, sondern auch für die Gewinnung der Florentiner. Der Luxus und die Verschwendung wurden ihm zur persönlichen Notwendigkeit wie zum politischen Prinzip. Während der Karnevalszüge Lorenzos wurde die ganze Stadt zur Bühne. Leoparden und Panther, hunderte von prächtig gekleideten Frauen, in Samt und Seide angezogene Bediente, hunderte von Hundekoppeln, eine unendliche Anzahl von Falken traten in diesen Schaustellungen der Freude auf. Die öffentliche Pracht, die Triumphzüge und die Bauten sollten alle Schichten der Bevölkerung überzeugen, dass die Mediceer die Glücksspender der Republik seien, und sollten jeden feindlichen politischen Willen in Farbe, Licht und in Gesang ersticken.

Alle Handelsunternehmungen der Stadt wurden durch Lorenzos Wesen angesteckt.

Der Warenverkehr wurde immer mehr vernachlässigt und der reine Geldverkehr immer mehr getätigt. Die Geldspekulationen gestalteten sich zwar riskanter aber gewinnbringender als der lange Weg, den die Arbeit brauchte, um zur Manufaktur und dann erst zu Geld zu werden. Das einfache Wechselgeschäft zog die Kapitalkräftigen an. Der kleine und grosse Wucher, in Florenz stets beheimatet, überflügelte und unterdrückte immer mehr jedes Gewerbe.

Das schnell verdiente Geld verliess ebenso schnell seine Besitzer. Man liess dem Geld keine Zeit, man gab ihm keine Möglichkeit, sich anzuhäufen; die allgemeine Skepsis war so tief, dass sie vor dem Allerheiligsten, vor dem Geld, nicht Halt machte. Das Geld, von Lorentinischer Lust ergriffen, leistete sich den tollsten Luxus: es wurde nicht Kapital. Sich auf grosse, kostspielige Weise mit allen Gefühlen und in allen Farben zu freuen, aus jedem Familienfest eine Feier der Stadt zu machen, für Kleider, für Gastmähler, beim Spiel und für Frauen ererbte oder erwucherte Vermögen auszugeben, gehörte zum guten Ton der alten und der jungen Leute. Legte man aber doch Vermögen an, dann nur als totes Kapital, um einen Palast zu bauen. Das Bauen erhöhte die Stimmung, den Glanz. Die kleinen Leute waren stolz auf die Gebäude der Grossen, die Architektur gehörte zum allgemeinen Fest, zum Regime Lorenzos. Er unterstützte sie durch Beispiel und durch Gesetz. Ein Erlass der Signoria verkündete Steuerfreiheit allen, die „auf Plätzen, wo kein Haus stand, noch ein Anfang war, bauten".

Die Mediceer herrschten als Verkünder aller Unbekümmertheit.

Der Herr der Republik war ein Gegner der Sorgen um die Zukunft. In seinen Karnevalsliedern forderte er die Bürger auf, stets vom Morgen bis zum nächsten Morgen zu geniessen. Ihm und allen Männern seines Kreises erschien der Gedanke absurd, die Florentiner erziehen zu wollen, und da er die Korruption als wichtigstes Mittel der Herrschaft anerkannte, bemühte er sich, ihr eine breite Basis zu geben. Jeder sollte sie geniessen.

Seine Firma konnte aber die notwendigen Summen, die er und seine Herrschaft brauchte, nicht mehr liefern. Die Fundamente aller mediceischen Unternehmungen bekamen binnen eines halben Jahrzehnts tiefe Risse. Von den neunzig ausländischen Filialen seiner Bank schloss eine nach der anderen die Tore. Die Vertreter seiner Geschäfte, jeder Kontrolle enthoben, ahmten Lorenzos Unbekümmertheit nach und arbeiteten mit an dem Falliment der Firma durch Ungenauigkeit oder durch kaum verhüllten Diebstahl.

Je gefährdeter die Barmittel in seinen ausländischen Unternehmungen wurden, um so grössere Kapitalien zog er aus dem Geschäft. Er baute damit seine Paläste und kaufte Ländereien. Nie hatten die Mediceer so viele Güter wie am Ende ihrer rechnerischen Begabung gehabt. Lorenzo war kein Kaufmann, kein Bankier mehr, sondern fürstlicher Besitzer von Latifundien in ganz Toskana.

Und um seine Firma vor schändlichstem Bankerott zu schützen, musste die Stadt sie mit ihren Finanzen retten.

Hatte seine Familie bis jetzt in einer Jahrhunderte langen Arbeit durch Geld die Macht umklammert, um sie zu erobern, so sollte jetzt die eroberte Herrschaft für ihre Vergewaltigung zahlen.

Die Finanzen der Stadt gestalteten sich binnen kurzem so schlecht wie die der Firma Medici.

Lorenzo kannte im Nehmen keine Schwäche und keine Ausnahme. Er erfand Mittel, um jeden Kanal, der der Republik einen noch so dünnen Goldstrom zufliessen liess, in seine Kasse zu leiten. Im Nehmen durchglühte ihn die Staatsraison und n u r hier war seine Herrschaft ohne Gnade, ohne Lächeln und ohne Skepsis. Hier liess der Humanist, der stets erklärte, ohne Plato zu kennen, sei man weder Bürger noch Mensch, die Stadt Volterra ausplündern, um die Bodenschätze der Umgebung zu besitzen.[1]) Er zwang die Priester, die die Aussteuer armer Mädchen verwalteten, ihm die Kapitalien zu überlassen. An allen Verwaltungsstellen der Stadt, bei den Zoll- und Salzbehörden, hatte er seine Leute, die gegen geringe Beteiligung für die mediceische Kasse plündern mussten. Selbst die Notare lieferten ihm Prozente aller ihrer Einnahmen ab, und kein Kontrakt wurde geschlossen, ohne dass Lorenzo an willkürlichen Taxen mitverdient hätte.

[1]) Es war seit Jahrhunderten die erste Vernichtung einer italienischen Stadt.

Der Glanz seiner Herrschaft, die allen Freude versprach, wurde zu einer teuer bezahlten Magie.
Der Beifall der kleinen Leute aber begleitete ihn weiter. Gerade durch seine Steuerpolitik erweiterte er die Grundlagen seiner Herrschaft. Denn er hielt die Armen gegen die Reichen in Atem. Und vor den Vielen kann man die Wirklichkeit leichter als vor den Wenigen verdecken, die Realität unter Hoffnungen verstecken. In den Händen Lorenzos wurde die Vermögenssteuer ein volkstümliches Instrument, der stets frische Quell seiner neuen Einnahmen und seiner ausserordentlichen List. Die Steuerverwaltung funktionierte als Foltermaschine, die nicht unnützes Blut, sondern Geld aus den Opfern presste. Das Volk von Florenz zollte der herrschenden Familie stets begeisterten Beifall, sooft die reichen Feinde von den noch reicheren Regierenden arm gemacht wurden. Lorenzo hütete sich, den kleinen Mann durch direkte Steuern an die Finanzen der Republik zu erinnern. Der gewöhnliche Florentiner sollte nicht wissen, dass er zum grössten Teil den Glanz bezahle. Die Skala der Einkommensteuer hatte vierzehn Stufen; die niedrigste betrug vier, die oberste vierunddreissig Prozent. Doch alles das war noch Gesetz und hätte, unparteiisch angewandt, eine Norm garantiert. Das Aussergesetzliche blieb jedoch an der Tagesordnung: immer neue Umlagen, neue progressive Steuern auf Einkommen wurden gegen Feinde oder gegen Freunde von gestern beschlossen. Drohend denunzierte Lorenzo säumige Zahler der öffentlichen Meinung als raubgierige Oligarchen. Er konnte jeden enteignen; jeden Wohlhabenden durch die Signoria neu einschätzen lassen. Der Beamte des Fiskus ersetzte den der Polizei. Er war das Organ der lorentinischen Herrschaft und nicht mehr die mediceische Bank, wie unter Cosimo. Lorenzo wollte sich durch die Vermögenssteuer von

seiner eigenen Partei, von den reichen Familien, die ihm die Macht übergeben hatten, vom „Stato" befreien. Wer von den Reichen ihm nicht blind gehorchte, wer die willkürliche, geheime Disziplin des „Stato" verletzte, der sollte zum Bettler werden. Lorenzo arbeitete zum Zweck seiner absoluten persönlichen Herrschaft nicht nur mit dem eigenen „Stato" gegen Florenz, sondern auch mit der Bevölkerung gegen den „Stato". Der Mediceer verletzte das wichtigste, das einzige unantastbare Gesetz — das ungeschriebene der Herrschaft: Er missachtete die Spielregeln der Auguren. Gerade im engsten Kreis meinte er, keine Verstellung zu brauchen, trat er ohne Maske auf. Er war ungeduldig, schroff, wollte durch Winke verstanden sein, verlangte Unterwerfung. Lorenzo behandelte die höchsten und reichsten Herren von Florenz von oben herab, er bevormundete sie, kontrollierte ihre Ehen und ihre Liebschaften, verbot die Heirat zu mächtiger Geschlechter unter einander, drohte täglich mit der Gleichheit vor dem Fiskus. Er bevorzugte die weniger Reichen, er bevorzugte sogar Menschen, die zu diesem eigentümlichen Institut der Republik, zum „Stato", nicht gehörten, und eliminierte aus dieser Innung die Angesehensten.

Die Stärksten aus dem „Stato", die Pazzi und die Salvati, drängte er einfach aus dem Mitbesitz der Herrschaft. Er versuchte, die Handels- und Bankfirma der Pazzi, die in dem letzten halben Jahrzehnt bessere Bilanzen als seine Firma erreicht hatte, finanziell zu ruinieren.

Die Männer des „Stato" waren aber keine Kreaturen. Sie hatten auch der Mediceer Geld nicht nötig. Sie konnte man weder bevormunden, noch bestechen, noch einschüchtern. Ihnen konnte man keine Märchen über Vaterland, Freiheit und Verfassung erzählen. Sie waren nicht nur Kaufleute mit Geld und mit verschuldetem Anhang in der Republik, sondern auch mit weitverzweigten Verbindungen in ganz Italien; sie besassen die Dankbarkeit der Kardinäle, die Liebe des Heiligen Vaters, die Freundschaft Venedigs, Mailands und Neapels.

Und aus den Reihen seiner Gleichen erstand Lorenzo und seinem minder bedeutenden Bruder Giuliano die Gefahr. Der reiche, jugendliche Francesco Pazzi wurde durch die Obrigkeit, dank Lorenzos Wink, ganz besonders gequält. Die untersten Behörden besetzten seine Tage mit ihrer amtlichen Bosheit; sie zitierten ihn wegen angeblicher Unklarheit in seinen Steuererklärungen, liessen ihn stundenlang warten, um dann immer wieder neue Möglichkeiten der Schikane zu entdecken. Was die kleinen Institutionen begannen, vollendete die grosse: die Signoria nahm ein Erbgesetz an, das in Wahrheit sich nur gegen das Haus der Pazzi richtete. Francesco vermied es dennoch, in offener Feindschaft mit Lorenzo zu leben. Ihr tiefer gegenseitiger Hass äusserte sich in der glatten Freundlichkeit der Gastmähler.

Francesco Pazzi konnte die demütigende Lage, zu der ihn der Mediceer nötigte, nicht lange ertragen. Er besass in Florenz eine zahlreiche Verwandtschaft, und viele junge, verschuldete Freunde waren bereit, für ihn als ihren Geldgeber die Taufe der Rebellion zu wagen.

In Rom war sein Anhang viel gewichtiger. Sein Haus besorgte die Geschäfte des Vatikans, kreditierte dem Heiligen Stuhl die grossen Summen, die die Mediceer sich weigerten, Papst Sixtus IV. vorzustrecken.

Um den Thron der Christenheit bildete sich nun die Fronde der aus dem „Stato" von Florenz Vertriebenen gegen die Mediceer. Francescos Verbündete waren: sein Verwandter und das Haupt seines Hauses: Jacobi Pazzi, der Erzbischof von Pisa Francesco Salvati und des Papstes Intimus Kardinal Rafaelo di Riaro. „Heiliger Vater", sagt einer der Verschworenen zu Sixtus, „die Voraussetzung unseres Sieges in Florenz ist der Tod Lorenzos, Giulianos und vielleicht noch anderer." „Ich will um keinen Preis", erwidert der Fürst der Christenheit, „den Tod der beiden. Ich kann meine Einwilligung dazu nicht geben. Lorenzo ist zwar ein Spitzbube, aber ich will nicht seinen Tod. Ich will nur die Veränderung im ‚Stato'." — „Gut", antwortet man ihm, „wir werden unser Möglichstes versuchen. Aber wenn die Mediceer sterben, dann wird der Heilige Vater uns verzeihen?" „Ach", erwidert der Gequälte, „du bist ein Tier. Ich will die Änderung im ‚Stato' ..."

Der Heilige Vater verlässt das Beratungszimmer, und seine Freunde beschliessen, die Mediceer zu ermorden. An der Grenze von Toskana steht schon ein päpstliches Heer, um nach dem erfolgten Umsturz die Stadt zu betreten.

Die Häupter der Verschwörung, nach Florenz zurückgekehrt, drängen zur Eile. Zu lange schon dauert das Geheimnis. Am Morgen des Karsamstags treffen sich die Freunde. Die vornehmen Männer der Bank und der Kirche stehen nicht nur zu ihrer Tat, sie sind auch bereit, selbst ihre Opfer niederzustechen. Der Moment und der Ehrgeiz befehlen ihnen einen raschen und „schönen" Verrat. Der Hass gegen die Mediceer ist so tief, dass sie keinem gemeinen Meuchler die Arbeit gönnen. Mit eigenem Dolch soll die Herrschaft erkämpft werden. Der Plan des Attentates wird in allen Einzelheiten, aber auch in gedrängter Eile noch einmal besprochen. Heute noch sollen Lorenzo und Giuliano sterben und zugleich die Florentiner zur Freiheit gerufen oder gezwungen werden.

Die Freunde gehen auseinander, die einen in die Kirche, um den Mord zu begehen, die anderen in die Stadt zu ihren Bewaffneten, um die Signoria, das Haus der Medici und die Arnobrücken zu besetzen.
Francesco Pazzi betritt mit wenigen Freunden den schon überfüllten Dom. In den ersten Reihen vor dem Altar steht Lorenzo, vom Lichte der Osterkerzen beleuchtet. Die für ihn bestimmten Mörder: zwei Priester — schlängeln sich durch die Menge in seine Nähe. Francescos Augen suchen sein Opfer: Giuliano Medici. Leise wird ihm zugeflüstert, Giuliano sei nicht da! Er erschrickt einen Augenblick. Schnell ist er aber wieder entschlossen, verlässt die Kirche, eilt in den Palast der Mediceer. Hier wird Francesco Pazzi sofort empfangen. Im Hause seines Feindes, von einer wunderbaren Gymnastik des Willens geformt, verliert er seine ganze Unruhe, um nur noch liebenswürdig und geschmeidig zu sein. Er sagt in glänzender Laune zu dem etwas verwunderten Giuliano, er sei gekommen, um gemeinsam mit ihm zum Gottesdienst zu gehen. Blieb Giuliano in seinem Zimmer durch dunkle Ahnungen beschwert, so geht er jetzt, wie von einer Gefahr befreit, bereitwillig mit. Auf dem Weg zum Dom scherzen sie. Francesco umarmt noch sein Opfer, um zu sehen, ob es unter dem Gewand ein Panzerhemd trägt.
Sie betreten zur rechten Zeit die Kirche.
Giuliano gelangt zu seinem Bruder, um gemeinsam mit ihm vom Kardinal Riaro die Hostie zu empfangen. Dieser Augenblick, in dem die beiden Mediceer, vor dem Priester knieend, den Kopf zu Boden senken, ist der von den Verschworenen erwartete. Giuliano trifft der Dolch Francescos im Nacken. Er fällt. Francesco gerät in Raserei. Er zerfleischt mit seinem kurzen Schwert den Sterbenden. Lorenzo aber haben die Stiche der

Kleriker nur leicht gestreift, sein Fall dauert nur einen Augenblick. Er, als glänzender Fechter, verteidigt sich wütend mit dem Schwert. Von zwei Knechten gedeckt, rettet er sich hinter die Gitter der Sakristei.
Als die Worte des Messe lesenden Kardinals Riaro vom Lärm und Schreien des Kampfes unterbrochen wurden, meinte das knieende Volk in der Kirche, die Kuppel sei eingestürzt oder der Altar brenne. Die Panik schützte die Ringenden am Allerheiligsten vor dem Eingriff der Menge; aber plötzlich begriff sie die Mordszene. Wild drängt sie nun nach vorne, um den Kardinal zu zerreissen. Die Geistlichen verteidigen seine Flucht hinter die Eisengitter. Die Sakristei hatte di Riaro wie Lorenzo gerettet.
Aber nicht nur in der Kirche, auch in der Stadt erhebt sich das Volk, erheben sich vor allem die niederen Zünfte für Medici.
Dem Erzbischof Salvati ist es mit einer kleinen Schar Bewaffneter gelungen, in die Signoria einzudringen. Doch der Gonfaloniere, ein erprobter Anhänger der Mediceer, lässt sich nicht überrumpeln. Er ruft die Wache und die Diener des Palastes. Sie stürzen die schon Eingedrungenen aus den Fenstern auf den Platz. Dem Erzbischof wird im Nu eine Schlinge um den Hals gelegt, und so baumelt er vom Fenster heraus zwischen Himmel und Erde. In seiner Nähe, vom Balkon derselben Etage, hängen viele aus seiner Begleitung. Alle Verschwörer sind schon in den Händen der Menge. Jeder Gefangene wird erschlagen. Siebzig Anhänger der Pazzi werden in den ersten zwei Tagen nach dem Attentat gelyncht.
Francesco Pazzi, von der Menge ergriffen, wagt noch: „popolo e libertà!" zu rufen. Tausend Hände wollen ihn zerreissen. Nackt, aus vielen Wunden blutend, wird er durch die Strassen geschleift, um neben Salvati am

Fenster der Signoria zu hängen. Francesco verliert keinen Laut der Klage. Eisig blickt er seine Peiniger an. Sein Verwandter, der greise Jacobi Pazzi, wird vom Volk der Gasse erschlagen. Gegen ihn als das Haupt der Familie schäumt die Wut am höchsten. Die Menge schleift seine Leiche durch ganz Florenz. „Als sie endlich", erzählt ein Augenzeuge, „beim Tor seines Hauses angekommen waren, taten sie den Strick an den Ring der Türe, zogen den Toten hinauf und schrieen lachend im Chor: „Klopfe nur, klopfe nur!"

Pazzi ist in diesen Tagen für die Florentiner ein gemeinsamer Begriff für alles Drückende. Diese Familie und ihr Name erscheint den Florentinern als einziges Hindernis zum Glück.

Aus der Verteidigung der Medici wird ein Aufstand des Volkes mit der Billigung der Behörden. In dieser Bewegung flackern alle Gegensätze der Republik auf. Lorenzo versteht es, die Summe dieser Gegensätze für sich zu benützen.

Und die ganze Vergangenheit dieser Stadt: das Drängen aller Körperschaften nach oben in die Welten der Herrschaft, der ständige Hass der Faktionen, der sich vom Versammlungsplatz vor der Signoria in alle Quartiere, in alle Häuser verzweigte, der Verfall der patrizischen Nobilität in sich gegenseitig zerfleischende Gruppierungen, alle diese Momente vereinigen sich in einem Gefühl des Abscheus gegen die reichen, rebellischen Feinde Medicis.

Das richtige Töten nach Herzenslust beginnt aber erst, nachdem die Schuldigen der Verschwörung, nachdem alle Freunde der Pazzi und der Salvati schon gebüsst haben. Jetzt mussten die Unschuldigen leiden. Dreissig Nächte lang wird die Republik ein Land ohne Mitleid. Wenn der Abend die Stadt verdunkelt, dann vertreibt die Furcht jeden Laut. Auf dem Hauptplatz sammeln sich die Rächer: neu angeworbene Schutzmannschaft, vereint mit Freiwilligen. Sie spähen nach Verdächtigen. Alle zittern, die, an Freiheit gewöhnt, je ein hässliches Wort gegen Lorenzo, seinen Vater oder Grossvater gewagt hatten. Man weiss, dass alle diese Zweifler aus vergangenen Tagen den Anschlag in der Kirche missbilligen, man weiss auch, dass viele Republikaner das Attentat als Anlass zum offenen Anschluss an die regierende Familie benutzen wollen, und dennoch tut die Obrigkeit so, als ob jeder Nicht-Mediceer ein Mörder sei.

Lorenzo öffnete geschickt die Gitter, die den aus sozialen Gegensätzen geborenen Hass stets gefangen halten müssen. In Florenz wohnten diese Energien der Revolte in den Zünften.

Der Weg von der Zunft zur Stube der Signoria, wo man anonym denunzieren konnte, war der beliebteste. Die Korporationen bewahrten die Kräfte der Wut auf. Und weil innerhalb der Korporation sich die Feindschaft nicht entladen konnte, ergoss sie sich auf der Piazza. Aus der Zunft kam die Masse der Aufgeregten, um die Häuser der Feinde anzuzünden, um die Frauen und Kinder der Gegner zu ermorden. In der Zunft galt das inoffizielle Recht der Florentiner, das Recht auf den Bürgerkrieg, als höchster Stolz der Einheimischen.

Lorenzo hatte diesen chronischen Bürgerkrieg liquidieren wollen.

Jetzt aber stellte er sich ihm nicht entgegen. Er gewann dadurch die dankbare Anhänglichkeit der kleinen Leute und entledigte sich zugleich all seiner vornehmen Feinde und vieler begüterter Bürger, die in seiner Person das Ende der florentinischen Freiheit sahen.

Der Mediceer leistete auch diese Arbeit ohne Edikt. Sein Palast ist in diesen Tagen zum bewaffneten Lager geworden. Alle wirklich über den Mord Empörten und alle Schmeichler treffen sich in seinem Haus, um, wie sie sagen, ihre Waffen und ihr Vermögen der Stadt und ihm zu schenken. Lorenzo trauert, schwarz gekleidet, inmitten dieser Bereitwilligkeit und klagt nur über das allgemeine Übermass des Unglücks. Er hat es nicht nötig, feindliche Namen zu nennen, er weiss: die Leute morden in seinem Sinne! Er bleibt stumm. Dringt ein Ruf um Hilfe zu ihm, dann redet er über seine durch Gesetz bestimmte Einflusslosigkeit.

Jede richtige Macht muss eben die Möglichkeit haben, sich die Hände in Unschuld zu waschen.

Am Ende dieser Tage rechtfertigte Lorenzo sich und die Taten aller Wütenden vor den zu feierlicher Sitzung vereinigten Behörden der Stadt: „Welcher Eifer ... Welche Anhänglichkeit, um meinen Bruder zu rächen ... Ich muss mich darüber nicht nur freuen, sondern es mir zur Ehre und zum Ruhm anrechnen ... Wo sonst Rächer und Mörder Schutz finden, in der Kirche, da werden die Medici Meuchlern überliefert ... Für die Pazzi gibt es keine Entschuldigung; sie hätten uns, fühlten sie Feindschaft, ruhig angreifen können ... Sie haben aber Privatfeindschaft mit städtischen Angelegenheiten verwechselt ... Stets werde ich euch als meine Väter anerkennen, werde stets bereitwillig eure Aufträge ausführen ... Werde auch, wenn ihr befehlt, mich nicht weigern, diesen mit dem Tod meines Bruders begonnenen Kampf mit meinem Tode zu beenden ..."

Nach der Niederlage der Pazzi und bis zu Lorenzos Tod, bis zum Jahre 1492, kannte Florenz ein und ein halbes Jahrzehnt innere Ruhe. Die von den Mediceern angestrebte Selbstherrschaft wurde verwirklicht.

Dabei schmerzte Lorenzo keine Anklage tiefer als die, er wolle die Verfassung der Republik verletzen oder auch nur korrigieren. Er erinnerte stets an den Kampf seiner Familie gegen die Oligarchie und suchte beständig die Nähe der niederen Zünfte. Er proklamierte sich als Freund des kleinen Mannes, sprach vom Volk und beklagte sich bei Schustern und Schneidern über seine schweren Bürden. Den „Miserabili" kameradschaftlich auf die Schulter zu klopfen, war eine seiner politischen Erfindungen.

Lorenzo liess den Bürgern sogar das Vergnügen der Wahl und die noch grössere Freude, gewählt zu werden. Aber die durch die Urne Erkorenen waren seine Leute. Er errichtete ein geschlossenes System der Beeinflussung.

Bis zu ihm vollzog sich die Wahl durch die Fürsorge einer rein technischen Kommission, die auf Grund der durch Willkür oft unterbrochenen Gesetze zu entscheiden hatte, wer wählbar war. Der Wählbaren Namen kamen in einen geschlossenen Sack. Ein Mann der Signoria zog aus ihm einen Namen, und der Name kam erst nachher zur öffentlichen Wahl.

Unter Lorenzo bestand die Wahlkommission aus seinen Kreaturen, und aus dem geschlossenen Sack wurde ein offener. Des Mediceers Hand ersetzte hier die des Zufalls.

Dieses Zauberstück aber genügte Lorenzo nicht. Es schien ihm eine zu schmale Basis der Legalität.

Er liess die vielen Behörden weiter bestehen, gab ihnen sogar neue, glänzende Namen. Er unterstellte aber alle Institutionen unter dem stets volkstümlichen Vorwand, Ordnung in die Finanzen bringen zu müssen, einer neuen Behörde: dem Rat der Siebzig!

Im Rat der Siebzig fanden nur Freunde der Mediceer Platz: nur die, die im Verlauf der Jahrzehnte als Mitglied irgend einer städtischen Kommission ihre Anhänglichkeit schon bewiesen hatten.

Die vielen Florentiner in den Behörden und die Signoria

als oberste Instanz, das ganze regierende Personal wurde — bis zu den Tagen Lorenzos — durch Wahlen jeden zweiten, dritten oder sechsten Monat erneuert. Eine Bürokratie konnte im Rahmen dieser Gewohnheiten nicht entstehen.
Der Mediceer ersehnte nun statt der Honoratioren ein festbeamtetes Personal. Denn nur die technische Überlegenheit der Bürokratie vermag die Herrschaftsbeziehungen zwischen der kleinen Zahl der Regierenden und der Masse der Regierten übersichtlich zu gestalten, die Vielen den Herren des Staates zu Füssen zu legen. Ohne die sachlich strengen Büros, ihre labyrinthisch gelagerten Pulte, ohne den Dünkel kleiner Schreiber, ohne den Formalismus streng geregelter Überflüssigkeiten vermag der an sich freie Mensch, der nicht, wie im Mittelalter, an eine Gemeinschaft gebunden ist, nicht geknetet, nicht modelliert, nicht geschunden, nicht entanarchisiert, nicht diszipliniert zu werden.
Einer unter den vielen juristisch vorgebildeten Florentinern, aus denen sich zumeist dieses Personal rekrutierte, war Bernardo Machiavelli.

Schon seit zwei Jahrhunderten hatten seine Ahnen der Republik in hohen Stellen ehrenamtlich gedient. Sechzehn unter ihnen als Bannerträger und fünfzig als Prioren. Stets waren seine Vorfahren auf seiten derjenigen Populanen, die rebellische Tage wünschten, um in den Kreis der Herrschaft einzudringen. Die Machiavellis waren ein politisiertes Geschlecht, für die das Uhrwerk der Macht nur wenig Geheimnisse hatte. Die Erinnerungen dieser Republik, die so oft höchste Unsicherheit mit grösstem Wohlstand paarte, hielten ihr Interesse wach für alle Wege, die in die Signoria führten. Diese festen Traditionen der Familien schützten die Stadt vor den Despotien der meisten übrigen italienischen

Städte. Sie liessen in Florenz kein Narrentum zur Macht gelangen, wie in Mailand, wo ein Herrscher mit seinen Untertanen nur durch einen Zaun getrennt sprach, keines, das, wie in Ferrara, auf Bürger zum Zeitvertreib Bluthunde losliess, keines, das, wie in Neapel, einen Privatfriedhof für ermordete Gegner errichtete, um da ruhig zu lustwandeln. Die Florentiner konnten zwar für die Freiheit keine sichere Grundlage finden; sie anerkannten sie aber als Schwester der Bildung und als herrlichste Tugend. In Florenz fand dank den freiheitlichen Traditionen der Familien, die bereit waren, ihre Dolche zu gebrauchen wie die Stiere die Hörner, das Schlechte an der Macht stets seine Grenze.

Der Kampf der Ahnen um die Freiheit, mit dem ständigen Risiko der Verbannung, der Todesstrafe, des Kerkers, der Enteignung, dieses Wachsein aller menschlichen Kräfte, erschien den Bürgern der mediceischen Zeit zu grausam und zu teuer.

Mit Vorliebe liess Lorenzo gerade diese Nachkommen Beamte werden. Durch Familien wie die Machiavellis betonte der Mediceer die allgemeine republikanische Tradition. Bekannte populane Namen legitimierten, erleichterten ihm den Weg zur Alleinherrschaft. Alle ihre Ziele verdeckt zu erreichen, war das planmässige Verfahren der mediceischen Politik. Sie konnte diese Methode mit Erfolg befolgen, weil hier die Gewalt des Werdenden — alle objektiven Momente, die nicht in die Augen springen und dennoch regelmässig wirken — für sie arbeitete. Schliesslich war die Verwaltung mit Ausschluss der Öffentlichkeit unabhängig von der Piazza in dem stets wachsenden Florenz billiger als die ehrenamtliche Tätigkeit der Bürger in allen Institutionen. Sie wurde zur Notwendigkeit.

Das nötige Personal — juristisch vorgebildet und mit

dem Ruf populaner Neigung — konnte Lorenzo unschwer finden. Denn gerade die alten Familien waren verarmt. Sie verstanden nicht, wie neuer Reichtum wird, und verloren das Gefühl für Konjunktur.

Bernardo Machiavelli konnte auch nicht mehr allein von der Erbschaft leben. Seine Frau, wie er aus altem florentinischen Populanen-Geschlecht, besitzt von patrizischer Vornehmheit nur den Traum und nicht auch die Mittel. Vier Kinder werden ihm geboren, zwei Söhne und zwei Töchter. Sein Patrimonium trocknet, unberührt durch Einnahmen, förmlich ein. Er ist ein schlechter Rechner, versteht nichts von Geschäften, vermag indes doch die Zeit zu überblicken, die ihn noch von dem Elend trennt. Die Stadt aber verlassen, sich auf sein kleines Gut zurückziehen, verbauern, kann dieser Mann gelehrter Rechtsbücher nicht.

Florenz lässt ihm nur den Weg zur Bürokratie offen. Er wird ein missmutiger Beamter des Fiskus. Bernardo ist ein durch Sorgen geschlagener kleiner Mann, der nie vergisst, vorsichtig zu sein. Als Juriskonsult der Steuer kennt er genau diese Goldküche der Mediceer; die Angst verschliesst ihm den Mund.

Nur zu Hause wird er gesprächig. Über Politik will er aber auch in seinen vier Wänden nicht mehr erzählen, als die Obrigkeit sagt. Seine sonst vorzüglich versteckte kämpferische Laune tobt sich vor Frau und Kindern gegen die Priester aus. Er bringt die antiklerikale Sprache, den antipriesterlichen Aberglauben der Florentiner Strassen mit zur Abendtafel. Seine Gattin erschrickt jedes Mal von neuem, zittert, leidet um den Glauben ihrer Kinder. Sie will ihren Zweitgeborenen Niccolò [1]) Geistlichen werden lassen und versucht, ihn vor der Zunge Bernardos zu retten. Sie dichtet für

[1]) Niccolò Machiavelli ist in Florenz am 3. Mai 1469 geboren.

ihren Sohn Lobgesänge auf die Heilige Jungfrau. Im Kinde Niccolò siegt aber der Vater. Es delektiert sich schon grinsend an der gepfefferten Derbheit der unchristlichen Rankune. Die Witze des vergrämten Vaters waren die einzigen Zauberworte dieses Kindes ohne Märchen.

Unweit des Ponte Vecchio, in der schmalen Gasse, die später Via Guiccardini heisst, steht das dreistöckige Häuschen, das schon Bernardo von seinen Ahnen geerbt hat und worin Niccolò Machiavelli die sehr bescheidene Geschichte seines Daseins beginnt. Den ganzen Tag verbringt er auf der Strasse. Gepresst fliesst zwischen den verdunkelten Fassaden der hohen Häuser das wilde Leben der florentinischen Kinder. Sie begleiten als johlender Chor die Ereignisse der Republik, sie sind grausamer, mörderischer, diebischer als die Erwachsenen. Sie betteln drohend während der Karnevalstage, sie treiben während der Pazzirevolte mit Leichnamen Spott, sie bilden die unbarmherzige Sittenpolizei Savonarolas, um dann frohlockend sein Kloster zu plündern. Als Kind hat sich Niccolò für immer mit der Strasse familiarisiert. Sie verliert in seinen Augen alle Mystik und jede Idealisierung. Er hat ihre Regungen sogleich mit der Sprache erlernt. Sein Gedächtnis und seine Liebe für das Konkrete erfassten hier durch Auge, Mund und Nase die Wirklichkeit der kleinen Leute. Die Strasse von Florenz gräbt sich tief in Niccolòs Bewusstsein ein; in seiner Seele lebt die Topographie der ganzen Stadt. Er ist ihr geistiger Ureinwohner. Andere Beamten- oder Patrizierkinder lesen schon griechisch oder sind in der Lehre bei einer höheren Zunft, musizieren, bildhauern oder malen. Er aber lernt das Fluchen und die Sprüche von den Mauern der Häuser und Latrinen. Niccolò Machiavelli bildet eine Ausnahme an beharrlicher musischer Talentlosig-

keit im künstlerischen Florenz. Es interessiert ihn kein Bild, keine Statue, keine Melodie. Die Kunst erweckt in ihm nur Müdigkeit. Und wenn er später Michel Angelo kennen lernen, Raphael begegnen wird, so bekümmern ihn ihre Ziele nicht mehr als der Wind, der gerade in fernen Ländern weht.
Niccolò leistet sich noch, wie jeder starke jugendliche Mensch, den Luxus der Zerfahrenheit. Er folgt dem Ruf der leichten Wege, die zu keinem Ziele führen. Wer viel Kraft in sich fühlt, der ist am Anfang seines bewussten Daseins unbesorgt. Die Keime aller Fähigkeiten lassen ihm gar keine Zeit, auf Karriere zu spekulieren. Für gewöhnlich wissen nur die Gewöhnlichen ganz genau, was sie werden wollen.
Bernardo aber muss um die heranwachsenden Söhne täglich bekümmerter sein. Der Erstgeborene, um sechs Jahre ältere als Niccolò, Toto, ist nur unnützer Ballast im ärmlichen Familienschiff. Er hat schon den Beweis seiner Untauglichkeit geliefert. Der jüngere Bruder bleibt die einzige Hoffnung. Und er will dennoch das Wagnis. Niccolò entscheidet sich nicht für die Jurisprudenz, die ihm den sicheren Weg zur Bürokratie eröffnen würde. Die mit lateinischen Sätzen und römischen Beispielen gesättigte Luft der Stadt erzeugt in ihm das übliche humanistische Fieber. Die Rechtsgelehrsamkeit ist innerhalb des Beamtentums das Gewöhnliche. Sie führt einen vom Schreibtisch zum Schreibtisch, von Stufe zu Stufe der Hierarchie. Als Humanist hingegen kann man ein stellungsloser Schöngeist bleiben; aber man vermag auch Aussergewöhnliches zu erreichen, die Berühmtheit über Nacht zu erlangen. Ein gelungenes Gedicht, eine vortreffliche Übersetzung, eine klassisch geformte Rede vermag mehr als der gleichmässige Fleiss der Juristerei. An der Macht um Lorenzo sind Humanisten und nicht Juristen.

Santi di Tito (1538–1603):
Niccolò Machiavelli

Als Dantes Bildnis in der Kirche von San Giovanni gekrönt, als sein Werk und das Petrarcas in den Studios gefeiert wird,[1]) weil sie italienisch schrieben, die Sprache, gegen die man, wie Lorenzo versichert, bis jetzt nur gesündigt hat, ist Niccolò Machiavelli erst fünfzehn Jahre alt. Der Strom aber, der aus dieser Bindung — der Korrektheit des Lateinischen mit den Lauten der Piazza — fliesst, trägt den Jüngling. Dieser Fluss entspricht Niccolòs angeborener Neigung für das Ungegerbte, Grelle, Sprudelnde. Das Lateinische erlernt er, wie jeder nicht ganz ungebildete Florentiner, nach dem Lesen, Schreiben und Rechnen. Was ihn aber an der Antike interessiert, ist nicht das Literarische. Er sucht das Unmittelbare: Tatsachen, Daten, Ereignisse aus der römischen Geschichte. Auch ihm ist noch ein Beispiel aus klassischer Vergangenheit ein für alle Zeiten gültiges Dogma.

Diese Mischung des Lateinischen mit dem Neuen, mit dem Italienischen, wird die Grundlage seiner geistigen Legierung, seines ganzen Seins.

Er bildet jetzt als anonymer Wanderer durch Florenz — kein Zeitgenosse und kein späterer Forscher kennen die einzelnen Momente seines jugendlichen Lebens — seine Stoss- und Widerstandskraft. Sie wird die des neuen Humanismus sein. Durch Machiavelli politisiert er sich. Waren die ersten Humanisten bis zu Cosimos Zeiten vor allem Schöngeister, die auch als Sekretäre grosser Herren arbeiteten und manches Mal selbst grosse Herren wurden, so sind sie jetzt vor allem durch das politische Interesse geformt. Machiavelli, Guiccardini, Vettori, Aretino, Leo X. treiben weiter Literatur, aber nur im Hinblick auf die Politik.

Dabei ist Niccolò unter diesen ersten der am wenigsten

---

[1]) 160 Jahre nach dem Tod Dantes, 93 nach dem Tod Petrarcas.

Gebildete. Seine Zeitgenossen rechnen ihn nicht zu den Gelehrten. „Machiavelli ist", schreibt der damalige Historiker von Florenz, Varchi, „eher nicht ohne literarische Bildung als ein Literat."

Er betont nur richtiger die neuen Tendenzen. Er erhebt sie erst für sich selber und dann für die anderen auf die Höhe eines neuen geistigen Anfangs.

Von Zeit zu Zeit scheint es, als ob die Bildung unter ihrem eigenen Ballast ersticke. Die Bibliotheken scheinen die Auslese eines Auserkorenen zu brauchen. Was Lorenzo, Pico della Mirandola, Marcello Ficino in dieser Richtung begannen, vollendete, von ihnen ebenso ungekannt wie unabhängig, Niccolò Machiavelli. Gerade die geniale Autodidaktik seiner Jugend gibt ihm die Mittel dazu. Der Humanismus brauchte einen Menschen von seinen individuellen Mängeln, von seiner religiösen Phantasielosigkeit, von seiner Gottverlassenheit, von seiner Spitzfindigkeit und Derbheit, von seiner Kälte. Er brauchte ein Temperament, das alles bloss Theoretische, Philologische, Bibliophile, Konventionelle überhaupt nicht mehr verstand.

Die Passion des menschlichen Geistes, die um Wahrheit ringende Beobachtung, an die Antike stets gebunden, musste das Individuelle — das Drama Machiavelli — erleben.

Seitdem die Macht, über andere zu herrschen, als Gut gilt, als Gefäss, worin der Wein perlt, der die eigenen Kräfte ins Unendliche vervielfacht, bemühen sich die Irdischen um sie. Das Ringen um die Macht kennt alle nur möglichen Formen und Bindungen der Gewalt, der Vergewaltigung, des Verrats. Mannigfaltig und dennoch eintönig, wie die vergänglichen Tage, äussert sich diese Gier, die von den Kindern der Erbsünde so unzertrennlich ist wie das Gewicht von ihrem Körper.

Niccolò Machiavellis Erkenntnis hat nicht das Moralische aus dem politischen Verkehr der Völker, Klassen und Schichten verbannt. Er hat nicht mit der Riesenkraft des leibhaftigen Satans eine idyllische Erde in eine kriegerische verwandelt.
Vor, während und nach Machiavelli muss nicht nur der Tyrann, nicht nur der Diktator, sondern auch der Politiker im allgemeinen und der Demagog im besonderen ein grosser Versteller, ein begabter Simulant, ein eindringlicher Kenner der Gelegenheit, ein virtuoser Nutzniesser aller Schwächen, ein Berechner der Vergesslichkeiten, ein Einpeitscher der Eitelkeiten, ein gewandter Jongleur mit Idealen, ein Liebhaber der Schlauheit und ein Anbeter der Gewalt sein.
Niccolò Machiavelli hat nur diese einzelnen Momente in Sätzen formuliert, die durch Jahrhunderte glänzen. Deshalb wird eine ewige Realität, ein ewiger Trieb nach ihm genannt. Die Helden seiner Zeit waren blind und taub für die konventionellen Worte, die die Macht zu ihrer Rechtfertigung braucht. Er sah in ihrem Handeln den Geist der Gewalt und pries sie als die Natur der Berufenen, der Entschlossenen, der Glücklichen. Er konnte diese Momente am klarsten sehen, weil seine Zeit alle mittelalterlichen Begriffe der Heiligkeit zerstampfte. Denn obwohl das, was seine Nachfolge Machiavellismus nennt, ewig ist, war bis gegen Ende des fünfzehnten Jahrhunderts das Niederträchtige in der Politik stets vom schlechten Gewissen begleitet. Die christliche Idee, soweit sie auch von der Wirklichkeit entfernt war, wirkte doch, wie jedes anerkannte Ideal, im allgemeinen Geschehen mit.
Nirgends aber wurde die Reue, die Kluft zwischen Gut und Böse, zwischen Himmel und Hölle, so bewusst, so klar wie in der mediceischen Republik überwunden.

Florenz wurde eine Stadt der Zweifler.

Der Mann der öffentlichen Meinung verhielt sich neutral zu allen Idealen und ironisch zu allen ererbten Vorstellungen der Sittlichkeit. Das moralische Universum interessierte ihn nicht. Er war davon überzeugt, dass alle Ideen sowohl falsch als auch wahr sein konnten. In diesem Glauben fühlte er sich frei und erhaben. Die Chronisten klagen über das gleichgültige Herz der vielen reichen Florentiner.

Alle Regungen der starren Gesinnung, des tiefen Enthusiasmus, alle pessimistischen Prophezeiungen konnten ihre Kälte nicht erschüttern.

Der Himmel erschien ihnen leer und die Erde voller Möglichkeiten für die Tückischen, für die Rücksichtslosen. Eine Mischung von Mut, Käuflichkeit und Geschicklichkeit bestimmte ihre Lebensform und die Beziehungen zu den Menschen. Es wurde unter ihnen Mode, Dinge, die man sonst nur versteckt tut, zu preisen, und es schadete nicht ihrer Würde, ohne den idealen Schein um die Ehrbarkeit, um die Familie, um die Liebe, um die Kirche, um die Tapferkeit zu leben. Sie meinten, den Schleier, der stets alle Dinge und Gefühle etwas verbergen muss, entbehren zu können, und schauderten nicht davor zurück, ihr eigenes Herz und das der anderen nackt zu sehen.

Die Politik wird von jedem moralischen Begriff gereinigt. Eine solche Welt, ohne jede überirdische Idee, ohne jede Erdichtung, gegen jede Annahme, die nicht sofort sichtbar ist, ohne jede Fiktion, bildet den politischen Realismus der Florentiner.

„Über übernatürliche Dinge oder über solche, die man nicht sieht, zu spekulieren", schreibt Machiavellis Freund Guiccardini, „ist die reinste Verrücktheit." Und Vettori, dessen Leben mit dem Niccolòs verbunden bleibt, meint, einen weiteren Irrsinn bedeute es, durch

Ideale die Stadt beunruhigen zu wollen. Die Narretei, die sich stets im allzu Vortrefflichen verbirgt, ist ihm der Feind des Guten. Mehr als geschmeidig zu sein, mehr als unmittelbar von günstigen oder ungünstigen Umständen profitieren zu wollen, heisst ihm, nach Unwirklichkeiten streben.

Diesem Studium des Möglichen wollte die florentinische politische Erkenntnis und Beobachtung der mediceischen Zeit dienen.

Die einzige Wirklichkeit aber ist ihnen das Individuum und nur das Individuum.

Wie Michel Angelo meint, dass man die Darstellung der Bäume, der Wiesen, der Häfen, der Strassen geringeren Begabungen überlassen müsse, da der wahre Gegenstand der Malerei der menschliche Körper allein sei, so betrachtet auch die florentinische Politik als den einzigen Gegenstand ihrer Kunst das Individuum.

Diese allgemeine geistige Eigenart, an kein politisches System gebunden, war die Niccolò Machiavellis, noch lange bevor ihn das persönliche Unglück zur Schriftstellerei zwang. In der Freiheit von aller Dogmatik, von allen Schatten überlieferter Autoritäten, bildete sich seine Lust nach Erfahrung. Er wird sich in seinem Leben oft in Abhängigkeit winden. Er wird nach seinen eigenen Worten „hinter manchen hergehen, die einen besseren Mantel tragen". Aber dennoch verlässt diesen Mann nicht mehr die Unabhängigkeit seines Denkens. Die Objektivität der Politik ist mit diesem Jüngling, der in Florenz noch keine Stellung gefunden hat und noch auf seinen Beamtenposten wartet, geboren.

Die Interessen der Menschen, denen er sich beugt, stören seine Begabung für die Wahrheit nicht. Es ist, als ob er eine Lehre von Linien und Figuren erläutert und nicht Erkenntnisse der Politik, die immer mit Worten Tatsachen verschleiern.

Dieser in die Logik Verliebte hütet sich aber, der Vernunft im politischen Verkehr eine wichtige Rolle zuzuteilen. Sein Grundsatz sagt ihm, dass, sooft die Vernunft gegen die Menschen ist, sie leicht in die Flucht geschlagen wird. Ihm sind die Leidenschaften der individuellen Natur das Bestimmende der Politik. Er möchte diese Effekte algebraisch bestimmen, ihre Grössen, ihre gegenseitigen Verhältnisse ein für allemal festlegen.
Der Kampf, der in der Welt tobt, und die Unruhe, die die Tage erfüllt, und alle Bitternis, die Städte und Dörfer verdorrt, wachsen in der Brust des Individuums. Die Welt wird im Grossen, im Allgemeinen von den selben Leidenschaften getrieben, von denen der einzelne Mensch im Kleinen, im Besonderen bewegt wird. Der Mensch lebt durch alle Jahrhunderte hindurch in ewigem Kriegszustand. Sein Dasein ist der beständige Lärm der Disharmonie. Im Unglück sind die Menschen ohne Mass betrübt, des Glücks werden sie aber auch überdrüssig. Im Glück sind sie gebläht vor Eitelkeit und Stolz und führen alles auf ihre Tugend zurück. Sie werden unerträglich für ihre Umgebung. Im Unglück werden sie verächtlich und sind um einen Spottpreis zu haben. Im Unglück wie im Glück sind sie von einer brennenden Wut, von einem tiefen Lebensdurst getrieben. Deshalb sind sie stets zum Kampfe bereit. Kämpfen sie nicht aus Not, dann aus Ehrgeiz, der sie nie verlässt, wie hoch sie auch steigen mögen. Für längere Zeit zufriedene, gesättigte Sieger gibt es nicht. Ihr Verlangen, zu erwerben, ist unersättlich und grösser als die Möglichkeit dazu. Die Unzufriedenheit ist das Allbestimmende, das stets Wirksame; der eine Teil der Menschen begehrt, mehr zu haben, als er besitzt, der andere fürchtet, das Erworbene zu verlieren. So kommt es zur Feindschaft, zum Krieg, zum Ruin

des einen Landes und zur Erhöhung des anderen. Dabei sind diese Plünderer einfältig. Sie gehorchen in hohem Grade dem Zwang des Augenblicks. Sie ähneln manchen „kleinen Raubvögeln, die so sehr vom Trieb nach einer Beute beherrscht sind, dass sie den grossen Raubvogel nicht gewahren, der neben ihnen schwebt, um sie zu ermorden". Die Erfahrung ihrer Vorfahren oder die Vernunft kann sie von ihrem Untergang nicht zurückhalten; denn sie sind träge, leben von der Hand in den Mund, glauben nie, dass etwas geschehen kann, was bis jetzt nicht geschehen ist, und gehen fast immer auf Wegen, die andere bahnten. Ihr Tun ist Nachahmung.

„Ihre Schlechtigkeit" — schreibt Machiavelli — „kann weder durch die Zeit besiegt noch durch Wohltaten gemildert werden."

„Wenn irgend eine Boshaftigkeit eine Zeitlang verborgen bleibt, so rührt dies nur aus irgend einer noch verborgenen Ursache her, die man erst dann kennen lernt, wenn die Schlechtigkeit zum Ausdruck gekommen ist. Die Zeit, diese Mutter der Weisheit, entdeckt uns alle Niederträchtigkeiten."

Das Wissen um das Böse ist so alt wie der denkende Mensch und das Ringen dagegen so alt wie die Religion. Durch Machiavelli wird zum ersten Mal der Verzicht auf den Kampf mit dem Bösen ausgesprochen, zum Grundsatz erhoben. Er macht aber aus dem Bösen kein Gutes. Er verkehrt nicht die Moral, er heuchelt kein einziges Mal. Das Böse ist ihm die gegebene Wirklichkeit, an der man nichts ändern kann, wie die Sterblichkeit, wie das Meer und wie die vier Jahreszeiten. Das Böse gehört nicht nur zum Dasein, es ist auch der Werkmeister der Welt. Das Böse nicht zu erkennen, heisst ins abgrundtiefe Wasser springen oder ins Feuer laufen. Alles, was die Sehnsucht über das Gute sagt, entspricht der optimistischen oder der verlogenen Veranlagung des Individuums. Es sind Spielereien mit Möglichkeiten, mit dem Sein-Sollenden. Das Denken an das Sein-Sollende ist die Flucht vor der Beobachtung, die Phantasie im Paradies der Faulheit. „Denn es ist", schreibt er, „ein gar grosser Unterschied, wie man lebt, und wie man leben s o l l t e, und wer sich an das hält, was geschehen sollte, statt an das, was in Wirklichkeit geschieht, der schafft mehr für seinen Untergang als für seine Erhaltung. Ein Mensch, der immer und überall vorsätzlich das Gute tun will, muss inmitten so vieler Menschen, die nicht gut sind, schliesslich zugrunde gehen."

Der Mensch, der Böses tut, macht nur das, wozu ihn die Natur zwingt, die angeborenen Elemente seines Leibes und seines Geistes halten ihn wie in einer Zange gefangen. Der Zwang — die necessità — ist der Vater aller Dinge. Machiavelli will, dass der Politiker diesen Zwang und diese Natur kalkuliert, wie der Schiffer den Wind und wie der Architekt das Fundament der Häuser berechnet. Die Natur ist ihm ganz Wirklichkeit, und nur, wenn man die chaotische Vielheit, aus der sie besteht, kennt, vermag man praktisch, unmittelbar zu wirken. Aus seinem Denken spricht das Lebensgefühl des entgötterten Florentiners, der Brillen erfunden, Strassen gebaut, Leinwand trefflich gefärbt hat und der nun glaubt, auch die Menschen so regulieren zu können, wie er den Arnofluss reguliert hat. Für Machiavelli ist das Gefühl, dass kein Gott die Natur geschaffen, schon so selbstverständlich, dass er es gar nicht mehr betont. Deshalb gibt es für ihn in der Werkstatt des Daseins keine Moral und keine Unmoral, sondern nur Affekte, die feststellbare Kräfte sind. Mordgier, Schlauheit, Übermass und Undankbarkeit, viel Hass, etwas Liebe, etwas Sinn für Tradition, drohende Gefühle der Neuerungssucht, Veränderungstriebe, Abenteurersinn, Goldgier, Langeweile, Ruhmsucht, Ehrgeiz, Neid, Hunger, Eitelkeit, Angst um das Heute und um das Morgen bewegen die Menschen. Unerschöpflich und unermüdlich kombiniert er dieses Spiel der Leidenschaft. Es gilt, sie zu sammeln, um unmittelbare politische Ziele zu erreichen.

Die Mächtigen, die Entschlossenen, die vom Elan der virtù — der Herrschaftstugend — Durchdrungenen, sie kennen die Wirklichkeit und freuen sich ihrer. Sie wissen, dass „die Natur die Glücksgüter" — schreibt er — „inmitten der Leute hingestellt hat, mehr dem Raube ausgesetzt als dem Fleiss, mehr den schlimmen als den guten Künsten; sie betrachten der Menschen Treiben und sehen, wie alle, die zu grossen Reichtümern und zu grosser Macht gelangen, dies durch Betrug oder durch Gewalt erlangt haben, und wie sie das, was sie durch List oder durch Übermacht an sich gerissen, mit dem ehrbaren Namen Gewinn betiteln, um die schnöde Art des Erwerbs vergessen zu machen".

Nicht jeder aber ist dazu berufen, in diese Sphäre einzudringen. Denn es handelt sich um keine einfache Lotterie der Gewalt, zu der jeder gewöhnliche Bandit ein Los bekommt. Nur der Mann betritt den Kampfplatz als Erkorener, für den das Wagen erst dann einen Sinn hat, wenn es um das Höchste, um die Macht geht. Dieser Mann ist kraft seiner „grandezza del animo" und seiner „fortezza del corpo" der freie Träger seiner ganzen Gegenwart. Dieser Auserwählte, von den Elementen der virtù zugleich getrieben und verzehrt, muss sich dem Ideal der Klugheit nähern; er weiss, dass die Verhältnisse in stetem Wechsel begriffen sind, er versteht die neuen Umstände und passt sich ihnen sofort an, er hängt nicht an der Methode, die ihm gestern einen Teilerfolg gebracht hat, er ändert mit Windeseile seine Berechnungen; trotz seiner virtuosen Wendigkeit bewahrt er in jeder Lebenslage seinen ursprünglichen Stolz, als ob das Schicksal keine Macht über ihn hätte; und trotz aller Vorsicht ist er immer in Aktion. Denn nur im unmittelbaren Handeln vermag er eine Unsumme von politischen Realitäten zu entdecken, die das reine Betrachten ohne Erfahrung nie offenbaren kann. Dieser mit der Herrschaftstugend begnadete Mann wird vor allem tückisch sein. Denn die Art seiner virtù — all sein Talent für die Macht — muss über das feindliche, das stets tückische Schicksal, die fortuna, siegen. Es ist ein Naturkampf der Gewalten. Die Aussichten sind gleich, weil die Mittel gleich sind. Auf der einen Seite der Mensch ohne Gott, der nach den höchsten irdischen Zielen strebt, und auf der anderen Seite die von keinem Gott geleitete fortuna.

Der Kampf gegen die fortuna ist das Ringen des Menschen gegen seine eigene Beschränktheit, die Unmöglichkeit des Strebenden, den morgigen Tag und alle Kräfte, die den heutigen bestimmen, genau zu kennen. Das Individuum bewaffnet sich mit dem Willen, mit dem Vorsatz, mit dem Fleiss. Die Gebiete, auf denen der Mensch nichts kann und nichts weiss, in sie dringt ganz leicht das beharrende Element der fortuna ein. Tausendfach zeigt sie sich, tausendfach versucht sie, zu ängstigen, zu hemmen. Sie kann aber auch locken, das Schwere als leicht vorzaubern. Die fortuna schlägt die Strebenden aus der Finsternis nieder, und wenn sie ganz tückisch sein will, dann schleudert sie die Blitze aus heiterem Himmel — oder sie lässt den Helden bis vor das Tor seiner Ziele gelangen und zieht ihm dann den Boden unter den Füssen weg — er fällt ins unbegreifliche Nichts.

Dem reissenden, überraschenden Strom des Schicksals muss die virtù Dämme und Kanäle entgegenbauen.

Dann vermag sie die Fluten einzuschränken. Fortuna beherrscht nur die Hälfte unserer Handlungen. Wo aber die Menschen von keiner virtù beseelt werden, wo sie die Kräfte der Natur, die Leidenschaften, nicht sammeln, disziplinieren können, da erdrückt fortuna diese Willen- und Machtlosen.
Die virtù des grossen Individuums beschlagnahmt dagegen die chaotischen Leidenschaften der Gewöhnlichen zum Zweck der Herrschaft.
Der von der virtù Durchdrungene hat nur dieses schlechte Material Mensch, diese Wirklichkeit zur Verfügung, „diese", wie Machiavelli schreibt, „treuen Knechte, die immer Knechte bleiben, diese ehrlichen Leute, die immer arm bleiben, diese Untreuen und Frechen die allen Zwang abstreifen wollen, diese Unehrlichen, diese Raubsüchtigen und diese Lumpen", die er durch seinen Geist und durch Zwangslagen, durch die necessità formt. Seine virtù vermag durch alle Kanäle des Egoismus hindurch in die verwirrten und zu Unordnung neigenden Individuen das Pathos des geschichtlichen Werdegangs fliessen zu lassen. Er erhebt die Masse in die Gebiete der Notwendigkeit, wo sie sogar Heldentaten vollbringen wird. Er adelt diese der Herrschaft notwendige Bestie durch die virtù, die einst Persien, Karthago und Rom gross gemacht hat. „So sagt man auch mit Recht", schreibt Machiavelli, „dass Hunger und Armut die Menschen fleissig und das Gesetz sie erst gut macht."
Machiavelli entdeckt der Welt durch die drei Grundbegriffe seines Denkens, virtù, fortuna, necessità, ihre neue Machtrealität: Nicht mehr viele fromme Seelen, die den Zehnten zahlen, nicht mehr Beeinflussung der Welt im Sinn einer allgemeinen Idee christlicher Gemeinschaft, nicht mehr Kreuzzüge, sondern fest umrissene Gebiete, Festungen, rational arbeitende Be-

amtenschaft, pünktlich funktionierendes Kommando; er entdeckt den seit ihm nicht mehr endenden gewaltigen Ruf dieser Territorien nach armi propri, nach eigenen Waffen.

Das ist die Macht, die seine Phantasie sieht. Philipp II. von Spanien, Papst Julius II., Ludwig XII. und Franz I. von Frankreich, Kaiser Karl V., alle Männer kommender Herrschaft haben etwas von Machiavellis virtù.

So wie Florenz ein früher Ausdruck der Italiener und der modernen Europäer überhaupt war, so wie auf dem engen Raum dieser Republik am Schluss des Mittelalters der Geist kommender Jahrhunderte sich vielseitig offenbarte, so waren die Gedanken des noch kaum dreissigjährigen Machiavelli eine Vorwegnahme der Gefühle und der Energien der beginnenden grossen Gegensätze kontinentaler politischer Einheiten.

GOTT UND MACHT

DIE Verhältnisse innerhalb Toskanas bleiben klein. Die Interessen der kämpfenden Gruppen haben beschränkte Ziele.

Das ganze Territorium der Republik ist nicht grösser als Mecklenburg-Schwerin im zwanzigsten Jahrhundert. Die Bevölkerungszahl von Florenz übersteigt nicht neunzig-, die des ganzen Landes mit den achthundert ummauerten Plätzen und den zwölftausend offenen Ortschaften nicht fünfhunderttausend Menschen. Trotzdem erhebt sich Florenz zum Medium allgemeinen Werdens. Von den Fenstern der Signoria kann man den Wahn und die Wirklichkeit Europas, das sich verändert, sehen. Ein waches Ohr, wie das Machiavellis, hört hier die Grundelemente des politischen Geschehens. Florenz' Strassen, belebt von allen streitenden Momenten des Abendlandes, erwecken daher mit nur einem Tag aus ihrem Dasein mehr Interesse als ein Jahrtausend russischen oder mongolischen Steppenlebens.

Florenz, das jahrhundertelang den Kontinent in allen wichtigen Zentren langsam und dennoch entscheidend durchdrungen hatte, wird von den Weltereignissen gesprengt. Fremde Notwendigkeiten verbinden sich nun mit toskanischen Angelegenheiten. Der Florentiner Geldmarkt war die Helferin der zentralen französischen Monarchie gewesen. Jetzt ergiesst sich die Kraft dieser Monarchie über Florenz und über Italien.

Jeder der vier grossen Staaten — Spanien, England, das Reich der Habsburger und Frankreich — empfindet seine Einheit als Überlegenheit gegen den anderen. Dieser kriegerische Elan, der sich gewaltig aus dem

Innersten aller Dinge erhebt und zur Schlachtenflamme vieler Jahrhunderte wird, treibt den König Karl VIII. von Frankreich nach Italien und nach Florenz. Bevor Karl VIII. die Invasion beginnt, um angebliche Kronrechte auf Neapel zu wahren, sendet er Emissäre an die wichtigsten Orte Italiens. Florenz war wegen seines Geldes, seiner geographischen Lage, seines Ansehens die Schlüsselstellung, in die es galt, ohne Gewalt, womöglich unter dem Mantel der Freundschaft, einzudringen. Piero Medici — Sohn und Erbe Lorenzos —, der zerfahrene Herr von Florenz, mehr Athlet als Staatsmann, der viele Stunden hintereinander Ball spielt. sich mit Ringern öffentlich misst, seine Freunde und Verwandten ohrfeigt, viel trinkt, ganze Tage nicht zu sehen ist, weil er sich mit seinen Frauen verschliesst und dieses Geschäft allen anderen vorzieht, weigert sich, diesem Feldzug Karls Vorschub zu leisten. Dieser Sohn des grossen Lorenzo war ein halber Narr, wollte aber einmal das Richtige. Seine Weigerung hatte keine nationalen Motive, niemand hatte solche Motive in ganz Italien. Piero fürchtete nur, durch den Zug Karls in Verwicklungen mit seinen florentinischen Nachbarn zu geraten. Er wollte vor allem seine Ruhe haben.

Die Frage, wie man sich zu Karl VIII. stellt, wirbelt nun alle Fraktionen und alle Leidenschaften der oberen Florentiner Fünfhundert durcheinander. Das tägliche Oppositionsgerede der vornehmen Populanen beschäftigt sich mit Dingen der auswärtigen Politik.

Für Frankreich aber sind alle. „In unseren Herzen", sagt ein Florentiner, „blühen die Lilien."

Das grosse Geheimnis der auswärtigen Politik — die Frage, wie man sich zum Zuge Karls verhält — sickerte aus den Palästen in die Häuser der kleinen Leute. Die Vielen wussten nichts Genaues, aber sie lebten

in einer allgemeinen Erwartung, fühlten den Hauch des Abenteuerlichen, des Dramatischen.
Nur ein Mann, der Dominikaner-Mönch Hieronimus Savonarola im Kloster San Marco, übersieht die Ereignisse.
In langen weissen Nächten des Gebets ringt er um Sicherheit. Gott wird ihm aber nur helfen, wenn er alles Irdische wie nichts achtet und das himmlische Ideal zum Verbündeten seiner Tage gewinnt. In diesem tiefsten Willen zur Erlösung, in süssem Entzücken, unablässigem Lobsingen hat er Visionen. Gott offenbart sich ihm.
Der Mönch Hieronimus Savonarola gewinnt die Sicherheit des Propheten. Sein Bewusstsein, in der Zelle des Klosters San Marco geformt, wird zum magnetischen Punkt der Wirkung, zur handelnden Macht. Er ist Werkzeug der Frommheit. „Ich bin", ruft er, „wie der Hagel, der jeden trifft, der unbedeckt ist."
Der Mönch Savonarola verspottet die kleinlichen Berechnungen, die die Sachverständigen der Politik und die Meister der berühmten florentinischen „Combinazione" an die erwartete Invasion knüpfen. Er ist der Einzige, der in dieser Stadt der Philosophen, der Wechsler und der feinsten Kritiker die Wirklichkeit, die schon morgen beginnen wird, erkennt: dieser Zug Karls wird ungeheures Unglück auf einander türmen! Savonarola durchbricht das überall geflüsterte Geheimnis und kündigt den Franzosenzug in gewaltigen Prophezeiungen mit alttestamentarischen Phantasien an. Er erschreckt die Menschen, er betrinkt sie mit der Angst. „Oh Italien", ruft er, „Greuel auf Greuel werden über dich hereinbrechen, Greuel des Kriegs ausser der Teuerung, Greuel der Pest ausser dem Krieg, und ein wahres Gerücht wird das andere jagen. Kaum verkündigt ein Gerücht ein Barbarenheer, so wird

sich dieses und noch ein anderes zeigen. Ein Gerücht von Westen, ein Gerücht von Osten, Gerüchte über Gerüchte von allen Seiten . . . Die Priester werden ihre Würden verlieren, die Fürsten werden sich in härene Gewänder kleiden und die Völker vom Unglück zermalmt werden."

Für den Prediger so vieler Pein ist die erwartete Katastrophe unentrinnbar. Menschliche Kräfte würden sich vergebens dagegen wenden; er ruft die vor seiner Kanzel in Schmerz erstarrten Florentiner nicht zu den Waffen gegen die Invasion, sondern zum Abscheu gegen die eigenen und gegen die fremden Sünden.

Der hundertfache Tod, der nun beginnen wird, ist eine notwendige revolutionäre Arbeit Gottes: der Allmächtige zertrümmert durch sein Gericht diesen durch Frevel ohne Zahl verpesteten Sitz der Kirche — Italien!

Ganz Florenz sagt: Ein Prophet ist unter uns.

Piero Medici und alle anderen Miseren der toskanischen Politik sind nur noch kleine verächtliche Schwierigkeiten. Der Hauptgegner sitzt in Rom, „ist eine gemalte Puppe, eine wollüstige schamlose Dirne, schlimmer als ein Vieh", hat die Nachfolge des Heiligen Petrus gekauft, heisst Borgia und nennt sich Alexander VI. Gegen dieses Haupt der Welt, gegen diesen Betrüger, der auf dem Stuhl Salomonis thront, für Geld allen die Türen des Tempels öffnet, für Geld Sakramente erteilt, für Geld die höchsten Würden verleiht, für Geld jede Sünde vergibt, für Geld die Glocken aller Kirchen läuten lässt, muss der ganze Erdkreis aufstehen. Savonarola erhebt die kleine toskanische Republik zum moralischen Prinzip und ruft sie zur Weltempörung auf. Seine Kanzel soll der Berg der Erneuerung sein und weit hinaus über San Marco die ob der Kirche weinenden Frommen binden; alle Streiter Christi „in Deutschland, in Frankreich, in Spanien, in allen

Fra Bartolommeo (1475–1517):
Girolamo Savonarola

Städten und Burgen, in allen Dörfern und Flecken in ihrem Eifer stärken". Denn sie alle, sagte er, flüstern mir ihre Bereitschaft zu.
Er ist das glutrot für den Glauben brennende Gewissen und sucht die notwendige, unmittelbare Macht, um dem Gegner zu schaden. „Oh, nimm ihnen denn, oh Herr", betet er, „ihre Güter, nimm alles, was sie besitzen."
Er weiss, seine Visionen: die bewaffneten Heiligen, die vom Himmel regnenden Pfeile, die schwarzen Kreuze in Rom, die alles verdunkeln, und die goldenen in Jerusalem, die alles erhellen, sind nur eine Ankündigung der soldatischen Macht Irdischer. Alles rüstet in seiner Vorstellung gegen Rom. „Der Himmel und die Erde, die Engel und die Guten, ja selbst die Schlechten" ziehen mit, und Karl von Frankreich ist nur der erste aus diesem Heer.
Das Predigen und die Zelle haben diesem Mönch nie genügt. Er kennt genau die weltlichen Dinge, auch wenn er nur in Symbolen spricht. Seine Dominikaner bringen Botschaften hin und her. Er weiss von der den Borgias feindlichen Umgebung Karls VIII. Der unermüdliche Feind Alexanders VI., der Kardinal de Rovere — der spätere Papst Julius II. — begleitet Karl von Frankreich.
Von unendlichen Erwartungen getrieben, ruft Savonarola: „Oh Schwert, Schwert, du wirst alles wieder in Ordnung bringen."
Die Stadt scheint Niemandem mehr zu gehören. Die Mediceer haben sechs Jahrzehnte lang gut gearbeitet und den Sinn jeder Diktatur erfüllt: keine Oppositionsführer übrig zu lassen; entweder sind sie tot oder im Exil. Die eigene Unentbehrlichkeit ist durch die Vernichtung jeder Nachfolge bewiesen und fundiert. Die Stadt ist nur deshalb mediceisch, weil niemand da

ist, um den Sturz dieser Familie zu proklamieren. Nur Tage dauert es noch, bis Karl VIII. von Frankreich, an der Spitze seiner dreitausendsechshundert Lanzen, seiner sechstausend bretonischen Bogenschützen, seiner sechstausend Armbrustschützen, seiner achttausend Scharfschützen, achttausend Schweizer, seiner zahlreichen leichten Artillerie, umgeben von entwurzelten feudalen Granden aus Frankreich, Spanien und England, zahlreichen unritterlichen Rittern und italienischen Emigranten in Florenz sein wird. Er hat, von Lyon über Grenoble kommend, die Alpen beim Mont Genèvre überschritten, hat Rapallo geplündert und in Turin und Asti, in Casale und Piacenza in vollen Zügen gefeiert. Jetzt steht er schon mit seiner Armee auf toskanischem Boden, einige Stunden von Florenz — in Pisa!

Florenz glänzt in seiner Ohnmacht den königlichen Truppen entgegen.

Die Stadt fühlt sich gefangen, zu keinem Entschluss mehr fähig. Eine leere Aufregung hat die Menschen ergriffen und treibt sie aus ihren Häusern. Flüche, Schreie erinnern an längst vergangene vormediceische Tage der Revolte. Vor den Häusern bekannter Mediceer drohen aufgeregte Gruppen. Zehntausende von Männern der niederen Zünfte schlängeln sich durch die ganze Stadt, um auf der Piazza vor der Signoria stundenlang geduldig auf Nachrichten zu warten. Die Truppen Pieros sind ausserhalb der Tore. Die Wachen trauen sich nicht aus den Stuben.

Die Menge, arm und reich, pilgert in die Kirche zu San Marco.

Savonarolas Stimme hat als einzige seit einem halben Jahrzehnt gegen Medici gerufen. Sein Wort kann heute sofort zur Tat werden.

In diesem Gedränge der Pilger steht auch Niccolò

Machiavelli. Der Mönch vermag aber dieses Gemüt ebensowenig zu berühren wie der plötzlich lodernde Glaube der Florentiner. Niccolò bleibt kalt wie die seelenlose Erde in der Nacht, und alle frommen Worte, die er jetzt hört, schwirren ihm unbequem ins Ohr. Was will überhaupt dieser Mönch? Was kümmert er sich um die weltlichen Dinge von Florenz? Machiavelli hat den Eindruck, dass die Raben und die Schlaumeier der Kirche ihm die Heimat rauben wollen. Nicht dass er ein Anhänger Piero Medicis wäre, für dieses Bündel aller Schwächen hat er nur Verachtung. Wie anders aber hat sich Machiavelli den Mann der neuen Macht, den Heros der Herrschaftstugend vorgestellt!
Unwahrscheinlich erscheint es ihm, dass in diesem gottlosen Florenz sich ein Priester nach oben, in die Sphäre der Macht erhebt. Dieser Frate ist aber eine Tatsache. Mit seiner warmen Rede ist er der siegreiche Sohn des Tages.

Savonarola bleibt die einzige grosse Überraschung in Machiavellis Leben. Keine Unbeständigkeit der Dinge, keine Siege und keine Niederlagen, kein Meuchelmörder wie Baglioni aus Perugia, kein Stadttyrann wie Herkule von Este können ihn verwundern. Die Überraschung aber, die er beim Anblick dieses Mönches erlebt, lähmt ihn. Er sieht ihn aus der Nähe und versteht ihn nicht. Machiavelli ist blind für diese Genialität des Glaubens, wie er blind war für Michel Angelo, für Leonardo da Vinci und für Raphael. Wäre Savonarola kein Priester, würde Niccolò versuchen, sich ihm zu nähern, wie er sein ganzes Leben lang die Nähe des Mächtigen gesucht hat, nicht um zu schmeicheln, nicht um mitzuherrschen, sondern um mitzusehen. Er bleibt stets ein keuscher Liebhaber der Macht; aber er muss sie mit seinen Händen fühlen, für sie, wenn es nicht anders geht, im Dunkeln wirken. Die Beschäftigung mit der Macht bildet sein ganzes Wesen. Sie ist, schreibt er, die Speise, „die mir allein gebührt, für die ich geboren ward".

Einem Priester aber, der kein Papst, sondern nur ein Neuerer ist, der statt der grossen Tugend der Handlung den absoluten Glauben verkündet, kann er sich nicht nähern. Er hasst die Kutte mit der ganzen Kraft seiner Phantasie und seines Vorurteils.

Machiavelli wünscht sich nur einen Mönch; mit dem müsste man aber, schreibt er, auf einmal und in einer Person alle schlechten Erfahrungen machen, die man sonst im Lauf der Zeit mit den Mönchen im allgemeinen macht.

Und was wird jetzt dieser Frate, dem Tausende von Händen die Macht entgegenstrecken, tun? Savonarola antwortet und verflucht den längst verstorbenen Cosimo Medici. „Wenn", predigt er, „Cosimo euch gesagt hat, man könne nicht mit Vaterunser regieren, so vergesset nie, dass dies der Spruch eines Tyrannen ist, um unsere Stadt zu unterjochen, sie von Gott zu trennen." Diese Worte Cosimos sind aber nichts als Geist vom Geiste Machiavellis, und Savonarola predigt gegen den ihm unbekannten und feindlichen Florentiner.

Vielleicht aber verbirgt sich hinter all den Worten für das Jenseits nur die grosse Schlauheit für das Diesseits; vielleicht spürt der Mönch doch das Unbedingte der Macht, vielleicht ist das weisse Kleid des Dominikaners nur ein Vorhang vor kühnen Plänen der Herrschaft? „Denn", schreibt Machiavelli, „wer die Bibel mit Verstand liest, wird sehen, dass Moses, um seinen frommen Gesetzen und Einrichtungen Geltung zu verschaffen, viele Menschen töten musste."

Der Mönch aber, der sonst immer Feuer gespien hat, gebraucht gerade jetzt, wo er das Schicksal kneten kann, seine ganze Macht, um die Florentiner zu beruhigen. Er wird plötzlich sanft, er übersieht die harten Grenzen der Dinge, er sieht andere Glückseligkeiten. Den Harrenden, die von ihm Winke zur Zertrümmerung erwarten, predigt er eindringlichst Barmherzigkeit. „Oh Herr, der du gestorben bist für uns, vergib, vergib ... Florentiner! Gebt Almosen, betet und seid einig!"

Er will keinen Aufstand in Florenz, er vertraut nur Karl von Frankreich und nicht den finsteren Blicken derjenigen, die das Mediceische verbrennen wollen. Alle Chronisten und auch alle seine Feinde erklären, federleicht hätte er in diesen Tagen die alte Herrschaft vernichten, sie an sich reissen können.

Savonarola ruft die Macht als Gottes Geissel an, er kann sie aber selbst weder zimmern noch gebrauchen. Der Kern der Sünde, der in der Macht liegt, auch dann, wenn sie zum Guten wirkt, stösst ihn ab. Seine innere höhere Welt wirft die Macht weg. Andere sollen ihre Seelen mit Macht belasten. Sein Gewissen erträgt sie nicht.

Niccolò Machiavelli sieht sofort diese angelische Stärke und politische Schwäche.

Dieser Mönch, meint Machiavelli, vertraut jetzt der gläubigen Masse, die morgen ihren Glauben verlieren wird. Dieser Mönch vertraut in Florenz, der Stadt der Stimmungen, der Laune des Tages. Dieser Mönch nützt nicht die Stunde aus, um sich zu bewaffnen, um imstande zu sein, die Frommen zur weiteren Frommheit und die Ungläubigen zum Glauben zu zwingen. S a v o n a r o l a versteht nichts von der M a c h t! Er hat nichts gemeinsam mit Moses, Cyrus, Theseus oder Romulus, die wussten, dass sie ihr Volk, wenn sie selbst wehrlos blieben, nicht lange in Gehorsam halten konnten. Der Mönch ist ihm eine einzige grosse Sünde gegen die Gelegenheit! „Savonarola", schreibt er, „weiss nicht, dass sich die Zeit nicht abwarten lässt, dass das Glück wechselt und dass die Bosheit durch keine Wohltat versöhnt wird."

Savonarola mit seinen grossen, unbegrenzten Zielen hat keine eigene Organisation, keine eigenen Bewaffneten. Er will das Höchste panzerlos erhalten. Und da er tausendfach sieht, wie die Macht notwendig ist, wie das Wort und der Glaube ohne Macht sich in Nichts auflöst, schliesst er ein Kompromiss und arbeitet mit geborgter Macht.

Jetzt, in diesem höchsten Augenblick der Krise, soll die alte mediceische Signoria, der alte „Stato" der reichen Populanen, das Land von Piero Medici befreien. Nur sie ist, nach seiner Meinung, imstande, die Mediceer zu vertreiben, weil sie der einzige politische Körper ist. Die Revolte gegen Medici soll aus dem Kern bestehender Macht entspringen.

Und alle vornehmen Populanen sind jetzt mit Savonarola der Meinung, Piero hätte sie und die Stadt ins Unglück gestürzt. Denn hätte er nicht gegen den König der Franzosen gehandelt, würde er vielmehr Toskana mit ihm verbündet haben, so wäre heute Florenz die Alliierte der siegreichen Armee auf italienischem Boden. An die hundert der ersten Herren der Stadt werden von der Signoria zur Beratung eingeladen. Trotz ihrer unmediceischen Gefühle stottern die Einzelnen noch, wenn sie rebellisch reden sollen. Sechzigjährige Gewohnheit, wenn nicht empfangene Wohltaten, Angst vor den Folgen, wenn nicht die Liebe zur Dynastie, lässt sie nicht das erlösende Wort finden. Bis Piero Caponi, der beste Diplomat Lorenzos und Pieros, alle Herzen öffnet: „Piero von Medici", ruft er, „ist nicht mehr imstande, uns zu leiten. Es ist Zeit, dass wir für immer aus der Regierung von Kindern herauskommen."

Auf seinen Antrag beschliessen die Bürger von Florenz das Bündnis mit Karl, das in dieser Lage nur ein anderes Wort für Kapitulation bedeutet. Sie glauben durch Preisgabe Pieros so viel als möglich gerettet zu haben. Aber Piero von Medici ist ihnen in der Kapitulation zuvorgekommen.

„Ich habe", sagt er schnell entschlossen, „weder Geld noch Macht noch Ansehen genug, um Widerstand zu leisten." Er, vor einigen Wochen noch der prahlerische Feind Karls, ist ihm jetzt als Erster entgegengeritten. Piero Medici schenkt ihm alle Festungen Toskanas, schenkt ihm alle Pässe, die sein Vater uneinnehmbar machen liess, schenkt ihm den Hafen von Livorno, schenkt ihm Pisa, schenkt ihm alle künftigen Steuern von Florenz. Solange er spricht, schenkt er, und wenn er schweigt, kniet er vor dem fremden Monarchen. Dafür will Piero nur der Franzosen rechte Hand gegen Toskana sein dürfen.

Schliesslich ersehnt er das Bündnis gegen Florenz, das die Signoria fest entschlossen ist, gegen ihn selbst zu erreichen.

Karl VIII. aber neigt zu den Mediceern.

Durch diese Hilfe ermuntert, begibt sich Piero aus dem französischen Lager zurück nach Florenz, um seine Autorität wiederherzustellen. Er hat das Spielerische seines Wesens heute verloren. Es ist ihm ernst um die Macht.

Piero Medici betritt am Abend des 8. November 1494 Florenz. Er fühlt es gleich: die Stunde, die Menschen, die Gegenstände haben sich zu einer gegen ihn feindlichen Luft verwandelt. Die Macht entgleitet ihm, wie einem nur im Traum die Waffe versagt, die man gebrauchen will. „Und da siehst Du", schreibt ein Augenzeuge, „den Mediceer fürchterlich verlassen. Dieser Freund ging nach der einen Seite und der andere nach der anderen." Nichts nützt ihm mehr, keine Gewalt, kein Geld, keine Versprechungen. Sein Bruder Giuliano, der spätere Papst Leo X., versucht, die Vorstädte zu gewinnen, und will Geld verteilen. Von den Mediceern aber wird selbst Gold nicht mehr angenommen! Der Condottiere der Stadt, Pieros eigener Schwager, antwortet auf dessen Befehl, gegen die Signoria zu marschieren, er habe der Republik, und nicht dem Hause Medici Treue geschworen. Plötzlich, ab 9. November acht Uhr nachmittags, gelten die Schwüre, die man der Republik geleistet hat und die sechzig Jahre lang überhaupt nichts gegolten haben. Plötzlich erhebt sich der Ruf: Volk und Freiheit! Plötzlich findet Medici in der ganzen Stadt nur einen einzigen Menschen, einen gänzlich Unbekannten, der: Palle![1] ruft. Plötzlich läuten die Glocken der Signoria für die Republik und ergreifen jeden einzelnen bis ins Mark. Plötzlich ist nicht einmal mehr Gewalt nötig gegen die Mediceer, und keinem einzigen Menschen wird ein Häutchen geritzt. Der „Stato" hat keine Angst mehr vor den kleinen Leuten, lässt die Fähnlein der Signoria mit angezündeten Fackeln durch die nächtliche Stadt marschieren. Diese Truppen rufen: „Volk und Freiheit!" und verhüten die Rache der Plünderer. Plötzlich erscheint die Herrschaft der Medici nicht nur ihren Feinden, nicht nur den stets intrigierenden Grossen, sondern allen, den Vornehmen und den Gewöhnlichen, den Neureichen und den Altreichen, den Neuarmen und den Altarmen, auch allen, die diese Macht genossen haben, allen, denen sie schon zur Selbstverständlichkeit, zur Natur geworden war, als eine unmögliche, unwürdige, unerträgliche Tyrannei. Die eigenen Vettern Pieros schämen sich des Namens Medici und wollen von heute ab „Populani" heissen. Die engsten, bekann-

---

[1]) Palle = Kugeln waren die Abzeichen im mediceischen Wappen.

testen Freunde Lorenzos und Pieros bilden einen Zug, um auf dem Platz vor der Signoria für die Republik zu schreien. Die Signoria muss sich diese neuen Freunde durch eine Kompagnie Lanzen vom Leib halten.
Eine sechzigjährige Herrschaft, die der Menschheit Glanz für Jahrhunderte spendete, endet hier in vier Stunden. Um acht Uhr abends hat Piero versucht, in die Signoria einzudringen. Seine alten Freunde, die Signori, hatten ihm den Eintritt verweigert. Um Mitternacht reitet Piero verstohlen, verkleidet aus der Stadt nach Bologna.
„Nie hätte ich", sagt zu Piero Medici, dem Emigranten, der Herr von Bologna, Bentivoglio, „die Herrschaft so fluchtartig verlassen. Mit der Waffe in der Hand hätte ich mich eher in Stücke hauen lassen." Bentivoglio sitzt fest im Glück und hat dazu noch Vertrauen zu seiner Härte und zu seiner Verschlagenheit. Er kann sich keinen Erdrutsch vorstellen, der neue allgemeine Seelenlagen bildet, gegen den der Einzelne, sei er ein Machthaber an der Spitze oder ein Wahrheitsentdecker an seinem Schreibtisch, ohnmächtig ist. Bentivoglio sollte es aber bald erleben. Nur einige Jahre nach seiner stolzen Versicherung muss er kampflos aus Bologna fliehen, wie heute sein Gast aus Florenz.
Der Erdrutsch, der Pieros Herrschaft vernichtet hatte, stülpte die Gefühle der Florentiner um.
Die Florentiner sind bereit, für ihre von den Mediceern befreite Stadt alle Grenzen der Vorsicht weit zu überschreiten, und sind bereit, den Kampf gegen Karl von Frankreich aufzunehmen.
Der König und seine Soldaten, von den Florentinern, nach der Vertreibung Pieros, als Tyrannenbefreier mit Jubel empfangen, verlangten nun die Wiedereinsetzung der Mediceer.

Die überraschte Signoria zittert nicht. Sie beruft die vornehmen Bürger der Stadt und bereitet bis ins Einzelne den Widerstand vor. Sie wollen einen Barrikadenkampf ohnegleichen, einen Kampf der hundert engen Gassen gegen die schwerbewegliche Armee der Franzosen organisieren.
Dieser Entschluss wird der Signoria durch die Erbitterung der Florentiner erleichtert. Drückend lastet die Einquartierung, sie wird als Raub, als Überschwemmung empfunden. Jeder hat den Feind im Hause, jeder fühlt sich bedroht, jeder will sich wehren. Gerüchte über Plünderungen durchzucken die Stadt. Randalieren fremde Soldaten, dann schliesst man die Läden, versteckt die Ware, versperrt das Haus. Des Nachts hauen die Soldaten Bürger nieder, und die Bürger ermorden verirrte, verspätete Soldaten. In den dunklen Gassen des Stadtteils „Borgo ognisanti" lodert schon ein Strassenkampf. Durch den Lärm erschreckt, meinen die Schweizer, der König befinde sich in Gefahr. Sie formieren sich und sind drauf und dran, einen Sturm auf die bewachte Signoria zu beginnen. Im letzten Augenblick blasen die Trompeten des Königs die Schweizer in ihre Quartiere zurück.
Von dem festen Willen der Florentiner, die ihn noch vor kurzen Wochen als Erlöser feierten, überrascht, von den drohenden Gefahren dieser Stadt eingeschüchtert, ist Karl zum Nachgeben bereit. Der König ist um so leichter umzustimmen, als er nicht weiss, was er will. Sein Zaudern bewegt sich in den romantischen Farben des Abend- und des Morgenlandes. Er sieht sich als Lanzelot, als Tristan, als Karl der Grosse. Er sieht sich als König der Christenheit, imstande, alle Welt zu bekehren. Bald will er Piero Medici, aus ritterlichen Gründen der Legitimität, wieder einsetzen, bald will er mit der Signoria ewige Freundschaft be-

ginnen. Bald sieht er seine Aufgabe in der Reform der Kirche, in der Reinigung des Papsttums, bald will er mit Alexander VI. ein Bündnis schliessen. Der tiefere Grund seines Schwankens ist nicht nur seine dem leichten Ruhm und allen Vergnügungen offene Seele, sondern vor allem der fundamentale Gegensatz innerhalb seiner allgemeinen Politik. Er will die französische Kirche vom Papst verselbständigen und dennoch die universalen Tendenzen Roms durch seine eigene Krönung zum Weltkaiser erneuern. Auf den königlichen Fahnen glänzen neben dem französischen Wappen die Worte: „Gottes Wille" und „Gottgesandter". Sein aus Florenz datiertes Manifest, deutsch, französisch und lateinisch gedruckt, schwört, nur die Christenheit einigen, sie vor drohender türkischer Gefahr befreien, aber keine Territorien erobern zu wollen.

Der König von Frankreich begegnet hier in Florenz dem Propheten der kranken Kirche und der verletzten Menschheit. Savonarola hat ihn verkündet, gepriesen. Der Mönch dringt jetzt in den Monarchen, gegen Rom weiterzuziehen, er zeigt ihm, wie die Reform der Kirche die Erde, das Meer, ja selbst die Himmlischen mit Karls Namen erfüllen würde. Er zeigt ihm die unmittelbare gebieterische Pflicht eines Konzils gegen Borgia. Und ungeheuerliche Beweise verspricht er gegen den Papst. Nie hat sich Savonarola seinem Ziele so nahe gefühlt: der versammelten Welt des Konzils Rom so zu zeigen, wie er es sich vorstellt!

Savonarola wohnte in vielen Herzen, noch bevor die Menschen ihn sahen, und nachdem sie ihn gehört hatten, vergassen sie ihn nicht mehr. Es lebten in der Republik, in ganz Italien, in ganz Europa zehntausende kleiner Savonarolas, und in Florenz sprach, weinte, fluchte Hieronimus für alle.

Ideale der Würde, des Glaubens, der Reinheit, Ideale,

die nur in der Kirche ihre Quellen haben können, sprechen aus Savonarola zu Karl.

Die moralische Lage der Welt, die, ein Jahrzehnt vor den Thesen Luthers zu Wittenberg, in allen Ländern gärende Opposition, die zum Sprung auf Rom bereite Armee, dieser junge vierundzwanzigjährige König — geben alle diese Momente den Florentiner Tagen und Besprechungen nicht eine Bedeutung ohnegleichen? Der Mönch musste von der Gewalt kommender Ereignisse durchdrungen sein.

Die anderen europäischen Fürsten, die die Reform als Herren durchführen sollten, waren nicht frommer als Karl. Sie waren aber einseitiger und deshalb politisch zuverlässiger. Vor allem hatten sie die wichtigsten Faktoren ihrer Länder hinter sich. Ganz Frankreich lacht oder ist empört über diesen Krieg und empfindet die italienische Kampagne als eine kindische Wiederholung der Kreuzzüge des zwölften Jahrhunderts. Ganz Frankreich spottet über die Ritter des Königs, die nichts vor Augen haben als eine Karriere des Ruhms, der Abenteuer und des Raubes. Und die ganze Welt datiert mit diesem Feldzug das erste Jahr der Syphilis. Die Franzosen nennen sie die italienische, die Italiener die französische Krankheit.

Savonarola hätte keinen schlechteren, unzuverlässigeren weltlichen Arm finden können als den Karls. Der König ist auch bereit, dreissig Kreuzzüge zu beginnen und jeden einzelnen davon in der ersten eroberten Stadt, die ihm Frauen, Gelage und Beute gibt, zu beenden. Und die Reform wird in seinen Händen zur Erpressung gegen Borgia, damit Borgia ihm Neapels Eroberung erleichtert.

Ganz andere Argumente als die Savonarolas erleichterten des Königs Frieden mit Florenz und seinen Abzug aus Toskana. Er sitzt in Florenz ohne Geld. Schon zweimal war er drauf und dran, den Feldzug aus diesem Grund zu unterbrechen. Die französischen Städte weigern sich, den Krieg auch nur mit einem Goldstück zu unterstützen. Piero Medici, der Schützling des Monarchen, ist zugleich mit seiner Vertreibung ein armer Teufel geworden. Er bettelt in ganz Italien um Waffen und Geld. Die Signoria dagegen vermag, dank der Genossenschaft reicher Populanen, sofort zu zahlen. Sie gibt dem Monarchen für Frieden und Abzug 120.000 Gulden, und Karl verlässt nicht nur Florenz, sondern erteilt auch den Florentinern das Recht, mit seinem Königreich unter denselben Privilegien Handel zu treiben, als ob sie Franzosen wären.

Dieser Handelsvertrag ist der einzige Punkt des Friedens, der von beiden Seiten eingehalten wird. Dieses Handelsrecht bleibt die materielle Grundlage der Republik. Florenz hat in den beginnenden Wirren seine gesicherte Handelszone, Florenz verharrt trotz kommender Niederlagen der Franzosen in eherner Treue zu Frankreich. Denn diese Zuverlässigkeit ist zugleich Pflicht zur eigenen Wirtschaft. Karl VIII. von Frankreich hat den Titel, den ihm die Signoria spendet, „Wiederhersteller und Beschützer der florentinischen Freiheit", verdient.

Das ganze Florentiner Volk — die Masse der Uneingeweihten — meint aber, Karls Abzug sei das Werk ihres Propheten. Nur er habe durch seine Frömmigkeit Karl vom Wege der Finsternis gerettet. Savonarola lebt in demselben Glauben. Alles, scheint ihm nun, verbinde sich, um der Weltreform zu helfen. Er segnet die gegen Rom abmarschierende Armee — als das Heer der Frommen.

Die Revolution in Florenz selbst vertieft und erweitert sich nach Karls Abzug täglich.

Jetzt, da die Not drückend wird, da die öffentliche

Schuld, mit drei Prozent garantiert, nur noch ein halbes ergibt, da die Signoria in Schuldscheinen zahlt, die nur ein Drittel ihres Nominalwertes haben, da die Rente, das Lieblingspapier der kleinen Sparer und Erben, unter Cosimo der Stolz der Republik, nun den tiefsten Stand erreicht hat, belebt die Opposition die, schon vor dem neuen materiellen Drangsal verletzten, religiösen Bindungen.

Diese gärende, antimediceische, anti-oligarchische Moralität sucht nach einem Willen. Ihr Prophet gibt sie ihr. „Oh Florenz", ruft Savonarola, „du bist nichts als ein Stück Fleisch mit Augen. Die Tage deiner Gesänge und Tänze sind für immer vorbei. Wasche deine Strassen, wasche deine Plätze mit Strömen von Tränen. Verflucht seien die unnützen Bücher, verflucht sei die eitle Schönheit. Verflucht sei die falsche Wissenschaft, verflucht seien die Sünder in der Frucht ihrer Leiber und ihrer Felder, in der Arbeit ihrer Häuser und Städte, verflucht sei die Freude, verflucht seien alle, die in Freude und von der Freude leben."

Die vielen, die weder griechisch noch lateinisch können, die mühselig arbeiten oder auch mühselig nichts tun, die regelmässig schlafen gehen und früh aufstehen — das Volk — vermag leichter einen dreissigjährigen Krieg als einen dreissigjährigen moralischen Nihilismus zu ertragen. Und sie meinen jetzt, der Mediceer Unmoral rächen zu müssen.

Die Antike, die seit über einem Jahrhundert die Gefühle, die Kreise des Lebens neu formte und unter ihren Farben auch die der Skepsis trug, blieb eine Bewegung aristokratischer Geister in und ausserhalb der Kirche. Wo die Renaissance an ihrer Peripherie das Volk berührte, da blieb sie leere Nachahmung. Eine Volksversammlung der Renaissance ist, im Gegensatz zu einer Versammlung von Savonarolas Jüngern, undenkbar. Die Renaissance war ein individuelles, kein kollektives Erlebnis. Sie bildete einen geistigen Berg, allen offen, aber für Gewöhnliche und vor allem in Massen nicht ersteigbar. Sie hat auch nicht die gleichen Menschenrechte proklamiert, sondern die ungleichen. Sie verkündet, jeder hätte das Recht, mehr zu sein als der Nächste. Nicht nur der Papst, nicht nur der König, nicht nur der Reiche, nicht nur der Mann von Geblüt. Wie jede geistige Bewegung verlangt sie eigene Anstrengung. Die Renaissance kennt keinen Zustand des Glücks dank dem Zauberstab der Gesinnung. Der Geist ist im allgemeinen ein Feind der Gesinnung. Wenn er sie braucht, so nur aus Neugierde, um auch *diese* Begrenzung, auch *diese* Lebenslage vorübergehend zu kennen. Vielleicht gibt nur höchste Genialität ein geistiges Recht auf Gesinnung, wenn ein Mensch so innerlich verzehrt wird wie Savonarola. Er bleibt der einzige Gesinnungsmensch einer höchsten Epoche des Geistes, deren Vertreter tief gesinnungslos waren. Ihrem Lebens- und Wissenshunger erschien die Gesinnung als Gefängnis, als lebenslängliche Ankettung an einen Standpunkt, ein Zustand, gut genug für Reformatoren und Gegenreformatoren.

Auch deshalb hat die Renaissance die Kluft zwischen Gebildeten und Ungebildeten nur noch tiefer gemacht. Das Lebensgefühl der Antike, das Lebensgefühl der mediceischen Zeit verletzte die Menschen und schon dadurch die Religion. Das individuelle Pathos der Kraft betrachtete jedes Gesetz, jedes religiöse Herkommen nur als Ordnung des grossen Haufens, als Geschwätz der Unstarken und Unmännlichen. Der Papst Borgia, mit seinen vielen irdischen Appetiten, war, durch diese neuen Energien getrieben, nichts anderes als der Condottiere Malatesta, der auf sein Schild die Worte prägen liess: Feind Gottes, der Barmherzigkeit und der Menschheit.

Die Masse aber blieb fromm. Für sie galten noch die alten Schutzbegriffe des Herkommens. Auch wenn die Gewöhnlichen im täglichen Leben nicht moralischer waren als die Oberen, so hingen sie wochentags an den alten christlichen Gewohnheiten und Sonntags an den alten christlichen Idealen; schon weil ihnen die materiellen Mittel fehlten, um sich jenseits von anerkanntem Gut und anerkanntem Böse zu bewegen! Wenn hier das Laster herrschte, so nur im Geheimen, vor der Ehrbarkeit verkrochen, nicht gepriesen, nicht poetisiert. Und alle diese Frommen, für die die Vertreibung der Medici nur den A n f a n g der Gerechtigkeit bedeutete, alle, die, vom Klang des Wortes Freiheit gelockt und ermuntert, mehr wollten als nur den „Stato" ohne Medici, als nur die alte Oligarchie ohne das alte Oberhaupt, bringen dem Mönch ihre Bereitschaft zur politischen Umwälzung.

Seine Predigt wird ganz politisch, ganz für eine demokratische Verfassung, sie ist die Gesinnung der Vielen. Wie einst Lorenzo Gebieter der Stadt ausserhalb der Verfassung war, so ist es jetzt Savonarola, und wie einst Cosimo die Stadt aus seinem Comptoir durchdrang, so jetzt der Mönch aus seiner Klosterzelle. Hierher kommen die verbissenen strengen Populanen, die morgen in der Signoria und auf der Piazza gegen Tyrannenmacht reden werden. Er ist zum Parteihaupt der Radikalen geworden.

„Italiens schlechte Fürsten", predigt der Mönch, „sind uns zur Strafe gesandt ... Ihre Paläste und Höfe sind ein Asyl für Verbrecher ... Häuser aller Ungeheuer der Erde für ihre masslosen Begierden. Da wohnen die Frechen, um das Blut des Volkes auszusaugen. Da schmeicheln die Philosophen Erhabenheiten und die Dichter Stammtafeln ihren Herren ... Was aber das Schlimmste ist: In der Stadt Babylon, in dieser Stadt

Giorgio Vasari (1511–1574):
Lorenzo de'Medici

der Toren und der Gottlosen, sieht man Priester als Verbündete des Bösen ..."

Savonarola zieht nach dem Abzug Karls, auf dem Höhepunkt seiner Macht, alle Feindschaft Italiens, alle Feindschaft des Papstes, alle Feindschaft freier europäischer Kräfte gegen Florenz.

Toskana wird zum Kriegsschauplatz. Ein Ende haben nun die friedlichen Tage, die festen gesicherten Verhältnisse langer Jahrzehnte. Die den Florentinern unterworfenen Städte, Pisa vor allem, rebellieren gegen die Signoria; sie können sich Verbündete unter kaiserlichen, venetianischen, mailändischen oder päpstlichen Condottieri aussuchen. Florenz scheint vogelfrei auf eigenem toskanischen Gebiet. Diese Edle und Getroffene gebiert Barmherzigkeit und Kühnheit zugleich. Entgegen den eigenen strengen Gesetzen öffnet Florenz den aus toskanischen Dörfern vertriebenen Bauern die Tore; Savonarola drängt auch darauf, dass die Flüchtlinge in den Häusern Wohlhabender aufgenommen werden. Florenz führt bei leeren Kassen gegen die Armut, gegen den äusseren Feind und gegen die Lauen des Glaubens den Krieg. Florenz hat nur ein Gesicht, aus dem alle Verzweiflung lodert. Florenz stirbt, Florenz ist pestkrank, Florenz ist von der Welt und von allen Kaufleuten und Bankiers Europas gemieden, Florenz verkauft kein Tuch und kein Brokat mehr. In Florenz' Häusern verenden die Kinder, weil sie keine Rinde Brot haben, auf Florenz' Plätzen liegen die Kranken, auf Florenz' Strassen fallen aus Schwäche die Menschen um, Florenz' Frauen jammern zu Tausenden vor der Signoria, Florenz' einzige Nahrung, einzige Hoffnung, einzige Munition ist der Glaube.

„Unsere Mönche", schreibt Savonarola seinem Bruder, „und die Männer und Frauen aus dem Volk, wenn sie ihre Seelen aushauchen und dem Heiland empfehlen, scheinen einzuschlafen und nicht zu sterben, sodass die Überlebenden nicht nur den Tod nicht fürchten, sondern sich vielmehr nach ihm sehnen."

Piero Medici meint nun, er brauche nur an den Toren dieser Stadt, die ihn vor drei Jahren ausgespien hat, zu rütteln, um wieder Herr zu sein. Seine geheimen Freunde verkünden, er wolle Brot verteilen, der Mönch und die Revolution hätten Toskanas glänzende Flächen ausgedörrt, er, Piero, bringe wieder Lorenzos Zeiten, mit guter, wenn auch irdischer Kost. Aber die hungrige Stadt vergisst den Hunger, wenn sie das Wort Medici hört. Piero und alle seine Verbündeten werden von den Florentinern zurückgeschlagen. „Und wenn die ganze Welt für Medici einmarschiert wäre, so hätte", schreibt ein Chronist, „sie uns nicht gezwungen." Die Stadt vergisst nach dem Sieg das Gebet, um frei zu atmen, um zu jubeln.

Savonarola mahnt die Florentiner: „Ihr müsst euch nicht so leicht von der Freude und vom Schmerz übermannen lassen. Versäumt keine praktischen Massregeln! Seid darauf bedacht, mit ganzer Gewalt kriegerisch zu sein!"

Auf der Spitze einer dreijährigen Krise wird der Mönch schneidend wie die Krise selbst. Jetzt erst, meint Savonarola, beginne der Kampf gegen die Weltgefahr der römischen Sünde und für die Weltreform. Er zittert, die Florentiner könnten ihm nach dem Sieg über ihre unmittelbaren Gegner nicht mehr folgen, und betet im Dom vor der Menge: „Oh öffne, Herr, das Herz dieses Volkes, auf dass es die Dinge, welche in mir leben, und die Du mir offenbaret und befohlen hast, verstehe!"

Doch der Herr erhört ihn nicht, weil sich der Mönch den Einfluss Gottes auf die Politik zu unmittelbar denkt.

Savonarola ist den Florentinern nur ein Schwur, den sie in höchster Pein leisteten, ein Schwur frommer Reaktion gegen die Mediceer, den sie, einmal die Not überwunden, vergessen.
Die grosse Liebe der Florentiner zu ihrem Propheten barg von Anfang an ein fundamentales Missverständnis, das plötzlich allen Massgebenden klar wird. Feindliche Gewalten, gemeinsame Tage der Not, unmittelbare politische Ziele konnten dieses Missverständnis vorübergehend verwischen.
Die Florentiner verstanden unter Frommheit, Glaube, Christentum, nicht, wie Savonarola, das Ringen gegen die ganze Welt, nicht die goldene Ära der triumphierenden apostolischen Reinheit, sondern den Kampf für Freiheit und für Republik. Savonarola war ihnen das moralische Pathos, die frische Luft der Aktion gegen Medici. Er verkörperte ihnen den himmlischen Segen, die göttliche Bürgschaft für ihre städtisch-demokratischen Bestrebungen. Für den Mönch aber war Republik und Verfassung, Freiheit und Demokratie nur das Mittel zum Zweck der Weltreform.
Der Glaube an die Weltreform allein befiehlt Savonarola die politische Arbeit. Florenz soll zur Musterrepublik werden. Es soll die Völker durch das Beispiel seiner Ordnung und seiner Freiheit, seiner geregelten Finanzen, seiner kodifizierten Gesetze, seiner Karitas zu Gott bekehren. Florenz soll der Welt beweisen, dass das Buch, in dem alles steht, dass die Bibel auch die Schrift der Verfassung sein müsse.
Da er seine fernen Ziele an praktische Bedürfnisse unmittelbar anknüpft, gehen die Florentiner eine Strecke Weges mit ihm.
Savonarola hat seine Schuldigkeit gegen die Gefahr und als Quelle der Energie getan, jetzt wird er selbst Gefahr.

Der Papst Alexander überzeugte sich durch aufgefangene Briefe von der internationalen Bedeutung des Mönches. Er sah, dass San Marco eine gefährliche Verschwörung gegen ihn barg und immer wieder von neuem anfachte. Und um Florenz von Savonarola zu trennen, t r e n n t e e r sich von allen Feinden der Republik, liess vor allem Piero Medici fallen. Dafür verlangte er die Auslieferung des Mönches.
Da Piero Medici nicht mehr existiert, braucht man auch seinen Feind Savonarola nicht mehr.
Um den Kopf des Frate begann ein einjähriges geheimes Feilschen zwischen Rom und der Signoria. Alexander war bereit, die Republik gegen alle ihre Gegner zu unterstützen, und war auch bereit, der Stadt die Erlaubnis zur Besteuerung der auf ihrem Gebiet liegenden kirchlichen Güter zu gewähren. Liefere man ihm aber den Mönch nicht aus, dann würde er das Interdikt gegen die gottlose und häretische Stadt verkünden.
Alexander VI., der Savonarola als einen mittelmässigen Narren betrachtete und der sonst dem Grundsatz huldigte, leben und schwätzen lassen, wandte sich gegen den Mönch nicht ob verletzter Dogmen, sondern weil dieser Frate zum Verbündeten der europäischen Mächte gegen den Kirchenstaat wurde.
Der Heilige Vater erliess den Bann gegen den Dominikaner.
Savonarola schleuderte gegen den Fluch des Papstes ungezählte Flüche, ungeheuerliche Sarkasmen.
Die offizielle Frommheit, die Kirche, misst sich jetzt in Florenz mit dem grübelnden Glauben ohne Hierarchie. Die Anhänger des Frate sind durch diesen Kampf verwirrt. Ihr Gewissen fühlt sich belastet. Hören sie die Predigten des exkommunizierten Mönches an, dann machen sie sich derselben Todsünde schuldig wie der

Prediger. Die Fundamente ihrer Gewohnheiten drohen zusammenzubrechen. Die Kirchenglocken in Florenz läuten gegen den Mönch. Am Altar werden die Kerzen aus päpstlicher Trauer um den Exkommunizierten ausgelöscht.

Das Amt des Papstes steht über seinen Fehlern. Als Mensch kann Borgia irren, und sicherlich ist er in Sünden verstrickt. Ist er aber als oberster Priester nicht unfehlbar? Hat nicht die in Florenz verehrte Katherina — die Heilige von Siena — gesagt, man müsse dem Papst gehorchen, auch wenn er der leibhaftige Teufel wäre? Viele unter den Gläubigen lieben weiter den Mönch, meiden aber seine Predigten. So meinen sie, den richtigen Weg zwischen dem Gewissen und dem notwendigen christlichen Gehorsam gefunden zu haben. Zu Savonarola kommen nur noch die, „die da schauen, was sie glauben", nur die, für die der Heiland gesprochen hat: Glaube, und du hast gegessen!

Savonarola darf nicht mehr den grossen Dom betreten und predigt in der Kirche zu San Marco. Er ruft gegen Borgia auf und zur Rebellion gegen die Unfrommen, Undemokratischen in der Stadt.

Er, der am Anfang der Republik für die Amnestie aller inneren Feinde war, sie alle mehr als einmal gerettet hat, möchte plötzlich alles Gegnerische vernichten. „Oh Florenz", droht er, „du willst sanftmütiger sein als Gott? Wisse nun, deine Sanftmut ist Wahnsinn, deine Milde ist Grausamkeit ... Wer einen Tyrannen oder eine Regierung Weniger einsetzen will, dem schlagt den Kopf ab! Schlagt den Kopf ab, auch wenn er das Haupt der vornehmsten Familie, schlagt den Kopf ab ... Legt die Hände an das Schwert! Macht euch zum Schrecken der Bösewichter! Gerechtigkeit, Signori! Gerechtigkeit, Behörden! Gerechtigkeit, Frauen und Männer! Jeder rufe Gerechtigkeit!

Ist euch der Papst mehr als Gott? Ein Papst kam als Fuchs herein und wird als Hund sterben."

Die Worte der Vernichtung fallen ins Leere. Der Mönch hat in den Tagen der Entscheidung schliesslich keine andere Macht als die Glut seines Glaubens, und die vermag die Stadt nicht weiter zu entzünden. Die Macht zur Ausführung fehlt ihm. Er kann beschwören, aber nicht befehlen, erflehen, aber nicht erzwingen. Worte des Terrors ohne Machtmittel nützen indes nur den gewarnten Gegnern. Was Savonarola damals, als er es vermochte, was er vor vier Jahren, am 8. November 1494, versäumte: die Feinde auszuräuchern, einzuschüchtern, — jetzt versucht er es durch den Druck der ihm gebliebenen anonymen Menge zu erreichen. Da er nicht Soldaten marschieren lassen kann, organisiert er eine Parade des Glaubens. Die, meint er, wird ihm neue Möglichkeiten geben. Die Frömmigkeit soll ihm Platz schaffen gegen die Sünde, und die Sünde soll in ganz Florenz von Tausenden von Kindern gesucht werden.

In kleine Abteilungen gegliedert, von Erwachsenen geführt, ziehen Kinder durch die ganze Stadt und klopfen angeblich überall, in Wirklichkeit aber nur bei den guten Bürgern an, die zwar von den Medici nichts wissen wollen, aber Savonarola auch hassen. Eingeschüchtert öffnet man ihnen die Türen. Sie verlangen alles „Verfluchte", alles, was unter Lorenzo dem Karneval, dem leichten Leben, den Vergnügungen, der Lust gedient hatte. Sie sammeln Spiegel, Schminktöpfe, Würfel, Spielkarten, Schachbretter, Parfumflaschen, Marmorbüsten lächelnder Frauen, Porträts der ob ihrer Schönheit berühmten Damen, das Decamerone Boccaccios, Liederbücher weltlichen Inhalts, unzüchtige Miniaturen und alles, was sonst der Sünde dient, sie verschönt und entlangweilt. In Hunderten von Säcken

werden diese Eitelkeiten auf den Platz vor der Signoria geschleppt. Die Frommen der Stadt, von den Gegnern „Weiner" genannt, stehen da, dicht gedrängt, um zu sehen, wie man die Eitelkeiten der Menschen, in deren Herzen nicht die Tafeln Gottes stehen, verbrennen wird. Mönche geben das Signal. Hosiannah und Trompetenschall erklingen. Die Glocken läuten. Rauch und Flammen verfinstern und erhellen die Strassen, und ein gewaltiger Jubel erhebt sich zum Himmel.
Das ist die Freude des Glaubens, zur selben Jahreszeit und auf demselben Platz wie die Karnevalsfeste Lorenzos gefeiert. Savonarola verbrennt die Eitelkeiten seiner Feinde, da er nicht die Macht hat, sie selbst zu verbrennen.
Machiavelli musste dieser neue Strom des Glaubens, diese Renaissance der Frommheit ausserhalb der Kirche, als Barbareneinfall erscheinen. Er sieht nicht die Macht, die in diesem Durchbruch liegt. Hässlich war ihm seine Stadt, kalt und hoffnungslos waren die Strassen; denn sie führten alle zum Dom, in dem der Prophet vor der verzückten Menge das Glück des Todes pries: „Wir leben in dieser Welt, meine Brüder", „nur um zu lernen, wie wir gut sterben mögen."
Diese Weltreform, über die der Mönch sprach, erscheint Machiavelli die Erneuerung einer Tatsache, über die man überhaupt nicht laut reden sollte, weil sie im Grunde falsch und schlecht war: des Christentums! Diese Religion ist Machiavelli eine traurige Erbschaft. Man nimmt sie hin wie alles Stückwerk dieser Welt. Er will gegen das Christentum nicht kämpfen, weil er kein Verhältnis zum Glauben hat, weil ihn schliesslich die Religion nichts angeht. Man muss die Kirche regelmässig besuchen, zur Beichte gehen, aber über Religion soll man so wenig wie über den Tod reden. Über Religion reden, bringt Unglück. Im Grunde ist ihm das Christen-

tum die fundamentalste Katastrophe der Kontinente. Denn dieser Heiland mit seinen Wörtchen für Sklaven, Dummköpfe, Kranke, Arme und Krüppel hat die Welt mit der Seuche der Schwäche verpestet. „Unsere Religion", schreibt er, „hat mehr die demütigen ... Menschen als die tätigen selig gesprochen ... Sie hat das höchste Gut ... in die Verachtung des Irdischen gesetzt ... Sie verlangt Stärke im Leiden und nicht in kraftvollen Taten ... Diese Lebensweise scheint ... die Welt geschwächt ... und sie den Bösewichten zur Beute gegeben zu haben."

Statt dieser unbestimmten Weltreform des Christentums, die der Dominikaner predigt und für die er Florenz aufopfern möchte, ersehnt Machiavelli eine verkleinerte Religion der unmittelbaren praktischen Zwecke. Die Religion soll als Dienerin der Herrschaft walten, als eine Gendarmerie für die Seelen der kleinen Leute ihre Unentbehrlichkeit erweisen. Die beste Religion ist ihm da, wo die stärkste Macht gebot — im antiken Rom. Da hat die Religion, wie der Feldherr, nur einen Dienst, die Schlacht zu gewinnen. „Frassen", schreibt er, „im römischen Kultus die Hühner, so focht man mit guten Vorzeichen, frassen sie nicht, so gab man den Kampf auf. Gebot jedoch die Vernunft, etwas auszuführen, so wurde es auch bei ungünstigen Auspizien unter allen Umständen ausgeführt. Nur wendete und deutete man die Sache so geschickt, dass sie nicht unter Missachtung der Religion zu geschehen schien."

Machiavelli freut sich, wenn Savonarola auf die Bücher der Kleriker so schimpft, „dass die Hunde nicht mehr davon fressen würden." Denn auch nach Machiavellis Meinung sollte der Klerus, in der Öffentlichkeit wenigstens, bescheiden leben. Nicht aber, um die Kirche zu reformieren, sondern, weil die weltliche Macht die Unterstützung der Kirche braucht, um in der Bevölkerung ein Minimum von Redlichkeit aufrecht zu erhalten. Machiavelli will durch die Kirche das Leben des Beamten erleichtern. Der Beamte vermag nicht jeden geleisteten Eid und jede Steuererklärung zu kontrollieren. Der Priester soll für die Ehrlichkeit des kleinen Mannes sorgen. „Sie müssen in die Sache ein wenig Religion mischen, um die Leute gehorsam zu machen", schreibt er später als Beamter einem Untergebenen, der eine unangenehme Verordnung durchzuführen hat.

Die Florentiner teilen nicht Machiavellis Abneigung gegen das Christentum. Er sprach ihnen aber aus dem Herzen, wenn er gegen die Weltreform dachte. Savonarola erscheint ihnen jetzt als der Demagoge aller Entzweiungen. „Er bringt", schreibt Machiavelli, „lauter Gründe vor, die auf Leute, die nicht weiter darüber nachdenken, den grössten Eindruck machen müssen. Seine Anhänger stellt er als die vortrefflichsten Menschen, seine Gegner als die ausgemachtesten Bösewichter hin . . ."

Solange dieser Neuerer lebt, auch wenn er jeden Tag ohnmächtiger wird, ist die Stadt von innerer Unruhe, von äusseren Gefahren bedroht.

Die Signoria kann Savonarola nicht direkt dem Papst ausliefern. Das verstiesse gegen die Würde der souveränen Republik; sie hat auch keine legalen Mittel gegen ihn. Sie sucht andere Möglichkeiten. Die Signoria braucht einen Volkssturm, eine Revolte, einen Akt der Lynchjustiz gegen den Mönch.

Diese Aufgabe überlässt sie den Söhnen reicher Popolanen, die dank dem Mönche in den vergangenen Tagen der Krise schwer besteuert wurden. Diese goldene Jugend, von den „Weinern" die „schlechten Gesellen" genannt, wird nicht nur von den Behörden, sondern auch durch die allgemeine Atmosphäre gedeckt. Auch

Niccolò Machiavelli lebt, trotz seiner Bedürftigkeit, in der Stimmung der „schlechten Gesellen". Ganz Florenz, ob arm oder reich, hat genug von der Art, wie, nach Machiavellis Meinung, Savonarola seine Lügen färbt. Florenz hat genug von der Karnevalstrauer, von der Kinderpolizei für Frommheit und Sitten, von der Verbrennung der Eitelkeiten, von düsteren Prophezeiungen, vom Gezänk der Mönche. Florenz will Brokat verkaufen, will gut mit der ganzen Welt leben, Florenz will die geschlossenen Gasthäuser des Abends wieder leuchten sehen, die Frauen wollen ihre verpönten Busen, Schminken und Roben zeigen und die Gassenjungen wieder fluchen dürfen.

Als ob sie aus einer langen Fahrt aus dem Land der Frommheit glücklich in ihr altes Florenz zurückgekehrt wären, pokulieren die Florentiner auf öffentlichen Plätzen.

Dieser Hunger nach dem Allzuirdischen wird zur unmittelbaren Politik, angeführt von den „schlechten Gesellen". Diese goldene Jugend randaliert jetzt nicht nur für sich, sondern auch für die normale Temperatur des gewöhnlichen Florentiner Daseins. Die goldene Jugend speit Feuer gegen den Mönch, verprügelt seine „Weiner", verprügelt Mönche aus San Marco, verprügelt die Kinderpolizei, verbreitet Tausende von Gerüchten, beschmiert alle Wände mit Flüchen gegen den Mönch, schwört bei Gelagen Rache für sechs lange Jahre der Entbehrung. Die „schlechten Gesellen" trachten Savonarola nach dem Leben, organisieren im Kloster San Marco gegen den Frate Attentate, und da sie misslingen, verbünden sie sich mit einigen Franziskanern zum Zweck einer gross angelegten Kabale.

Zwei Franziskaner sollen Savonarola zu einer Feuerprobe auffordern. Er soll durch die Flammen gehen. Die Franziskaner Mönche sind angeblich bereit, dasselbe zu tun. Savonarola sagt seinen Mönchen: „Wir brauchen nicht erst wunderbare Zeichen, um an die Wahrheit zu glauben!" Er ist aber schon ein gehetzter Mensch geworden und lässt sich zwingen. Seine treuesten Anhänger, durch die Feindschaft der Stadt gereizt, verlangen jetzt von ihm am heftigsten dieses grosse von den „schlechten Gesellen" ausgedachte Wunder. Florenz rast in weltlicher, unfrommer Neugier. Über das Wunder wird gewettet wie um ein Pferderennen. Am festgesetzten Tag streiten sich die Anhänger und Feinde des Frate. Jeder hat Angst, nur seine Partei allein ginge ins Feuer.

Ein Regen unterbricht den Streit und auch das Wunder. Savonarola hat die Neugier enttäuscht und gilt als Betrüger. Nur mit Mühe rettet er sich vor den Drohenden in sein Kloster. San Marco wird erstürmt und versucht, sich zu verteidigen. Die Rebellion, die die Signoria brauchte, die ihr ein Einschreiten ermöglichte, war endlich erzwungen.

Der Frate wird gefangen genommen.

Durch die Glut der Einsamkeit belebt, kniet Savonarola in einer Zelle des Florentiner Gefängnisses. Er schreibt mit gefolterter Hand sein letztes Buch: Miserere.

Die Leiden der Menschheit bedrücken seine Schulter. Sein Ohr hört, wie die Armen, die Unterdrückten, die Weinenden, die Seufzenden um Hilfe rufen, und sein Auge sieht, wie kein einziger zu ihnen eilt. Mit dem Schwung verletzter Barmherzigkeit hasst er das gefeierte, im diabolischen Schimmer der Ruchlosigkeit glänzende Individuum. Savonarola sieht den Heroen seines Jahrhunderts wie kein anderer in die Augen und erzittert vor ihrer unchristlichen Blindheit, vor ihrer steinernen Herzlosigkeit. „Wer seinen Nächsten nicht ermorden mag", klagt er „wer nicht Aufruhr und Zwietracht sät, der ist ihnen kein Mann." Das gemischte päpstlich-florentinische Gericht, welches ihn jetzt richtet, ist das Böse, das als Wolf mit unendlichem Hunger tausend mal tausend Mal und aber tausend Mal lauert, verführt, verschlingt, und jetzt auch diesen Menschen vernichtet. „Vermag ein Mensch allein", fragt er, „der Übermacht des Feindlichen zu widerstehen, kann er stärker sein als das Böse, das überall aus dem Innern quillt?"

Unterzugehen in diesem Ringen ist das Höchste, was einem Christen gegeben ist. „Ja, schenke mir", betet er, „den Märtyrertod und lass mich sterben für Dich, wie Du für mich gestorben bist."

Nicht nur dank den Päpsten, sondern vor allem dank seinen Heiligen überlebt der Katholizismus die Epochen. Der Katholizismus besiegt die Zeiten, indem er sich von ihnen durchdringen, sogar besiegen lässt. Das Ewige, die Religion, die Liebe, die Barmherzigkeit, nicht der geistige Begriff, sondern die Ekstase leben in der Kirche durch ihre Heiligen und ihre Propheten weiter. Sie greifen die kalt fortschreitende Notwendigkeit des menschlichen und des politischen Verkehrs, die immer böse sein wird, an. Papst Borgia war das Vergängliche, Hieronimus Savonarola das Ewige der Kirche.

Savonarola wird zum Strang und zu darauf folgender Verbrennung verurteilt.

Am Richtplatz steht die Menge dicht gedrängt, wie sonst nur bei seinen Predigten im Dom. Aber heute wohnt er nicht mehr, wie im letzten halben Jahrzehnt, in ihrem Gemüt, heute schreit sie aus Tausenden von Mäulern: „Prophet, der Augenblick ist da. Tue Wunder!"

„Und einige Tage, nachdem sie ihn schon öffentlich verbrannt hatten", schreibt ein dem Mönch treu gebliebener Chronist, „machten die Florentiner ein

Schwein aus Pappe und schleiften das Schwein durch die Strassen und brüllten immerzu: Dieses Schwein von einem Frate! Dieses Schwein von einem Frate! — und ähnliche Dinge mehr für Dummköpfe."

Der Hass gegen Medici bleibt auch nach dem Tode Savonarolas lebendig; er ist die tiefste, einmütigste Empfindung. Eine freiwillige Bereitschaft, gegen die Medici die persönliche Ruhe zu opfern, zu spionieren, auf den Platz vor der Signoria zu laufen und die Waffen wirklich zu gebrauchen, ergreift die kampfentwöhnten Florentiner. An die drei Jahrzehnte lang bleibt dieses Gefühl die seelische Grundlage, das Charakteristische der Republik. Die Herrschaft ohne Medici bedeutet die Freiheit nicht nur der Genossenschaft reicher Populanen, die die Macht tatsächlich ausübt, sondern aller Schichten; denn es durften zwar nicht alle mitregieren, aber jeder durfte frei reden. Weil die Florentiner glauben, dass ihre Stadt im Innern frei ist, und nicht nur, weil sie darin geboren sind, lieben sie sie. Ihr Freiheitsbegehren ist die Form ihres Stadtpatriotismus.

Dieses Verlangen hat Savonarola über seinen Sieg und seine Niederlage hinweg den Florentinern hinterlassen. „Die einzige Staatsform", sagt er, „welche für uns passt, ist eine Republik auf breiter gesetzlicher Grundlage. Wehe dir, Florenz, wenn du dir jemals wieder ein Oberhaupt gibst."

Die Präambel der neuen florentinischen Magna Charta von 1494, die das Leben der letzten dreiunddreissig Jahre florentinischer Selbständigkeit formte, verkündet: „Die gegenwärtige Verfassungsreform hat die Freiheit dieses blühenden Volkes zum Zweck. Es ist unser Wunsch, dass nicht nur wir, sondern auch unsere Kinder dieses Heiligste, die Freiheit, geniessen mögen, und dass niemals jemand wage, sich zum Alleinherrscher

aufzuwerfen und die freien Bürger zu unterjochen!"
Savonarola, dieser Enthusiast des Unbestimmten, der alles an das Florentinische anknüpfte, war von einem starken realen Zug mit geformt.

Savonarola verlangte nicht von jedem Christen die Heiligkeit. Er sagte, dass die Frömigkeit nicht den ganzen Menschen durchdringen kann, dass im Menschen stets etwas zum Irdischen neigen wird. Diesen materiellen Bedingungen trug er als Theologe Rechnung und verfiel in keine Demagogie der Gleichheit oder der Armut. Die Theologie, die stets ein Damm gegen den impressionistischen Irrsinn des gesunden Menschenverstandes in Glaubenssachen ist, bildete erst Savonarola zum Politiker. Die Theologie bewahrte ihn davor, ein verzückter, schmutziger Mönch zu sein mit dem Ziel, weltliche und kirchliche Hierarchie zu vernichten. Er war ein Schüler Thomas von Aquinos und kein Häretiker. Er erkannte die Autorität des Papstes an, er meinte nur, das Konzil stünde über dem Heiligen Vater und bis zu seiner Zeit durfte die Frage umstritten werden. Er wollte auch nicht die Kirche spalten — ausserhalb des Katholizismus hatte für ihn die Menschheit keinen Sinn. Er erhob sich gegen keinen einzigen Glaubenssatz; er war, rein theologisch gesehen, kein Vorläufer Luthers. Er war kein Wiedertäufer, kein Gleichmacher, und er wollte auch nicht Florenz unter die Florentiner verteilen. Savonarola sprach nur für die Gleichheit aller Berechtigten. Die Berechtigten umfasste ihm nicht die Gesamtheit der Einwohner der Republik; nur die alteingesessenen Bürger, deren Ahnen schon in Florenz in irgend einem Amt gearbeitet haben, sollten mitbestimmen und mitberaten.

Man darf, sagte er, nicht zulassen, dass die Plebs sich überall eindränge; überflutet die Menge die Dämme, dann herrscht bald Tyrannei. Die Besseren, die zur

Herrschaft Berufenen, sind in seinen Augen nur das eine Zehntel der politisch Gleichberechtigten. Diese Aristokratie muss aber von der Karitas durchdrungen sein. Die Barmherzigkeit ist ihm erste Pflicht der Herrschenden.

Das bleibende Forum der politisch Gleichberechtigten ist der, von Savonarola eingeführte, Grosse Rat. Dieser Grosse Rat der Vollbürger schafft die sonst in Florenz tumultuarische Versammlung vor der Signoria ab, in die jeder Zutritt hatte, über Verfassung bestimmte, und die Parlament hiess. Diese Volksversammlung italienischer Gemeinden war stets die Brutstätte der Tyrannis gewesen. Savonarola meinte, man müsse den kleinen Mann davor schützen, seine Freiheit für ein Linsengericht zu verkaufen.

Und dieser Grosse Rat findet in Machiavelli seinen wärmsten Verteidiger. So unsympathisch ihm der Mönch war, so warm ereiferte er sich für die meisten politischen Institutionen, die dank des Mönches eingeführt wurden. „Man wird", schreibt Machiavelli, die Gesamtheit der florentinischen Bürger nie zufriedenstellen, wenn man ihr nicht die Pforten des Grossen Rats aufschliesst."

Die ganze realistische Schule der florentinischen Politiker, alle Atheisten und Heiden, sind von der Einrichtung des Grossen Rats begeistert. Nichts stimmt sie erhabener als diese Institution ihres frommen Gegners. Denn der Geist, der die Dinge verändert, kennt keine Frommen und Sünder. Nur die unmittelbar handelnden Menschen glauben an getrennt gegen einander kämpfende Heiden und Christen, Unterdrückte und Unterdrücker, Arme und Reiche, Gebildete und Ungebildete, Patrizier und Plebejer, Populanen und Aristokraten, niedere und obere Zünfte, Bourgeois und Proletarier. „Die Menschheit, so wie sie ist, erklärlich oder unerklärlich, das Leben des Einzelnen und das der Völker, durchdringen einander."

Savonarola war auch ein Platoniker wie seine mediceischen, aristokratischen und heidnischen Gegner. Mit Plato in der Hand definierte er das Schöne als die Seele, als die Idee des Guten, und mit Plato in der Hand erhebt er sich gegen alles, was der gebildete Florentiner der Herrschaft als erhaben empfand und feierlich bekränzte. Die frommen Seelen nehmen ihm an der Schönheit Gottes teil. Das Schöne ist ihm der himmlische Glanz aus den Gegenständen. Zu Savonarola kamen Busenfreunde Lorenzos, Männer mediceischer Akademien, weil die Überläufer der Aristokratie stets Rebellionen gegen ihre Schicht leiten; weil die Macht ewig den neuer erscheinenden Geist braucht. Wenn der Geist nicht die Macht aufsucht, dann kommt die Macht zum Geist. Die Macht ohne Geist ist schliesslich nur ein totes Gewicht. Eine geistlose Macht, und sei sie die stärkste der Welt, ist das schwächste auf Erden. Sie bricht, sie fällt. Denn alles, was wirklich Geist ist, was tatsächlich die Realität widerspiegelt, wird durch tausend Wege und Umwege zur Macht. Der Geist verführt die Macht. Durch den Geist verführt, hat Lorenzo Medici, hat die platonische Akademie dem Feind Hieronimus Savonarola alle Tore der Republik eröffnet. Wenn Savonarola mit der einen Hand Manuskripte verbrennen liess, so rettete er mit der anderen die mediceische Bibliothek. Botticelli, Michel Angelo, Raphael sahen in ihm eine ewige Idealgestalt, und hat Savonarola Visionen, so ist er auch nicht der Narr seiner Zeit. Seine Gegner, die Jünger des absoluten Realismus, Niccolò Machiavelli an der Spitze, sehen auch Geister. „Man hat", schreibt Machiavelli, „vor dem Zug Karls VIII. über Arezzo in der Luft kämpfende Krieger gesehen und gehört. Die Luft kann von kämpfenden Geistern erfüllt sein, die in die Zukunft schauen und die die Menschen aus Mitleid warnen."

Savonarola hat der Idee Gottes zum Siege verhelfen wollen. Die Menschheit kennt nur e i n e der Religion ebenbürtige Kraft — die M a c h t! Etwas Höheres als Gott und die Macht haben die Erdensöhne nie im Herzen getragen. Savonarola erblickte himmlische Ideale, verstand aber wenig von der Macht. Sein Gegenpol, die personifizierte Vorwegnahme kommender Welten, Machiavelli, konnte Gott nicht schauen, verstand aber die Macht. Zwischen Gott und Macht ist kein Gegensatz. Kennt indes die Macht Gott nicht, dann sieht sie nur einen Teil der Zusammenhänge, dann vereinsamt sie auf einer schmalen Fläche des Seins; dann gleicht sie, wie der Dominikaner Campanella gegen Machiavelli sagt, „dem Wurm in den menschlichen Eingeweiden, der sich von dem Ganzen seiner Wohnung keine Vorstellung machen kann." Machiavelli, der das Ideal als ein Gleiten ins Uferlose der Spekulation, als eine Form des Nichtseins hasste, sträubt sich gegen alle Musterbilder der Vollkommenheit wie Savonarola gegen alles Irdische. Und dennoch erliegen alle beide dem von ihnen Gehassten. Machiavelli ist in diesem Lande so vieler, so ruchloser, so absoluter und dennoch ephemerer Gewalten der erste Techniker der Macht. Nachdem er im Geist die Macht tausendfach zergliedert und wieder zusammengesetzt hat, ringt er sich zu höheren Zwecken durch. Er entwirft, ohne es zu wollen, beinahe entgegen seinem Wissen, das Ideal der Virtù, der Herrschaftstugend Er will die Herrschaft bis zu den Grenzen eines ganzen Italiens erweitern. Wenn er gegen Ende seines Lebens allen Italienern gegen ihre Feinde zuruft: „Tötet die Spanier; denn sie haben vom Menschen nur die Stimme!", dann ist er kein Techniker der Macht, kein Spezialist für jede beliebige Herrschaft, sondern ein Prophet.

Savonarola schmiedet in seinem himmlischen Feuer den Florentinern ihre irdische Freiheit. Machiavelli bildet die ersten Anfänge der nationalen Armeen der Florentiner, die vom Geist des geopferten Savonarola beflügelt werden. Gott trifft sich hier in Florenz mit der Macht; denn Gott hat noch keine einzige Schlacht verhindert, und ohne Glauben gäbe es keine einzige Walstatt.

IM AMT

DIE KANZLEI, DAS LEBEN UND DIE POLITIK

Niccolò Machiavelli war ein neunundzwanzigjähriger, mittelloser Schöngeist, als Savonarola starb.
Er hoffte, dass der allgemeine Strom gegen den geopferten Frate auch ihm ein bezahltes Obdach in der Nähe der Macht gewähren würde. Der Wahn der Revolution war vorbei; für die nüchterne Wirklichkeit, für den neuen Alltag, den sie geschaffen hatte, fühlte sich Niccolò berufen.
Es gelang ihm auch, unter vier Bewerbern als Beamter gewählt und von der Signoria bestätigt zu werden. Er ist dann durch die Signoria der zweiten Kanzlei den „Zehn der Freiheit" als Bürochef beigeordnet.
Am 15. Juli 1498 übernimmt er seinen Posten.
Niccolò Machiavelli besucht seinen Vorgesetzten Marcello Virgilio, den eigentlichen Sekretär von Florenz, den Chef der ersten Kanzlei der Signoria, von der seine eigene, die zweite, abhängt.
Der um sechs Jahre ältere Virgilio ist sein Freund. Ihm hat er vor allem seine Stellung zu verdanken; überall hat der Sekretär und erste Kanzler der Republik für Niccolò gesprochen, den Signori Wunderdinge über die Tüchtigkeit seines Schützlings erzählt. Eine alte Kameradschaft verband die beiden. Gemeinsam hatten sie die Nächte durchzecht, gemeinsam Literatur getrieben und gemeinsam gegen Savonarola geflucht.
Ihr Wesen aber war ganz verschieden. Marcello Virgilio ist ein Schönredner, mit allen Eitelkeiten der Epigonen des Humanismus. In seinen freien Stunden wirkt er als Professor für griechische und römische

Literatur und betrachtet deshalb seine beamtete Stellung als Mesalliance. Das Kanzleramt gefällt ihm nur, weil es ihm Würde verleiht, weil seine gekünstelte Vornehmheit eines amtlichen Hintergrunds bedarf. Die Hauptsache ist ihm die Rhetorik. Denn sie lässt ihm in ihrem breiten, langweiligen Fluss Platz für die Gelehrsamkeit der Zitate. Marcello Virgilio ist ein konventioneller Mensch, der in der Literatur jeden Einfall als eine Respektlosigkeit gegen Virgil und im Amt jede Initiative als eine Zudringlichkeit gegen die Signoria empfindet.

Die florentinische Verfassung bemüht sich, den Bürokraten der Stadt gar keine Macht zu gewähren, und Virgilio fühlt sich wohl in seiner Nebensächlichkeit. Er ist ein bequemer Beamter für bequeme, schnell wechselnde, vom Grossen Rat der Florentiner gewählte Vorgesetzte.

Ein ganz anderer Arbeiter ist sein Freund Niccolò. Machiavelli vergisst über seiner Kanzlei die Literatur, die Armut, die Eitelkeiten, das ganze persönliche Leben. Gleich als er zum ersten Mal sein Büro betritt, ist es ihm wie einem, der lange Erträumtes endlich verwirklicht sieht. Er ist gleich in die Akten verliebt. Er verschlingt sie, als ob sie spannendste Erzählungen enthielten; jedes Detail aus den Berichten interessiert ihn. Man muss, schreibt er einem Freund, auch die kleinsten Verhältnisse beachten, weil aus den kleinen die grossen entstehen und weil man die Menschen auch in Kleinigkeiten erkennen kann.

Als Bürochef der zweiten Kanzlei vermag Niccolò genug und übergenug die Wirklichkeit zu durchstöbern. Denn die „Zehn der Freiheit" der zweiten Kanzlei sortieren die Berichte der Gesandten, beantworten ihre Fragen, bezahlen und engagieren die geheimen Agenten ausserhalb Toskanas, verhandeln mit den einheimischen

Condottieri, kaufen Salpeterladungen, inspizieren die Festungen und kontrollieren die der Stadt präsentierten Rechnungen. Alles, was sich aus dem täglichen Leben der Republik auf dem Papier wiederspiegelt und nicht unmittelbar zur hohen Politik gehört, das hat Machiavelli von morgens bis abends vor den Augen und in den Händen.

Diese Schriften befriedigen seinen Ehrgeiz, sie sind sein Laboratorium, in dem er die Tropfen der Begebenheiten analysiert, um auf das Ganze der politischen Welt zu schliessen. Er träumt gar nicht davon, sein Pult zu verlassen, um nach oben in die Sphäre der Herrschaft zu gelangen. Denn das Wissen um die Macht, und nicht die Macht, ist seine bohrende, oft berechnende Leidenschaft.

Niccolò darf als Bürochef keine Entscheidungen treffen. Offiziell vermag er weder mitzubestimmen noch mitzuberaten, sein Amt ist nach dem Geist und nach dem Buchstaben des Gesetzes ein subalternes, mehr verwaltungstechnisches als politisches. Zum Kanzler der Republik, der an sich repräsentativen, aber auch nicht wichtigen Stellung Marcello Virgilios, hat ihn bloss die Phantasie der Nachwelt ernannt. Die Entscheidung liegt, insofern sie nicht der Signoria selbst gehört, bei den „Zehn der Freiheit", die die zweite Kanzlei leiten, Diese Zehn bilden eine Art kollegiales, wenn auch mehr technisches Ministerium mit unordentlicher, unbestimmter Arbeitsteilung für die auswärtigen Angelegenheiten und für den Krieg. Machiavelli geniesst vor den Zehn den Vorteil, den immer die Beamten vor den Ministern geniessen: sie bleiben, und die Exzellenzen gehen. Die Zehn sind nur für wenige Monate gewählt. Machiavelli aber bekleidete vierzehn Jahre sein Amt.

Vierzehn Jahre lang eilt er täglich um dieselbe frühe Morgenstunde eine schmale Treppe des Rathauses hinauf, wo ihn ein grosses, unfreundliches, schlecht möbliertes, im Winter schlecht geheiztes Zimmer erwartet. Sind seine Kanzlisten noch nicht da, schwänzen sie das Büro, wie sie als Kinder die Schule geschwänzt haben, schützen sie Krankheit oder Dienstwege vor, dann kopiert er selbst die Berichte für die Signoren, kontrolliert die Register, gebraucht Siegel und Stempel, schreibt hunderte von Adressen. Kommen die Verspäteten, essen sie ihr Frühstück, ziehen sie ihre Röllchen an, kratzen sie sich mit dem Gänsekiel und werfen sie endlich den ersten feindlichen Blick auf die Arbeit, dann macht Niccolò ein sehr freundliches Gesicht. Er entschuldigt sich, zu früh gekommen zu sein; denn er will mit seinem Eifer die Untergebenen nicht verletzen. Er weiss, dass ihre Tücke, einmal geweckt, unbesiegbarer ist als die Strenge der Grossen. Niccolò will in seinem Zimmer und in seiner Etage keine Feindschaft. Im demokratischen Florenz ist jeder Schreiber ein Vollbürger, der gefährlich werden kann. Jeder hat einen Verwandten in irgend einer einflussreichen Stelle. Zum Zwecke seines Amtes passt sich Machiavelli seinen Kollegen und seinen Untergebenen an. Er lässt der Schlamperei der anderen freien Lauf. Er sitzt ruhig weiter über seine Akten gebückt, wenn die Kanzlisten ihre Arbeit unterbrechen, um stundenlang Karten zu spielen. „Heute", heisst es in einem Brief aus der zweiten Kanzlei, „kann ich noch nicht die Passierscheine senden; denn Andreas, der sie anfertigen sollte, hat den ganzen Tag Tric-Trac gespielt."

Ein derber Ton verbindet diese Buralisten mit einander und gegen einander. Es ist die Intimität der kleinen Leute, die sich den ganzem Tag sehen müssen und die kein Geheimnis mehr vor einander haben. Und Menschen, die sich in den Büros, in den Gefängnissen oder in der Ehe ganz genau kennen, können sich nicht mehr achten. Ohne Schein und ohne ein Minimum von Lüge wird jedes Zusammenleben zum Stall oder zum Irrenhaus.

Die Bedürftigkeit pfercht diese Schreiber gegen einander. Sie essen alle in der Kanzlei. Bevor Niccolò in die Signoria kommt, geht er auf den Markt und kauft ein. Er bringt seine Bohnen und sein Geräuchertes mit. „Meine Zwiebel", schreibt dem gerade verreisten Machiavelli ein Kanzlist, „sind jetzt in der Fettpfanne auf dem Feuer, und zwei Kollegen passen auf, dass sie nicht verbrennen. Komme bald zurück und lecke mich am Arsch."

Diese armen Leute können sich manchmal zerfleischen. Wut und Hass scheint zur Luft ihrer Zimmer zu gehören, bis ein Donnerwetter die Atmosphäre etwas entlädt. „Antonio", berichtet ein Schreiber an Machiavelli, „ist wieder verrückt geworden und hat sich mit Andreas gestritten. Der ist ihm mit dem Holzschuh zuvorgekommen und hat ihm den Rücken zerschlagen. Der arme Mann trägt jetzt einen Sattel, weil er nichts Bequemeres gefunden hat."

Jeder dieser ewigen Sitzer, dazu verdammt, mit den anderen stets gleichen Sitzern zehn, zwanzig oder dreissig Jahre lang zu sitzen, hat einen anderen Tick. Antonio scheint der gefürchtete Streithans der Gesellschaft zu sein.

„Ich habe", schreibt ein Kanzlist, „Pech gehabt, Niccolò. Herr Antonio hat seine Bratpfanne verloren und hält sich an mich. Ich soll ihm den Schaden plus Zinsen ersetzen. Ich weiss nicht, wie ich mir helfen soll, und möchte den Herrn zufrieden stellen."

Der liebste Zeitvertreib ist ihnen die Zote. Ihre verkrüppelte Phantasie flieht während der langen Bürostunden das Amt und schildert Abenteuer ohne Zahl. Jeder erzählt, wie er die teuerste Hure geprellt, die schönste Patrizierin verführt, die märchenhafteste Dame aus Rom, Venedig oder Bologna zur Sünderin gemacht hat.

Zur Schlüpfrigkeit muss Niccolò nicht gezwungen werden. Aus ganzem Herzen übertrumpft er seine Kollegen. In seinen Erzählungen werden die Florentiner Bordelle zu Paradiesen und das Paradies zum Bordell. Diese Sitzer entschädigen sich für ihr ereignisloses, beamtetes Leben und lästern alles, was in der Stadt Namen und Stand hat.

Gilt es, Florenz vor den Kanzlisten zu verspotten, dann ist Niccolò der erste unter seinen Kleinen. In einigen Seiten hat er die Florentiner als Tiere geschildert. Die schmunzelnden Eingeweihten erkennen leicht unter den Masken die lokalen Berühmtheiten. Im Namen aller Vierfüssler hält zum Schluss das Ferkel die grosse Anklagerede gegen das ganze menschliche Geschlecht.

Das Amt dieser florentinischen Kanzlisten, so klein es ist, flüstert ihnen Erhabenheiten zu. Denn sie haben ein eigenes Pult und können reiche Leute durch Steuernachprüfungen in die Verzweiflung treiben, grosse Herren auf Passierscheine, berühmte Kapitäne auf Pulver und auf Sold warten lassen. Diese Bürokraten vermögen alle Plagen der Bosheit gegen jeden einzelnen, gegen die ganze Masse der nicht Beamteten loszulassen. Sie sind die kleinen vertinteten Heiligen vor der Macht — sie sind der Herrschaft notwendiger Schlamm! Der Grosse Rat, der Bannerträger der Gerechtigkeit, die Acht der Wache, die Sechs des Handelsgerichts, die Zehn der Freiheit, die vielen Kommissionen und Unterkommissionen können alles verändern und beschliessen. Von des anonymen Büros Faulheit, Gleichgültigkeit und Schlechtigkeit hängt man doch schliesslich ab. Denn der Mensch hat schon in Florenz zwei Leben: eines ist sein persönliches, das andere sein aktenmässiges. Und

das Leben des Papiers vermag das des dazu gehörigen Individuums zu vernichten.
Niccolò verbringt seine Tage und Abende gerne in der Gesellschaft dieser Schreiber.
Innigst ist er mit seinem Konzipisten Blasius Bonacorsi befreundet. Blasius horcht für ihn an Türen, erbricht fremde Briefe, kontrolliert die Intriguen, wenn Machiavelli auf Dienstreisen ist, er erzählt mit unermüdlicher Zudringlichkeit überall, wie fleissig sein Freund arbeitet, er bettelt um Vorschuss für ihn, er ist als erster von der Bedeutung Niccolòs überzeugt, er liebt ihn aus ganzem Herzen, er redet über sich und seinen Freund nur noch per „wir". Blasius ist sein unbezahlbares zweites Ich für alle krummen Wege und für alle Wege, wo es Schläge geben kann. Blasius schreibt aber die Sitzungsberichte der Signoria ungenau ab. Da malt Machiavelli in grossen Lettern an den Rand der schlechten Arbeit: Blasius, Du lügst!
Machiavelli hat eine eigenartige, unerklärliche Vorliebe zu skurrilen Menschen. Oft ist er mit Maniaken befreundet, er eröffnet sich ihnen, zecht mit ihnen, teilt sein Brot mit ihnen. Er scheint Gebresten zu geniessen, er liebt die Zungenfreiheit der Halbverrückten und Querulanten. Es ist, als ob er die Possen der Natur in ihren Lebewesen ertappen wollte. Er dichtet für die Narren das Statut einer Gesellschaft der Freude.
Wer, heisst es in den Artikeln, ein ihm anvertrautes Geheimnis länger als zwei Tage bei sich behält, wird bestraft; derjenige, der am längsten redet, ohne etwas zu sagen, derjenige, der das Gegenteil dessen sagt, was er empfindet, derjenige, der am vortrefflichsten sich verstellen kann, und derjenige, der während der Messe die ganze Welt blöde anglotzt und sich als Verkehrshindernis so hinstellt, dass er von der ganzen Welt gesehen wird, bekommt die Palme.

Ins Narrenschiff seiner Kanzlei dringen die ausserflorentinischen politischen Gestalten. Die Geschichte hat für dieses Büro der Signoria nichts Feierliches. Das Leben klopft, und sei die Gefahr, die Not oder die Freude noch so gross, gewöhnlich an. Was hier wirklich interessiert, ist ausser der Gehaltsfrage nur noch die Chronik der tausendfachen italienischen Skandalaffären. Wenn Machiavelli die Berichte über die Ehe der Gräfin Catherina Sforza von Forli und Imola liest — „entweder wird Catherina ihren Liebhaber oder wird der Liebhaber sie und ihren ältesten Sohn, oder aber wird der Sohn, der einen kühnen Geist verrät, die Mutter und den Liebhaber ermorden lassen" — dann sieht er als Einziger darin keine Chronik des Skandals, sondern die der Macht. Er ist ganz gespannt, wie sich dieser Knoten der Skrupellosigkeit, der Falschheit und der Wollust im Dienste der Herrschaft lösen wird. Das sind ihm echte Menschen, immer bereit, alles aufs Spiel zu setzen, um die eigene Unerbittlichkeit zu steigern. Da begegnen sich die Individuen seiner Vorstellung mit den Individuen der Wirklichkeit. Da begegnet der kleine Schreiber Machiavelli den machiavellischen Menschen, und von Nachricht zu Nachricht, von Jahr zu Jahr kommen diese Gestalten näher an ihn heran.

Der Knoten von Forli hat eine andere Lösung gefunden. Catherinas Liebhaber, der im Geheimen mit ihr getraut war, wird, als er neben ihr zur Jagd reitet, überfallen und erdolcht. Das Gerücht will wissen, dass die Dame selbst die Meuchler gedungen habe. Ihre Empörung ist grenzenlos. Ihre Liebe und ihre Ehre sind verletzt. „Wir Sforzas", schreit sie, „wenn wir umbringen wollen, bedienen uns keiner gekauften Schufte, wir entledigen uns unserer Gegner selbst." Und um ihre Unschuld und ihre Trauer zu beweisen, errichtet die junge schöne Witwe fünfzig Galgen in Forli und lässt die Häuser dieser Verurteilten niederreissen. Sie wird zur Furie. Ohne Mann schmiegt sie sich noch enger an die Macht, rächt, um zu herrschen, herrscht, um zu rächen.

Ausserordentlich viel hält Niccolò von der Tapferkeit dieser Frau, die inmitten von Verschwörungen aufgewachsen war, deren Vater Galeazzo Sforza, Herr von Mailand, im Dom während des Gottesdienstes erschlagen und deren Bruder vom eigenen Oheim vergiftet wurde. Niccolò meint, in dieser Dame die antike Tugend der Männlichkeit lebendig zu sehen. Sie gibt ihm ein Beispiel, wie man das erste Gesetz der Herrschaft, sich zu erhalten, trotz aller Widrigkeit der Umstände zu erfüllen vermag. Der Mut Catherinas ist kein rhetorischer, sondern ihre wirkliche, vielleicht einzige Tugend. Ihre Stadt Forli erhebt sich, ihr zweiter Gatte wird, wie der erste, vor ihren Augen getötet, sie selbst wird gefangen genommen. Um sich hat sie ihre sechs Kinder, ihre Gouvernanten, ihre Cousinen, ihre Mutter, ihre Schwester, die alle ganz verzweifelt weinen. Sie gebietet Ruhe im Familientross und hält ihm eine Rede: „Ihr sollt nicht heulen, ihr sollt keine Angst haben, aber am allerschlimmsten ist es, wenn ihr zeigt, dass ihr Angst habt. Dann sage ich euch gleich, werdet ihr getötet. Unsere Vorfahren waren Fürsten des Kriegs, grosse Condottieri. Sie haben nie die Angst gekannt, und deshalb konnten sie dem Gefängnis, dem Feuer, dem Verrat trotzen. Als ich ein junges Mädchen war, da wurde mein Vater ermordet. Ich habe aber den Mut nicht verloren, ihr sollt so sein, wie ich bin. Sonst verleugne ich euch alle.''

Diese gefangene Dame, die das Ermordetwerden als Berufsrisiko der Tyrannen in Kauf nimmt, hofft jetzt nur auf die List, sie hofft auf die Tücke, die Machiavelli später so oft im Kampf gegen das tückische Schicksal

empfiehlt. Hier kann er lernen, wie die List einer Mutigen eine feindliche Armee mit Ohnmacht schlägt.
Die Rocca, die in jeder italienischen Stadt der Herrschaft letzte Barrikade bildet, ist noch in treuen Händen. Der Kapitän der Rebellion verlangt von Catherina den Befehl an den Kommandanten der Rocca, die Schlüssel zu übergeben. Gerne möchte sie es tun, antwortet sie, aber sie kennt den Grimmigen, der die Burg befehligt. Er wird ihr nicht gehorchen. Er wird leider glauben, sie handle unter Zwang. Man solle ihr erlauben, in die Rocca zu gehen; sie lässt als Geisel ihre Kinder zurück. Kaum ist sie in der Burg, als sie schon die Entmutigten aufrafft, einen Angriff gegen die Stadt befiehlt. Vor die Festung werden ihre jammernden Kinder gebracht. Man droht, sie vor den Augen der Mutter niederzumachen. Catherina steigt auf die Zinnen der Rocca, hebt ihren Rock bis an den Nabel und schreit den Feinden entgegen: Falls ihr mir die Kinder tötet, bin ich Weib genug, neue zu gebären . . .
Catherina hält die Burg, die Kinder werden nicht getötet, von aussen kommt Entsatz, sie bleibt die Herrscherin von Forli und Imola.
Florenz hatte immer gestrebt, mit Forli in Freundschaft zu leben. Denn durch diese Festung führt der leichteste Weg aus Venedig nach Toskana.
Jetzt soll Machiavelli in Forli Soldaten mieten und Salpeter kaufen. Vor allem aber ist sein Auftrag, ohne direkt zu fragen, scharf zu sehen und zu hören, ob Catherina die franzosenfreundliche Politik der Florentiner billigt.
In schmeichlerischer, berückender Rede erklärt Niccolò der Gräfin in der ersten ihm gewährten Audienz, wie hoch sie in der Achtung der Florentiner stehe. Er spricht zu ihr aus dem Herzen. Denn dieses Mal glaubt er alle Komplimente, die er sagen muss. Catherina hört

aber nur kurze Zeit gelangweilt zu und unterbricht ihn. Sie sagt, schreibt er den Signori, „es hätten die Worte, die sie jederzeit von Eurer Herrlichkeit erhalten, sie immer befriedigt, allein die Taten hätten ihr stets missfallen."
Sie verlangt einen hohen Preis für ihre Soldaten und präsentiert noch alte Rechnungen. Schliesslich wird man aber doch handelseinig.
Kein Wort indes ist Machiavelli imstande, über ihre Politik zu erfahren. Kein Zeichen ihrer Gesinnung vermag er nach Florenz zu melden; offen berichtet er über diese Unmöglichkeit. Einen Mund, der so verschlossen ist, dem kein unnützes Wort entschlüpft, ist er noch nie begegnet.
Und am Ende seiner kurzen Mission erlebt er noch eine Überraschung.
Die Gräfin erklärt plötzlich, berichtet Niccolò, sie habe die ganze letzte Nacht überlegt und ihre Meinung geändert. Auf Geld komme es ihr nicht an. Was sie wünsche, sei ein Schutzbündnis mit Toskana. Florenz solle ihr gegen jedermann die Integrität ihres Territoriums garantieren. „Ich solle mich darüber nicht wundern, sagt sie, denn je mehr man die Dinge erörtere, um so besser begreife man sie. Als ich diese Änderung hörte, konnte ich mich nicht enthalten, ärgerlich zu werden und meinen Ärger auch offen zu zeigen .... Ich vermochte aber von ihrer Herrlichkeit nichts anderes zu erwirken."
Seine erste weitgehende Mission, die er erwartungsvoll begann, endet gerade bei der Heldin seiner Phantasie mit einem offenen Misserfolg.
Niccolò fängt im zweiten Jahr seiner beamteten Tätigkeit die Reihenfolge seiner diplomatischen Missionen, die er das „Abtasten der Wirklichkeit" nennt, in einer Zeit der Veränderung aller politischen Verhältnisse an.

Alles, was vorher stabil war, als Erbteil einer grossen Vergangenheit erschien, löst sich auf, zieht an seinem Auge vorüber. Zwischen gestern und heute, zwischen den letzten Lebensstunden Lorenzo Medicis und den ersten Todesjahren Savonarolas ist nur ein halbes Jahrzehnt verflossen, und dennoch konnte die eben verstrichene, von allen Florentinern erlebte Vergangenheit wie ein Märchen aus uralter Zeit erklingen. Die Lebenskreise des Gestrigen sind für Toskana und für ganz Italien so verschwunden, wie sie etwa für die Völker Österreich-Ungarns nach 1918 verschwanden. Die Menschen vergessen tief eingewurzelte allgemeine Verhältnisse, wie sie die Toten aus ihrem Bewusstsein verlieren, und passen sich dem neuen Gang unerwarteter Dinge rasch an. Am schnellsten gewöhnte sich daran Machiavelli. Denn ihm ist noch der Wechsel des Glücks, die in kurze Zeit zusammengedrängten Tragödien von Aufrichtung und Flucht, von Rückkehr, von Sieg und Untergang neuer Herrschaft, das bewegte Schauspiel der politischen Natur. Was der Gewöhnliche dank seiner Trägheit gleichgültig erduldet, das begleitet Machiavelli mit der gespannten Neugierde des Abenteurers im Geiste.

Die Toskaner vergassen schnell das politische Gleichgewicht, das in Italien von den vier Staaten — Mailand, Venedig, Neapel und Florenz — für den Frieden der Halbinsel gewahrt wurde.

Die von den Italienern selbst herbeigerufene Invasion Karls von Frankreich hatte diesen Frieden und dieses Gleichgewicht, diese ideale, nicht staatliche, sondern geistige Einheit, die in unendlicher Mannigfaltigkeit strahlte, dieses Saitenspiel der Seele vernichtet.

Die Invasion hatte den Mächten der Welt die Schwäche der Halbinsel, die die schönsten Städte, die überfülltesten Warenlager, die besten Manufaktur- und landwirtschaftlichen Produkte besass, gezeigt. Die Begehrlichkeit der Mächtigen sah ein ungeschütztes Paradies schier unerschöpflicher Früchte. Jedem europäischen Krieger pochte das Herz im Leibe stärker, wenn er die Worte: Florenz, Rom, Neapel, Mailand, Venedig, Bologna, Siena, Cazale, Asti und Piombino hörte. Jeder Söldner in Frankreich, Spanien, England und in Deutschland war bereit, auf Kredit in den Krieg zu ziehen, wenn ihn die Trommel jenseits der Alpen rief. Die Entdeckung der italienischen Beute war für die Menschen des 16. Jahrhunderts unmittelbarer, magischer, realer und leichter als die Entdeckung Amerikas.

Italien, kein Land, sondern in seiner Vielfältigkeit ein Kontinent für sich, der den anderen Weltteilen Gedanken, Gefühle und Erinnerungen ohne Zahl geschenkt hatte, zahlte ihnen jetzt auch die zur Veränderung dieser Menschheit notwendigen Kriege. Die Abgrenzung Frankreichs gegen Burgund, der Kampf zwischen Spanien und Frankreich, der Kampf zwischen Madrid und Paris, das Scheitern der imperialen Pläne der Könige Karl VIII., Ludwig XII. und Franz I., die der Kaiser Maximilian und Karl V., die Beschränkung Englands auf sein Inselreich, die Osmanengefahr, alles wurde auf dem Boden des Niemandslandes Italien entschieden.

Der Friede sollte erst in der zweiten Hälfte des 16. Jahrhunderts mit der stabilisierten Knechtschaft, die Waffenlosigkeit, Ereignislosigkeit und Stummheit bedeutete, einziehen.

Am Anfang dieses Weges, um das Jahr 1500, während Machiavellis Missionen, waren diese Tendenzen der italienischen Katastrophe in ihrer geraden Eindeutigkeit keinem der denkenden oder handelnden Individuen bekannt. Alles, was eine spätere Welt auf einmal sieht, begreifen die Zeugen der Ereignisse nur stückweise. Denn die Geschichte ist nichts anderes als der schmerzensreiche Schauplatz der menschlichen Ohnmacht. Die Vernichtung des alten Gleichgewichts in Italien offenbarte sich unmittelbar für Florenz in dem Verlust seiner Stellung als geistige Hauptstadt der Halbinsel und in der versteckten oder offenen Rebellion aller Untertanenstädte und Gebiete, in der Empörung oder dem Verrat der kleinen autonomen oder halb autonomen Nachbarn. Hatte die Invasion dem Ausland die Schwäche Italiens gezeigt, so den einzelnen italienischen Städten die Schwäche ihrer einheimischen Bezwingerin.

Allen voran rebelliert die seit einem Jahrhundert überwundene aufgekaufte zweitgrösste Stadt der Republik — Pisa! Pisa fühlte, mit seinen städtischen Freiheiten hatte es seine Geschichte verloren wie vorher Amalfi und Genua, Siena, Lucca und Pistoja, wie nach ihm das jetzt aus allen pisanischen Winkeln zutiefst gehasste Florenz selbst. Ohne Selbständigkeit, ohne innere Freiheit kennen die italienischen Städte keine Ereignisse mehr. Italien hat durch die Jahrhunderte hindurch die höchste Menschenwürde gekannt: was in Unfreiheit verfiel, das starb aus Scham. Unfrei, werden die Städte zu Resten gewesener Dinge. Pisas Erhebung ist der unwahrscheinliche Aufstand eines Museums, in dem sich Erinnerungen in Wille und Handlung verwandeln. Der Dom und das Baptisterium, der schiefe Turm und der Campo Santo sind plötzlich Festungen, und vor den Wällen der Stadt harren bewaffnete Männer, Frauen und Kinder aus. Zehn Jahre lang trennte Florenz von dem nur einige Reitstunden entfernten Pisa eine Feindschaft, die in ihrer Wut ungezählte Einfälle gebiert. Die Zähigkeit dieses Kampfes will sogar die Natur verändern. Die Florentiner arbeiten jahrelang daran, den Arnofluss von Pisa abzuleiten. Florenz hat in Pisa eine Wunde, die Energien und ungezähltes Geld frisst. Dieses lange Ringen, dieses tragische Geduldspiel wird zur chronischen Schwäche von Florenz. Der endlos sich hinziehende Kleinkrieg mit unbedeutenden Schlachten und halben Siegen foppt beständig die Erwartung der Florentiner, macht sie blind für jede klare, weitsichtige Politik. Jeder, der Pisa zu überrumpeln verspricht, jeder Abenteurer, der angebliche Geheimnisse Pisas enthüllt, und jeder europäische Herrscher, der diplomatische Hilfe zusagt, erhält von der sonst knauserigen Signoria Geld. Florenz wird wegen Pisa zum Narren halb Europas. Pisa ist Durchgangstor aller Feindschaft gegen Florenz, und Pisa ist mit jedermann gegen Florenz verbündet. Florenz bildet Verwüstungskompagnien, um die Orte im Pisanischen zu vernichten. Pisa fleht in Paris, Madrid, Wien und Rom, um spanisch, kaiserlich, französisch oder päpstlich werden zu dürfen, nur um nicht florentinisch bleiben zu müssen.

Pisa schwächt durch seine Rebellion die Widerstandskräfte der offenen Grenzen Toskanas. Es umgürtet sie mit einen Reif der Ohnmacht, es stärkt die vielen kleinen Herrscher, die auf dem Toskana benachbarten ganz anarchischen Gebiet der päpstlichen Romagna das Unwesen ihrer Souveränität treiben und ihre Soldaten, ihre Condottieri, vermieten. Jetzt, da Italien kein Gleichgewicht mehr hat, wähnen sich diese Kleinen mächtiger als je zuvor. Sie steigen hoch im Preise, die Herren von Piombino und Urbino, die Vitelli, die Riaro, die Orsini, die Baglioni. Denn Florenz braucht sie gegen Pisa, und die auswärtigen Mächte, Spanien, Frankreich und der Kaiser, brauchen sie nicht weniger.

Die regierenden gemässigten populanen Herren in Florenz sind enthusiastische Franzosenfreunde. Jeder gute Republikaner in Toskana ist ein Anhänger der Franzosen. In den Augen der Signoren hat Machiavelli während seiner ersten wichtigeren Mission bei Catherina Sforza dieselbe Gesinnung bewiesen. Und im unge-

schriebenen Register des Vertrauens, das die bestimmende Clique stets im Gedächtnis trägt, wird Niccolò als eindeutig und zuverlässig notiert.
Niccolò, der immer gerne von seinen Missionen zurückkehrt, zu seinen täglichen Gewohnheiten eilt, findet bei seiner Ankunft aus Forli ein jubelndes Florenz. Alle Loggien sind des Abends beleuchtet, und der Arno blitzt im Schein der Fackeln wie ein Stahlschwert. Die Florentiner feiern den Sieg der Franzosen in der Lombardei, den Sieg des Nachfolgers Karls VIII., — Ludwigs XII. Im Bunde mit Venedig hat der König Mailand eingenommen und ist für vieles Geld bereit, Belagerungshilfe gegen Pisa zu senden.
Machiavelli ist durch diese leere Freude über fremde Triumphe verletzt. Aus dem Fest der Stadt hört er nur die Melodie florentinischer Abhängigkeit. Er stösst sich an der Zwangslage Toskanas. Er fühlt sich so beengt wie die Republik selbst. „Unsere Lage ist derart", schreibt er, „dass der Franzosen Glück in Italien uns die Hälfte unseres Territoriums entreissen, ihr Unglück aber uns ganz vernichten kann." Er würde, könnte er entscheiden, vielleicht auch keine andere Politik führen. Denn die primäre Schwäche von Florenz hat nicht den Grund im einzelnen Menschen, sondern in der radikalen Wendung italienischer und europäischer Dinge. Aber nie könnte er vergessen, dass Bündnisse zwischen einem Stärkeren und einem Schwachen nur eine Form der Abhängigkeit für den minder Mächtigen sind. Diese Gewissheit treibt ihn immer wieder aufs neue, die Ohnmacht von Florenz geistig zu revidieren. Er kann sich in der Schwäche nicht feierlich und glanzvoll einrichten, wie es jetzt die Florentiner tun.
Niccolò vermag sich auch nicht so dogmatisch wie seine republikanischen Herren an Frankreich zu ketten; denn die Kriege in Italien sind noch im Fluss, und durch diese

einseitige Festlegung, durch den Mangel jeder geistigen, geheimen Reserve raubt man der Klugheit die Möglichkeit zum Wirken. Auch für Florenz wäre die Politik, die Alexander VI. im Kirchenstaat führt, richtig. „Wir sind", sagte der Papst, „für Frankreich und kämpfen weiter gegen Spanien mit Frankreich. Wenn Frankreichs militärische Stellung aber unsicher wird, dann ist es unsere Pflicht, an unseren Besitz zu denken. Lässt Gott die Spanier stark werden, dann wäre es eine grosse Sünde, etwas anderes als Gott zu wollen."

Die Schwäche aber tötet jede Tugend; sie beginnt ihre Vernichtung, indem sie sich von der Klugheit trennt. Florenz hat auf jede eigene Wahl verzichtet. Es ist zu schwach, um nach den Mächtigeren zu spähen, es lässt sich von der aussenpolitischen Not alle aussenpolitischen Massnahmen diktieren.

Und selbst, wenn die Stadt das Richtige unternimmt, schreibt Machiavelli, tut sie es gezwungen und nicht aus Überzeugung.

Diese florentinische Schwäche ist Niccolòs Nachtgedanke; sie macht ihn zum Melancholiker.

Die Bitternis stört ihn aber nicht in seiner praktischen, täglichen Arbeit. Es scheint, als ob er getrieben wird, im Kleinen, im Besonderen, in jedem Akt der Militärverwaltung, in jedem Bericht aus dem Ausland gegen das Verdammnis der allgemeinen Schwäche anzukämpfen. So lebt dieser Zweifler, Melancholiker und Cyniker als positiver Mensch der Pflicht. Das Stückchen Arbeit, denkt er, dem sich jeder unterzieht, muss ganz und gar getan werden.

Wie er sich aber hütet, seine Bürokollegen zu schulmeistern, so nimmt er sich auch in acht, seine schwarzen Erwartungen auszuposaunen. Es widerspräche seinem Wesen, als offener Reformator der florentinischen Politik aufzutreten. Er kann sich nur unter vier Augen, nur vor Verstehenden aussprechen. Er vermag nur im kleinen Kreis, nur gedeckt durch die Freundschaft, durch das Vertrauen der Mächtigen, eine ungeahnte Zähigkeit für seine Meinung zu entwickeln. Nur im Rücken der Dinge, durch die Akten und durch das Gesetz geschützt, versuchte er die Kräfte der Veränderung wirken zu lassen. Käme aber der Heilige Geist zu ihm, um ihm zu sagen: Geh auf die Piazza, schrei der Welt Deine Klage über die florentinische Schwäche ins Gesicht, dann würde Niccolò antworten: Himmlische Exzellenz, das gehört nicht zu meinen Obliegenheiten. Ich habe alle Hände voll zu tun. Ich bin Beamter. Reden Eure Herrlichkeit mit Savonarola.

Machiavelli stört deshalb auch nicht das optimistische Spiel der Signoria mit Ludwig XII. Der Fluch der Tatsachen besorgt diese Arbeit.

Die teuer bezahlten französischen Hilfstruppen, die vor Pisa stehen, um es zu stürmen, leben jeden Tag in besserem Einvernehmen mit den Pisanern und in schlechterem mit den Florentinern. Die Pisaner finden Wege zu den Herzen und zu den Börsen dieser achttausend Gascogner und Schweizer. Die Soldaten denken nicht an Krieg, sondern an das leichte Leben auf Kosten von Florenz. Die Signoria sendet zwei Kommissare mit Machiavelli als Gehilfen zur Belagerungsarmee. Die Kommissare berichten über den unersättlichen Hunger und über die zügellose Frechheit der Söldner. Je dringender die Abgesandten der Signoria den Kampf verlangen, um so stürmischer brüllen die Truppen nach einem Extrasold. Die Armee wird zur Horde, rebelliert, nimmt die Kommissare gefangen. Niccolò entflieht, reitet nach Florenz, die Katastrophe zu melden.

Die Belagerungsarmee vor Pisa existiert nicht mehr.

Florenz fühlt sich betrogen. Die Florentiner klagen die zweite Kanzlei Machiavellis an, sie hätte Unsummen für ein Fiasko verschwendet. Die „Zehn der Freiheit" werden nur noch „Verschleuderer-Zehn" genannt. Die Florentiner wollen von den Zehn nichts mehr wissen, organisieren einen Wahlstreik. Nachdem dieser Zehn Magistratur abgelaufen ist, wählen sie keine neuen. Florenz kann weder den Krieg weiter führen, noch den Frieden schliessen. Auf allen Gassen und Plätzen reden die Bürger nur noch Böses gegen die Obrigkeit. Inmitten dieser Aufregung, die das freie Spiel des Aufruhrs zu eröffnen scheint, wird die Signoria durch einen Brief des Königs von Frankreich weiter erschreckt. Ludwig nimmt seine Meuterer vor Pisa in Schutz, behauptet, Florenz hätte die Truppen weder bezahlt noch beköstigt.

Um die Ereignisse vor Pisa dem König zu schildern, sendet die Signoria in aller Eile Zeugen der Rebellion nach Frankreich: einen der beiden Kommissare, della Casa, und als dessen Gehilfen Machiavelli.

Ungern verlässt Niccolò Florenz. Die Signoria bewilligt ihm nur die Hälfte der Reisespesen, die sie für della Casa vorsieht. Ihm aber hätte selbst das Doppelte der Summe nicht genügt. Machiavelli kann nicht mit dem Rechenstift in der Hand leben. In Florenz haben sich seine unordentlichen finanziellen Verhältnisse Rechte der Gewohnheit erworben. Hier borgen Wirte, Lieferanten und Freunde. Hier kennt er Frauen, deren Zärtlichkeit nichts kostet. Hier soll er manchmal beim Spiel gewinnen. Hier geniesst er die Rente seiner Art von Armut: Unbekümmertheit und den Trost auf ein Wunder, das nie kommt, aber doch nie ganz ausbleibt. In der Fremde aber hören diese Findigkeiten auf, in der Fremde wird schnell aus Bedürftigkeit bitterste Not. Er spürt alle Mühen dieser ersten Reise nach Frankreich voraus: eine schwere diplomatische Mission, ganz beschränkte Vollmachten, gehetzte Eile und die Sorge um die Bedürfnisse des Tages. Die Neugierde, zum ersten Mal ein nicht-italienisches Land zu sehen, wird von den engen Florentiner Verhältnissem, die er im Reisegepäck mitnehmen muss, aufgehoben. Niccolò, der noch dreimal in seinem Leben zum König von Frankreich, zweimal nach Deutschland zum Kaiser Maximilian, zweimal nach Rom zum Papst gesandt wurde, fährt immer in der mürrischen Stimmung seiner ersten Mission weg.

Einmal auf der Reise vergisst er seine Klagen, um unermüdlich zu sein.

In zehn Tagen erreichen della Casa und Machiavelli Lyon. Der König ist aber nicht mehr in der Stadt. Die beiden Florentiner reisen ihm nach.

In Nevers an der Loire erreichen sie den Hof Ludwigs XII., des ersten Monarchen der Christenheit. Unbestritten ist die Autorität des Königs. In Frankreich selbst spriesst sie aus seinem Streben, die Gewalt der Willkür durch das Gesetz der Macht zu beenden, und aus der wachsenden Einheit des Landes. In Europa beruht sein Übergewicht auf der Reihenfolge der Siege in der Lombardei, auf seinen Triumphen in Mailand und in Genua, auf seinem Bündnis mit Schottland, Dänemark, mit deutschen Fürsten, mit Venedig und mit Spanien. Noch hat Ludwig nur Momente des Glücks gekannt. Er thront als ehrgeiziger Sohn des Kontinents, der sich dennoch keinen uferlosen Plänen wie sein Vorgänger Karl VIII. hingibt.

Ludwig ist Italiens Schiedsrichter. Unter vier Augen nennt ihn Cesare Borgia nur den „Herrn des italienischen Ladens". Keine italienische Souveränität fühlt sich geborgen, wenn sie von Ludwig nicht beschirmt wird. Sein Hof scheint deshalb ein permanenter, wandelnder italienischer Kongress zu sein. Ein Drittel seiner Begleitung besteht aus Italienern. Jede italienische Macht kommt hier als bittende. Venedig erbittet Hilfe gegen die Osmanen; Ferrara und Bologna erbitten Schutz gegen den Papst; der Papst erbittet freie Hand gegen Florenz, Ferrara und Bologna. Erst recht sind die zweit- und drittgrössten italienischen Souveränitäten sowie die Besiegten: die vielen Emigranten überwundener Parteiungen vertreten.

Von der Macht ist vielen Individuen der italienischen Herrschaft nur noch der Instinkt zur Kabale geblieben. Sie schmeicheln sich an den Thron und an den ersten Minister, an den Kardinal d'Amboise, heran. Sie bemühen sich, die Wünsche, die Schwächen und die Laster der königlichen Umgebung zu studieren. Die Italiener, in dem Ruf besserer Gesittung und höherer Kultur, versuchen den Geschmack der noch etwas rohen französischen Gesellschaft zu beherrschen; sie erobern auch schnell die ersten Häuser des Königreichs. Sie gewinnen vor allem die Herzen der Damen, die jetzt zum ersten Mal am Hof erscheinen und in italienischen Büchern, italienischer Mode, italienischer Musik die Freuden einer für sie neuen Welt empfinden.

Die Italiener um den Thron arbeiten vor allem gegen einander. Wenn hier jemand drei Feinde hat, dann schliesst er mit dem ersten Frieden, mit dem zweiten Waffenstillstand und den dritten greift er an. Jedem gilt es als idealer Tausch, für leere Versprechungen, für Freundschaftsbeteuerungen, für Komplimente positive Gegenstände: Territorien oder Konzessionen zu erhalten. Keiner lässt sehen, dass er am Ende seiner Kraft ist, und sagt man es ihm, dann lächelt er wie über einen gelungenen Scherz. Diese ganze italienische Ohnmacht, die die Krone umschwirrt und deren Methode und Ausdrucksweise in allen europäischen Kabinetten und Höfen Schule machen wird, heisst Diplomatie.

Auf dem Parkett dieses Hofes, in dieser selbstverständlichen Atmosphäre der Intrigue, wo jeder gerade Weg als eine Tücke und jeder krumme als die Kunst der Politik erscheint, machen della Casa und Machiavelli einen etwas linkischen, provinziellen Eindruck.

Sie sind aber bei weitem keine Naivlinge, keine Wahrheitsfanatiker.

Machiavelli behauptet, er scheue den Kampf mit dem abgefeimtesten Lügner nicht, denn er verstehe die Wahrheit so zu verstecken, dass niemand mehr imstande sei, sie zu finden. Die beiden Florentiner können aber ihren Mund, voller Scham über Pisa, nicht geschlossen halten. Die Not von Toskana brennt in ihren Herzen.

Einerseits fehlt es ihnen auch an Zeit, diesem hauptsächlichsten Werkzeug italienischer Diplomatie, und andererseits meinen sie, durch die Schilderung der Rebellion und des Verrats vor Pisa die Majestät an ihrer Ehre zu packen, sie für Toskana zu verpflichten. Ludwig hört ihnen aber nach dem Mittagessen und vor der Siesta nur verdriesslich und zerstreut zu. Der Kardinal d'Amboise unterbricht die Florentiner und meint, sie hätten die vertragliche Bündnispflicht nicht eingehalten, die Armee ungenügend bezahlt und beköstigt. Niccolò will das Gegenteil beweisen, hat er doch alle Szenen der Rebellion im Kopf. Da schneidet ihm der Monarch das Wort ab. D'Amboise beschwichtigt und meint, man solle die Vergangenheit ruhen lassen; das Unternehmen gegen Pisa müsse unbedingt weitergehen, Frankreichs Ansehen stehe auf dem Spiel. Erfreut entgegnen die Florentiner, dies sei auch der Signoria Wille. Aber, behauptet der König, die Signoria müsse auch, wie es der Vertrag vorsehe, die Belagerungsarmee weiter unterhalten. Unmöglich, antworten die Florentiner, die Kassen der Stadt seien leer, die Bürger in aufrührerischer Stimmung; des Königs Truppen sollen Pisa erobern, dann würde die Signoria alles auf Heller und Pfennig begleichen.

Ludwig, d'Amboise, die französische und italienische Umgebung sind über dieses Verlangen entrüstet, sie drohen und lachen den Florentinern ins Gesicht. Sie drohen mit Piero Medici, der als ewiges Gespenst die Republik immer noch beängstigt, sie drohen mit dem Papst, sie drohen mit allen Nachbarn Toskanas. „Die Franzosen", berichtet Machiavelli ganz verzweifelt der Signoria, „schätzen nur den, der bewaffnet oder bereit ist, zu bezahlen. Sie sehen auf Eure Herrlichkeiten herab wie auf die Herren Nichts."

Die Spannung zwischen Ludwig und der Signoria ist die Sensation des Hofes. Florenz wird zum Raub der Diplomatenmäuler. Jeder drängt zum König mit Plänen gegen die Republik. Bald will das Geschwätz wissen, dass das umkämpfte Pisa selbst, dass Siena, der Papst oder Venedig Ludwig das Geld, welches Florenz nicht opfert, geben wollen. Wie Kletten wachsen Intriguen empor und heften sich an den königlichen Mantel. Della Casa und Machiavelli laufen von Höfling zu Höfling, um Unwahrheiten zu dementieren. Sie entdecken immer neue Fäden, die, wenn nicht gleich zerrissen, zu gefährlichen Stricken für Toskana werden können.

Auf diesem harten Boden der Feindschaft erkrankt della Casa und lässt sich nach Paris bringen.

Machiavelli bleibt allein. Von Anfang an hat er die hauptsächlichste Arbeit geleistet, die Berichte nach Florenz geschrieben. Jetzt ist er aber nicht nur ohne Hilfe, sondern auch vereinsamt. Ein Anhänger Florenz' nach dem anderen wird erst verlegen, dann gleichgültig und endlich gegnerisch. Er ist nicht nur persönlich arm, er muss nicht nur seit Wochen auf Borg leben, sondern die Signoria sendet ihm auch keine Mittel, um das Gezänke der vielen kleinen bösen Höflinge zu glätten. Einen einzigen Anhänger in hoher Stellung hat noch Florenz, aber auch den, schreibt Machiavelli, werden

wir verlieren, „wenn wir uns seine Freundschaft nicht durch andere Mittel als durch blosse Redensarten erhalten wollen".
Wir haben hier, klagt er, keinen einzigen Intriganten. Wie sollen wir den Prozess gewinnen, da wir nicht imstande sind, die Kosten zu bezahlen?
Machiavelli kennt die Wege, die direkt zu des Königs Ohr führen, und leicht würde er sie sprengen. Wie gerne wäre er hier der Meister der Kabale, um einen Feind nach dem anderen zur Strecke zu bringen. Er möchte grosszügig erscheinen und erscheint geizig. Er möchte aufrichtig erscheinen und erscheint doppelzüngig. Er möchte wichtig erscheinen und erscheint nebensächlich.
Der Hof verlässt Nevers, fährt nach Melun, nach Blois, nach Nantes und nach Tours. Niccolò hinkt dem König nach. Er ist sich selbst zur Last geworden. Er spürt, wie gierige Hände bereit sind, nach Florenz zu greifen, wie Feindschaften drauf und dran sind, zu Armeen zu werden, und ihm sind alle Quellen, die Signoria genau zu informieren, verstopft.
Er fühlt sich für alle Widrigkeiten seiner Mission verantwortlich. Die Ehre seines Ehrgeizes, der Glaube an seine eigenen Fähigkeiten, sind verletzt.
Und aus der Tiefe dieser Verzweiflung reift in ihm eine Hoffnung. Da ihm alle Mittel gewöhnlicher Diplomatie versagt sind, soll ihm, über alle Praktiken der Verhandlungen hinweg, die Wahrheit helfen. Der Kardinal d'Amboise ist der wichtigste Kopf dieses Hofes. Ihm will er Italien in ganzer Nacktheit zeigen. Warum soll die Wirklichkeit nicht locken können wie der Schein? D'Amboise ist ein kluger Mann. Er wird versuchen, mit ihm über Politik zu reden, wie zwei Mathematiker über Mathematik.
Aber entfernt von diesem Hof muss es sein. Getrennt

von diesen Schranzen, von diesen belauschten Türen, von dieser breiten Indiskretion.
Niccolò hat erfahren, dass d'Amboise für einige Zeit verreist ist. Er erkundigt sich nach dem Weg, den der Kardinal zurücklegen wird, reitet ihm entgegen und trifft ihn in einem Dorf. Es ist spät abends, er will ihm die Nacht nicht stören. Am Morgen, nach durchwachten Stunden, überrascht er die Eminenz. Er übersieht alles Nebensächliche, alle Konvenienz, übersieht seine eigene Stellung, beginnt mit fester, ruhiger Stimme seinen Monolog. In medias res gehend, sagt er dem verwunderten Kardinal: Es ist zu euerm Nachteil, uns Florentiner zu vernichten. Denn wie die Dinge jetzt liegen, sind wir die Schwächeren. Des Königs Feinde sind nicht wir, sondern die Stärkeren, die danach streben, ganz Italien unter ihrem Szepter zu vereinigen — Venedig und der Papst. Venedig, weil es reich und vom Meer geschützt ist, der Papst, weil der Ehrgeiz seines Sohnes Cesare keine beschränkten Ziele kennt. Wenn ihr uns vernichtet, dann werden wir entweder von Venedig oder von Rom aufgefressen. Ihr macht nur die Mächtigen noch mächtiger und die Schwachen noch schwächer, ihr helft dadurch euren zukünftigen Feinden. Des Königs Gewinn wäre es aber, gerade umgekehrt zu handeln: die Mächtigen zu schwächen und den minder Mächtigen zu schmeicheln: Nicht weil wir euch lieben, nicht aus Dankbarkeit, sondern aus reinstem Interesse sind wir für euch die Zuverlässigsten. Und auf Interesse kann sich der König verlassen. Ihr bedroht mit Vernichtung unser jetziges populanes Regiment, obwohl ihr in ganz Italien keine zuverlässigeren Stützen habt. Die Populanen sind mit euch aus Handelsinteressen, aus Angst vor dem Medici, aus Parteitradition — aus Selbsterhaltungstrieb. Habt ihr aber dies eingesehen, dann ist es gegen den Gewinn, euch mit uns wegen einiger tausend

Dukaten mehr oder weniger zu entzweien. Da müsst ihr meine bescheidene Mission erleichtern! Dadurch erhöht ihr unser Ansehen und ermöglicht uns, euch Geld zu geben. Wir sind eine friedliche Handelsrepublik, wir brauchen Kredit, wenn ihr aber alle Grossen und Kleinen gegen uns loslasst und alle Verleumdungen duldet, dann sind wir materiell nicht imstande, die geforderten Summen herbeizuschaffen. Ihr werdet unser Geld bekommen, aber bedenkt, unsere Herren haben Angst vor der Piazza, vor den Steuerzahlern, und sind deshalb knauserig. Wir leben in einer Republik. Keiner hat bei uns die Macht, allein zu entscheiden, jeder Entschluss zieht sich dahin.

Der Kardinal, der als mächtigster Minister Europas seines Amtes waltet, antwortet, dass Machiavelli die Beweisführung sehr gut verstehe. Viel Richtiges sei darin enthalten, er höre solchen Ausführungen gerne zu, aber in puncto Geld sei Seine Majestät zu keinem weiteren Handeln bereit. Seine Majestät vernehme allerlei aus Italien. Sie glaube aber nur, „was man mit Händen greifen kann".

Von der Stunde dieser Unterredung an, in der es ihm gelang, d'Amboise von seinem Glauben an den schlechten Zahlungswillen der Florentiner etwas abzubringen, scheint es Machiavelli, dass sich alle Widerstände lösen; zwischen ihm und den Gegenständen, über die er berichten muss, erhebt sich nicht mehr die trübe Wand der Missgunst. Niccolò hat, vielleicht über jeden unmittelbaren diplomatischen Erfolg hinweg, die eigene Sicherheit gewonnen. Florenz muss zwar zahlen, es hat aber dabei seinen besten Unterhändler gewonnen.

Oft noch unterhält sich Niccolò mit dem Kardinal, der ihn gerne empfängt und geduldig anhört. Es scheint, als ob er seine beschränkte Mission vergisst, um sich im allgemeinen über Politik zu unterhalten. Er ist

in seinem Element: zum ersten Mal im Zentrum des Welttheaters, in angespannten Gesprächen mit dem Hauptakteur — statt wie gewöhnlich in Florenz mit seinem Kanzlisten Blasius. Niccolò vergisst aber seine Mission nicht, er erweitert sie nur auf eigene Faust; er spürt sofort die Möglichkeit, über seinen Auftrag hinaus zu wirken.
„Ich bemühe mich", schreibt er, „auf jede Weise als ein Mann von Treu und Glauben zu erscheinen." Er gibt ganz ehrlich dem Kardinal Ratschläge. Die pessimistischen Vorhersagen Machiavellis über die französische Politik in Italien sollte d'Amboise noch als Wirklichkeit erleben. Vor allem aber will jetzt Machiavelli wissen, wie in Wirklichkeit die Stellung Frankreichs zu des Papstes Sohn Cesare Borgia ist. Denn aus Rom droht Florenz die hauptsächlichste Gefahr. Cesare Borgia erobert um Toskana Stadt um Stadt. Seine kriegerische Macht, sein Ruhm, seine Schnelligkeit scheinen in Italien alle Grenzen umzustossen. Mit der Drohung: Cesare Borgia! könnten die Franzosen Florenz bis zum Weissbluten erpressen. Machiavelli tastet: Meinen es die Franzosen mit dem Papst so brüderlich, so fromm, wie sie es sagen? Oder so feindlich, wie sie es nicht sagen, aber wie sie es eigentlich nach französischem Interesse meinen müssten? Weder die Freundschaft noch die Feindschaft stimmt. Niccolò ist es gelungen, seinen Partner zu durchdringen, seinen Charakter, die Gesetze seines Handelns und die Willkürlichkeit seiner Natur zu kennen. Machiavelli stösst auf d'Amboises Ehrgeiz. Das rein Individuelle durchbricht hier die absoluten politischen Interessen Frankreichs. D'Amboise will Papst werden! Zu diesem Zweck erscheint er als Wohltäter der Kirche, erlaubt Cesare Borgia, dem Heiligen Stuhl Territorien zu erobern. Aber diese Konzession ist nur bedingt. Weder Ludwig noch d'Amboise werden es

gestatten, dass der Vatikan zum mächtigsten Staat Italiens werde. Rom würde es aber werden, gelänge es Cesare, Florenz zu überrennen. Machiavelli meldet der Signoria: An der Grenze Toskanas hört die Liebe d'Amboises für den Papst auf! Diese Gewissheit, die Machiavelli aus den Augen d'Amboises liest, ist für Florenz die wichtigste Nachricht. Sie bildet die Grundlage der Politik kommender Jahre. In dem Licht dieser Erfolge, die Niccolò vielleicht allein ermessen kann, sieht er tief in die Dinge dieses Hofes.

Er sendet der Signoria seine ersten klassischen Berichte, in denen man alle Gegner von Florenz laut denken hört, in denen sich ein Tag vom anderen auf dem Papier so unterscheidet, wie er sich auch in Wirklichkeit unterscheidet. Er hat die Heimat seines Stils und seine Kürze gefunden. Er ist sehr zurückhaltend im Urteil. Die fliessenden Verhältnisse der Politik, die wechselnden Stimmungen gibt er wieder, als ob er sie mit dem Meter messen und mit der Waage wiegen könne. Aus seinen vielen Unterredungen teilt er nur die Quintessenz mit. Er hört allen Klatsch und alle Gerüchte, siebt sie aber nächtelang an seinem Schreibtisch, und oft passiert nur ein Satz diese strenge Zensur. Wenn er nichts neues zu sagen hat, dann schweigt er trotz allen Mahnungen aus Florenz: „Wenn die Verhältnisse sich nicht ändern", schreibt Niccolò der Signoria, „dann schweige ich, da ich nichts als die Wahrheit melde." Im Sinn seiner Berichte ist Machiavellismus der höchste menschenmögliche Grad der Wahrhaftigkeit. Inmitten dieser Menschheit, die ewig vernarrt sein wird in Fiktionen, in die Chimäre, in das Hirngespinst, in die Verherrlichung all ihrer seelischen und materiellen Verkrüppelungen, werden Machiavellis Legationen stets als die grosse Schule der Realität und der Wahrheit wirken. Wo er in seinen Legationen den Schlauen spielt, „diplo-

Unbekannter Meister (um 1500):
Cesare Borgia

matisch" ist, da gibt er nur versteckt der Signoria Ratschläge. Zu diesem Zweck muss er den ganz Kleinen mimen. Denn seine Aufgabe ist nur, zu berichten, die Tatsachen „nackt und einfach" mitzuteilen und der Signoria die Beurteilung zu überlassen. Er darf weder Initiative zeigen, noch die Lust, selbständig zu handeln, verraten. Er muss seine Vorschläge geschickt verbergen. Spricht er sie dennoch, selten genug, aus, so bemerkt er gleich, wie um die Signoria zu beruhigen, dass er ein Dummkopf sei. Er betont die Unsicherheit seines Urteils oder er legt anderen anerkannten wichtigen Leuten seine Empfehlungen in den Mund. Vom Hofe Ludwigs XII. schreibt er der Signoria, eine sehr wichtige Persönlichkeit habe ihm zum allerletzten Mal und sehr eindringlich versichert, Florenz werde entweder als Freund oder als Feind zahlen müssen.

Im Prinzip haben die Florentiner schon längst beschlossen, einen Gesandten mit grossen Vollmachten und mit den nötigen Wechseln zu senden. Machiavelli bläst nun absichtlich in die Trompete der Angst, damit der Entschluss in aller Eile auch durchgeführt werde. Er kennt ja die Nachlässigkeit, die Langsamkeit der Bürokratie.

Wenn es möglich wäre, schreibt Niccolò, dann müssten Eure Herrlichkeiten Ihrem Ambassadeur Flügel verleihen. Bedenkt, wie die Zeit schnell vergeht und wie man in der jetzigen Lage sich nicht genug beeilen kann, die wechselnden Gefahren zu überwinden.

Der lang erwartete Gesandte trifft ein. Machiavellis erste Mission in Frankreich ist beendet.

MACHIAVELLI BEI DEM MEISTER DES VERRATS

CHRISTUS ist am Kreuz gestorben, ein Tropfen seines Blutes hätte genügt, einen Strom aber hat er vergossen. Zu diesem Opfer Christi treten die Unbeflecktheit der Jungfrau, die Leiden der Märtyrer, die Taten der Heiligen und der Gerechten, alle Werke, die über das Erfordernis eines Einzelnen hinausgehen. Die Menschheit hat dadurch im Himmel einen Schatz der Frommheit. Dank der Barmherzigkeit können die Sünder daran teilnehmen. Der Papst hat die Schlüsselgewalt zu diesem Quell der Erlösung. Aus dieser kirchlich einwandfreien, menschlich wunderbar versöhnenden Vorstellung heraus, die die Wirklichkeit des Humanen aller Zeiten und Zonen enthält, machte Alexander VI. ein Riesengeschäft. Die Idee der Einheit des menschlichen Geschlechts, die die Sünder wie die Frommen umfasst, wird ein Handels- und Industrieunternehmen. Alexanders beste Käufer bildeten im Jubeljahr 1500 die zweihunderttausend Pilger in Rom: direkte Abnehmer ohne den Zwischenhandel der verschiedenen Landeskirchen. Die Kirche mit ihrem zentralisierten Verwaltungsapparat war schon lange vor Alexander, zumeist im Bunde mit Florentiner Bankiers, die treibende Kraft neuer weltlicher Bindungen gewesen. Die apostolische Kammer wirkte als Pionierin veränderter Finanzwirtschaft und hiess die „Mutter des Geldes". Gerade diese Berührung mit der Ware Geld gab der vatikanischen Organisation einen kühnen, aber disziplinierten, kalkulierten Schwung. Alexander hingegen wird durch die Berührung mit dem Geld unberechenbar. Er fühlt sich durch das Geld verjüngt. Er sieht im Geld sein eigenes, ewiges Leben, er verliert seine Sinne, er wird zum Mörder. Die meisten Verbrechen, die man ihm nachsagt, sind erlogen. Wahr sind aber die, die er um des Geldes willen getan hat. Er empfand es nicht als Verbrechen, er dachte wie sein Zeitgenosse Christoph Columbus: Gold ist Seligkeit.

Alexanders Leidenschaft für das Geld wurde nur noch durch die für seine Kinder übertroffen. Er liebte sie mit der Zärtlichkeit einer Mutter und mit der zu allem bereiten Entschlossenheit eines Skrupellosen.

Alle Gefühle, die sich sonst widersprechen, lebten in Alexander friedlich nebeneinander. Er umarmte seine Tänzerinnen in Anwesenheit seiner Kinder, er verehrte, aufs tiefste ergriffen, die Heilige Maria und verkaufte im selben Augenblick das Kruzifix an den Meistbietenden. Er war stets zum Verzeihen bereit, und sein Hass kannte keine Grenzen.

Sein Triebleben war anarchisch, auf den ersten Blick fern von jeder Politik. Sein Interesse gestaltete sich so persönlich, als wäre die ganze Welt sein Taschentuch, und dennoch tat er das Richtige mit dem Erfolg päpstlich-staatlicher Macht.

Alexanders nächste Feinde, die Orsini, die er, im Bunde mit den Colonna, bekriegte, sollten es erfahren. „Man muss mit den Orsini", sagt der Heilige Vater, „auf der Stelle ein Ende machen. Es gilt, dieses ganze Haus zu vernichten. Alles müssen wir ihnen nehmen, wir dürfen weder ihre Frauen noch ihre kleinen Kinder schonen." Und diese Verkündung blieb keine leere Drohung. „Eure Exzellenz wissen", sagt der Heilige Vater zum venetianischen Gesandten, „wir Borgia haben die Hände ganz rot vom Blut der Orsini, wir sind schon so weit gegangen, dass wir verpflichtet sind, uns aller Orsini zu bemächtigen, damit sie uns kein Leid antun." Nachdem die Orsini geschlagen sind, gilt die Vernichtung den verbündeten Colonna. Darin besteht die Geschicklichkeit Alexandrinischer Politik: Nach dem gemeinsamen Sieg den Kampfgenossen noch im Sommer der Freundschaft zu meucheln. Diese Methode ist zwar keine Erfindung Alexanders, er hatte aber dank seinem Gelde und seinen Fähigkeiten die Möglichkeit, als Virtuose des Verrats zu handeln. Gross ist zu diesem Zweck die Kunst seiner Verstellung. Venedigs Gesandter Giustinian malt die Unwahrheit seiner Seele, wie der Maler Pinturicchio sein Gesicht gemalt hat: „Will er uns", berichtet der Venetianer, „betrügen, dann sehe ich, wie die Lüge sich um seine Lippen erst langsam formt. Hat er sie einmal ausgesprochen, dann redet er immer schneller und wärmer, plötzlich scheint sich seine Brust zu öffnen, und die Worte kommen ihm direkt aus dem Herzen und nicht mehr aus dem Munde. Sein Gesicht glüht, er ist ganz Hingebung, er ist von seiner Rede durchdrungen. Der Papst erklärt mir, er möchte seine Seele in die Hände nehmen und sie unserer Republik zur Aufbewahrung schenken."

Wenn das Schicksal seines Hauses sich zu verfinstern scheint, wird er scharf und pathetisch. „Freund", redet er den Gesandten an, „sagen Sie mir alles offen, frei; in diesem Zimmer befindet sich nur Gott, Sie und ich." Alexander ist aber auch imstande, der Wut zu erliegen; dann flucht er wie ein Marktweib in der Sprache seiner Väter: spanisch!

Alles, was bei Alexander überschäumt, ungezügelt, wild ist, das wird bei seinem Sohn Cesare, Gonfalioniere und Generalkapitän der Heiligen Römischen Kirche, gezügelt und geregelt. Cesare ist frei von Lastern, frei von Vergnügungssucht, und wenn er sich auch hier und da vergnügt, so steht er hoch über jeder gewöhnlichen Lust. Denn nichts, was er ist, ist er ohne Berechnung, keine menschliche Schwäche mässigt sein Ziel.

Für Cesare ist die Macht ein konkreter, eindeutiger Gegenstand, ein gewaltiges, eiskaltes Ziel. Er will sie besitzen, wie er sein Pferd besitzt. In der Seele dieses Jünglings von fünfundzwanzig Jahren, dieses Sohnes des Glücks, wie ihn die Italiener nennen, herrscht Ordnung. Die List, die Heuchelei, die Grausamkeit, die Grosszügigkeit hat er fest in seiner Hand.

Wenn Alexander ein sehr grosser Verräter ist, so ist sein Sohn ein Zauberer des Verrats. Er hat die Musik, die aus dem Verrat tönt, entdeckt, sein Verrat lockt in allen Farben, benebelt die Menschen, als sei er das Schicksal, das die Leute blind macht, damit es seinen Zweck erreiche. Der Bannerträger der Kirche diplomatisiert nicht mit den Ambassadeurs im Vatikan wie sein Vater. Er ist der frische Verrat in Aktion, im Feld, er verrät seine Bundesgenossen vor, während und nach der Schlacht. Kein Opfer ist ihm reif, wenn es nicht vorher sein Verbündeter war. „Er hat", schreibt ein Chronist, „den Krieg ganz in Verrätereien umgewandelt."

Er ist mit dem Herzog Guidobald von Urbino, der inmitten der Romagna die stärkste Stellung hat und das Zentrum des Widerstands gegen Rom bilden könnte, verbündet, befreundet. Sie schenken sich gegenseitig Brokat, Pferde und Geschmeide, sie nennen sich Italiens beste Brüder. Cesare borgt von Guidobald das Geschütz, um nach Camerino ins Feld zu ziehen. Eines Abends sitzt Guidobald im Garten seines Schlosses beim Mahl. Ein Bote kommt und meldet: Cesares Reiterei sprengt feindlich wild durchs Land. Die nächste Meldung sagt: Cesare hat in unwahrscheinlich schnellen Nachtmärschen seine Richtung geändert, das geborgte Geschütz ist gegen die Stadt gerichtet. Guidobald hat nur noch Zeit, verkleidet sein Land zu fliehen. Jetzt erst, nachdem er Urbino genommen hat, wendet sich Cesare mit den geborgten Waffen gegen Camerino, besetzt es und ladet dann den Gebieter der Stadt ein, mit ihm zu verhandeln; verabschiedet ihn nach unterzeichnetem weitherzigen Vertrag und lässt ihn mitsamt seinen Söhnen erwürgen.

Faenza, das monatelang den päpstlichen Truppen Widerstand geleistet hat, kapituliert. Cesare verpflichtet sich, freien Abzug zu gewähren. Der Fürst von Faenza, Astore Manfredi, dessen Vorfahren 200 Jahre lang Herren der Stadt gewesen waren, könnte ungehindert in die Fremde gehen. Cesare ist aber so voller Menschlichkeit für die besiegte Stadt, dass sich Manfredi verpflichtet fühlt, dem Bannerträger der Kirche zu danken. Glanzvoll empfängt der Sieger den Besiegten. Als Zeichen seiner Freundschaft befreit er ohne Lösegeld die Gefangenen, lässt die ausgehungerte Stadt mit Lebensmitteln versorgen, verbietet seinen Soldaten, sie zu betreten. Manfredi, ein schwermütiger siebzehnjähriger Jüngling, blickt zum Sieger wie zum Herrn der Güte empor. Er bittet, in Cesares Umgebung bleiben zu dürfen. Ein Bund der Freundschaft ist geschlossen. Cesare lädt Manfredi und dessen Bruder ein, seine Gäste in Rom zu sein. In der Stadt angekommen, werden sie in die Engelsburg gebracht. Einige Tage später findet man ihre Leichname am Tiberstrand.

Nur ein einziger Gebieter in der Romagna glaubt Cesare kein Wort: Catherina Sforza. Die Angst, die Catherina nicht kennt, kennen die anderen. Die Angst öffnet dem Verrat auch das Tor der letzten Festung Catherinas. Hinter einer zerschossenen Mauer kämpft sie weiter. Einige französische Offiziere aus dem Gefolge Cesares hauen die Umgebung der Fürstin nieder und nehmen sie nach hartem Ringen gefangen. Sie muss neben Cesare nach Rom reiten. Der Papst speit Flüche gegen die Frau, nennt sie „Verfluchte, nichtswürdige Schlangenbrut der Sünde" und will sie ermorden lassen. Die Franzosen

Piero di Cosimo (1462–1521):
Catarina Sforza

aber, die sie als ihre Gefangene betrachten, vermeiden dieses Opfer. Sie behaupten, Damen würden bei ihnen nicht getötet, sie bringen sie ins sichere Florentinische Asyl. Cesare ist betrübt über diesen Verlust; denn er will nicht nur die Länder seiner Vasallen, er will auch ihre Köpfe. Mit der Leichtigkeit einer Katze springt er ihnen nach, und wenn er sie auch nicht immer gefangen nimmt, er verliert nie ihre Spur. Er hat sie immer im Auge. Bis sein Vorgänger an der Macht nicht unter der Erde ist, gilt ihm das eroberte Gebiet als nur halb in seinem Besitz.

Für jede Stadt, für jeden Tyrannen hat Cesare einen anderen Weg der Überlistung. Da hält er einen Thronfolger über das Taufbecken, da schläfert er die Wachsamkeit durch Breven aus dem Vatikan ein, da ist er mit der Bürgerschaft gegen den Fürsten verbündet, da erscheint er als Erlöser von bedrückenden Abgaben, da bringt er billiges Getreide, da verspricht er, alle Schulden zu streichen, und da kauft er einfach die Besatzung auf.

Bevor Borgia seine Arbeit begann, war Rom die unruhigste Stadt Italiens gewesen. Die zwei grossen Familien, die Colonna und die Orsini, beherrschten den Vatikan.

Und ausserhalb der Mauern der ewigen Stadt, wo die Romagna liegt, die sich über die Apenninen bis an das adriatische Meer und die Po-Ebene erstreckt, begann erst recht die päpstliche Ohnmacht. Die Romagna war, von einigen Ausnahmen abgesehen, das politisch wildeste Gebiet Italiens. Hier eröffnete sich ein Dschungel der Gewalthaber, in dem die kleinen lokalen Gebieter so von Frevel erfüllt waren wie ihre Untertanen. Gewalttätige Bettler, wegelagernde Ritter, verwilderte Bauern plünderten um die Wette mit ihren traditionellen Gebietern. Innerhalb jeder kleinen Bauernkommune lebte dieselbe Entschlossenheit zum Trotz gegen jedermann wie innerhalb der Baronenkastelle. Da kämpften die grossen Lehnsherren der Kirche, die Baglioni in Perugia, die Sforza in Pesaro, die Malatesta in Rimini, die Manfredi in Faenza, die Bentivogli in Bologna gegeneinander und verbündeten sich mit jedermann, wenn es galt, ihren Gebieter, den Papst, zu bekriegen. Der Papst hatte nur noch ein theoretisches Recht der Souveränität. Seine Tribute erhielt er ebenso unregelmässig wie selten.

Umgeben von solchen Lehnsfürsten und unter einem europäischen Himmel, der nur dem Bewaffneten den Glanz und das Recht des Daseins schenkte, während einer Wende, die alle überlieferten Bindungen, alle mystischen Vorstellungen auf ihren wirklichen Machtinhalt prüfte, wurde ein kriegerisches Papsttum die Voraussetzung des Papsttums überhaupt.

Diese Voraussetzung erfüllt Cesare. Er ist eine List zum Staatszweck: die Päpste bestiegen als alte Männer ihren Thron, und schwerlich hätte ein Greis die Elastizität gehabt, sich durch das Labyrinth der Romagna durchzuschlängeln. Die weltliche Kirchenmacht zu begründen, hat Rom in Cesare eine jugendliche Kraft. Denn er und nicht sein Vater ist in den entscheidenden Jahren der Herr der ewigen Stadt. Alexander sorgt nur für die Christenheit als für die Finanzquelle seines Sohnes.

Nach vier Jahren fällt die Hülle von Cesares Arbeit: kein Papst war jemals so mächtig als weltlicher Fürst wie Alexander VI. gewesen. Wenn auch seine Nachfolger auf dem Stuhl Petri der Borgia Andenken verfluchten, diese Borgia haben ihnen für dreihundert Jahre die Mauern ihrer Städte, die Täler, Flüsse und Hügel ihrer Gebiete geschenkt, den Sitz der Kirche von der hässlichen Sorge, aus dem eigenen Lande vertrieben zu werden, befreit. Dem Papsttum bis jetzt Unerreichtes haben Vater und Sohn errungen: in Rom sind die Colonna und Orsini gebändigt, alle Baronenhäuser untertan und untertänig, alle Gebiete der Kirchenterritorien — die Herren von Urbino, Faenza, Rimini, Camerino, Perugia, Imola, Forli, Pesaro, Piombino verjagt oder ermordet. Zugleich war noch nie zuvor das Kardinalskollegium, nie zuvor die Kurie ein solch williges Werkzeug in der Hand des Papstes gewesen.

Die Borgia hatten nun das territorial nie genau umgrenzt gewesene Erbgut der Kirche in Besitz. Cesare war aber nicht der Mann freiwilliger Begrenzung. Cesare musste weiter gehen. Je leichter er vordrang, desto weiter wollte er vordringen.

An zwei Nachbarn stiess er jetzt: an Venedig und an Florenz. Alle beiden Länder deckte das französische Bündnis. Venedig war in der Lage, sich selbst zu verteidigen, Florenz aber nicht.

In Toskana wird eine Krise durch die andere überdeckt, keine löst sich, sie türmen sich aufeinander. Die ganze Kunst der Signoria ist, diesen Turm zu halten, damit er nicht durch seinen Fall Florenz begrabe. Cesare denkt deshalb, Florenz könnte auch ohne Schwertstreich in seine Gewalt kommen. Die Franzosen sind dagegen, man werde sie, meinte Cesare, vor vollzogene Tatsachen stellen und dann verhandeln. Er möchte vor allem den Grad des inneren Widerstandes von Florenz mit der Hand fühlen. Vorläufig ist er im Felde an der Grenze Toskanas und muss nach Rom zurück. Vorläufig verlangt er deshalb von der Signoria nur das Durchzugsrecht für sich und seine Armee: aus dem Bolognesischen will er quer durch die Republik marschieren, um über Piombino die Tiberstadt zu erreichen. Aus Frankreich nach Florenz zurückgekehrt, findet

Niccolò die Stadt inmitten dieser neuen schweren Daseinssorgen. Er kann zwar der Signoria melden, dass die Sympathien Ludwigs und d'Amboises auf seiten der Republik sind, aber der König ist weit und Cesare an der Grenze.

Über Nacht versteift die Panik gleich dem Frost Toskana. Die Strassen, die nach Florenz führen, bersten vor fliehenden Bauern, mit Armut beladenen Karren und Tieren. In der Stadt selbst, schreibt ein Chronist, „arbeitet man nicht, besonders nicht in Seide, und hauptsächlich die Bedürftigen darben und jammern". Die Signoria ist so verwirrt wie jedermann. Weder gestattet noch verbietet sie den Durchzug. Kaum aber hat Cesare seinen Fuss auf den Boden der Republik gesetzt, schliesst die Signoria einen Vertrag mit ihm ab.

Machiavelli war von Anfang an gegen die Politik der Signoria gewesen.

Da wir nicht in der Lage sind, sagt er, den Durchmarsch zu verhindern, wäre es klüger, für unser Ansehen vorteilhafter, die erbetene Erlaubnis ohne jeden Vorbehalt zu gewähren.

Cesares Truppen plündern die Gebiete, die sie durchziehen. Die zweite Kanzlei Niccolòs versucht, die Bevölkerung durch eine geordnete Flucht zu schützen. Florenz wird in Alarmzustand versetzt. Machiavelli bekommt den Befehl, für die Wachen der Stadt zu sorgen. Er erhält in diesen kopflosen Tagen Auftrag über Auftrag.

Niccolò wird oft nach Pistoia gesandt, nach Arezzo und an die Grenzen der Republik, in das Gebiet des Val di Chiana, wo Unordnung und Aufruhr herrschen. Die Einwohner der kleinen Orte des flachen Landes müssen in Gehorsam gehalten werden, die Bauern haben, durch die allgemeine Unsicherheit gedeckt, fremde Ernten geraubt, sich fremder Güter bemächtigt.

Sie wollen sich dem Florentiner Gesetz nicht mehr unterwerfen. In all diesen Gebieten beginnt das Feuer des Bürgerkriegs zu lodern.
Cesares Durchmarsch ist beendet, er ist in Rom, seine Truppen sind nicht mehr auf toskanischem Boden. Der Aufstand aber in Arezzo und im Val di Chiana ist seine Hinterlassenschaft. Einer seiner Condottieri, Vitellozzo Vitelli, ein grimmiger Feind der Florentiner — sein Bruder wurde wegen Hochverrats von der Signoria geköpft —, hat diese Landschaften gegen die Republik zur Empörung aufgestachelt. Cesare traut Vitellozzo nicht, er hat aber nichts dagegen, dass der Condottiere Toskana in Atem hält. Es ist doch gute Arbeit für die Borgia. Cesare kann der Signoria und Ludwig erklären, keine Gewalt mehr über Vitellozzo zu haben. Vitellozzo bleibt auf dem Boden Toskanas in dem aufrührerischen Gebiet. Am liebsten möchte er nächtlich mit einigen hundert Mann Florenz überrumpeln. Cesare mahnt seinen Putschisten zur Vorsicht. „Und wenn Dir auch der Streich gelingt", fragt er ihn, „wie wirst Du Dich halten können?" Unbesorgt antwortet Vitellozzo: „Stets beginnen, die Mitte und das Ende ergeben sich von selbst!"
Zu Vitellozzo kriechen alle Feinde der Florentiner, alle Anhänger der Mediceer, alle, denen die Signoria jemals ein Leid getan hat, aus ihren Winkeln. Auch der verjagte Piero Medici, einige verjagte Orsini sind da. Die ganzen aufrührerischen Provinzen erklären sich für Medici. Oft tun es die Bauerngemeinden nur, um ihre Ernten vor den kleinen Mordbanden Vitellozzos und seiner Freunde zu retten. Florenz sendet Truppen. Vor der verängstigten Republik eröffnet sich die Perspektive einer lange sich dahinziehenden Guerilla. Das kleine Toskana hat jetzt auf eigenem Gebiet zwei Fronten: in Pisa und im Val di Chiana.

Das eingeschüchterte Florenz bebt in moralischer Entrüstung gegen Cesare. Toskana hat sich Jahrzehnte hindurch innerer Sicherheit erfreut. Nirgends in Italien geschahen weniger Morde, weniger Raubüberfälle. Hier schienen die Eigentumstitel fest, gewöhnlich veränderten nur Wirtschaftskrisen und nicht die nackte Gewalt die Besitzverhältnisse. Nun sind alle Handelswege, die nach Rom und nach Venedig führen, durch Borgias Freunde bedroht. Mitten im Frieden herrscht eine kriegerische Unsicherheit. Den Florentinern sausen die Ohren von den vielen Greuelnachrichten, die sie aus Arezzo, dem Val di Chiana, aus allen Grenzgebieten, aus dem Krieg mit Pisa hören. Die Pisaner gehen jetzt offensiv vor. Sie können zwar die Truppen der Signoria nicht schlagen, ihre Streifzüge vermögen aber, Ernten zu vernichten, Dörfer anzuzünden. „Wir haben", schreibt ein Chronist, „rings um uns nur Feuer."

Cesare erscheint als der Vater all dieses Bösen. In seiner Macht sehen die Florentiner nichts als organisierte Erpressung. Alexanders Sohn nennt sich „Cesare Borgia von Frankreich, durch Gottes Gnaden Herzog der Romagna, von Valence und Urbino, Fürst von Andrea, Herr von Piombino, Gonfaloniere und Generalkapitän der Heiligen Römischen Kirche", — die Florentiner aber nennen ihn kurzweg den Banditen! Sie staunen über die Welt, die ihn erträgt. Sie erwarten den Blitz Gottes, der ihn vernichten soll. Sie vergleichen die Worte des Heilands mit den Taten des Vatikans. Die Chronisten geraten ausser Fassung. „Borgia", schreibt einer, „hat eine unendliche Grausamkeit in sich, mehr als je gesehen und gehört worden ist, alles reisst er aus den Fugen." „Ich weiss nicht", schreibt ein anderer, „ob ich Cesares Verruchtheit niederzuschreiben imstande sein werde, weil ich schon beim Hören zittere. Aus Furcht vor Gott." Die alten Anhänger Savonarolas und auch gemässigte Bürger wollen im Vertrauen auf das gute Recht jede Beziehung mit Rom abbrechen und nicht mit Cesare verhandeln. Der Feldhauptmann der Kirche ist ihnen zwar ein angsteinjagender, aber kein standesgemässer Feind. „Man muss sich schämen", schreibt ein wohlhabender Apotheker, „ein Florentiner zu sein und ein Kompromiss mit jemandem abzuschliessen, der nicht drei Quattrini wert ist." Sie argwöhnen, die Signoria neige dazu, mit dem kriegerischen Papstsohn einen faulen Frieden zu schliessen. Des Nachts werden Galgen und Stricke an die Türen und Häuser derjenigen gezeichnet, die mit Cesare über seinen Durchzug verhandelt haben. Diese leere, ohnmächtige Empörung ergreift auch die Beamten der Republik. Sie mussten die Vernichtungsarbeit Cesares während seines Durchmarsches amtlich feststellen, und jetzt überlädt sie die Signoria mit Arbeit für die aufrührerischen Gebiete. Auch Machiavelli ist über Cesare entrüstet. Die Briefe, die er im Auftrag seiner Vorgesetzten den Florentiner Kommissaren in den revoltierenden Gebieten schreibt, sind voller moralischer Revolte „über die unzähligen Schändlichkeiten Cesares, die über uns gekommen, die Hälfte unseres Landes zerfleischt und uns ans Hungertuch gebracht haben".

Als Florentiner, der seine Stadt liebt, ihren Lärm und ihre Ruhe geniesst, mit ihren Augen sieht, ist Niccolò über den Bedroher und Würger seiner Heimat entsetzt. Er teilt die Ungewissheit und Bangigkeit seiner Freunde, Nachbarn und Bürokraten. Aber Niccolò lässt sich von diesem Gefühl nicht beherrschen. Im Auftrag der Signoria hat er die gefährdeten Gebiete kreuz und quer durchritten, hat mit Bauern, Soldaten, Bürgermeistern nächtelang gesprochen, hat auf den Wällen die Wachen und in den Gemeindebüchern die Rechnungen kontrolliert. Im Grossen und im Kleinen hat Niccolò wieder einmal gesehen, wie schwach dieses Florenz ist, und er sucht das Gesetz dieser Schwäche. Warum hat der kriegerische Stern, der sich ausserhalb des Landes über Roms Himmel erhob, in Toskana selbst alle territorialen Gegensätze in ungeahnter Wildheit belebt, alle Narben, an die niemand mehr dachte, aufgerissen, in stillen Tälern, verschlafenen Ortschaften, fleissigen Marktplätzen ungezügelte Gewalt geboren, die ganze Durchdringungsarbeit der Florentiner auf ihrem eigenen Gebiet in Frage gestellt? Warum hat in Toskana schon das Gespenst der Schlacht alles vernichtet? Auf dem Territorium der Kirche hingegen die Schlacht und die Gewalt um Rom ein wildes grosses Gebiet mit berühmten Städten und reichen Häfen zur Einheit geformt? Machiavelli, dessen Seele allen Machtmomenten offen stand, konnte nicht, wie die Florentiner, antworten: weil Cesare ein Schurke ist! Niccolò, der sich für jede Energie, für jede Aktion, für jeden Mut begeisterte, sah vier Jahre lang eine grosse Arena, die an der Tibermündung begann und in der Po-Ebene endete und auf der das Eisen, das Gold und der Verrat die ererbte Wirklichkeit aufhoben. Niccolò sieht die neuen chemischen Bindungen, die veränderte Technik der Gewalt: Cesare mordet nicht nur, er fundiert, einmal an der Herrschaft, ohne unmittelbare Gewalt seine Eroberung. Er will seine Untertanen im Gegensatz zu seinen Vorgängern nicht einfach ausplündern, sondern auch in Zucht halten. Der kühle Verstand und die beste Ordnung begleiten seine Verbrechen. Er vereinfacht das Justizwesen und die Verwaltung, sorgt für Leihhäuser, lässt alte Stadtteile niederreissen und verspricht, neue aufzubauen, beginnt die Entwässerung der Sumpfgebiete der Romagna, verhandelt darüber mit Leonardo da Vinci, dem ersten Wasseringenieur seiner Zeit. Die Demagogie, die Cesare anwendet, braucht nicht so viele und lange Umwege wie die, die Lorenzo Medici in Florenz gebraucht hat. Cesares Demagogie handelt Schlag auf Schlag. Sie betäubt durch ihre Überraschungen, sie kommt nicht nachträglich, sondern sie begleitet jede niedrige Tat. Cesare lässt seine treuesten Vögte, die in seinem Auftrag grausam waren, nach getaner Arbeit köpfen und überlässt ihre Leichname dem Spott der Menge. Er versucht, sich auf jede Weise mit der Menge zu solidarisieren, stets betont er das Recht der Kirche, die Legitimität seiner Massnahmen. In seinen Dienst nimmt er die Freunde und Söldner der durch ihn vertriebenen Gebieter, er hat um sich den ganzen Kranz eines herrenlosen Soldatentums, er beschenkt die berühmtesten Condottieri der Romagna weit über den Sold hinaus.

Niccolò ist wie kein anderer auf jeden Akt des vatikanischen Verrats gespannt. Der Herzog ist sein geistiges Eigentum. Seine eigene Logik und die Cesares sind dieselben: So dreist wie der Wille, so kühn wie die Ereignisse, entfernt von jeder Schule, von jedem Dogma, von jeder Fiktion. Alle politischen Fragen, die Niccolò sein Leben lang bewegen werden, erlernt er hier. Nichts Ausgeklügeltes, nichts Künstliches hat seine Problematik. In seinem Kopf formen sich jetzt die Kapitel seines Buches, und nur der pure Zufall wird ihm die Stunde diktieren, in der er sie niederschreiben wird. Der Nichttheoretiker Niccolò, der frei von jeder vorgefassten Meinung ist, blickt auf die Romagna, und die Tatsachen inspirieren ihm die Fragen: Wann und warum verliert man die Macht? Wie ergreift und behält man sie? Wie wird aus Gewalt Macht, aus Macht Herrschaft, aus Herrschaft Staat? Wie verteidigt man, wie vergrössert man den Staat? Wie muss sich der Fürst verhalten, der durch Verbrechen zur Herrschaft kommt, und welches sind die militärischen Pflichten des Fürsten?

Ist es besser, durch Grausamkeit oder durch Milde zu herrschen? Muss der Fürst seinen Eid halten?

Gerade die Schwäche von Florenz gibt ihm die Möglichkeit, die Fragen einschneidend zu stellen. Er muss kein Kompromiss schliessen zwischen dem, was schon vorhanden ist, und dem, was sein sollte. Denn an Macht ist Florenz so gut wie nichts. Er hat als patriotischer Florentiner dieselbe Empfindung gegen Borgia, wie die preussischen Reformoffiziere — wie Scharnhorst gegen Napoleon: Sie bekämpfen und bewundern ihn zugleich; mit Napoleon im Herzen schlagen sie die Schlacht gegen Napoleon.

Wenn der von der täglichen Arbeit übermüdete Schreiber Niccolò des Nachts seine Gedanken ordnet, wenn er das Fazit aller Sorgen der Signoria zieht, entwirft er Pläne, die Verordnungen Cesares sein könnten. Er verbindet seine eigene Praxis mit der Praxis Cesares. Man vermag sich, schreibt er über Arezzo, wo er als Regierungskommissar oft weilte, einer aufrührerischen Stadt entweder durch Wohltaten oder durch Ausrottung zu versichern. Das hängt von den Umständen und von dem Charakter der rebellierenden Bevölkerung ab. „Stets gab es Leute, die dienten, und andere, die befahlen, und solche, die ungern dienten, und andere, die gerne dienten, und solche, die sich auflehnten und immer wieder unterworfen wurden." Die Aretiner dienen nicht gerne, die Signoria hat ihnen keine Wohltaten erwiesen, sondern sie bestraft. Bestraft, und sie nicht vernichtet, in Arezzo für immer einen Quell der Rebellion geschaffen. Die Florentiner haben Begierde nach Macht gezeigt, ohne sie ausüben zu können. Das merken sich die Unterworfenen! Die richtige Grundregel wäre, „die Menschen entweder durch Freundlichkeit zu gewinnen oder aus der Welt zu schaffen. Denn wegen geringfügigerer Kränkungen können sie sich rächen, aber nicht wegen schwerer".

Tizian (1489–1576):
Karl V.

Florenz mangelt der Wille zur Grausamkeit: nicht aus Menschlichkeit, sondern aus innerer Schwäche. Den Mut zum rücksichtslosen Angriff, die Entschlossenheit zum Terror haben nach Machiavelli nur neue Machtgebilde. Dass Cesare die Fürsten tötet, die er besiegt, ist für seinen Bewunderer selbstverständlich. Um einen eroberten Staat zu erhalten, muss das ganze Geschlecht des vorigen Regenten ausgerottet werden. Aber nicht nur der Fürst eines neuen Staates, meint er, sondern jeder Anfang eines neuen Systems der Herrschaft muss sich durch Köpfen rechtfertigen. Die Knechtschaft in einem Lande zu errichten, ohne die besten Söhne Brutus' zu erschlagen, ist ebenso töricht, wie die Freiheit zu proklamieren, ohne die Tyrannen zu erdrosseln. Wer diese Umwälzungen, diese Neuerungen friedlich und unblutig erreichen will, der kennt nicht die Triebe nach Macht in der Brust des Menschen. Am Anfang jeder neuen Herrschaft steht ein Gericht, das nichts mit Gerechtigkeit zu tun haben darf. Denn jede neue Herrschaft ist ein Thronerbe durch Verbrechen. Und Verbrechen verpflichtet! Der Codex des Terrors ist: Vernichtung der vorgefundenen politischen, prominenten Garnitur, wenn möglich, Gewinnung der zweiten. Die ganz Kleinen und die Unparteiischen — insofern man sie braucht — kommen schon von selbst. Die neuen Machtgekrönten können aber leicht die Opfer ihres Sieges werden, wenn sie, von der eigenen Gewalt geblendet, sich faul und phantasielos nur auf Mord und Folter verlassen, wenn sie von der Grausamkeit einen schlechten Gebrauch machen. „Unter einem schlechten Gebrauch der Grausamkeit meine ich", schreibt Machiavelli, „wenn sie da, wo sie aufhören sollte, immer mehr anwächst. Damit vermag man sich nicht zu behaupten." Ist der Mord klug geführt, dann kann der neue Herrscher mit einem Minimum von Opfern seinen Zweck

erreichen. Mord ohne Demagogie, Mord ohne Theater, Mord ohne sittliche Empörung verlogener Richter, Mord ohne Beifall, Mord ohne falsche Anklage und infernalische Verleumdung gehören noch zur Schule der alten, vor-machiavellistischen Tyrannis. Der neue Mord zum Zweck der Herrschaft muss eine Virtuosität sein. Er ist viel mehr die Arbeit des berechnenden Staatsmanns als des Henkers. Die Hinrichtungen sollen auf einmal, nicht nach einander, nicht während längerer Monate erfolgen. Wer über dem Morden das Streicheln vergisst, ist ein blutiger Tölpel, dessen gemeine Tat nie in den Erfolg mündet, der alles entschuldigt, berechtigt, verklärt. Die Hinrichtungen müssen in der allgemeinen Dunkelheit der Angst als weit sichtbares Fanal leuchten, sie müssen die Feinde der neuen Ordnung lähmen. Alle Gegner, ob verfolgt oder nicht, sollen sich nicht anders als gerädert, gefoltert, vertrieben, mit dem Bettelstab in der Hand sehen.
Machiavelli entdeckt und formuliert den Terror. Er nennt diese Mittel der Herrschaft „grausam", und wer die milde Luft der Ruhe, wer die Liebe, wer seinen Garten geniessen will, der soll Privatmann bleiben und dieses wilde Feld fliehen. Allein Cesare Borgia hat für die Florentiner das Private aufgehoben; sie sind verdammt, von der Gewalt umkreist zu leben. Friede ist ihnen trotz der grossen Sehnsucht danach ein Flüstern aus einer anderen Welt. Cesare umklammert und bedroht nicht nur die Republik, er wohnt auch im Kopf eines jeden Florentiners. Keine Stunde und kein längeres Gespräch ist frei von ihm. Denn das ist der grosse Triumph des Gewaltherrschers: er versklavt die Vorstellung des Menschen!
Im Kopfe Machiavellis ist dieser Herrscher ganz verklärt. Niccolò begegnet in einer Kreatur konzentriert dem fundamentalen Trieb der Politik — dem Egoismus.

Dieser Egoismus, der sich mit neuer Kraft aus einer umgestülpten, kriegerischen Welt erhebt, hat keinen Platz mehr in dem Egoisten Cesare und erweitert sich, auf Grund gegebener objektiver Möglichkeiten, zum Staat. Freilich einem noch ganz rohen Staat, der die eigenen Gewalten noch nicht bemeistern kann und Orgien der Zügellosigkeit feiert. Die Immoralität des an der Spitze handelnden Individuums ist ein Naturgesetz der Tyrannei auf dem Wege zum Staate. Der Former dieser veränderten Dinge ist ihm Cesare. Er ist ihm der notwendige „Fürst, der die Rolle eines Menschen und einer Bestie zugleich zu spielen vermag".

Plötzlich, wenn auch nicht unerhofft, wird in Florenz die monotone Stimmung der täglichen Angst durch eine kurze Freude vertrieben: eine Kunde verbreitet sich von Schreibtisch zu Schreibtisch der Kanzleien, überschreitet das grosse Tor der Signoria und erregt die ganze Stadt: Die Condottieri Cesares, die Orsini, Olivretto, mit Vitellozzo Vitelli an der Spitze, haben sich gegen Borgia erhoben! Vitellozzo Vitelli, Cesares bester Soldat, will alle bedrohten selbständigen Herrscher um sich sammeln. Seine Bundesgenossen sind der Herr von Perugia, Baglioni; der Tyrann von Siena, Pandolfo Petrucci, und der Gebieter von Bologna, Bentivoglio. Vitellozzo fordert neben diesen Freunden auch alle von Borgia vertriebenen Herrscher auf, ihre Verstecke und Asyle zu verlassen und sich um ihn zu scharen. Sie alle sollen sich in der Nähe Perugias, in La Magione, zu einem Parlament des Krieges gegen Borgia treffen. Die Schlange Cesare, heisst die Parole, verschlingt uns, einen nach dem anderen. Venedig und auch Florenz werden dringend gebeten, nach La Magione Vertreter zu senden. Vitellozzo, der dank französischen Drohungen erst vor kurzem den Boden Toskanas hat verlassen müssen, proklamiert sich als Freund der Florentiner.

Kaum hat die Signoria diese Botschaft im Ohr, erhält sie eine zweite Einladung: Cesare bittet, ihm nach Imola eine Gesandtschaft zu senden. Zwischen diesen beiden Einladungen zappelt die Signoria wie in einer Zange. Soll sie sich mit Vitellozzo, mit den Orsini, mit diesen Freunden der Mediceer, mit diesen Würgern Toskanas verbünden, oder mit dem Teufel selbst, mit Cesare? Hätte die Signoria frei handeln können, sie hätte sofort ihre Leute nach La Magione gesandt, um die kleinen Banditen gegen den Vater des Banditismus zu unterstützen. Allein Ludwig von Frankreich erklärt, allen vernehmbar, nicht von Borgia lassen zu wollen. Gegen Frankreich kann die Signoria nicht handeln. Sie muss aber auch ihre öffentliche Meinung, die nichts stärker als Cesare hasst, berücksichtigen. Die Für und die Wider werden hin und her erwogen. Schliesslich dringt der Entschluss durch, mit Cesare zu verhandeln, ihm alles, was man über die Verschwörung weiss, zu denunzieren. Die Signoria will ihm aber nicht die Ehre eines Gesandten erweisen, sondern sendet ihm nach Imola nur den Sekretär der zweiten Kanzlei: Niccolò Machiavelli. Seine Aufgabe ist, unter dem Vorwand der Freundschaft, diesen gefährlichen Gegner aus der Nähe zu überwachen und zu erraten, nichts Endgültiges zu unterzeichnen und alles in die Länge zu ziehen.

Wie einen lang erwarteten Freund empfängt der Herzog Machiavelli. Er weiss nicht, dass der Florentiner mit leeren Händen, mit ganz ungenügenden Vollmachten zu ihm gekommen ist, und meint deshalb, im Sturm ein Bündnis mit der Signoria schliessen zu können. Wir haben, sagt der Herzog, eine lange gemeinsame Grenze und dieselben Feinde. Florenz hat zwei Wunden: Vitellozzo und Pisa. Beide kann ich heilen. „Was sollen wir machen" — fragt Machiavelli, der Allgemeinheiten vermeiden möchte —, „wenn uns die Condottieri, mit

denen wir aus Liebe zu Eurer Exzellenz und aus Treue zu Frankreich kein Bündnis schliessen wollten, angreifen?" „Ich eile dann", antwortet Cesare, „persönlich, um Euch zu verteidigen. Ich übernehme auch alle Kriegskosten." Niccolò notiert diese allzu generöse Antwort als unbefriedigend.
Nach der zweiten Audienz rückt Niccolò näher an Cesare heran. Der Papstsohn sitzt vor ihm in schwarzem Samt mit einer schweren goldenen Kette um den Hals und betrachtet flüchtig diesen mageren kleinen Unterhändler mit knochigem blassen Gesicht, eingefallenen Wangen und grossem Mund. Er sieht nichts Ausserordentliches in ihm: einen klugen Diplomaten, wie es deren viele in Italien gibt. Niccolò ist ihm ein Briefkasten, in den man die Sachen mündlich und schriftlich wirft. Und entsteht auch nach langen Gesprächen eine leise Intimität, dann geht sie bis zur nächsten Audienz verloren. Niccolò will die Nüancen in Cesares Worten gefangen nehmen. Wie immer während einer Mission, ist er mit sich unzufrieden. Jahrelang flog sein Geist allen Taten des Herzogs nach. Jetzt glaubt er aber nicht den innersten Kern Borgias durchdringen zu können. „Ich weiss nicht", schreibt er, „was der Herzog eigentlich im Geheimen will." Cesare ist zwar ein glänzender Redner, seine knappen Formulierungen entzücken, aber er bleibt immer kurz vor der Wahrheit, die Niccolò erfahren will, stehen wie ein Reiter vor dem Abgrund. „Cesare", berichtet Machiavelli, „ist undurchsichtig, wenn ihn ein Gegenstand noch so begeistert, er verändert weder seine Stimme, noch den Ausdruck seines Gesichts." Jetzt tauschen die beiden erlogene Geheimnisse aus. Machiavelli erzählt, wie viel Florenz schon für Cesare getan hat, und Cesare krönt diese Blumenschlacht mit der Behauptung, seine Condottieri rebellierten nur deshalb, weil er sich geweigert habe, ihnen

Toskana auszuliefern. Jeder der beiden möchte aus den Augen des anderen lesen: Wie viele Worte glaubt man mir? Da der bedrohte Cesare den Florentinern für das ersehnte Bündnis nicht viel bieten kann, lässt er wunderbare Perspektiven glänzen. Wenn Florenz und Rom, alle beide durch Frankreich gedeckt, sich verbünden, wer kann ihnen noch in Italien widerstehen? Aber auch den unmittelbaren Appetit versucht er zu reizen: „Machiavelli, was für ein fetter Bissen wäre doch diese reiche Stadt Lucca!" Machiavelli berichtet aber der Signoria, dass Cesare kein italienisches Bündnis ernst nimmt, für Borgias Ehrgeiz hätten nur ausseritalienische Allianzen einen Sinn, und je dringender die Liebeserklärungen Cesares werden, desto eindringlicher warnt Machiavelli die Signoria: „Er redet so aufrichtig, so freundschaftlich, so warm, dass man ohne Angst sein könnte. Die Beispiele seiner Vergangenheit machen uns indes zur Pflicht, in steter Sorge um uns selbst zu sein." Gerne versucht Cesare im Lauf der Gespräche, Niccolò zu überraschen: „Seid Ihr nicht", fragt er ihn, „im Bündnis mit meinem klügsten Feind, mit Petrucci aus Siena?" — „Nein", antwortet Machiavelli, „das Bündnis, welches Eure Exzellenz meinen, ist nur ein alter Neutralitätsvertrag, der übrigens in diesem Monat erlischt." „Er scheint es mir zu glauben", berichtet Niccolò. Cesare glaubt ihm aber nicht! „Machiavelli", heisst ein anderes Mal die unvermutete Frage, „ein Orsini hat mir gesagt, dass ihm zwei Vertreter von Florenz ein Bündnis angetragen haben. Was meinst Du dazu?" „Ich frage Eure Exzellenz, ob die Orsini Sie noch niemals angelogen haben?" „Mehr als einmal", antwortet Cesare, und das Lachen erledigt diese Frage. Die Alleinschuld der Feindschaft zwischen Borgia und Florenz wird jetzt mit leichter Hand auf die Condottieri geschoben. Hier treffen und überbieten sich Machiavelli und Cesare in moralischer Entrüstung. Niemand verabscheut mehr als diese beiden Verrat und Wortbruch und Mord und Gewalt! Cesare nennt die Tagung der feindlichen Condottieri in La Magione die Verbrüderung der Bankrotteure.

„Die Condottieri", erklärt er, „scheinen mir um so weniger gefährlich, als ich sie besser als jeder andere kenne. Dieser Vitellozzo, der so viel Ruhm geniesst, vermag keine einzige mutige Tat aufzuweisen. — Seine ewige Ausrede ist die französische Krankheit. Er versteht, unbewaffnete Gebiete auszuplündern, und kann auch diejenigen, die ihm nicht das Gesicht zeigen, berauben. Das ist die ganze Kunst seines Verrats. Ich will mich nicht brüsten, ich stehe aber hoch über diesen kleinen Schurkereien. Augenblicklich warte ich, ich bin aber der Stärkere, ich sage Dir: Es ist kein gutes Jahr für Verräter."

Allein Cesares gute Laune entspricht nicht seiner Lage. Zum ersten Mal nach einer Reihenfolge ununterbrochener Siege befindet er sich in Gefahr. Vitellozzo und Orsini haben die ihm treu gebliebenen Truppenteile vernichtend geschlagen. In den Burgen und Städten erheben sich, von Hoffnung auf Straflosigkeit gelockt, Rächer. Empörte Hauptleute nehmen Kastelle ein, die lange Hand Venedigs öffnet sich und unterstützt im Geheimen alles, was in der Romagna gegen Borgia rebelliert. Über Nacht entstehen Bündnisse und kleine Koalitionen. In vielen Orten sind die vertriebenen Herren an den Toren ihrer alten Städte. Das Zentrum der Romagna, Urbino, ist schon gefallen. Cesare gebietet noch in Imola. Doch kein Weg nach Imola ist mehr sicher. Ein fester Wille, mit einigen glücklichen Zufällen verbündet, könnte den Herzog zum Gefangenen seiner Untertanen, seiner Kreaturen, seiner Verbündeten und Besiegten von gestern machen.

Was wird? Was wird?, fragt immer dringender die Signoria bei Machiavelli an. Er berichtet täglich, lässt sich aber nicht in Vielschreibereien treiben: „Eure Herrlichkeiten mögen mich entschuldigen und bedenken, dass ich es mit einem Fürsten zu tun habe, der selbst regiert; wer aber nicht Phantastereien und Träume berichten will, der muss sich erst vergewissern, und dazu ist Zeit nötig, die ich nicht wegwerfe, sondern ausnütze."

Niccolò zieht aus der augenblicklich schlechten Lage Cesares keine sicheren unmittelbaren Schlüsse. Die Niederlage ist ihm nur das vorübergehende Resultat einer Militärrevolte. Cesare wird daraus lernen, sich nur auf eigene und nicht auf gemietete Truppen zu verlassen. Wenn er nur die schlimme Krise aushalten kann! Das Glück muss hier intervenieren, und er glaubt, der Herzog habe dieses Glück. Er ist schliesslich der Sohn des Papstes und der Verbündete des Königs von Frankreich. Die Autorität dieser Stellung gibt Kredit im Unglück.

Aber über alle Analyse hinweg ist Machiavelli von Cesares Tatkraft hingerissen. Seine Berichte sind eine knappe gemeisselte Begeisterung über die Aktion. Der Denker Niccolò, gewöhnt, nächtelang am Schreibtisch zu sitzen und die Gedanken ruhig ohne Eile zu wägen, fühlt sich, inmitten des stürmischen und doch geregelten Geschehens in Imola, in einer ihm bis jetzt unbekannten Sphäre der Entscheidung. Von einem Punkt aus, vom Zimmer Cesares aus, wird alles befohlen und nichts verhandelt. Ein Minimum von Schreibern und ein Maximum von Wirkung! Und alles geschieht inmitten einer absoluten Ruhe, vom Geheimnis geschützt. Kein Wort vermag Niccolò von den Sekretären, von den Hauptleuten oder von den Ministern zu erfahren. Hier ist ein frauenloser Hof, ein Lager ohne Geschwätz, und Cesares Vorliebe für das Dunkel scheint alle zum Schweigen zu verpflichten. Machiavelli sieht hier in einem Tag mehr Kuriere kommen und gehen als in Florenz in einer Woche. Das Geld hebt hier Fehler der Vergangenheit auf, stopft die Löcher der Niederlage. „Ohne Beschlüsse, ohne Beratung wird", schreibt Niccolò aus Imola, „für die Armee mehr Geld in der entscheidenden Woche ausgegeben als in einem anderen Lande während zweier Jahre."

Der Herzog beginnt jetzt seinen Gegenschlag. Er lässt die gefährdetsten Gebiete von seinen Truppen evakuieren, um sich keiner weiteren Niederlage auszusetzen. Die Festungen, die noch in seiner Hand sind, werden in aller Eile neu befestigt. Seine Werbetrommeln übertönen alle Worte der Revolte. Sein Ruf als Hauptmann rettet ihn. In vierzehn Tagen hat er Tausende neuer Rekruten. Imola ist zum weiten Lager geworden. Ununterbrochen exerzieren die Neulinge unter der Leitung erprobter Söldner und unter den Augen Cesares. Um den Romagnolen zu schmeicheln, lässt er ihnen ihre Landsleute als Kommandanten. „Niemand", schreibt Machiavelli, „versteht es so gut wie Cesare, ein treuloses Heer aufzulösen und ein neues zu schaffen." Auch die Hilfe der Franzosen ist im Anzug. Cesare ist fertig. Aus der Krise erhebt er sich, berichtet Machiavelli, „den Blick auf seine Feinde gerichtet, bereit und willens, ein grosses allgemeines Feuer zu entzünden". Die eben noch siegreichen Kapitäne der Rebellion sind wie gelähmt. Sie haben kostbare Zeit verstreichen lassen. Ohne einheitlichen Plan operiert jeder auf eigene Faust. Niccolò sieht, wie sich keiner unter ihnen um den gemeinsamen Raub kümmert, jeder nur den eigenen im Auge hat. Er meint, der Herzog geniesse den Vorteil der inneren Linie. Von vielen Feinden angegriffen, will Borgia sie trennen, einzeln besiegen.

Angst, Unstimmigkeit, Argwohn, Verrat nisten sich im Lager der siegreichen Rebellen ein.
Als Zeugen dieses Spiels ruft Cesare Machiavelli zu sich. Er soll nach Florenz berichten, wie der Spuk zu Ende geht.
„Machiavelli", sagt der Herzog, „alle sind jetzt meine guten Freunde. Jeder meint, nur wider Willen gegen mich gehandelt, meine Fahne verlassen zu haben. Gestern sandte mir Baglioni aus Perugia gute Botschaft der Treue, heute nahm Orsini seinen ganzen Mut zusammen und kam persönlich, als Kurier verkleidet, zu mir. Morgen kommt ein anderer. Vitellozzo schreibt mir täglich glühende Ergebenheitsbriefe. Er meint, mit Worten die Wunden, die uns sein Dolch zufügte, heilen zu können. Oh, sie glauben, mit mir spielen zu können."
„Exzellenz", antwortet Niccolò, „ich habe nie an Eurem Erfolg gezweifelt. Hätte ich von Anfang an alles aufgezeichnet, ich könnte vor Euch als Prophet stehen."
Imola erlebt im kühlen unfreundlichen November die Herzensergüsse Bekehrter. Jeder will seinem Verbündeten im Verrat zuvorkommen. Aus Perugia, Siena, Camerino, aus allen Zentren des Aufstandes kommen maskierte Offiziere, Eilboten, Beichtväter. Dennoch greifen einige bekehrte Empörer, die zugleich Friedensbotschaften senden, die Truppen Cesares an. Aber kein Condottiere, auch keiner von denen, die noch immer im geheimen versuchen, Borgia-Kastelle anzurennen, verlässt Cesare ungetröstet. Der Herzog wundert sich über den leichten Glauben dieser in allen Freveltaten gründlich geübten Generäle. Steckt dahinter nicht eine Tücke — grösser als die seine?
Cesare will die Leute unbedingt verderben. Deshalb will er unbedingt, dass man ihm glaubt. Er will den Feinden beweisen, dass sie sich nicht irren, — dass er

ihnen vertraut. Deshalb schliesst er sie nicht einfach an sein Herz, sondern sagt: Ich will Euch gegenüber, die ihr an leere Worte nicht glaubt, erst gar keine gebrauchen. Erobert mir Urbino zurück. Durch neue Tatsachen vermag man alte zu begraben, und neues Vertrauen erwächst aus neuen gemeinsamen Mühen und Interessen.
Der Friedensvertrag zwischen Cesare und allen Rebellen ist perfekt! Die Empörer verpflichten sich, Cesare die alten Besitzungen zu erobern, und dürfen ihre eigenen Territorien, die sie vor der Revolte besassen, behalten. Zwischen ihnen und ihm wird ein Schutz- und Trutzbündnis beschworen.
Dieser Friedensvertrag erfüllt Niccolò mit Angst. Haben sich die Condottieri und Cesare nicht gegen Florenz verbündet? „Alles", schreibt er, „spricht hier von Frieden, und alles wird zum Krieg vorbereitet." Krieg gegen wen? Er versucht, sich Gewissheit bei Cesare zu verschaffen.
Weit weist der Fürst den Gedanken von sich, Florenz anzugreifen oder gar Vitellozzo und Orsini das alte Spiel gegen Toskana zu erlauben. Zugleich ändert er seine Sprache, wird energisch. Ich war bis jetzt, sagt er dem verängstigten Niccolò, in keiner glänzenden Lage. Deshalb wollte ich der Signoria keine grossen Versprechungen machen. Jetzt bin ich dazu imstande, und deshalb Schluss mit den Allgemeinheiten, Schluss mit nichtssagenden Beteuerungen. Freundschaft nicht im allgemeinen, wie Ihr es wollt, sondern im besonderen, für unmittelbare Zwecke. Ich fühle mich durch die Signoria gefoppt. Ihr seid meine Nachbarn, ich muss wissen, ob ich Euch Gutes antun darf. Florenz, meint weiter Cesare, nehme die ganze Welt als Condottiere in Sold, nur ihn nicht. Warum gibt ihm Florenz nicht den Befehl über eine Armee und schliesst zugleich das

längst besprochene, das längst fällige Bündnis? Zum Preis dafür sei er bereit, Pisa zu erobern und binnen kurzem Vitellozzo zu vernichten. Ausgeschlossen, antwortet Machiavelli, denn Cesare ist kein einfacher Condottiere, mit dem man einen Mietsvertrag schliessen könne, sondern die stärkste Macht in Italien. Bündnisse beruhen auf Waffen. Wie könne Florenz ihm die Waffen ausliefern und zugleich mit ihm eine Allianz schliessen? Was Vitellozzo betrifft, der Fürst habe doch mit diesem Manne gerade einen ewigen Vertrag geschlossen. Diesen letzten Einwand lässt Cesare durch seinen Sekretär beantworten: Es sei lächerlich, diesen Friedensvertrag ernst zu nehmen, selbst die Kinder lachen darüber. Vitellozzo und Orsini seien die Giftschlangen Italiens. Tausend Wege gäbe es, diesen Vertrag aufzuheben. Die Signoria soll einen Gesandten mit Vollmachten senden, denn diese Sachen eigneten sich schlecht zur schriftlichen Fixierung, zur ewigen Nachfragerei in Florenz.

Machiavelli ist erschrocken und am Ende seiner Geduld. Er sitzt schon über zwei Monate in Imola, und plötzlich erhebt sich die Gefahr riesengross. Er fürchtet, dass die Signoria durch die Untätigkeit und Schwierigkeiten Cesares getäuscht, die Nähe der Katastrophe übersieht. Niccolò erhält keine Instruktionen, er hat Cesare nichts mehr zu sagen und wird auch nicht mehr empfangen. „Gegenüber solchen Leuten wie diesem hier sich schweigend zu verhalten, ist fürchterlich gefährlich." Er meint, auch die Ausreden hätten eine Grenze. Er schlägt der Signoria ein Manöver vor. Sie darf Cesare durch ihre Untätigkeit nicht weiter reizen. Florenz solle so tun, als ob es für Borgia rüste. Man kann ja die Sache wenden, um der eigenen öffentlichen Meinung den Zweck der Vorbereitungen zu verschleiern; es sei auch ein Leichtes, die Rüstungen vor Cesare zu übertreiben.

„Denn er hat keine Möglichkeit zur Kontrolle."
Am 11. Dezember verlassen der Fürst und die Armee Imola. Machiavelli reitet mit. Er kennt das Marschziel nicht. Niemand im ganzen Lager kennt es. Vergebens bemüht sich Niccolò, etwas zu erfahren. Er hört nur vage Vermutungen, „Selbst die Intimen", berichtet er nach Florenz, „bauen Luftschlösser." Die Armee bewegt sich langsam vorwärts. Auf schmalen vereisten Strassen, ein endloser Zug. Das Mysterium dieses Marsches drückt Niccolò ganz nieder. Lange schweigsame Stunden geben ihm Musse zu finsteren Vermutungen. Geht man gegen Venedig oder doch gegen Florenz? Sätze aus den Gesprächen mit Cesare zu Imola lassen sein Herz schneller klopfen. Fürchtete er nicht, als Narr zu erscheinen, er würde seinem Pferd die Sporen geben und nach Florenz reiten. Was soll er aber der Signoria sagen, was er ihr nicht schon geschrieben hätte?
Nach zehn Tagen rastet die Armee in Cesena. Noch immer weiss er nicht, wohin der Fürst sich wenden will.
In Cesena geschehen plötzlich merkwürdige Dinge. Von hier aus gibt sich der Fürst Rendezvous mit seinen neuen-alten Freunden, mit Vitellozzo, Orsini, Olivretto. Die Hauptakteure von La Magione sollen ihm die Stadt Sinigaglia erobern. Dort will er sich mit ihnen treffen, ihre Huldigung entgegennehmen. Sinigaglia liegt am Adriatischen Meer, in entgegengesetzter Richtung von Toskana. Der Alpdruck Niccolòs verschwindet. Aber neue Rätsel verwirren und spannen zugleich seine Tage. Cesare entlässt die französischen Truppen, die ihn bis jetzt begleitet haben, — eine ganz unerklärliche Massnahme! Der Fürst arbeitet daran, Schwäche zu zeigen. Die Hauptsache scheint ihm, das Vertrauen derer um Vitellozzo zu erwerben. Er umgibt seine Truppen mit einer gut geleiteten Unordnung. Er sorgt nicht für

die Bagage, Soldaten entfernen sich von der Armee, verlassen sie in unregelmässigen kleinen Trupps, plündern links und rechts der Wege bis tief ins Land die Gegend. Die Spione berichten überallhin: das päpstliche Heer wird täglich schwächer, bald hört es auf, zu existieren.

Von Cesena marschiert der Fürst nach Fano. Fünfzehn Meilen von Sinigaglia entfernt. Hier erhält er die Nachricht, Sinigaglia habe sich ergeben, nur die Burg der Stadt leiste noch Widerstand. Der Fürst teilt Vitellozzo mit, er werde morgen mit seiner Artillerie einziehen und die Festung unbedingt am gleichen Tag erstürmen. Er bittet, für seine Truppen Platz zu machen, die Soldaten der Condottieri ausserhalb der Stadt Quartier nehmen zu lassen. Alle befolgen diese Bitte ausser Olivretto. Zugleich entbietet er Vitellozzo, den Orsini, Olivretto seinen brüderlichen Gruss, ladet sie zu seinem Empfang und zur grossen Feier im Rathaus ein. Am dunklen Morgen des 31. Dezember 1503 ist Cesares ganze Armee vor Sinigaglia. Hier hatte er sich Rendezvous mit seinen Offizieren gegeben, die schon seit Wochen auf Umwegen in kleinen Trupps marschierten. Ausführlich gab er Befehle, wie die Abteilungen zu teilen und zu verstecken seien. Mit mathematischer Genauigkeit hatte er vorgearbeitet. Tagelang, nächtelang übersah er diese Bewegungen. Wunderbar wurde das Geheimnis bewahrt. Nun stehen vor den Toren der Stadt zehntausend Fussoldaten und zweitausend Reiter der päpstlichen Armee. Das Heer zieht in Sinigaglia ein. Der Herzog bleibt inmitten seiner Garde und erwartet die Condottieri. Ihm entgegen kommen: Paolo Orsini, der Herzog von Gravina-Orsini und Vitellozzo. Kaum haben sich die Generäle der Eskorte Cesares genähert, macht ihnen diese ergeben und bereitwillig neben dem Fürsten Platz. Allerherzlichst ist die

Begrüssung, — nur dass die Condottieri nicht mehr aus den Reihen heraus können! Cesare sieht, dass Olivretto fehlt. Er macht seinem Adjutanten, Don Michele, ein Zeichen. Dieser reitet in aller Eile zu Olivretto, der auf dem Marktplatz seine Truppen einexerziert. Freundschaftlich fragt Don Michele, warum er denn den Fürsten nicht begrüsse, und meint noch, Olivretto solle doch sofort seine Soldaten in ihre Quartiere beordern, sonst würden ihnen diese von den Truppen des Fürsten weggenommen werden, und nichts dürfe diesen schönen Tag des Friedens und der Versöhnung beschweren. Olivretto gibt die nötigen Befehle und reitet mit Don Michele dem Fürsten entgegen. Wie die andern, ist nun auch Olivretto gefangen.

Eine Viertelstunde, nachdem sich Cesare seiner Condottieri bemächtigt hat, mit ihnen gemeinsam das Rathaus betreten und sie da hat fesseln lassen, dringen seine Soldaten mit wilder Gier in die Quartiere der ahnungslosen Soldaten Olivrettos. Alles verfällt dem Mord und dem Raub. In Eile sendet Machiavelli einen Zettel nach Florenz: „Der Herzog, kaum in die Stadt eingerückt, hat die Orsini, Vitellozzo und Olivretto verhaften lassen und zu Gefangenen gemacht. Es wird geplündert. Alles geht drunter und drüber. Es ist jetzt drei Uhr nachmittags, und ich habe noch niemand gefunden, um diese Zeilen zu schicken. Im nächsten Brief sende ich Details. Meiner Meinung nach sind morgen früh die Gefangenen nicht mehr am Leben."

Machiavelli hat richtig vorhergesehen. Noch in derselben Nacht werden Vitellozzo und Olivretto auf zwei Stühlen, Rücken an Rücken sitzend, mit demselben Strick erwürgt. Die beiden Orsini werden, einige Tage später, ermordet.

Aus seiner Stube hört Niccolò den Trab der Garde Cesares, die sich bemüht, der Plünderung der eigenen

Truppen Einhalt zu gebieten. Vereinzelte Schreie, Trompetenschall und Rauch lassen ihn das Fenster schliessen. Er überwindet Müdigkeit und Aufregung. Seine Feder beruhigt ihn, er lässt sie nicht aus der Hand, bis er nicht den Tag in allen Einzelheiten beschrieben hat. Ganz kühl nennt er diesen 31. Dezember „in jeder Hinsicht selten und merkwürdig". Es ist der grösste Verrat, den er je unmittelbar sehen wird. Und nicht nur der Geist, sondern auch die Technik dieser zielklaren Falschheit, ihre Gewandtheit, ihre Eleganz erfüllt ihn mit Bewunderung. Durch diesen letzten Akt erst versteht er die vergangenen Wochen Cesares und seiner Armee. In dieser Nacht glaubt Machiavelli, dem Fürsten ganz nahe zu sein. Doch ist die Nacht für ihn noch nicht zu Ende. Gegen zwei Uhr morgens lässt ihn der Fürst rufen. Vorbei ist Cesares schlechte Laune gegen Florenz. Er empfängt ihn, vor Glück strahlend, wunderbar erregt: „Machiavelli", sagt er ihm, „ich konnte Dir bis jetzt nicht sagen, was ich vorhatte, als ich behauptete, ein Freund Toskanas zu sein. Ich habe Euch von Euren gefährlichsten Feinden befreit. Um Vitellozzo und Orsini wegzuräumen, hätte die Signoria zweihunderttausend Dukaten geopfert, und die Tat wäre ihr nicht einmal so rund und glatt wie mir gelungen." Der Fürst hält sich aber bei gewesenen Dingen nicht auf. Der Mord, der vor kaum zwei Stunden geschah, gehört schon der Vergangenheit an. Er will morgen Sinigalia verlassen, „heute hätte ich es schon getan, denn die Rocca hat sich ergeben, ich bleibe nur, um der Plünderung Einhalt zu gebieten". Cesare ist schon bei den Konsequenzen seiner Tat. Bis nicht alles getan ist, ist garnichts getan. Er hat noch zwei Feinde: den Herzog von Urbino und Pandolfo Petrucci in Siena. Der Herzog von Urbino ist zwar aus seiner Stadt vertrieben, irrt aber als Gespenst gegen Borgia herum.

Jetzt befindet er sich in Toskana. Die Signoria soll ihn ausliefern. Und trotz der gemeinschaftlichen frohen Stimmung, die Cesare und Machiavelli verbindet, antwortet Niccolò: „Exzellenz, unsere Würde könnte dies nicht ertragen. Florenz wird nie einen Flüchtling ausliefern." „Machiavelli, Du redest sehr gut", antwortet der Herzog, ohne darauf zu bestehen. „Was aber Petrucci anbelangt, müssen wir unbedingt zusammengehen. Petrucci war, ohne selbst gegen uns zu kämpfen, der Kopf der Rebellen. Er bleibt ein weiterer Gefahrenpunkt. Er ist klug und reich, er wird die versprengten Reste unserer Feinde sammeln, denn er ist es, der gegen Euch Vitellozzo mit Geld versehen hatte. Ihr könnt Euch rächen, und wer sich nicht rächt, der verdient, immer wieder beleidigt zu werden. Verstehe mich wohl, Siena ist im Bunde mit Frankreich, ich will gar nicht Siena haben, ich will nur Sienas Gebieter Petrucci vernichten. Der Papst wird mit Petrucci verhandeln, ihn sehr väterlich behandeln. Das soll aber die Signoria nicht irre führen. Es geschieht, um ihn mit Breven einzuschläfern. Ich gehe während dieser Zeit gegen ihn vor. Machiavelli, es ist sehr süss, Petrucci, diesen Meister des Verrats, zu hintergehen."
Erst gegen Morgen erreicht Niccolò für einige Stunden sein Lager. Die Armee marschiert gleich weiter. Er teilt ihr Leben und beschreibt ihre Mühen. Dieses Heer bewegt sich mit einer in Italien ungekannten Geschwindigkeit. Es hält keine Winterquartiere und legt hunderte von Kilometern in einigen Wochen zurück. Niccolò schreibt jeden Abend nach mühseligen Reittagen, er erinnert die Signoria, dem Fürsten zu gratulieren. Cesare ist auf Glückwünsche ganz erpicht. Er will Sinigaglia unbedingt moralisch gerechtfertigt wissen. Gleich einige Stunden nach dem Mord hat er den Staaten

Italiens und den Fürsten Europas eine Darstellung der Ereignisse gesandt. Alle Massnahmen, die die erschlagenen Condottieri auf Grund seines Befehls getroffen hatten, werden als Hinterlist geschildert: „Unter dem Vorwand, mir Sinigaglia zu erobern, haben die Verräter ihre Truppenmacht zusammengezogen und in den umliegenden Burgen versteckt. In der Nacht meiner Ankunft wollten sie mich gemeinsam mit der Besatzung der Rocca angreifen." Und nicht nur Machiavelli, ganz Europa erklärt, dieser Darstellung Glauben zu schenken. Ludwig von Frankreich gratuliert Cesare zu seiner Tat, „würdig eines alten Römers". Der Historiker Giovio prägt das Wort vom „schönen Verrat". Die Herzogin Isabella Gonzaga, weit berühmt ob ihrer Frommheit, sendet Cesare, als Zeichen ihrer Bewunderung, hundert schöne Masken für den Karneval. Nur die biederen Väter der Signoria zieren sich, zum Entsetzen Machiavellis. Zwar beauftragen sie ihn, die Glückwünsche Florenz' auszusprechen, befehlen ihm aber zugleich, sehr gemässigt im Ausdruck zu sein und vor allem zu betonen, die Signoria nehme an, die Gestorbenen wären wahrhaftig schuldig gewesen. „Unter uns, wir glauben, dass das, was geschehen ist, mit der Ehre und mit dem guten Glauben nicht zu vereinbaren ist." Ganz unbegreiflich erscheint Niccolò diese Instruktion. Er ist entschlossen, sie nicht durchzuführen. Am nächsten Tag wird er von dieser Sorge befreit. Die Signoria sendet ihm einen neuen Brief. Über Nacht haben sich die Herren der Zehn die Sache noch einmal überlegt, und Niccolò soll nun dem Fürsten die grosse Bewunderung und die ergebene Dankbarkeit der Florentiner für das Ende der gefährlichen Feinde aussprechen.

Cesare dankt und erklärt Machiavelli ausführlich in der letzten Audienz, für ihn sei es notwendig, als das zu erscheinen, was er wirklich sei, als Wiederhersteller des Rechts! Ihm sei die laute Verkündung dieser Wahrheit durch die Signoria sogar wichtiger als Waffenhilfe. Er will in den eroberten Städten den Frieden und die Freiheit einführen. Deshalb habe er in Perugia die von seinen Feinden Vertriebenen nicht zurückkehren lassen. Denn diese Emigranten streben nach Gewaltherrschaft. „Und ich jage nicht einen Tyrannen davon, um zehn neuen die Tore zu öffnen. Weil ich so die Regierung verstehe, erhoben sich schon manche Städte für mich. Glaubt man mir nicht aufs Wort, wie es die Bürger von Siena tun, dann bringe ich die Artillerie vor ihre Mauern."

Mit Reden über Gerechtigkeit und Frieden, über die Mannigfaltigkeit der Momente und der Kombinationen einer neuen Herrschaft trennen sich die beiden von einander. Die Signoria ist nach wie vor entschlossen, kein Bündnis mit Cesare abzuschliessen. Um ihre Absicht so freundlich wie möglich zu verschleiern, befolgt sie den dringenden Rat Niccolòs, beruft ihn ab und sendet einen ausserordentlichen Gesandten, Jacobi Salvati, einen Mann aus den ersten Familien der Republik.

Machiavelli konnte in den dreieinhalb Monaten, die er bei Cesare verbrachte, wenig für Florenz erreichen. Er hat aber während dieser Zeit, wie nie zuvor und wie nie danach, die Hand auf das klopfende Herz der Macht gelegt.

IN ROM.

KURZ bevor Machiavelli zu Cesare Borgia gesandt worden war, hatte er die Florentinerin Marietta Ludovico Orsini geheiratet. In gutem Glauben versprach er ihr, nur sieben Tage weg zu bleiben. Wochen vergingen, und Niccolò kehrte immer noch nicht heim. Marietta trug sein Versprechen im Herzen und bestand auf der Erfüllung wie auf einem Schein. Er tröstete sie nicht einmal mit einer erlogenen Sehnsucht, liess ihr Nachrichten nur durch Freunde zukommen und schrieb ihr kein Wort. Sehnsucht, Ohnmacht, Ungeduld, Langeweile erregten sie täglich mehr. Das lange Warten verzerrte ihr das Bild Niccolòs. In der dritten Woche nach seiner Abreise fühlte sie sich ganz verlassen. Sie geizte nicht mit der Trauer, sondern zeigte bereitwillig ihre Tränen. Bald kannten alle Nachbarn und Freunde ihren Kummer: Der Mann vergnügt sich bei dem Ungeheuer, bei dem Fürsten aller Laster, und vergisst darüber seine junge Gattin.

Marietta weiss sich nicht mehr zu helfen und geht beinahe täglich in die Signoria, um im Büro der zweiten Cancelleria Nachrichten über ihren Mann zu erfahren. Die Schreiber freuen sich über diese Besuche. Sie bemitleiden gern eine junge Frau. Und hat Marietta das Büro verlassen, dann geben sie Zweideutigkeiten ohne Zahl zum besten. Sie sind alle auf die Ehe Machiavellis, der so drastisch Liebesabenteuer erzählt, sehr neugierig. Blasius Buonaccorsi schreit die Kollegen an, sich um die Angelegenheiten Machiavellis nicht zu kümmern. Blasius ist nicht nur der Freund Niccolòs, sondern auch der Vertraute Mariettas. Über ihn schüttet sie ihren

Sorgenkübel aus. Er muss zwischen Mann und Frau diplomatisieren: sie trösten und ihm dienen. Denn er und nicht Marietta besorgt alles, was Machiavelli aus Florenz braucht und nicht von der Signoria verlangen kann: Bücher, Gerüchte und Kleider. Und Niccolò ist immer sehr fleissig im Verlangen gewesen. „Ihr seid langweilig", schreibt ihm Blasius, „mit Eueren ewigen Forderungen." Buonaccorsi hat für seinen Freund eine teure Plutarchausgabe in Venedig bestellt und muss nun sofort einen Anzug beim vornehmsten Schneider der Stadt anfertigen lassen. Marietta erfährt von der geheimen Korrespondenz und von den geheimen Ausgaben ihres Mannes durch Buonaccorsis Frau, Alexandra. Marietta gerät in Verzweiflung. Durch ihren Schmerz gereizt, glaubt sie immer neue Sünden zu entdecken. Niccolò verfügt über ihre bescheidene Mitgift und lässt sie geldlos in Florenz; er ist auf ihre Kosten ein treuloser Verschwender. „Ich habe", sagt sie zu Blasius, „meinen Leib und mein Vermögen einem Unwürdigen hingegeben." Sie will davonlaufen, verlässt das Haus ihres Gatten und scheint geneigt, bei einem jungen Florentiner, der durch den Vorzug der Anwesenheit glänzt, Trost zu finden. Blasius deutet es Niccolò an, der die Anspielung nicht zur Kenntnis nehmen will. Nur Alexandra glättet Mariettas Zorn und besänftigt ihre Rachegedanken. Die beiden Frauen schliessen engste Freundschaft. Auch Alexandra hat mit Blasius ihre Sorgen! Um ungehindert klagen zu können, stecken die beiden Gattinnen ihre Köpfe den ganzen Tag zusammen. Sie schwätzen sich die Wut vom Leibe. Den Gesprächsstoff liefern ihnen nicht nur die sündhaften Neigungen ihrer Männer, sondern alle Familienangelegenheiten der zweiten Kanzlei. Diese Beamtenfrauen werden zu Windmühlen der Signoria, die alle Gerüchte klein mahlen.

Marietta fasst dabei aber festen Fuss in ihren Sorgen. Sie ist im Grunde eine fleissige, treue, brave Frau, die jetzt widerwillig die Ehegeduld erlernt. Wie es in der Natur einer solchen Ehe liegt, sollte Marietta mehr an den ständigen Sorgen ihres Mannes als an seinen seltenen Freuden teilnehmen. Sie rebelliert gegen dieses Schicksal; bald wird es ihr aber zur Selbstverständlichkeit werden.

Die lange sich dahinziehende Sendung Machiavellis, über die Marietta verzweifelte, hatte aus ihm einen bekannten Mann im Kreise der Signoria und der vornehmen Familien gemacht. Einzelne Sätze aus seinen Berichten, die durch Indiskretion bekannt wurden, sprachen für ihn in der ganzen Stadt. Sein Name bekam plötzlich ein Gewicht. Er wurde immer öfter im Zusammenhang mit Borgia erwähnt. Die Neugierde, die prickelnde Angst, die Sensation, die Cesare erweckte, kam Niccolò zugute. Die Florentiner beneideten ihn, weil er in der Nähe des Mannes, der als Ungeheuer galt, ganze Monate ungeschoren bleiben konte. Er avancierte zwar nicht im Grad, aber in der Achtung der Massgebenden. Der Gonfaloniere und der Chef der ersten Kanzlei sprachen begeistert über Niccolòs Legationen. Allgemein galt er als ein Beamter, der Karriere machen würde. Aber gerade dieser Glaube entzündete die Feindschaft der Kollegen. Hinter seinem Rücken entstand ein Kampf der Gerüchte gegen seine Leistungen. Sein leerer Schreibtisch erweckte im Büro Neid. Sooft die Beamten Akten bearbeiten mussten, die zur Kompetenz Niccolòs gehörten, zitterten sie für ihr Allerheiligstes — für ihre Faulheit! Sie versuchten, durch Geschwätz Machiavelli zu schaden, bemühten sich, im Rate der Zehn Misstrauen zu erwecken. Sooft das Leben des Büros durch Gerüchte über Gehaltsabbau oder Entlassungen bewegt wurde, logen sie in alle Windrichtungen hinaus, Machiavelli sei davon betroffen worden. Buonaccorsi fleht ihn deshalb an, zurückzukehren. Niccolò will jeden Tag nach Florenz reisen, die dringlichen Befehle der Signoria binden ihn aber an Cesare.

Am Tage seiner Ankunft in Florenz verstummen die Kabalen, und alle Schreiber seiner Kanzlei lachen Niccolò entgegen. Sie umringen und beglückwünschen ihn, sie heissen ihn reden, sie meinen, er besitze alle Geheimnisse Cesares.

Allein, wenn Machiavelli auch über den Fürsten Vieles erzählen kann, die Signoria weiss mehr über die allgemeine politische Lage. Während seiner Abwesenheit hat sich der König von Frankreich immer mehr von Cesare entfernt und im geheimen aufgemuntert, ein Bündnis gegen Rom zu schliessen. Cesare will mit Hilfe des Kaisers Maximilian und Spaniens der König Mittelitaliens werden. Ludwig von Frankreich ist bereit, sich diesem Ehrgeiz mit Waffengewalt entgegenzustellen.

Florenz fühlt sich durch frische französische Armeen, die nach Italien ziehen, geborgen. Die Mission dieser Stadt scheint zu sein, sich ganz in das Leben zu verlieben. Ihr Wille zum Optimismus raubt ihr das politisch-militärische Gedächtnis. Noch bis vor kurzem zitterte Florenz in permanentem Alarmzustand. Jetzt überlässt es sich der Sorglosigkeit. In den kurzen Pausen zwischen unmittelbaren Gefahren wollen die Florentiner die friedliche Fülle des Daseins empfinden. Ohne in die Demagogie Lorenzos zu verfallen, ohne die tägliche Feier zu einer Politik der Betäubung zu verwenden, zaubert die Signoria den Glanz der mediceischen Zeit hervor. Sie möchte zeigen, dass alle Harmonien unverwüstliche Früchte der Arnoufer sind und keines Selbstherrschers Schutz bedürfen.

Wieder ruhen, wie in Lorenzos Zeiten, die Augen auf

Denkmälern, Schlössern und Festen, wieder strömen aus dem Genuss die allgemeinsten Eindrücke.
In hellen Frühlingsnächten öffnen die Herren der Macht die Regierungsschlösser und laden ein. Die ganze Stadt wird zum Palast und zum Garten. Die Loggien sind mit Blumen bekränzt, mit Fackeln beleuchtet. Die Männer und Frauen kleiden sich in karmesinroten Sammet, in blauvioletten Atlas, in Damast, in Silber und in Gold. Die Signoria möchte, dass auch ausserhalb der offiziellen Feier die Bürger ihr Leben geniessen. Den Vornehmsten sendet sie für grosse Tage ihr Silberzeug, ihre Teppiche und ihre Musiker ins Haus. Der Reichtum verpflichtet die Patrizier zum allgemeinen Gelage. Als der Palast der Strozzi, an dem Jahrzehnte lang gebaut worden war, beendet wurde, gab der Besitzer in allen seinen Gärten den Bürgern ein Fest zu Ehren der Schönheit. „Jede Speise", schreibt ein Gast, „die man auftrug, hatte das Tier derselben Gattung auf einem Triumphwagen oder auf einer grossen silbernen Schüssel. Und Musiker eskortierten die Pagen."
Gemeinsam mit Vertretern der Wollzunft, die aus ihren Kassen die öffentlichen Feste, die Bildhauerei und die Malerei unterstützen, verhandelt die Signoria, um einen Platz für Michelangelos Giganten — David — zu finden. Michelangelo, Sandro Botticelli, Lionardo da Vinci und Pietro Perugino erscheinen zur entscheidenden Besprechung. Vor dem Tore der Signoria stand bis jetzt die Statue der Judith. Der Vertreter der Stadt meint, die Judith sei nicht geeignet, die Pforte der Herrschaft weiter zu beschirmen. „Denn unsere Abzeichen sind das Kreuz und die Lilie, und es ist nicht gut, dass eine Frau da stehe, welche einen Mann tötet. Vielleicht haben wir aus diesem Grunde Pisa verloren." An Judiths Platz soll Michelangelos Gigant Wache halten. Die Signoria fühlt sich verpflichtet, auch Lionardo, der gerade die Mona

Lisa beendet, Arbeit zu geben. Er erhält den Auftrag, die Wände des Grossen Rats mit Gemälden zu bedecken. Im gleichen Winter kommt auch Raphael, um Arbeit zu suchen, nach Florenz.

Die Florentiner, die sich einer Welt über der Welt, die dennoch kein Jenseits war, erfreuten, hassten alle kriegerischen Spannungsmomente, die sich in Italien gewaltig anhäuften. Ein Augenblick äusserer Ruhe genügte ihnen deshalb, um auf die Ewigkeit dieser Ruhe zu schliessen. Der Mangel des kriegerischen Instinktes ist ihre plutokratisch-nobilare Kulturtradition. Die reichen Zünfte der Wolle, der Banken und der Tuche, die so viel Geld ausgaben für die Verschönerung ihres Territoriums, sträubten sich, für die Verteidigung desselben Territoriums zu opfern. „Vor einigen Jahrzehnten", schreibt jetzt Machiavelli gegen die Florentiner Millionäre, „als der Kaiser von Byzanz Konstantinopel von den Türken bedroht sah, verlangte er umsonst von den reichen Bürgern Geld, um gegen die Gefahr gerüstet zu sein. Als dann die Belagerung begann, die Bürger die feindlichen Geschütze vor ihren Mauern donnern hörten, kamen sie, mit Geld beladen, zum Kaiser. Der Monarch jagte sie davon und sagte ihnen: Geht und sterbt mit Eurem Geld, denn Ihr habt nicht ohne das Geld leben wollen."

Gegen den Zahlungsunwillen der reichen pazifistischen Florentiner, die danach strebten, die Lasten der Stadt auf schwächere Schultern zu schieben, musste die Signoria, wider ihren Willen, ringen. Der Gonfaloniere, Pietro Soderini, fand in diesem Kampf in Niccolò seine beste Hilfe. Als Verwaltungsbeamter darf Niccolò nicht vor dem Grossen Rat sprechen. Er verfasst aber die Reden für den Gonfaloniere. Niccolò stellt die Steuerfrage nicht finanziell, sondern ebenso grundsätzlich wie einfach auf. Er fragt die Florentiner: Wollt Ihr die Selbständigkeit

Eurer Stadt oder nicht? Er versucht, seine Mitbürger von politischer Phantasielosigkeit zu heilen. Er will in ihrem Bewusstsein Platz für die Realität machen. „Verlasst", schreibt er in der Rede, „in Gedanken Eure Stadt und untersucht ganz Italien. Ihr werdet nur feindliche Gewalten sehen. Ihr seid abhängig von Frankreich, bedroht von Venedig und vom Papst. Ihr verlasst Euch auf das Bündnis mit Frankreich und wollt nicht selbst rüsten. Damit man Euch aber Wort hält, dürft Ihr auf der Wagschale Italiens nicht federleicht sein, sondern müsst das Maximum von Gewicht, zu dem Ihr imstande seid, haben. Unter Privaten sorgen Gesetze für die Achtung der Urkunden und Verträge, unter Staaten nur die Waffen. Alle, die stärker sind als wir, alle, die imstande sind, uns zu besiegen, müssen wir in unserem Herzen, auch wenn wir augenblicklich mit ihnen verbündet sind, als Feinde betrachten. Es sind noch keine drei Monate her, dass das Leben von Florenz infolge der Drohungen Cesares, infolge seines Durchmarsches und infolge der Rebellionen an einem Faden hing. Damals, als Ihr in Toskana brennende Landschaften, geplünderte Städte saht, wart Ihr bereit, alles das zu zahlen, was Ihr ursprünglich nicht zahlen wolltet. Die Herrschaft beruht auf Macht und Vorsicht. Ihr dürft weder das eine noch das andere vergessen."

Von seinem Schreibtisch aus versucht Niccolò, allen Bürgermeistern und Kommissaren der Republik denselben Geist einzuflössen, der aus seiner Rede spricht. Er fürchtet das, was der Lage Italiens im allgemeinen und der Ohnmacht von Florenz im besonderen am meisten entspricht: die tragische Überraschung!

„Trotz allen Verträgen", schreibt er einem Regierungsbeamten an der Grenze, „darf man kein Auge schliessen. Vergessen Sie nicht: Der allgemeine Gang der Dinge ist fast immer der Erwartung entgegengesetzt."

Die neue Unruhe, die Niccolò erwartete, kam aus Rom und aus Venedig zugleich. Papst Alexander VI. ist gestorben, sein Sohn Cesare liegt krank darnieder; jetzt, da alles von der Plötzlichkeit und Unerschrockenheit seiner Entschlüsse abhängt, stöhnt er ohnmächtig, schweissgebadet in seinem Bett und sieht im Fieber, wie jede Stunde, die vergeht, ihm auch ein Stück von seinem Ansehen, von seiner Macht, von seinen Festungen und Territorien hinwegspült.

„Alles, alles", klagt er, „habe ich vorausgesehen, nur nicht, dass ich in der Todesstunde meines Vaters unbeweglich, sterbenskrank sein werde."

Venedig versucht einige Tage nach dem Tode Alexanders, die Städte der Romagna, die an seiner Grenze liegen und die, dank Cesare, in päpstlichem Gehorsam stehen, durch eigene Waffen, durch vorgeschobene Condottieri oder durch inszenierte Revolten zu besetzen.

Deshalb fürchtet und hasst Florenz Venedig. Der Neid der florentinischen Kaufleute gegen die venezianischen Konkurrenten, die drauf und dran sind, Faenza und Rimini zu besetzen, verfinstert diesen friedlichen Toskanern den Himmel ihrer Heimat. Da der Ware Gefahr droht, sehen sie feindliche Welten und zeichnen schweren Herzens Anleihen für ihre Stadt. Die Signoria wird durch die allgemeine Erregung zu rascher Arbeit angetrieben. Niccolò waltet in seinem Büro als ein Unterfeldherr der Intrigue gegen Venedig. Es gilt, in der Romagna gegen die Lagunenrepublik einen durch lokale Aufstände und diskret unterstützte Condottieri gedeckten Kampf zu führen. Machiavelli weiss, dass Florenz allein nicht über die Mittel verfügt, der Durchdringungskunst Venedigs in der Romagna zu widerstehen. Die Signoria will aber wenigstens Forli, das Durchgangstor von der Lagunenstadt nach Florenz, wenn auch nicht durch Waffen, so doch durch Geld und Kabalen erobern.

Die Florentiner haben eine Partei in Forli und unterhalten da im geheimen einen Condottiere. Die Signoria will aber nicht, dass Cesare davon erfahre. Andererseits wünscht sie die Unterstützung und die Zuneigung der Forlienser gegen Cesare und Venedig. Also muss sie sich öffentlich gegen Borgia erklären, zugleich aber für Borgia und gegen die rebellierenden Einwohner. Diese Quadratur eines lügenhaften Zirkels ist nicht unlösbar. Jeder Partei muss versichert werden, dass man so, wie man öffentlich spricht, nur zum Schein spricht und ganz anders handelt. „Man muss", schreibt Machiavelli dem florentinischen Agenten, „mit ausserordentlicher Geschicklichkeit verfahren und den Betrug so verdecken, dass ihn keine der kämpfenden Parteien bemerkt."

Florenz arbeitet als Vorposten gegen Venedig. In Rom liegt der Schwerpunkt der Ereignisse. Der Anspruch Venedigs, als territoriale Erbin der Borgia zu thronen, kann nicht in der Romagna selbst entschieden und nicht von Florenz allein beantwortet werden. Alexanders Nachfolger, der greise Papst Pius III., hat während seiner dreiwöchigen Herrschaft alles in der Schwebe gelassen. Das Konklave soll bald tagen, um den Thron der Christenheit neu zu besetzen.

Niccolò wird beauftragt, die Arbeit, die er gegen Venedig in den letzten Wochen aus seiner Kanzlei geleistet hat, als Mandatar der Republik in Rom weiter zu verfolgen. Er soll über das Konklave berichten und sich zur Verfügung des Kardinals Soderini, eines Bruders des Florentiner Gonfaloniere, halten.

Machiavelli ist zum ersten Mal in Rom. Für ihn, der seit seinem frühesten Denken die Antike erträumt hat, bedeuten die Ruinen nur Trümmerhaufen, der Tiber nur ein schmutziges Wasser und die Strassen der

Legionen nur kotige Wege. Der unmittelbare Gegensatz zwischen Vergangenheit und Gegenwart, diese regellose und halb versunkene Stadt, diese Mischung von geordneter neuer Pracht und verlassener Wildnis, wie Rom sie bietet, entlockt Niccolò keinen Laut und keinen Gedanken. Seine Zeitgenossen Erasmus, Luther, Guicciardini, Ariost, Aretin, Michelangelo, Lionardo da Vinci, Raphael fühlten sich in Rom wie vor dem Altar der Völker und Zeiten. Keine Himmelsfarbe, kein Monument, keine Bibliothek ist ihnen entgangen. Niccolò fühlt sich trotz langen, manchmal unbeschäftigten Wochen eilig und geschäftig.

Am Tage nach seiner Ankunft reitet er auf einem Maulesel, von zwei Dienern begleitet, durch das Tiberviertel den Fluss entlang an der Engelsburg vorbei zur Residenz des Papstes, zum vatikanischen Borgo. Hier spricht er beim Kardinal Soderini vor. Dieser Kleriker und Vertrauensmann der Florentiner erklärt Niccolò die letzten römischen Tage: Die Stadt zittert vor Unruhe, Unsicherheit und Angst. Die Banden der Condottieri Baglioni und Alviano rasen, als ob sie nie in ihrem Leben Sold gesehen hätten. Cesare ist zwar noch der Herr der Engelsburg, allein er wird von den Orsini eng umlagert. Die Orsini sind, von Rachedurst getrieben, tolle Hunde geworden. Fabiano Orsini hat einen treuen Offizier Cesares auf offner Strasse ermordet und sich mit dessen Blut Mund und Hände gewaschen. Vor dem Tumult der Bewaffneten erschrocken, versperrt das Volk ganze Strassen. Die Läden sind geschlossen, und die Lebensmittel gehen zur Neige. Die Kardinäle sind zwar über die Nachfolge Pius' uneinig, gemeinsam aber erklären sie, unter dem Druck der Condottieri nicht das Konklave beginnen zu wollen. Unter diesen Umständen kann man mit niemandem über die Eroberungen Venedigs in der Romagna sprechen. Es bleibt nur übrig, zu warten, bis

der neue Papst den Thron besteigt. Das kann aber ebensogut Wochen wie Monate dauern.
Nach dem Besuch bei Soderini wird Machiavelli von dem Kardinal d'Amboise, dem Minister Ludwigs XII., empfangen. D'Amboise, der von dem Florentiner Geld für eine italienische Condotta erwartet, begrüsst ihn sehr freundlich. Er und Soderini ebnen Niccolò die Wege. Sie akklimatisieren ihn in dieser für jeden Fremdling schwer durchdringlichen vatikanischen Atmosphäre, dieser Mischung von grosser Politik und lokalem Klatsch. In Rom glauben Ehrgeizige aller Länder vor der Schwelle ihrer Ziele zu stehen. Hier schwirren die Stimmen des grössten europäischen Jahrmarktes der Eitelkeit. Niccolò versucht, unabhängig von Soderini und d'Amboise, Anschluss an die allgemeinen Gerüchte, Einsicht in die allgemeine Stimmung und in geheime Akten zu erlangen. Er bemüht sich um neue Informationsquellen, will die wahren Absichten der Kardinäle erfahren. „Allgemein heisst es", berichtet er, „dass der Kardinal Giuliano della Rovere Papst werden wird. Aber man darf nicht vergessen, wie veränderlich die Meinung der Kardinäle ist. Für gewöhnlich stimmen sie anders, als sie es versprechen."
Dieses Mal halten die Kirchenfürsten zum Erstaunen aller Diplomaten und Geheimagenten ihr Wort. Das Konklave, das auf den Stuhl Petri Giuliano della Rovere erhebt, dauert nur einige Stunden. Es ist die kürzeste Wahl in der langen Geschichte der Kirche gewesen!
Der neue 62jährige Papst, der sich Julius II. nennt, war in die wichtigsten politischen Ereignisse der letzten drei Jahrzehnte verwickelt gewesen. Er kennt den Wechsel von Glück und Unglück. Oft hat er als Sieger, oft als Besiegter gestritten. „Alles und das Gegenteil davon" hat Julius bis jetzt erlebt. Er thronte als mächtiger Kleriker der Campagna, bedrohte Rom von Ostia aus

und musste dann als Vertriebener fliehen. Er irrte heimatlos in der Fremde, wurde der allmächtigste Mann im Lager Karls VIII. von Frankreich, führte die Armeen dieses Königs nach Italien und unterstützte die Konzilpläne Savonarolas. Dann fiel er in Ungnade, um kurze Zeit darauf wieder zu den ersten Männern Frankreichs zu zählen. Vor allem aber führte della Rovere die Opposition gegen Borgia. Julius hat jeden Weg benützt, um Alexander zu schaden, ist aber geschmeidig genug gewesen, um den Versöhnten zu spielen, als der König die französische Politik im Bunde mit Borgia zum Ziele führen wollte.

Als Kardinal hatte della Rovere wie viele andere Kirchenfürsten der Renaissance gelebt: Er liebte mehr die schönen Geschöpfe als den Schöpfer dieser Welt! Seiner Tochter und seinen Neffen verhalf er zu schnellem Reichtum. Er war vernarrt in Juwelen, in Tafelgeschirr und Tafelfreuden, war eitel in seiner Kleidung, besorgt um die seidenen Decken seiner Betten — ein Geck vor dem Altar!

Venedig, Frankreich, Cesare Borgia, Spanien, der Kaiser waren die Helfer seiner Wahl. Sie alle dachten, Julius würde ein leichtes Werkzeug sein. Sie spekulierten, dieser durch ein abenteuerliches Leben ausgebrannte Mann würde, an der Schwelle des Greisenalters angelangt, zufrieden und ruhig sein Pontifikat geniessen.

Allein die Beurteilung eines Menschen, dem man zur Macht verholfen hat, aus seiner Vergangenheit heraus ist oft und war auch dieses Mal ein Quell des Irrtums für eine ganze Epoche. Denn die menschliche Seele enthält, wie der heilige Augustin sagt, Geheimnisse, die tiefer und bewunderungswürdiger sind als die ungeheuren Fluten des Meeres, als der breite Lauf der Ströme, der weite Kreis der Ozeane und als die Bahnen der Gestirne.

Der Kardinal Giuliano della Rovere wurde von der Stunde seiner Wahl, von der ersten Begegnung mit der Macht an, die geniuskräftige Kulminationsgestalt des Jahrhunderts. Sein Lebensgefühl vereinte die Phantasien Michelangelos mit einem kriegerischen Elan, der die ganze Welt zur Höhe seiner Tendenz erheben und zwingen wollte.

Einige Tage nach seiner Erhebung wurde Rom zur friedlichen Stadt. Noch bar aller Machtmittel, gebietet er den Fraktionen Ruhe. Julius, der die Römer durch keine grausame Tat, durch kein Strafgericht erschreckt, wird von ihnen stolz „Il Terribile" genannt. Sie verehen in ihm ein Elementarereignis, dem man sich nicht widersetzt.

Niccolò hört und spürt in Rom diese Begeisterung und drängt, so schnell wie möglich vom Heiligen Vater empfangen zu werden. Die allgemeine Rede über Julius sagt ihm nicht viel. Er will den Mann selber deuten.

In der ersten Woche des neuen Pontifikates empfängt ihn der Heilige Vater.

Niccolòs antiklerikale Leidenschaft, die an das Maniehafte grenzt, lässt ihn auch angesichts der Tiara nicht die Spur einer Scheu empfinden. Er hat vor Julius nicht einmal die Befangenheit, die jeder Mensch spürt, wenn er zum ersten Mal mit einem Fremden verhandelt, und die ihn vor Ludwig XII. und vor Cesare leise aufregte. Machiavelli setzt auseinander, wie Florenz von Venedig in der kirchlichen Romagna täglich bedroht wird, und wie es gegen diese Gefahr als treue Dienerin der Kirche ringe. Er redet wenig für Florenz und viel gegen Venedig. Julius überhört schneller als jeder andere Priester die Sprache frommer Beteuerungen. Beide gehen sofort zur Sachlichkeit über. Sie schätzen die Gefahr, die der Souveränität ihrer Länder aus der Lagunenrepublik droht, gleich gross ein. Für die selbständigen Gebiete

der Halbinsel ist Venedig gefährlicher als jede ausseritalienische Macht. Denn erobert es eine Stadt, dann wird die Bezwungene Untertanin und hat kein Recht mehr auf Selbstverwaltung. Sie muss sich dann politisch und ökonomisch nach der Lagunenstadt richten. Eine ausseritalienische Macht aber lässt für gewöhnlich einen Rest lokaler und wirtschaftlicher Selbständigkeit.
In Süditalien kämpfen jetzt Spanier gegen Franzosen. Ihr Bündnis hat mörderischen Schlachten in den Ebenen Calabriens Platz gemacht. Der Kirchenstaat, im ersten Akt seines Entstehens, ist ganz schwach. Es gibt keine Macht, die augenblicklich den Venezianern widerstehen könnte. Wird die Lagunenrepublik nicht die ganze Halbinsel unterwerfen? Wird sie so gross werden, dass auf Kosten der anderen Souveränitäten die Einheit Italiens erwächst? „Das Beginnen der Venezianer", sagt Niccolò, „wird entweder ein Tor sein, welches ihnen ganz Italien öffnet, oder wird ihren Untergang herbeiführen."
In dem Thronsaal des Vatikans findet der für die Einheit Italiens einzigartige Moment zwei Männer, die dieses „Una Italia" grimmig bekämpfen: Machiavelli, den kommenden Propheten, den beredten Mund dieser Einheit, und Julius, den Soldaten für ein von Fremden, von „Barbaren" befreites Italien. So beschränkt ist das Tun der Menschen. Denn ihre hehrsten Ziele sind zumeist nur die vorübergehenden Vorwände ihrer bleibenden primären mörderischen Triebe. Machiavelli hat Angst, der Papst sei zu schwach, sich dem venezianischen Beginnen siegreich zu widersetzen: Der Heilige Vater ist nicht nur am Anfang seiner Herrschaft aller materiellen Mittel entblösst, sondern seufzt auch noch, eingekeilt zwischen seinen Versprechungen, die er für seine Wahl den Venezianern, den Spaniern, den Franzosen und Cesare Borgia geben musste. Machiavelli

kennt noch nicht den Grad der päpstlichen Entschlossenheit gegen Venedig. Er berichtet, noch nicht tief genug gebohrt zu haben; deshalb könne er vorläufig Julius' Absichten nur von ungefähr beurteilen. Er drängt die Signoria, ihm genaue, an Ort und Stelle gesammelte Einzelheiten über das Vorgehen der Venezianer zu senden. Niccolò hat die jähzornige Ader des Papstes gesehen und möchte ihn durch tausend Nadelstiche zur Raserei gegen den gemeinsamen Feind treiben. Mit seinem Material bewaffnet, bringt er Julius, der sich am wohlsten beim Fluchen fühlte, in schäumende Wut.

Niccolò begreift seine Partner, indem er sich zum Zwecke seiner Aufgabe vorübergehend in sie verliebt. So versteht er das Individuum am deutlichsten, weil er durch diese Gewohnheit am tiefsten die fremden Sorgen mitempfinden kann. Aus einer Intimität des Gefühls heraus, die in ihrer Echtheit und Eindringlichkeit in keinem diplomatischen Aktenstück steht, beurteilt er die Männer politischer Entscheidung. Auf diesem Weg erfasst er jetzt auch Julius' Seele. Er begreift die Echtheit der päpstlichen Wut und hat über den Charakter des Pontifex keine Zweifel mehr. „Das Herz des Papstes", berichtet er der Signoria, „klopft stürmisch. Gewaltig treibt es ihn zum Handeln. Er ist entschlossen, die Autorität des Heiligen Stuhles unter allen Umständen zu wahren; er ist von Ehrgeiz und Ruhmsucht ganz erfüllt."

In der Nähe dieses Papstes wird Niccolò zu weltpolitischen Perspektiven erzogen. Er lernt in Rom, wie sich ferne Länder, von Interessen getrieben, binden und wieder lösen, wie die Völker ihrem unbestimmten Ziel entgegenziehen, und wie der Papst zur Rettung des Kirchenstaates diese Bewegungen der Menschen gebraucht. Machiavelli berichtet über den ungeduldigen Hohepriester, wie er, nachdem der erste Zorn verraucht ist, geduldig mit seiner Feindschaft warten kann.

Der Pontifex ist kein Condottiere, kein Putschist. Er sucht eine höhere Basis seiner Wirkung. Er möchte nicht in aller Klarheit und Offenheit als Wortbrüchiger erscheinen. Er hält Mass in allen Dingen. Er lässt gern die Umstände für sich wirken, verbirgt sich hinter Notwendigkeiten und ist zumeist nur im letzten Augenblick der Entscheidung ungestüm und rücksichtslos. Er verschmäht es, Gift und Dolch zu gebrauchen. Statt dessen will er mit Europas Gegensätzen so manövrieren wie der Schiffer mit dem Wind der Ozeane. Tag und Nacht erarbeitet er die Koalition, die in die Liga von Cambrai münden wird.
Julius vermag Venedig aber nur dann durch die sich widersprechenden europäischen Interessen einzukreisen, wenn er alle Mächte von seinen eigenen defensiven Absichten überzeugen kann. Er vermeidet deshalb jede Provokation, er bedroht Venedig zwar in aller Offenheit, durch die Allianz der ganzen Welt, aber er fleht es zugleich an, auf seine Eroberungen zu verzichten. „Nie werden wir", antworten die Gesandten Venedigs, „die schon besetzten Festungen der Romagna verlassen. Eher opfern wir den letzten Stein der Republik." „Und ich", entgegnet der Papst, „verzichte lieber auf die Tiara als auf die Romagna."
Diese beiden harten Willen bilden die beiden Ufer, durch die der Strom der italienischen Politik der nächsten Jahre fliessen wird.
Ängstlich ist der Papst bemüht, der Lagunenrepublik keine billige Ausrede zu lassen. Die Venezianer behaupten, sie marschierten gegen die Festungen der Romagna, nicht in böser Absicht gegen den Kirchenstaat, sondern gegen Cesare Borgia, der noch immer einige Städte in Besitz hat. „Der Papst", berichtet Niccolò, „stellt sich, als ob er von der Wahrheit dieser Beteuerungen überzeugt sei."

Cesare, der für das Versprechen, wie unter seinem Vater weiter Feldhauptmann der Kirche zu bleiben, Julius zur Tiara verholfen hat, erhält nun statt seiner Ernennung den Befehl, Festungen zu räumen. Durch die Krankheit und die Schicksalsschläge der letzten Wochen aus der Bahn des Glücks geworfen, nimmt er an, die Versprechungen anderer seien zuverlässiger als die eigenen, und wartet ungeduldig auf die Ernennung zum Gonfaloniere. Zu gleicher Zeit fasst er tausend Pläne und führt keinen aus. Dann aber erhebt er sich aus seiner Entschlusslosigkeit und erklärt, sofort über Toskana nach der Romagna zu eilen, um gegen Venedig zu fechten. Die Signoria weigert sich aber, ihm das Durchzugsrecht zu gewähren. Machiavelli hat diesen feierlichen Bescheid dem Papst und Cesare zu eröffnen. Niccolò kennt die Antipathie des Papstes gegen seinen Helfer, gegen den Fürsten. Und deshalb fürchtet er, Julius würde gerne Cesare weit weg von Rom wissen, eine andere Stadt mit diesem gefährlichen Mann belasten wollen; hat doch der Vatikan in diesem Sinn nach Florenz geschrieben!

Der Pontifex empfängt Niccolò, hört gut gelaunt die Gründe der Signoria an und schweigt. Niccolò redet weiter, und der Papst bleibt weiter stumm. Machiavelli blickt erstaunt um sich und wird von der unwahrscheinlichen Empfindung gelähmt, ein Selbstgespräch zu führen. Eine solche Stummheit ist ihm noch nie begegnet. Er schaut Julius fragend in die Augen, und der Pontifex nickt unvermutet beifällig mit dem Kopf. Dann entlässt er ihn aufs allerfreundlichste. „Die Kopfbewegung des Papstes", berichtet er ganz aufgeregt der Signoria, „war für mich das Zeichen, dass Julius einverstanden ist." Der Papst sucht jemanden, der, durch Versprechungen nicht gebunden, Cesare den Eselstritt geben kann.

Eilenden Schrittes geht Niccolò von den Appartements Julius' zu Cesare, der in einem Nebengelass des Vatikans wohnt. Machiavelli weiss es, der Fürst ist ein ohnmächtiger Mann. Ob dieser Machtlose gleich ermordet wird oder weiterlebt, ist gleichgültig. Er gleitet täglich, allen sichtbar, seinem Ende entgegen. Nur der Zug in die Romagna, der Zug zu den Festungen, hätte Cesare neue Möglichkeiten des Aufstieges gelassen. Dieser Weg ist durch die Signoria versperrt. Der kleine Schreiber der zweiten Kanzlei hat das Urteil gegen sein Idol des Vorjahres, gegen den Erwürger seiner Heimat, in der Hand. Cesare glaubt sich unentbehrlich im Kampf gegen Venedig und empfängt Niccolò mit einladender Miene. Gleich eröffnet ihm der Florentiner den Beschluss der Signoria. Der Fürst springt von seinem Stuhl auf und schreit Niccolò alle Drohungen, die ihm durch den Kopf jagen, ins Gesicht. Er wird sich mit dem Teufel selbst verbinden, nach Pisa eilen, allen Gegnern der Signoria den sichersten Weg zum Sieg zeigen, er wird sich den Venezianern für ein Linsengericht verkaufen. Er redet durcheinander, hört auf, zu fluchen, und versucht, zu überzeugen. Er spricht lange, und sein Bemühen, den Stolz nicht zu verlieren, ist nur noch schwach. Niccolò versucht, ihn zu beruhigen. Ein Gefühl, aus Mitleid und Peinlichkeit geboren, lässt ihm diese letzte Stunde bei Cesare unerträglich erscheinen. Endlich erspäht er den geeigneten Augenblick, um sich in anständiger Weise zu entfernen.

Die gegenwärtige Lage Cesares vernichtet im Bewusstsein Machiavellis nicht die Vergangenheit. Er weiss, wie der Fürst war: Ein Nüchterner im Übermass des Glücks, ein Entzifferer der geheimnisvollen, stummen Momente der Macht, ein Lehrer der Virtù. Dieses Bild behält er im Herzen, dieses Monument wird er für alle Zukunft enthüllen.

Cesare ist der Gefangene Julius' geworden und entflieht nach Neapel [1]).
Aus Florenz erhält Niccolò begeisterte Tränen der Dankbarkeit für den Papst. Machiavellis Berichte, die nichts von dieser Freude enthalten, enttäuschen. „Man macht sich über Euch", schreibt ihm Buonaccorsi, „lustig, dass Ihr Euch gar nicht von Cesare abbringen lasst, und manche glauben, dass Ihr von ihm noch ein Trinkgeld haben wollt."
Solange die Florentiner Angst vor Cesare hatten, durfte Niccolò der Signoria die Früchte der Erfahrung, die objektiven Momente des Fürsten ausführlich beschreiben. Jetzt will niemand mehr die Panik des vergangenen Jahres wahr haben. Die Moral des Florentiner Apothekers feiert ihre Revanche, und Niccolò schreibt, um nicht ganz sein Ansehn daheim zu verlieren, ebenso beflissen wie holprig gegen den Fürsten, meint, der Allmächtige lasse Cesare für seine Ungeheuerlichkeiten büssen, nennt ihn einen Räuber der Kirche.
Alle Umstände vereinen sich, um Niccolòs römische Tage zu erschweren.
Buonaccorsi wiederholt immer eindringlicher, dass dieses Mal nicht nur die Bürokollegen intrigieren, auch gewichtige Herren aus dem Rat der Zehn lassen böse Worte fallen. Machiavelli fürchtet für seine Stellung. Und gerade jetzt darf er sie nicht verlieren, denn Marietta hat ihm einen Knaben geboren. Sie schreibt ihm zärtlich über den Jungen, der als einziges Erbgut das Lächeln des Vaters, seine „Augen schwarz wie Sammet" hat. Der Sohn erhöht nicht nur seine Armut,

---

[1]) Cesare wurde von den Spaniern, die ihm freies Geleit geschworen hatten, verhaftet und nach Spanien in ein Gefängnis überführt. Er entflieht aus dem Kerker und stirbt in seinem 32. Lebensjahr als tapferer Soldat während eines Scharmützels im Dienste des Königs von Navarra.

sondern auch seine Unstetigkeit in der Fremde. Je enger Niccolòs Sorgen werden, umsomehr beneidet er die Prälaten, Ambassadeurs und Condottieri, mit denen er zusammen kommen muss. Er möchte auf gleichem Fuss wie sie leben. Da er es nicht kann, da sein Vermögen und sein Gehalt nicht ausreichen, kommt er sich als geprellter Bettler vor.
Ganz monoton ist der Schrei seiner Not. Er hat vierzig Jahre lang dieselben Bettelbriefe geschrieben.
Machiavelli kann in Rom seine Herberge nicht bezahlen und addiert der Signoria sein Elend vor: „33 Dukaten habe ich bei meiner Abreise bekommen. Die Postspesen haben 13 ausgemacht. Für 18 habe ich einen Maulesel gekauft, für 39 einen Anzug. Das macht 70. Der Aufenthalt in der Herberge mit 2 Dienern und einem Maulesel kostet 10 Carlinen täglich." Der Retter Buonaccorsi belagert die Kasse der zweiten Kanzlei wegen der Spesen seines Freundes. „Niccolò, ich habe", schreibt er ihm, „Geld für Euch bekommen. Die andern sollen sich am Arsch kratzen." So regelmässig aber, wie Machiavelli Geld braucht, fahren die Kuriere nicht ab. Buonaccorsi findet in aller Eile dennoch einen Boten. „Morgen", schreibt er, „wird Dir Michelangelo, der Bildhauer, Geld bringen." Das Pech will aber nicht weichen, und das Geld erreicht ihn nicht. „Ein Diener Michelangelos hat mir das Geld zurückgebracht, weil der Bildhauer von unterwegs zurückgekehrt ist."
Machiavelli lebt in seiner Osteria ganz zurückgezogen; drohend erheben sich vor ihm die Tage. „Wenn ich", schreibt er, „länger da bleibe, habe ich Angst, in einem Sarg zurückgetragen werden zu müssen."
Die reine Erkenntnis spannte ihn für kurze Stunden an, und dann gehörte der Rest des langen Tages der Klage. Er hält nach der Arbeit die Feder weiter in der Hand und kritzelt Bitternis und Verzweiflung; sendet an

Bekannte lächerliche Zoten, skabröse, sinnlose Geschichten. „Euere Briefe", antwortet ihm ein Freund, „haben allen hier sehr viel Spass gemacht, und bei den Witzworten und Scherzen haben sich alle vor Lachen geschüttelt." Dann aber verstummt er. Tagelang liest er im Plutarch, beantwortet keine Frage, erwidert nicht einmal Grüsse, sendet nur seine Berichte der Signoria. Selbst sein Freund Blasius ist endlich über das beharrliche Schweigen beleidigt. „Niccolò", schreibt er, „Ihr denkt an mich wohl nur, wenn Ihr auf der Latrine sitzt."

Die Berichte über Borgia, über Julius, die Erkenntnis über die Geschicke der Macht, entstehen inmitten einer verzweifelten, zerrissenen Stimmung. Niccolòs Denken wird aber durch die Verstrickungen seines demütigen, armseligen Seins nicht verwischt, weil der Mensch „einer Münze gleicht, auf der das Bild Gottes eingeprägt steht".

Die Fahrt nach Hause, die er endlich antreten darf, erscheint ihm als Befreiung.

Zugleich mit seiner Rückkehr aus Rom trifft auch die Kunde neuer Gefahren in Florenz ein: Die Franzosen haben in Neapel vor den Spaniern unter Gonzalo de Cordoba kapituliert. Vor vier Jahren schon hatte Machiavelli dem Minister Ludwigs dieses Ringen mit Spanien vorhergesagt. Um momentaner Vorteile willen hatte Ludwig Italiens Tore für Ferdinand geöffnet. Um den Konflikt zu vermeiden, hatte Frankreich seinem Gegner weite Möglichkeiten der Entfaltung geboten. Ludwig wird nun den Kampf unter weit schwierigeren Bedingungen ausfechten müssen. Auseinandersetzungen, die an der Kreuzung der politischen Willenslinie liegen, lassen sich nicht vermeiden, „sondern nur", schreibt Machiavelli, „zum eigenen Nachteile verschieben."

Jetzt hängt Florenz' Schicksal vom Waffenstillstand

ab, über den die Franzosen mit den Spaniern in Lyon verhandeln. Niccolò wird nach Frankreich gesandt, um dem Vertreter der Signoria, der sich am Hofe Ludwigs befindet, die Einzelheiten der neuen Gefahren zu schildern. Bei seiner Ankunft in Lyon ist der Vorfriede zwischen Frankreich und Spanien schon unterzeichnet. Machiavelli bringt die Nachricht nach Florenz, dass die Republik als Verbündete Ludwigs im Waffenstillstand mit eingeschlossen ist.

DER RUF NACH EIGENEN WAFFEN.

IN Süditalien, auf den Feldern, wo einst Hannibal bei Cannae gesiegt hatte, entlang den Sümpfen und Niederungen des Gariglian, hoch oben an den Kämmen und Pässen der Abruzzen und auf den baumlosen Ebenen von Apulien hatten die Ritter, Landsknechte und Söldner aus Andalusien und Kastilien, aus der Romagna und aus dem Appenzell, aus Schwaben, aus der Gascogne und aus der Provence, die unter französischen oder spanischen Fahnen fochten, binnen einem Jahrzehnt die kriegerische Welt verjüngt.

Alte Arten des Gefechts, taktische Formen, die der Vergangenheit angehörten, verbanden sich mit den neuen Methoden, um eine unerwartete Fülle unendlicher Kombinationen, überraschender Möglichkeiten des Angriffs und der Verteidigung zu gebären.

Als ob die Troubadourphantasie auf diesen wasserarmen Ebenen Kalabriens, wo die verdursteten Streiter am Morgen den Tau von den Gräsern leckten, zur Wirklichkeit würde, ficht hier die schönste Ritterschaft Frankreichs. Da kämpft La Palice, den Freund und Feind nur den Sperber der Schlacht nennen, da kämpft der alte Montoison, nur im Frieden gebrechlich, im Feld aber ein Jüngling, von Streitwillen erregt, da kämpft Frontaille, der, wenn es der Schlacht gilt, in drei Tagen hundert Lieues macht. Allen voran glänzt der kühne Bayard, dessen Leben spiegelrein ist, der nur Furchtlosigkeit und Milde kennt. Vor den Stellungen der Armeen knien die französischen Ritter nieder, verrichten das Gebet, küssen die Erde, besteigen das Ross, um sich im Wettstreit der Turniere mit den spanischen

Granden zu messen. Auch in grossen Treffen fühlen die Herzen der Ritter das Gelände der Gefahr und sind zur Stelle. Denn sie alle leben noch in dem arglosen Traum, jede Schlacht allein entscheiden zu können. Diese noble, schwer bewaffnete Garde mit ihrem weit sichtbaren vergoldeten Harnisch und farbigen Federbusch, die sich auf eigene Faust ausrüstet, die auf eigene Faust, ohne eigentlichen Zusammenhang mit anderen Waffengattungen, ohne die Nachhilfe des Massendrucks attackiert, blüht noch einmal auf, bevor aus ihrem Tode ein neuer Anfang wird: Der der modernen Kavallerie! Neben diesen Vornehmen, die Ludwig von Frankreich nicht um des Lohnes willen, sondern aus Ehre und aus Lust dienen, hat der König in seinem Sold die Schweizer Gevierthaufen nach Italien hinabsteigen lassen. Mit ihrer kurzen Front und breiten Tiefe bilden sie einen harten, dicht gedrängten Kraftstrom, bereit, alles zu durchstossen. Unwiderstehlich ist die Wucht dieses Schlachtkörpers, gebildet aus unter sich demokratischen Knechten, Bauern und Lümmeln mit dem Selbstbewusstsein der Freiheit. Jeder einzelne unter ihnen brennt darauf, die Sach' mit Leib und Leben auszufechten, den Sturmsold in Ehren zu verdienen, keinen Pardon zu geben. Diese Fusskrieger komplimentieren ihren Feind nicht wie die Ritter. Sie nennen die Spanier Galgenmörder, die Deutschen Schmöker und die Italiener Knabenschänder. Sie selbst aber werden nur Kuhgeier geheissen. Die Schweizer brennen auf unmittelbare Waffenentscheidung; oft zwingen sie ihre Kapitäne, das Zeichen zum Sturm zu geben; denn sie wollen nach Hause, damit die Ernte im Appenzellschen, Zürichschen, St. Gallschen und Bernschen nicht auf dem Feld verdorre. Die Schweizer sind eine Masse, sie sind keine Einzelwesen. Sie operieren hier in Kalabrien als Lehrer der Ordnung in Reih und Glied, als Vorläufer der neuen

kollektiven Fechtart des XVI, Jahrhunderts. Sie sind das allgemeine Beginnen, das von Treffen zu Treffen sich vermehrende Mittel der Schlachtführung enthält.
Aus tausendjähriger Vergessenheit haben diese Schweizer Söldner, die über jede unzureichende Gefechtsanstrengung höhnen, das Fussvolk zum Schlachtenlicht erhoben und die Waffe gebildet, die der nüchterne, kriegerische Charakter der Epoche brauchte: D i e e u r o p ä i s c h e I n f a n t e r i e !
Vor den Schweizern und deren unmittelbaren Schülern, den Gascognern, vor der leichten und der schweren Reiterei, die Frankreichs Heer bilden, sind die Spanier in verzweifeltem Nachteil.
Der spanische General Gonzalo de Cordoba hatte unter seiner Führung einige tausend Andalusier und Kastilier: einen Haufen von zumeist gepressten Bauern, vermischt mit wildem Vorstadtgesindel. Das unbekannte Gesetz des Zufalls hatte diese Leute bewaffnet. Die einen gebrauchten Armbrüste, die anderen Bogen, die dritten verrostete Piken. Was sie in den ältesten Rüstungskammern ihrer Heimat fanden, trugen sie bunt durcheinander in den Händen. Kein Gesetz und keine Regel bestimmte das Verhältnis ihrer Waffen untereinander. Aber selbst diese Kampfmittel wussten sie nicht zu brauchen; am allerwenigsten vermochten sie in Reih und Glied zu fechten. Schlecht und unregelmässig besoldet, schlecht beschuht, schlecht gekleidet, boten sie, bar jedes militärischen Ansehens, das klassische Bild verachteter Fussoldaten. Sie alle wären wieder nach Hause gelaufen, wenn das Meer sie nicht von der Heimat getrennt hätte. Jeder unter ihnen wäre desertiert, wenn die Bevölkerung nicht jeden Marodeur erschlagen hätte. Jeder wäre zum Feind übergelaufen, wenn der Feind ein solch zerlumptes, demoralisiertes Volk gebraucht hätte. Wie die Aussätzigen gemieden, hielten sie wie

die Aussätzigen zusammen und erfanden als erste das System der Einquartierung ohne Bezahlung. Beutelustig, zu Raub und Rebellion geneigt, plünderten sie nicht nur die Bevölkerung aus, sondern auch ihre eigenen Offiziere.

Diese Soldaten warteten den gewaltigen Anprall geordneter Schweizer und Gascogner Formationen gar nicht ab. Schon beim Anblick feindlicher Lanzen liefen sie wie behext davon.

Aber da, wo sie nicht entweichen konnten, gebot ihnen der Selbsterhaltungstrieb eine neue eigene Defensive. Diese Defensive, geboren aus dem kriegerischen Unvermögen der Spanier, war auch die grosse taktische und strategische Idee, die Gonzalo aus der eindringlichen Wirklichkeit heraus buchstabierte. Aus der Not, aus dem Terrain Kalabriens, aus der Armut des spanischen Königs, der keine ausgebildeten Söldner mieten konnte, entstand die neue Fechtart. Hinter Wall und Graben, hinter einem Bachlauf und einer primitiven Verschanzung, hinter natürlichen Höhen, hinter einer Anzahl Karren, hinter einem Wassergraben, hinter einem Hohlweg wird jeder Terraineinschnitt von den Spaniern ausgenützt.

Das Fronthindernis gegen die Stürmer ist geboren. Die Offensive hat die Defensive erzeugt.

Die angreifenden Gevierthaufen zerstäuben an dem Fronthindernis. Ihre Ordnung hebt sich auf. Die kurze Front der breiten Schweizer Tiefe, die kurze Front dieses taktischen Körpers, der wie eine eiserne flüssige Woge des Schicksals alles Feindliche vernichtete, hat plötzlich die Gewalt verloren. Die bewaffnete Hand des wütenden Pikeniers fühlt nicht mehr den lebendigen Leib des Feindes, sondern ein totes unbekanntes Hindernis, das jeder menschlichen Anstrengung spottet: Den Wall und den Graben.

Und wenn die Schweizer dieses gegen die Gewalt ihres Angriffs erfundene Fronthindernis überwinden, so ist ihre Kraft dennoch dahin. Denn sie ergiessen sich nicht mehr als ganzer tosender Strom, sie vermögen in dem für sie günstigsten Falle das Hindernis in kleinen ordnungslosen Haufen zu überrennen. Das Prinzip der Einheit, der Druck der 20, 30, 70 oder 100 Mann tiefen Reihen auf die erste Reihe ist aufgehoben. Die ersten Spiesse des Gevierthaufens werden nicht mehr von den nachfolgenden nach vorwärts getrieben. „Der Nachdruck", wie die Appenzeller nach Hause klagen, „ist dahin".

Hinter dem Fronthindernis stehen Kanonen und Handfeuerwaffen. Endlich haben sie ihren Platz gefunden, nachdem sie ein Jahrhundert lang mehr gelärmt als getötet haben. Sie sind defensiv und offensiv zugleich. Defensiv, indem sie das Fronthindernis mit bilden, offensiv, indem sie Feuer spucken. Die Kanonen stopfen die Lücken des Fronthindernisses. Zwischen Karren feuern Feldschlangen, hinter Verschanzungen werden Batterien placiert. Sie vermögen aus vereinzelten natürlichen Hindernissen eine Einheit zu formen und Terraineinschnitte auf einige hundert Meilen zu Festungen zu kombinieren.

Dem Soldaten mit Handfeuerwaffe nützt das Fronthindernis nicht weniger als dem Kanonier. Der Schütze hat seine Deckung, denn die Treffsicherheit ist gering, das Laden eine gefährliche, langwierige, komplizierte Prozedur. Wall und Graben ermöglichen aber dem Mann der vorderen Linie, der abgeschossen hat, seinen Platz dem hinteren Schützen zu geben.

Das Fronthindernis verbündet alle Fernwaffen: das schwere Geschütz und die Feldschlange, die leichte Arkebuse und die schwere Muskete. Das Feuergefecht gewinnt zum ersten Male Ordnung und Stetigkeit. Das

Pulver ist für die Schlacht erst jetzt erfunden. Hier in Unteritalien bestimmt es zum ersten Male in der Kriegsgeschichte den Charakter der Gefechte.
In kleinen Treffen, in denen Gonzalos Fussvolk den Mut erlernte, entstanden der Kern und die Tradition der spanischen Brigaden: der Siegeskohorte zweier Jahrhunderte, der werdenden Armee des werdenden Imperiums!
Unzählige unerwartete Momente mussten sich verbinden, damit die staunende Welt sähe, dass man aus jedem gesunden Mann einen Infanteristen machen kann. Dieses Duell der spanischen Anfänger mit den verwöhntesten Stürmern und Drängern der Epoche bildete eine ereignisschwangere Erfahrung: der taktische Rahmen der Schweizer einmal geschaffen, macht sie ersetzbar. Es gibt Volk genug in aller Welt, das man zum Massendruck für das Schlachtfeld organisieren kann, und das gewöhnliche Volk ist billiger als diese durch ihr Renommé übermütigen Schweizer. Und in der Defensive taugen bald die Neulinge mehr als die Lehrer. Die Schweizer kennen nicht die Verteidigung, bedienen schlecht die Kanonen, sind ungelenk mit der Muskete, ihr Prinzip, ihr Dasein ist der Angriff. Gonzalo, der die neuen Möglichkeiten und Kräfte des Krieges verwirklichte — die taktische Einheit der Schweizer mit der Defensive verband — lehrte seine Leute nicht nur das Fechten, sondern im Lauf der Kämpfe auch den Gehorsam. Aber nicht durch Befehle und Gesetze. Wie er die Verteidigung aus dem zerklüfteten Terrain entwickelte, so die Disziplin aus dem wilden Triebleben seiner Gesellen. Er liess ihnen die Beute; denn der Soldat dieser Zeit betrachtete das durch Schweiss und Blut Geraubte als heiligstes Eigentum. Gonzalo gelang es aber, im Wunschbild seiner Leute Raub und Ehre zu verbinden. Er sagte ihnen, nur der gemeinsam erfochtene Sieg

könne jedem Einzelnen Überfluss verschaffen. Und er hielt, pünktlicher Wort, als die anderen Generäle es für nötig hielten. Seinen eigenen Palast in Neapel überliess er freiwillig den Spaniern zur Plünderung. Seit diesem Tage der Grandezza hiess Gonzalo unter seinen Soldaten nur noch der gran capitano.

Gonzalo kann nach einer zehnjährigen Erziehungsarbeit endlich die Schlacht wagen, die die stets zum Angriff geneigten Franzosen unter ihrem Feldherrn Nemours suchten. Unweit Canossa, bei Cerignola, fand er ein ideales Gelände. Cerignola liegt auf einem Hügel rings von Weinbergen umgeben. Um die Weinpflanzung zieht sich ein kleiner Graben. In aller Eile, denn Nemours näherte sich in Gewaltmärschen, liess er seine 7000 Soldaten diesen natürlichen Graben tiefer schanzen, erweitern, erhöhen und seine 13 Kanonen aufstellen. Es war schon spät am Nachmittag, die Spanier vom Schanzen ermüdet, in der glühenden Aprilhitze dem Verdursten nahe, als die an Zahl gleich starken Franzosen den Angriff begannen. „Die schönste Truppe Europas", meint Gonzalo, „reitet jetzt die Attacke gegen unser Zentrum." Eine Pulverexplosion im Lager der Angegriffenen hatte den Franzosen die spanische Stellung ganz umnebelt. Die Reiter sahen sich nicht vor Menschen, sondern vor aufgeworfener, mit Haken und eisernen Spitzen befestigter Erde. Sie stockten. Die Kanonade der Spanier verwirrte sie vollends. Nach zehn Minuten gab Nemours das Zeichen, eine andere Angriffsstelle zu erkunden. Durch seinen Abmarsch bot er die Flanke seiner Reiter den spanischen Arkebusieren, die von ihren Wällen herunter bequem und sicher ihre Ladung abschossen. Das Feuer einer Muskete hatte Nemours getötet. Jetzt begann der Sturm der Schweizer. Er war nicht glücklicher, nur blutiger als der der Reiter. Der Kommandant der

Unbekannter Meister:
Franz I.

Schweizer Truppen fiel. Die Panik jagte die Angreifer zurück. Jetzt erst gab Gonzalo das Zeichen zum Angriff. Von mehreren Seiten gleichzeitig ergossen sich die Spanier von den Höhen ihrer Wälle herab.
Eine Stunde nur hatte diese Schlacht gedauert und doch war sie auf Italiens Boden die blutigste seit Jahrhunderten gewesen: Die Franzosen liessen über 4000 Mann, mehr als die Hälfte ihrer Soldaten, tot zurück. Die Spanier hatten kaum 100 Leute zu beklagen.
Cerignola wird der goldene Tag Gonzalos und die unvergessliche Nachmittagsstunde der Taktik, die Freund und Feind den Spaten und den Graben aufzwingt. „Die Kriege", schreibt Gonzalos Zeitgenosse Jovius, „sind nicht im geringsten mehr durch feurigen Mut zu entscheiden, sondern durch kluges Standhalten und durch die ausgebildete Kunst der militärischen Methode." Das Fronthindernis kann nicht mehr das Geheimnis der Spanier bleiben, und keine Armee erlebte jemals mehr eine ähnliche Überraschung wie die der Franzosen bei Cerignola. „Seit der grossen Wirkung des kümmerlichen Grabens von Cerignola", schreibt Gonzalos General Fabricius Colonna, „schenken die Feldherrn der Lagerbefestigung die eindringlichste Sorgfalt."
Alle Armeen verschanzen sich von diesem Tage an auf ähnliche Weise.
Soll der Krieg in einer ewigen Defensive alles Handeln hinter Palisaden einengen, soll er nur noch eine gedeckte Bewegung im Morast der Gräben sein? Sollen sich die gegnerischen Lager Jahrzehnte lang beobachten, und soll der Platz zwischen diesen Festungen der endlich gefundene Garten des ewigen Friedens sein? Soll der Krieg an seiner eigenen taktischen Ausweglosigkeit, an seiner mangelnden Strategie in sich selbst zerfallen, sich selbst unmöglich machen? Ist dem Kriegsgott

gerade während der Geburt Frankreichs und Spaniens als Weltmächten der Atem der Kühnheit ausgegangen? Nein! Denn der Elan der Schlacht, der den Tod und das Leben zu einer übermenschlichen Einheit verbindet, ist ewig, und in den sich ändernden Waffen, die die Individuen dieses Elans in Händen haben, in der wechselnden Art, wie sie angreifen und wie sie sich verteidigen, steckt die ganze praktische Vernunft der Erdensöhne! Einmal das Fronthindernis als Axiom anerkannt, hemmt es nicht die Schlacht, sondern schafft erst den drei neuen Elementen des Krieges — der Masse, dem Feuer, der Disziplin — die Voraussetzung ihrer Dreieinigkeit, die Möglichkeit ihrer Wirkung. Nach Cerignola stellt das Fronthindernis in allen Schlachten des Jahrhunderts, bei Ravenna, Novarra, La Motte, bei Marignano, bei Bicocca und bei Pavia, das neue taktische Problem: Wie mache ich den Feind hinter seinem Wall und seinem Graben mürbe? Wie locke ich ihn heraus? Wie zwinge ich ihn zur Schlacht? Kann ich ihn, wenn alle andern Mittel versagen, umgehen, damit er sein Feldlager verlässt? Der Feind muss gezwungen werden: entweder zum Angriff oder zum Rückzug! Bei Ravenna lassen die Franzosen ihre Artillerie gegen das Fronthindernis der Spanier mit einer bis dahin unbekannten Gewalt feuern. Sie versuchen, durch ihre Geschütze den Feind aus seiner gesicherten Stellung zum Angriff zu reizen. Bei Novarra umgehen die Spanier, durch ein kleines Gehölz gedeckt, das französische Lager und vermeiden dadurch das Geschützfeuer. Sie werfen dann die ganze Stosskraft ihrer Infanterie gegen die überraschten französischen Söldner. Bei Bicocca erwarten die Spanier gar nicht den Anlauf der Schweizer, sondern in dem Moment, wo die Attacke ihrer Gegner beginnt, marschieren sie ihnen aus ihrem Hohlweg entgegen.

Trotz allen Mitteln der Verteidigung, die zu ausserordentlicher Feinheit gesteigert werden, bleibt der grosse kategorische Moment der des Angriffs. Es ist der Sprung in die Entscheidung! Die Genien aller kriegerischen Mittel verbinden sich und gebieten dem Feldherrn die Defensive-Offensive aus der befestigten Stellung. In diesem höchsten Akt der Schlacht müssen sich alle Spannungen der Kräfte, alles vorsichtige Zurückhalten, alle Mässigung in Verzweiflung nach vorwärts ergiessen. Die blutige Entladung der Krisis tobt trotz allen Schleichwegen und Fronthindernissen.
So war die Schlacht in der Wirklichkeit, so massen sich Europas feindliche Kräfte hinter dem Wall und hinter dem Graben.
Die neue Fechtweise entsteht aber immer unabhängig vom Willen der Sachverständigen, der Gelehrten und Feldherren. Die Menschen, die stets das, was sie am meisten bewegt, am wenigsten verstehen, ändern während der Schlacht notgedrungen ihre überkommene Fechtart, ohne die prinzipielle Abwandlung des Krieges zu bemerken. Der Selbsterhaltungstrieb gebiert die Wunder der Überraschung, wie bei den Gepressten und Freiwilligen Gonzalos und wie drei Jahrhunderte später bei den Tirailleurs der französischen Revolution. Die Beine der Soldaten entwickeln oft mehr Genie, passen sich der Wirklichkeit oft schneller an als die Vorstellungen der Feldherren.
Das reine Denken über die Schlacht haftet immer an grossen überlieferten Vorbildern und ist deshalb stets nach rückwärts gerichtet, stets konservativ.
Selbst die Erkenntnis des vorurteilslosesten Denkers seiner Zeit, Machiavellis, wurde in Kriegssachen durch Theorien, durch das antike Beispiel der römisch-republikanischen Kriegsgrösse gestört.
Machiavelli steht ganz gespannt vor dem Urphänomen

der Schlacht und will dem Kriegsgott in die Augen schauen. Die siegreiche Walstatt ist ihm die höchste Schöpfung der Herrschaftstugend. Die Virtù wandert im Lauf der Jahrtausende von Schlachtfeld zu Schlachtfeld, von Assyrien nach Medien, nach Persien, nach Mazedonien, nach Rom. Die Virtù beseelt die Tapfersten, die Klügsten, die Schlausten und lässt sie inmitten aller Gefahren, aller körperlichen Anstrengungen, aller Ungewissheit und alles Zufalls siegen. Alle Tugenden, nicht nur die kriegerische, bestimmen nach Machiavelli den Ausgang der Schlacht. Denn der Krieg ist das Leben der Macht. Er ist kein Zufall, keine Entgleisung, kein akkreditierter Wahnsinn, er ist das unentbehrliche Instrument der allbestimmenden Intelligenz — der politischen! Deshalb wurzeln für Machiavelli die Siege und die Niederlagen im ganzen inneren Gefüge des Landes und der daraus folgenden Zusammenfügung des Heeres. Aus der Verfassung des Landes ergibt sich die innere Verfassung der Armee: Ob sie aus Söldern, aus Miliz-Soldaten, aus Berufskriegern, aus Einheimischen oder Fremden, aus Freiwilligen oder Gepressten, aus Bürgern oder Bauernsöhnen, aus Patriziern oder Plebejern, aus Rittern oder Vorstadtpöbel, aus Arbeitslosen oder Handwerkern besteht. Wer organisiert die Truppe, wie beschwören die Soldaten ihren Gehorsam, wie funktioniert der Bauch, dieses Ungeheuer der Armee? Das sind weitere Fragen, die sich aus der Struktur des Landes ergeben. Selbst der Genius des grössten Feldherrn wurzelt in der Seele und dem Mechanismus der Armeeverfassung. Will er Gewaltiges vollbringen, dann muss er, wenn das Getriebe des Heeres verrostet ist, erst durch eine innere politische Revolution das Land erneuern. Machiavelli war der erste und einzige Denker seiner Zeit, der im Leben der Armee während des Friedens und während des

Krieges eine mikroskopische Wiedergabe aller individuellen und kollektiven Machtmomente der Gesellschaft sah. Wie die einzelnen Fähnlein ihre Aufstellung nehmen, wie die Avant-Garde, die Bataille und die Arriere-Garde sich bewegen, wie das Verhältnis der Musketen zu den Arkebusen, das der langen zu den kurzen Waffen ist, welche Stärke und Zusammensetzung die Regimenter und Bataillone haben — das alles ist ihm nicht nur die Anatomie der Armee, sondern zeugt auch für den Grad der Leistungsfähigkeit, für die Virtù im allgemeinen. Weil Niccolò die Macht neu begriff, sie von jeder Befangenheit, von allem Konventionellen löste und in der Armee nur die Spitze der politischen Pyramide sah, deshalb meinte er, aus den Einzelerscheinungen des Heeres und der Schlacht zu einer allgemeinen Erfahrungslehre des Krieges gelangen zu können. Machiavelli wollte auf Grund der Erfassung des militärischen Details die Regeln und Methoden des Sieges entwerfen. „Denn jede Wissenschaft", schreibt er, „hat ihre allgemeinen Grundzüge, auf denen sie hauptsächlich aufgebaut ist."
Der Blick für die gewaltigen Schlachten seiner Gegenwart wurde ihm durch Dogmatik und durch den Enthusiasmus für die Legionen römischer Welteroberer gestört. Würde, meint er, ein Land Roms Armeeverfassung und Fechtweise nachahmen, dann besässe es den Schlüssel zum Siege in der imperatorischen Faust. Alles, was die römischen Legionen taten, war gut; alles was sie unterliessen, sollten die Modernen auch meiden; und die römische Virtù, die römische Welteroberung, kannte kein Pulver. Deshalb empfiehlt Machiavelli, es auch nicht zu gebrauchen. Wenn er Schützen und Kanoniere dennoch zulässt, so nur, um nicht als unmodern zu gelten, um den Schein zu wahren, um wilden Völkerschaften oder dummen

Bauern durch „das ungewohnte, höllische Geräusch" Angst einzujagen.
In seiner Skepsis, in seiner Verdammung des Pulvers und des Bleis trifft er sich nicht nur mit den Humanisten, die seit Petrarca, seit der ersten Kanone, jedem feuernden Rohr einen Fluch zu Ehren des ewigen Friedens nachsandten. Auch viele unter den ersten Kriegsmännern der Zeit standen in Opposition gegen die Feuerwaffe, die sie selbst gebrauchten. „Es ist eine Schande", sagt der edle Bayard, „dass die Arkebuse in der Hand jedes Lümmels ein ritterliches Herz hinterlistig und ohne Zweikampf zum Schweigen bringen kann. Müssen da nicht Tapferkeit und Kühnheit vor der Feigheit untergehen?" „Aus Deutschland kommen", schreibt der Marschall Tavanes, „mechante Erfindungen: Das Schiesspulver und das Luthertum." Der berühmte Befehlshaber der Franzosen in Italien, Tirvulzio, erklärt, das Geschütz sei von minimaler Bedeutung.
Der Widerwille gegen das Pulver war gerade bei den Soldaten gross, die den Sieg dank ihren kühnen Angriffen erträumten. Die Kanone aber, die durch das Fronthindernis die Schlacht kompliziert, sie auf eine höhere taktische Basis gestellt hatte, vermochte in der offenen Feldschlacht so gut wie nichts auszurichten. Die Arkebuse und die Muskete gar störten die Ordnung der offenen Feldschlacht. Wenn die Feuerschützen ihre erste Salve abgeschossen hatten, rannten sie nach rückwärts hinter den sicheren Schutz der Lanzenträger. Um nur einen einzigen Mann tödlich zu treffen, verbrauchte man in einer Schlacht durchschnittlich 40 Kugeln.

Diese Feuerrohre, gut für die Defensive, für das Fronthindernis, störten Machiavelli, der die Idealschlacht auf glattem Terrain ersehnte. „Die Römer", schreibt er, „suchten fast immer offene Schlachtfelder und mieden

solche mit Hindernissen." Machiavelli stellt seine Truppen auf glatte Flächen, als ob sie Zinnsoldaten auf einem Brett wären. Die heroische Überlieferung hat nun ein freies Feld für jede nur mögliche Wirkung. Als General würde Niccolò die Artillerie auch dann nicht mitnehmen, wenn der Feind damit aufmarschiert käme. „Ich bediene mich", schreibt er, „des einzigen Mittels, das feindliche Geschütz unnütz zu machen. Ich gehe darauf los." Er lässt es auf Anfangsverluste ankommen, um das Ganze zu gewinnen. Er gewinnt den einzigen Erfolg, auf den es im Kriege ankommt, nämlich den Enderfolg durch den Nahkampf. Ist ihm das Idealheer auf diesem Idealschlachtfeld „einmal zum Handgemenge gekommen, so ist es", schreibt er, „klarer als der Tag, dass weder schweres noch leichtes Geschütz schaden kann .... Mit welcher Tapferkeit, Derbheit und Ruhe töten die Truppen die Gegner. Seht Ihr nicht, wie gedrängt die Scharen im Kampfe sind, sodass sie kaum das Schwert gebrauchen können?"
Machiavelli vermag dennoch nicht die Wirklichkeit aus seinem Kriegsbild ganz zu verbannen. Schüchtern nimmt er sie zur Kenntnis. „Wenn Du", schreibt er, „wenige oder schlecht disziplinierte Truppen hast, dann musst Du Stellen aufsuchen, die Dich schützen." Kommentarlos, als ob er es vor sich selbst verschweigen wollte, stellt er fest: „Gonzalo hat sich immer hinter Verschanzungen gehalten und sich nie im freien Felde präsentiert." Das Fronthindernis, das seine Idealschlacht ebenso hemmt, wie es die reale Schlacht auflodern lässt, ist ihm der Sieg kriegerischer Unfähigkeit und Entartung.
Von dieser schiefen Höhe des antiken Beispiels blickt er auf das Schlachtgetümmel seiner Epoche herab wie der zürnende Mars auf Deserteure.
Der schimpfliche Bankrott Florenz', Mailands, Neapels

und Roms vor der Invasion; die Schlacht bei Fornovo, wo die italienischen Fusstruppen beim Anblick der Schweizer Gevierthaufen in Panik zerstoben, von dem homerischen Gelächter der Appenzeller wie vom Kanonendonner verfolgt; der Zug Karls VIII., der die italienischen Staaten zerschmetterte, der Ludwigs XII., der sie plünderte, der Ferdinands von Spanien, der sie bezwang, und der der Schweizer, der sie schändete, erfüllten Niccolò mit Verachtung für das Militärwesen der Halbinsel.

An den paraphierten Vorfrieden von Lyon, der jetzt die Teilung der Halbinsel zum ersten Mal verkündete, Neapel den Spaniern, die Lombardei den Franzosen überliess und alle anderen Gebiete vom Belieben der ausländischen Mächte abhängig machte, glaubte Machiavelli keinen Augenblick. Nach diesen zehn Kriegsjahren, die das italienische Staatensystem gesprengt, seine Wandlung zur Einheit unterbrochen hatten und den Jammer hässlicher Sorgen von den Alpen bis nach Sizilien klagen liessen, wurde der Friede die grosse Sehnsucht der Geschlagenen. „Alle", schreibt Niccolò, „schreien nach Frieden, aber dieser Friede wird dennoch keiner sein." Am Schlusse seiner Schilderung des ersten Dezenniums der Invasion ruft Machiavelli: „Florentiner, öffnet weit den Tempel des Mars!"

Der Vorfriede zwischen Spanien und Frankreich ist nur ein leichter, schwankender Steg über den Tiefen der europäischen Konflikte, die den Boden Italiens spalten. In der Lombardei haben die Franzosen nur schwache kampfbereite Kräfte. Aus dem Süden, aus Neapel, suchen die Reste der Armee Ludwigs den Weg in die Heimat. Vergebens flehen sie entlang der Küste die Kapitäne der Galeerenschiffe um Überfahrt an. Verzweifelt schwimmen sie den Booten nach und werden mit den Rudern in die Tiefe gehauen. Der König hat auf Neapel verzichtet und will nichts mehr von seinen Besiegten wissen: Keinen Sou, kein Brot und kein Wort hat er für seine Tapferen übrig. Aus dem Heer der Lilie werden heulende Scharen verhungernder Vagabunden. Vertrieben, bedroht, verhöhnt, suchen sie Nahrung in den Düngerhaufen der Städte. Zu hunderten verröcheln sie entlang den Landstrassen. „In Rom", schreibt ein Chronist, „gehen sie in die Häuser hinein, und man kann sie nicht hinaustreiben. Prügelt man sie auch mit dem Stock, sie wollen doch nicht von der Stelle weichen; sie sagen: Tötet uns."

Den Spaniern hingegen, geordnet, von der Brise des Sieges ermuntert, stehen alle Wege, die nach Norden, nach der Lombardei führen, weit offen. Italien lacht ihnen entgegen. Nur die gesamte europäische Lage, die Thronzwistigkeiten in Spanien, die Gefahren aus Deutschland, die Bedrohung der Pyrenäen durch Ludwig, halten Gonzalo von einem Bruch des Friedens zurück. Täglich aber muss er mit der Versuchung kämpfen. Sein Ohr wird besonders gegen Florenz belagert. Warum, befragen ihn alle Nachbarn Toskanas, soll gerade diese Republik, die treuste Verbündete Ludwigs, nach Frankreichs Niederlage unangetastet bleiben?

Und Florenz stellt sich selbst Fallen. Die Republik, eingeschlossen im Vorfrieden von Lyon, hat sich das Recht erkauft, den Feldzug gegen Pisa weiter führen zu dürfen. Gonzalo kann deshalb in Toskana, ohne den Friedensvertrag offiziell zu verletzen, diese schlecht verteidigte Bastion Frankreichs treffen. Eine Fülle von Möglichkeiten eröffnet sich Gonzalo: Das Krähwinkeltum beleidigter Städte, die beschäftigungslosen oder unbefriedigten Condottieri, der kleine Ehrgeiz souveräner Gebiete, alle diese Momente vermag er zum geheimen Kleinkrieg zu kombinieren. Niemand kann nachweisen, wer Banden führt, wer sie mit Geld und Waffen unterstützt, wer Galeeren mit Lebensmitteln und Pulver an die Küsten Pisas gelangen lässt. Umkreist von einem dunklen Wald der Feindschaft und Intrigue, kämpft das waffenlose Florenz gegen Pisa weiter. Die Republik hat aus der Eroberung der feindlichen Nachbarin eine Existenzfrage gemacht und versucht mit allen unzulänglichen Mitteln, dieses Ziel zu erreichen.

Der alte Plan Lionardo da Vincis, den Arnofluss von Pisa abzuleiten, wird mit verzweifelter Beharrlichkeit weitergeführt. So meint die Signoria, den Angriff durch Pionierarbeit ersetzen und die tapfere Gegnerin erdrosseln zu können. Machiavelli ist einer der eifrigsten Befürworter des Projektes. Durch einen grossen Damm soll der Fluss gestaut werden und sein Wasser sich in zwei tiefe Kanäle ergiessen, die von Pisa weg in die trockenen Sümpfe und zum Meere zu fliessen hätten. Ingenieure kalkulieren, man brauche 2000 Arbeiter und 30 bis 40 Tagewerke, um dieses Werk zu vollenden. Wassermeister aus Ferrara, Zimmermeister aus ganz Italien schaufeln Tage und Nächte entlang dem Arno. Der Fluss aber staut sich nicht in den Kanälen, nur das Geld der Republik versiegt im Sand und im Morast.

Dieser zugleich grandiose und ohnmächtige Versuch wird nach einigen Wochen eingestellt, um einer neuen Idee der Verzweiflung Platz zu machen. In bestimmten Verwaltungsbezirken zwingt die Signoria die Bauern, sich zu stellen. Die Ackersleute bringen ihre Sensen, Spaten, Hacken, Schaufeln, Beile und Hämmer mit und werden in aller Eile als „Verwüstungskompagnien" organisiert. Kommandanten führen sie zum Krieg ins Pisanische gegen Obstbäume, Hühner und Ernten.

Die Pisaner aber widerstehen nicht nur aller Verwüstung und aller Not, sondern greifen sogar an. Vor ihren Mauern schlagen sie eine kleine Reiterabteilung der Florentiner in die Flucht. Dieser Zwischenfall lässt ganz

Toskana erzittern. Jetzt glaubt die Republik, den heulenden Wind höllischer Gefahren zu hören. Augenblicklich verzichtet Florenz auf die Mittel langsamer Erdrosselung, um den unmittelbaren militärischen Angriff zu beginnen. Die Signoria verordnet ihrem Condottiere, dem Stern unter den Reitern Italiens, Gian-Paolo Baglione, dem Herrn Perugias, mit seiner ganzen Macht den Krieg gegen Pisa zu beginnen. Baglioni aber beantwortet die dringenden Befehle erst nicht, dann zweideutig, um endlich zu erklären, er könne Perugia nicht verlassen.

Machiavelli wird in aller Eile zu Baglioni gesandt. Er hat den Auftrag, zu erfahren, ob Gian-Paolo nur einen höheren Sold erpressen will oder ob er sich den Feinden Toskanas schon verkauft hat.

Trotz seiner Geschmeidigkeit spricht Niccolò rauh und eindeutig zu Gian-Paolo. Er fragt ihn kurz, ob er den Vertrag nicht einhalten will, ob ihm der Sold nicht hoch genug sei. „Nein", antwortet Baglioni, „ich brauche kein Geld. Die Sorgen um meine Gebiete und Kastelle machen es mir aber jetzt unmöglich, Perugia zu verlassen. Ich zeigte das Abkommen mit der Signoria den berühmtesten Rechtsdoktoren der Universität. Die haben mir alle erklärt, dass ich angesichts meiner eigenen Not nicht mehr rechtlich verpflichtet sei, Euch den Krieg zu führen. Als Zeichen meiner Treue bin ich aber bereit, Euch meinen Sohn als Condottiere zu senden, und als Beweis der Freundschaft verpflichte ich mich, der Signoria im nächsten Jahre 50 Reiter soldlos zu überlassen. Machiavelli, glaube es mir, ich handle aus Not! Ich habe alles gut überdacht, mehr als sechs Mal das Zeichen des Kreuzes gemacht und Gott angefleht, mir den richtigen Weg zu weisen."

„Eure Exzellenz", antwortet Niccolò, „werden juristisch durch die Professoren der Universität Perugia freigesprochen werden, wie es ja auch im vorigen Jahr geschah, als es galt, Frankreich den Vertrag einzuhalten. Eure Exzellenz kommen in die menschlich begreifliche, aber dennoch unangenehme Lage, sich jedes Mal aufs neue rechtfertigen zu müssen. Ob ein Fürst sein beschworenes Wort hält oder nicht, ist eine Sache der Ehre, des guten Glaubens, der Reputation. Sie entzieht sich deshalb ganz und gar der Beurteilung durch Juristen."

„Ich traf ihn", schliesst Niccolò seinen Bericht, „rechts und links und sagte ihm vieles. Er wechselte oft die Gesichtsfarbe, blieb aber bei seiner Weigerung."

Machiavelli musste noch die wahren Gründe dieses Vertragsbruches erfahren. Zwei Männer aus dem Gefolge Gian-Paolos, die im Dienste der Florentiner stehen, berichten sie ihm: „Seit Tagen ist Baglioni wortkarg, niemand hat ihn mehr lachen gesehn. Jeden Morgen sitzt er blass, übernächtig, wie von schweren Sorgen gepeinigt, auf einer steinernen Bank im Schlossgarten. Wir gingen dieser Melancholie auf die Spur. Wir entdeckten, dass in den späten Abendstunden, wenn hinter allen Fenstern Perugias die Lichter gelöscht werden, ein Zimmer des Regierungspalastes erleuchtet bleibt. Bald sahen wir, dass dort nächtlich maskierte Männer empfangen werden. Wir erfuhren alle Einzelheiten. Es sind hohe Boten aus Lucca, Siena, aus Rom und Neapel. Sie sagen Baglioni, seine grosse Stunde sei gekommen. Wenn er jetzt den Florentinern den Vertrag nicht einhalte, dann bleibe diese reiche Republik so gut wie waffenlos. Und sie beraten fleissig in allen Einzelheiten den Angriff. Der Arm dieser Verschwörung ist der Condottiere in Gonzalos Dienst, d'Alviano, der Kopf aber, in dem der Plan geboren wurde, heisst Pandolfo Petrucci, Sienas Gebieter."

Die Signoria befiehlt Machiavelli, zur Quelle des Verrats nach Siena zu reiten.

Pandolfo Petrucci empfängt ihn mit offenen Armen und mit vielen Flüchen auf den Lippen gegen d'Alviano. „Machiavelli", versichert er, „ich habe Dich erwartet. Florenz und Siena haben nur einen Feind, d'Alviano. Dieser heftige, rücksichtslose Mann führt eine Armee, ist stets unter Waffen und hat keinen Staat zu verlieren. Seine Fahne verspricht Plünderung und zieht alle Briganten und Räuber, von denen Italien überschwemmt ist, an. Deshalb bin ich bereit, mit Euch einen fünfjährigen Condottavertrag abzuschliessen. Es ist aber dennoch ganz unzweckmässig, dass ich selbst gegen d'Alviano offen auftrete. Dadurch würde ich mich nur Gefahren aussetzen, die Euch auch treffen könnten. Auch kann ich Florenz besser dienen, wenn ich die Signoria über alles unterrichte und im geheimen d'Alviano seine Verbündeten entziehe. Voraussetzung meiner Arbeit in Euerem Dienst ist aber das Schweigen."

Machiavelli will andeuten, dass er diese Masken und Lügen durchschaut, und antwortet: „Ich bitte Eure Exzellenz, mich aufzuklären. Bald heisst es, d'Alviano kämpft mit spanischen Truppen und Geldern, bald, Gonzalo will von diesem Condottiere nichts wissen und gebietet ihm Einhalt, bald, d'Alviano sei ein grosser Feldherr, bald, er sei ein Narr, bald, er stehe im Einvernehmen mit dem Papste, bald, der Papst sei gegen ihn. Bald soll er einig mit Eurer Exzellenz sein, bald plündern seine Soldaten die Sieneser. Ich fürchte, durch alle diese Intriguen, ehe ich nach Hause kehre, verrückt zu werden. Können Eure Exzellenz mich von meiner Bangigkeit nicht befreien?"

„Machiavelli, ich will Dir erzählen, was mir, als ich mich in einer Dir ähnlichen Lage befand, der König von Neapel sagen liess: Binde Dich nicht. Richte Dich jeden Tag von neuem ein. Wechsle die Beschlüsse von

Stunde zu Stunde. Denn diese Zeiten sind zu verwirrt und zu gewaltig für unser Gehirn."

Mit diesen Sentenzen konnte Machiavelli nichts anfangen. Er vermochte seine Aufgabe nicht zu Ende zu führen: zu erfahren, ob d'Alviano auf eigene Faust, im Einverständnis mit Gonzalo oder in dessen direktem Auftrag handeln werde. Die genaue Beantwortung dieser Fragen hätte eindeutig die Richtung der Gefahr gezeigt. Und dieses Erraten, um das sich Niccolò tagelang mit aller List bei allen Freunden, Spionen und bei Petrucci bemüht, wird ihm plötzlich von Petrucci selbst gelöst. Unaufgefordert ruft ihn der Herr Sienas und zeigt ihm einen Brief Gonzalos, der die Kopie des Befehls an d'Alviano enthält, sich ruhig zu verhalten und Toskana nicht anzugreifen.

„Was meinen Eure Exzellenz", fragt ungläubig und zweideutig Machiavelli, „wird d'Alviano auf seine Pläne gegen Florenz verzichten."

„Machiavelli", antwortet der philosophische Herr Sienas, „die Vernunft verlangt, dass d'Alviano Gonzalo gehorcht und sich still verhält. Aber die Menschen folgen nicht immer der Vernunft und werden oft von Verzweiflung getrieben. Von vier Leuten, die aus Verzweiflung handeln, gehen drei zugrunde. Es ist aber für alle gut, dass keiner, von Verzweiflung getrieben, sich in Taten stürzt. Denn diese Tollheiten setzen Dinge in Bewegung, aus denen tausend andere folgen, und die Wechselfälle sind mannigfaltig, sie können dann Unbeteiligte wie Entfernte treffen. Deshalb sollte sich Florenz vor d'Alviano doch sehr in acht nehmen."

Pandolfo Petrucci meint durch Orakelsprüche sein Doppelspiel — zu gleicher Zeit Florenz durch d'Alviano anzugreifen und durch Machiavelli zu beschirmen — verbergen zu können. Niccolò kennt ihn aber jetzt genau und weiss, wenn auch nicht alles, so doch genug. Er

fährt nach Florenz zurück, und statt sich vom Herrn Sienas in einer letzten Audienz zu verabschieden, lässt er ihm sagen: „Manchen, den ich im Sommer lachen sah, sah ich im Winter bitterlich weinen."
Diese Condottieri sind jetzt selbst für die auswärtigen Beherrscher Italiens, von denen sie vor der Invasion in den Himmel gehoben wurden, überflüssig. Deshalb entlassen die Spanier d'Alviano aus ihrem Dienst. Gonzalo teilt nicht seine Ungeduld gegen Florenz, Gonzalo hat Zeit und lebt nicht wie ein Condottiere ohne Staat von der Hand in den Mund. Der spanische Feldherr meint auch, d'Alviano würde durch den selbständig geführten Krieg gegen Toskana, durch die Errettung Pisas, in Versuchung geraten, diese Stadt für sich zu behalten.
D'Alviano betritt auf eigene Faust an der Spitze seiner Schar Toskana. In einem florentinischen Grenzstädtchen erwartet er seine Verbündeten: die Truppen Baglionis und Petruccis. Diese Alliierten aber warten ihrerseits auf die ersten Siege des Eindringlings. So ist d'Alviano, mit vielen Geheimverträgen in der Tasche, vor kurzem noch von aller Welt ermuntert, auf die eigenen 1500 Reiter angewiesen und isoliert. Er glaubt sich verraten und antwortet durch Verrat. Er versucht, sich den Florentinern zu vermieten, um gegen Baglioni und Petrucci ins Feld zu ziehen. Die Florentiner trauen ihm nicht und weisen sein Anerbieten ab. Die Signoria, die nichts mehr als den Waffenlärm der offenen Entscheidung fürchtet, glaubt aber, sich einem unmittelbaren Kampf entziehen zu können. Sie weiss, d'Alviano hat allen Grund, möglichst unauffällig, möglichst in aller Eile Pisa zu erreichen. Ohne mit ihm einen Vertrag abzuschliessen, ebnet sie ihm den Weg zum Entsatz der Festung, die seit einem Jahrzehnt die Kräfte Toskanas aufsaugt! Die Signoria gebietet dem Kommandanten ihrer Truppen, dem Bologneser Condottiere Herkules

Bentivoglio, und ihrem politischen Kriegskommissar, Antonio Giaccomini, die Augen zu schliessen, d'Alviano nicht zu sehen. „Denn", heisst es in ihrem Befehl, „wenn dieser Räuber zu den Pisanern geht, dann gibt es immer noch tausend Rettungsmöglichkeiten für uns, wenn wir aber vorher eine Schlacht gegen ihn verlieren oder nicht ganz und gar gewinnen und unsere Armee aufopfern, dann sind wir verloren."

Der Kommissar Giaccomini ist über die ihm anbefohlene Ohnmacht entrüstet und handelt gegen den Auftrag. Er kennt alle Wege, die d'Alviano passieren will, und stellt sich ihm mit weit überlegener Macht entgegen. Aus einem Wald greift er unvermutet an und vernichtet den Feind vollständig. 1000 Reiter und die ganze Bagage der Besiegten bilden seine Beute. Verwundet entkommt d'Alviano mit nur 20 Reitern in das benachbarte sienesische Gebiet.

Die gewonnene Schlacht überraschte diese an Ängste und Kompromisse gewöhnte Republik. Der Sieg veränderte für Wochen die Gefühle der Stadt, die sonst sprachlos, kalt, jede kriegerische Anstrengung verschmähte. Selbst die Nüchternen macht Giaccomini trunken. Die Bürger löschen aus dem Gedächtnis die eigene Schwäche und verlangen den höchsten entscheidenden Einsatz gegen Pisa. In Antonio Giaccomini feiern sie zum ersten Mal in ihrem Leben einen Florentiner, der das Schwert zu führen versteht. Der populäre Held verspricht ihnen den endlichen Triumph über das zähe Pisa. Der Grosse Rat, durch die feierliche Stimmung getrieben, bewilligt ausserordentliche Steuern und Kredite für die Armee.

Einige Marschstunden von Pisa entfernt errichten die Florentiner ein grosses Lager. Der Verbindungsmann zwischen dem Befehlshaber Bentivoglio und dem Kriegskommissar Giaccomini einerseits und der Signoria

Pinturicchio (1454–1513):
Papst Alexander VI. (Borgia)

andererseits ist Machiavelli. Mehrmals in der Woche wird er ins Lager geschickt, er sorgt für das regelmässige und schnelle Eintreffen der Munition, der Gelder und der Verpflegung, er berichtet über die Stimmung. Er ermuntert die Kommandanten. Florenz wirbt Soldaten in Bologna, in der Romagna, in Rom. Die zweite Kanzlei versucht, für fünf Wochen Bauern auszuheben. Die „Verwüstungskompagnien" werden in aller Eile zu Fusstruppen einexerziert. Was an militärischer Tüchtigkeit in diesem Lager fehlt, soll das Geld ersetzen. Es ist ein Jahrmarkt für Beschäftigungslose. Jeder wird angenommen: Kleine Trupps ausgedienter Söldner von nah und fern, ungedrillte Landleute aus der Umgebung und bessere Florentiner Bürger, die hier als Offiziere das Kriegshandwerk erst in aller Eile erlernen müssen.

Gegen August 1505 sind an die 8000 Mann und 20 Kanonen im Lager. Der Sturm gegen Pisa wird für den 7. September beschlossen. In der Morgendämmerung rückt die Artillerie bis einige Meter vor die Festungswälle. In drei Stunden schlagen die Kanonen eine Bresche von 140 Ellen ein. „Hinter dieser Bresche", schreibt Guicciardini, „haben die Pisaner schon während der Beschiessung einen Wall und einen Graben geschaufelt, woran von den Frauen mit nicht weniger Mut als von den Männern gearbeitet worden ist."

Drei Florentiner Regimenter, in Schlachtordnung aufgestellt, warten, um nach dem Verstummen des Feuers durch die Bresche in die Stadt einzudringen. Das erste Regiment „Fussvolk" an der Spitze, 1000 Mann stark, hört den Trommelwirbel und die Kommandorufe zum Sturm. Die Reihen der Florentiner bleiben aber starr. Kein Mann bewegt sich. Der Blitz aus einer unbekannten, unerklärlichen Wolke der Feigheit hat sie getroffen. Die Kommandanten Giaccomini und Bentivoglio an der Spitze wollen ihren Ohren und ihren Augen nicht trauen. Sie schreien sich die Hälse wund. Sie zappeln wie verrückt auf ihren Pferden. Sie drohen und weinen. Giaccomini rafft sich empor, redet mit tausend Zungen von Ehre, Sturmsold, Schmach, Strafe und Sieg. Das Regiment „Fussvolk" steht immer noch da wie am Rande eines bodenlosen Abgrundes und schaut erschrocken, neugierig in die Weite; es will nicht, es kann nicht. Eher würden sich diese Leute in Stücke hauen lassen, als anzugreifen. Das 2. und das 3. Regiment ahmen dem ersten nach. Stumm, geschlossen kehren sie ins Lager zurück. Die ganze Armee geht ohne einen Mann Verlust in ihre Quartiere.

In diesem mangelnden Willen zur blutigen Walstatt, in dem Guicciardini „die Schande vor ganz Europa" sah, erkannte Machiavelli mehr: Den Verfall nicht nur der Soldaten, sondern aller Menschen der Gebiete, die einst durch die römische Virtù geschirmt wurden.

Seitdem kein römischer Schlachtwille mehr die Besiegten tötet, sie nicht mehr zur Sklaverei verurteilt, sie nicht mehr in alle Welt vertreibt, seitdem die eroberten Städte nicht mehr vernichtet werden, verheeren — meint Machiavelli — Wellen der Feigheit Italien. Der Krieg kennt keine Energie, keine Grausamkeit, keine Entscheidung mehr. „Er wird ohne Furcht angefangen, ohne Gefahr geführt, ohne Schaden beendet." „Solche Memmen sind die Soldaten und so grosse Unordnung herrscht in den Armeen", schreibt er, „dass ein Pferd, das den Kopf oder die Kruppe wendet, über Sieg oder Niederlage entscheidet." In einer Schlacht ist wohl ein Reiter umgekommen, aber er ist nicht gefallen, sondern im Sumpfe erstickt. Diese Condottieri betrachten den Krieg als Spiel, als eine gut bezahlte Beschäftigung ohne Risiko. Feinde gibt es nur insofern, als der Soldatenberuf eines Partners bedarf. Auf keinen Fall wird aber der Besiegte getötet. Er ist ein Kollege, mit dem man gemeinsam den nächsten Krieg in die Länge ziehen wird. Soldat wird nur der, der dem Elternhaus entlaufen ist, der in allen Bordellen und Wirtshäusern wegen Zechprellerei blau geprügelt wurde. Das Gesindel der Fähnlein wälzt sich in allen Lastern. Jedes einzelne Regiment ist eine Verbrecherkolonie um ihre Standarte. Die Führer dieser Condotta sind nicht besser als ihre Leute. Sie sind keine Fürsten, sondern bramarbasierende Abenteurer: Offiziere, die glauben, es reiche für einen Feldherrn, „bei schriftlichen Unterhandlungen eine spitze Antwort auszusinnen, einen Betrug einzufädeln, sich mit Edelsteinen und Gold zu schmücken, mit grösserem Glanz als die anderen zu leben, in Wollust zu schwelgen und die eigenen Worte für Orakelsprüche zu halten."

Der Mangel an kriegerischem Geiste spricht nicht nur aus diesen Condottieri, die wie Riesen fressen, wie Raben stehlen, die die Schatzkammern ausplündern und die nicht imstande sind, ihnen anvertraute Gebiete zu verteidigen. Ganz Italien hat eine Verschwörung geschlossen, um die Ruhe des plattesten Daseins nicht zu stören. Die Krankheit der Schwäche kennt wie der Tod keine Unterschiede. Sie hat Soldaten und Zivilisten, Fürsten und Völker gleichmässig ergriffen. Die Herrscher sind feige vor den Beherrschten und die Beherrschten feige vor dem Herrscher. So wie die Schlacht kein Wagen, keine Überraschung, keinen Elan, keinen Heroismus mehr kennt, so auch nicht das politische und persönliche Leben. So wie während des Krieges nichts mehr entschieden wird, so wird im allgemeinen nichts entschieden, sondern betrogen, gestohlen, verhandelt, versprochen. Es gibt kein hartes Ja, kein hartes Nein mehr, weil alle Schwerter verrostet sind. Die Macht ist ausgeschaltet, und der Pazifismus, der die Herzen und die Gehirne ergriffen hat, ist verheerender, als es je

der Krieg sein könnte. „Der Himmel", klagt Machiavelli, „ist unkriegerisch und die Erde weibisch geworden." Inmitten dieser Jahrzehnte, in denen Europas Wetteifer bis dahin unvorstellbar grosse Massen zur Schlacht trieb, in denen die Gewalt, die Erpressung, der Raub, die Brutalität, der Bärenmut, die Ruchlosigkeit bunt und glorios in allen Verzweigungen des Lebens glänzen, seufzt Machiavelli, seine Zeit gefriere unter dem Druck der Ruhe.
Eine wunderliche Mischung von Wahrem, Falschem und masslos Übertriebenem, von Genialität und Dilettantismus, von Träumen über die Vergangenheit, Blindheit für wichtige Momente der Gegenwart und Ahnungen über kommende Jahrhunderte formten sich in Machiavellis Gehirn zu einem militärischen Ganzen. Die Bedeutung seiner kriegerischen Stimme wurzelt aber gerade in dieser Mischung. Letzte Ursache kommender Dinge bilden die inneren Gewichte Machiavellis. Dieser magere, gehetzte, friedliche Bürochef erhebt seinen Geist aus der italienischen Katastrophe einer Weltwende: Der des Mittelalters zur Neuzeit.
Machiavellis leidenschaftliche, fiebernde Anklage der militärischen Zustände ist die Kritik des militärischen Mittelalters, in dem Italien stehen geblieben war. Die Halbinsel befand sich, verglichen mit dem übrigen Westeuropa, auf einer primitiven Stufe der Fechtart. Im Wettstreit der Reiterangriffe — der Condottieri — und nicht in der Infanterie hatten für gewöhnlich die italienischen Staaten untereinander ihre Zwiste ausgefochten. In der Art, in der sie es bis jetzt gewohnt waren, versuchten sie, auch den europäischen Heeren entgegenzutreten. Sie vermochten deshalb keinen Widerstand zu leisten. Diese Heere mussten vor der erst geborenen, geordneten Brutalität der militärischen Neuzeit versagen. Auch wenn in Italien in tausenden kleinen

Fehden, im Gegensatz zu der Behauptung Machiavellis, Blut genug floss, so hatten die gesteigerten Formen des städtischen Lebens den kriegerischen Geist, die elementare Kraft zum grossen gemeinsamen staatlichen Morden vernichtet. Und jede Gesellschaft, die den Willen zum herzhaftem Töten verliert, muss, abgesehen von jeder richtigen oder falschen Politik, zugrunde gehen. Die höheren Produktionsformen, der höhere Wirtschaftsverkehr, die höhere Kunst, Philosophie und Poesie, wenn sie die barbarischen Tugenden aufheben, statt sie zu entflammen, heben die Basis jeder territorialen Gemeinschaft auf.

Er kritisierte aber den mangelnden Kriegswillen und die daraus folgende Fechtart und Heeresverfassung nicht auf Grund der neuen militärischen Taktik, die das Ausland zeigte, sondern vom Standpunkt seines starren römischen Ideals. Deshalb konnte er in den neuen kriegerischen Erscheinungen nur da die Wirklichkeit herauslesen, wo er sie durch Parallelen mit der antiken Fechtart bestätigt sah: Er betont die Bedeutung der Infanterie und wird ihr begeisterter Prophet! Tausendfach verkündet er, dass sie die Hauptwaffe werden wird, alle anderen dagegen zurücktreten, und dass in ihrem Sieg oder in ihrer Niederlage allein die Entscheidung liegt. Er will seine Schlachten nicht nur ohne Artillerie, sondern auch ohne Reiter schlagen. Mit gleicher Eindringlichkeit erhebt er seine Stimme gegen das Söldnertum und für eine nationale Miliz nach römischem Muster: Für die Fusstruppen der Bürgerwehr! Zum Zwecke seiner These gegen die Reiter, gegen die Söldner, erdichtet, karikiert Niccolò Schlachten. Er gibt falsche Berichte über die militärischen Verhältnisse Europas, idealisiert die Schweizer Gevierthaufen; teilt nach Gutdünken die Völker in bewaffnete und unbewaffnete ein — je nachdem sie sich seinem Ideal nähern. Für besondere Kriegsangaben entfaltet er eine Unzuverlässigkeit ohnegleichen. Vor allem verleumdet er immer wieder die Condottieri. Er erlebt gerade ihre tiefste Stufe, er sieht, wie sie „weder Ruhm im Krieg, noch Ruhe im Frieden finden" können. Niccolò vergisst deshalb ihre Vergangenheit der Grösse, die einen Sforza, einen Visconti, einen Este, einen Medici jahrhundertelang währende Herrschaftshäuser begründen liess; er vergisst, dass noch vor zwei Generationen italienische Reitergenerale, italienische Schützen zu den gefeiertsten Europas gehörten. Für die beängstigenden Staats- und Machtverhältnisse der Halbinsel machte er die Condottieri verantwortlich. In Wahrheit waren sie selbst nur Opfer, sie waren vom Gang der militärischen Dinge aus dem Dasein vertrieben und fanden deshalb nur noch in blutigen Verrätereien ihren Platz.

Machiavellis militärische Karikaturen und Unwahrheiten sind nur die üblichen der Propheten, die seit Jeremias die hohen Wogen der Übertreibung nicht verschmähen; sie sind jedoch der Rahmen zum wirklichen Bild, zur objektiven Tatsache: Kein italienischer Staat war vom militärischen Geist beseelt, alle italienischen Staaten hatten eine unbrauchbare Fechtart und eine unbrauchbare Militärverfassung!

Gegen die Condottieri empfand er nicht die Aufgabe des Historikers, sondern die des Politikers. Unter der Gewalt ihres Verfalls und nicht nur durch das Beispiel römischer Geschichte allein erwacht in seiner Seele die Sehnsucht nach ungemieteten staatlichen Waffen. Sein allgemeines theoretisches Verlangen nach einer autochthonen toskanischen Armee gewinnt um so konkretere Formen, je genauer er die Baglioni, die Petruccis, die d'Alvianos kennen lernt. Gegen diese Söldner komprimiert sich in ihm der Wille, der dann die neue Kraft und die Geduld seines Lebens bildet. Er atmet hier den Hass ein, den er in einer bald beginnenden 10 jährigen Büroarbeit für die Miliz und gegen die Condotta brauchen wird. In den wilden Kämpfen der Condottieri sieht er nichts als einen Wirtshausstreit, ausgetragen in der goldenen Rüstung Sankt Michaels. Diesen Condottieri ist jede Feindschaft, die nicht im Persönlichen wurzelt, die sich über das Individuelle hinaus erhebt, unfassbar. Der Beamte Niccolò versteht nicht diese Unordnung der Gefühle, die ohne Berechnung, ohne Statistik, ohne Pult und ohne Büro Treue hält und Treue bricht, Feinde verschont und Freunde ausplündert. Er sieht die Strategie und die Politik einer charakterlosen Willkür ausgeliefert. Die Kriegs- und Staatsführung fängt bei ihm erst nach der Überwindung dieser Condottieri an.

Der ewige Strom der Gewalt, der die Menschen hart macht, ihre Muskeln stärkt, der die Gewöhnlichen zwingt, Pyramiden zu bauen, der Kontinente erobert und aus Ungläubigen Gläubige macht, hat sich differenziert und offenbart sich jetzt in einem neuen Bewusstsein. Die Gewalt hat sich verändert, ist zu einer neuen Dignität gelangt und heisst M a c h t! Niccolò, der Lehrer der neuen Macht, verabscheut die Jünger der alten Gewalt, die in keinem S t a a t wurzeln. Sein Bewusstsein und sein Bild der Stärke und nicht das der Söldner wird immer mehr alle neuen werdenden Militärverbände beleben und zur Schlacht führen. Der unabhängige Soldatenstand, diese kraftstrotzende Explosion, dieser Terror der Glücklichen, diese Grösse allein genossener Gefahr, dieses kühne Töten und Getötetwerden aus reiner Willkür, dem Niccolò begegnet, stirbt ab, und Florenz ist dazu verurteilt, die Kosten dieses Todes zu tragen.

Gegen dieses Opfer, das Toskana jeden Tag mit einem Stück seines Daseins bezahlt, erhebt sich Niccolò.

Er wird von einem praktischen, beamteten, partikularistischen und von einem werdenden nationalen Gefühl getrieben.

Sein Gemüt und seine durch die florentinischen und italienischen Niederlagen verletzte Würde retteten sich in das Bild des antiken Krieges. Während eines Menschenalters formten in ihm die römische Schlacht der Vergangenheit und die Fülle der Katastrophen der Gegenwart das nationale Bewusstsein. Der seelische Prozess, der sonst bei einer ganzen Nation vor sich geht, ereignete sich hier in einem Individuum, in Machiavelli. Denn jedes bedeutende Ereignis geschieht erst, bevor es zum Tummelplatz der Gewöhnlichen wird, beim Einzelnen. Jedes Gefühl, das einst in den Niederungen der Gemeinschaft jedem eine Portion reglementierter Plattheit gibt, belebt erst die eisig einsamen Höhen des Individuums. Das sind die geheimen, lebendigen, ganz zarten Fasern, die Gegenwart mit ferner Vergangenheit verbinden: Vorwegnahme kommender Gefühlswelten, Aufgabe der Propheten!

Machiavelli glaubte, aus Florenz durch die Renaissance der römischen Miliz den Angelpunkt der Halbinsel machen zu können. Er, der immer wieder das Dämmerlicht des Ideals verspottet und als erster die Politik vom Gewicht des Seinsollenden befreite, hätte ohne diesen Roman seines Herzens auch nicht die Kraft gehabt, Jahrhunderten den Ruf nach eigenen Waffen zu hinterlassen.

MACHIAVELLI IM FELDE.

DIE Idee, Toskanas Einwohner zu den Waffen zu rufen, war nicht im Kopfe Machiavellis geboren. Sie war eine alte Forderung extremer Populanen, ein beharrliches Verlangen der Anhänger Savonarolas. In den revolutionären, antimediceischen Tagen hatten sich alle Zünfte bewaffnet, um den Vertriebenen die Heimat zu versperren. Ausser dieser städtischen Wehr, die, im Aufruhr geboren, nicht viel länger als der Aufruhr selbst lebte, bestand in der grauen Theorie eine Landsturmpflicht. Im XIII. Jahrhundert gab es in den ländlichen Bezirken eine nach Pfarreien gegliederte Miliz. Die Aushebung der Männer aus den bäuerlichen Distrikten — der Verwüster und der Fussoldaten — die, durch Gewalt gepresst, durch Versprechungen oder durch Geld gelockt, ins Pisanische geführt wurden, geschah auf Grund dieser alten Gesetze, die man Generationen lang unausgeführt und unerwähnt gelassen hatte.
Selbst die Feigheit und Unzuverlässigkeit dieser gelegentlich Ausgehobenen konnte nichts gegen die Idee der Miliz ausrichten. Mit den Condottieri und ihren Söldnern hatte die Republik nicht bessere, sondern nur längere und kostspieligere Erfahrungen gesammelt. Die öffentliche Meinung neigte zur allgemeinen Bewaffnung, wenn auch jede Schicht innerhalb des politischen Publikums sich von der Wehrpflicht ausgeschlossen wissen wollte. Trotz der Strömung, die sehr nüchtern eine neue Armee als ein notwendiges Übel begrüsst hätte, schien der Lauf militärischer Dinge unverändert zu bleiben. Es fehlten der Republik die Organe für eine Reform an Haupt und Gliedern. Seit der Vertreibung der Medi-

ceer, seit über einem Jahrzehnt , wurden die Leiter der Behörden jeden dritten, sechsten oder achten Monat gewechselt. Das Gesetz diktierte eine beständige Unbeständigkeit. Die Demokratie meinte, ihr Personal rastlos wechseln zu müssen. Nur so glaubte sie, die Freiheit unangetastet zu erhalten. Die Häupter der Prioren, der Parte Guelfa, des Magistrates, der Zehn des Krieges, der Acht der Wache, der Sechs des Handelsgerichtes kamen in ihr Amt, um, kaum mit den Geschäften vertraut, dem Nachfolger Platz zu machen. Die 3000 Vollbürger der Stadt waren in der Theorie befähigt und erzogen, jedes Amt zu bekleiden. Die Unstabilität wurde mehr als naturgegebene Norm denn als Schaden empfunden. Inmitten dieser Wechsel hatte keiner unter den Regierenden den Ehrgeiz, Reformen auf lange Sicht zu beginnen. Vor vier Jahren — durch die Gefahren, mit denen Cesare Borgia die Republik zu zerreissen drohte, getrieben — hatten die Florentiner einen festen Punkt in ihrer Verfassung zu bilden versucht: Piero Soderini wurde vom Grossen Rat zum Gonfaloniere auf Lebenszeit ernannt. Die Populanen, die eine Partei, in die man zumeist hineingeboren wurde, bildeten, gaben sich ein Parteioberhaupt. Das Gesetz, welches Soderini bestätigte, bestand aus lauter Vorsichtsmassnahmen gegen den Erkorenen, als ob es gelte, die Dauer im Amt vor den 3000 Vollbürgern zu entschuldigen.
Piero Soderini war der Sohn einer reichen, wegen ihrer demokratischen Neigungen bekannten Familie. Seit Generationen erlernten die Soderini die populane Politik bei ihren Vätern. Andere Sprossen begüterter Häuser — besonders die der oppositionellen Optimaten — blieben oft ihre Steuer nur aus dem Grunde schuldig, um das Recht und die Pflicht zu verlieren, ein öffentliches Amt zu bekleiden, und sich nicht unnützen Gefahren, Mühen und Kosten zu unterziehen. Anders bei

den Soderini. Von fünf Brüdern dienten zwei als Diplomaten, der dritte thronte als Kardinal in Rom, und Piero hatte die Würde eines Präsidenten der Republik. Die gesetzlichen Bestimmungen, die Soderini die Alleinherrschaft unmöglich machen sollten und ihn auf Beschluss der vereinigten politischen Körperschaften absetzen konnten, waren unnötig. Denn zwischen ihm und der Diktatur erhob sich sein eigener Charakter. Er war ein leidenschaftsloser Mensch, der die Verlockungen ehrgeiziger Pläne nicht kannte.

Das zufriedene, joviale, zur Repräsentation bereite Lächeln stempelte ihn zum Optimisten. Stets war er überzeugt, schreibt ein Gegner, durch die „Gunst der Zeit alle Schwierigkeiten überwinden zu können". Soderini hatte die Geduld zu seinem ersten Regierungsgrundsatz proklamiert. Ständig präsidierte er dem Grossen Rat und verhandelte zwischen den vielen Behörden der Republik, die die verschiedensten Tendenzen zeigten. Er hat 12 Jahre lang mehr verhandelt als regiert, für dasselbe Gesetz oft zehn und zwanzig Mal vor allen Instanzen gesprochen, jedes Detail mit ungezählten Männern beraten, sich in Einzelheiten verloren und dabei immer seine Geduldmaxime im Herzen getragen.

Soderini regierte ausschliesslich mit dem Grossen Rat der 3000 Florentiner Bürger — dem juste milieu. Getreu dem Willen der republikanischen Körperschaften, deren Repräsentant er war, deren Geist er ganz teilte und liebte, hat er die Opposition der reichen Optimaten, der Anhänger der Medici, bekämpft und sich ihrem politischen und gesellschaftlichen Einfluss widersetzt. Er hat, schreibt der skeptische Aristokrat Guicciardini, „die Männer von Qualität unterdrückt, Ämter und Ehren reichlich und oft an Leute niederer Herkunft verteilt. Resultat ist, dass ein grosser Teil kluger Männer den öffentlichen Sorgen entfremdet ist". Nichts lag aber

Soderini ferner, als die Opposition der Optimaten zu hassen. Verbannungs- oder Todesurteile zu unterschreiben, schien ihm eine Sünde gegen die Ruhe der Republik. Er neigte dazu, jede Opposition durch Wohltaten zu versöhnen.

Seine normale Amtsintelligenz, seine Zuversicht, sein Ernst, der so gross wie seine Würde war, liessen ihn ebensowenig an unüberbrückbare Gegensätze wie an einmalige politische oder menschliche Erscheinungen glauben.

Als der Gonfaloniere in den Palast der Signoria einzog und die Kanzleien inspizierte, freute er sich über die Ordnung, die im Büro Machiavellis, den er flüchtig kannte, herrschte. Soderinis private und amtliche Papiere waren von einer nicht zu übertreffenden Exaktheit. Aus den Aktenmappen Niccolòs strahlte dieselbe Ordnung. Ihre Papiere fanden sich, noch bevor sich ihre Herzen fanden. Soderini war glücklich, in diesen Stuben, in denen die Beamten ihre Faulheit pflegten, einen Kanzleichef zu wissen, der die Arbeit mit unwahrscheinlichem Ernst behütete. Was an Niccolò bürokratisch, pünktlich war, entzückte Soderini. Hier und da bemängelte er nur zu kühne Folgerungen in den Berichten Niccolòs, ähnlich wie er Michelangelo geantwortet haben soll, als ihn dieser fragte, wie ihm sein David gefalle: „Gut, nur die Nase ist zu lang."

Der Gonfaloniere wurde für Machiavelli die erste Wirklichkeit, die er besiegen musste, um in der Republik durch seine Ideen zu wirken. Da sass oft der Präsident vor Niccolò als die Verkörperung der 3000 saturierten Bürger, die nur Ruhe und Ordnung erstrebten, und liess sich von einer zur Armut, zum Dienst und zur Knechtschaft verurteilten Genialität bereden. Wenn der Kanzleichef zu extremen Massnahmen oder zur Kühnheit drängte, wenn er durch die Logik seiner Vergleiche, durch die Dunkelheit seiner Ängste, durch die Hoffnung seiner Träume verführen wollte, dann hörte Soderini gelassen und interessiert zu und sagte erst regelmässig n e i n. Der Präsident erwähnte die Verfassung, die möglichen Gefahren, die Kosten. Aber die Initiative, zu der sich der Gonfaloniere dann und wann aufraffte, entstand nur als die Frucht der Gespräche mit seinem Kanzleichef.

Der Präsident war ihm deshalb dankbar, und seine Treue wurde acht Jahre lang durch keine Laune unterbrochen. Niccolò konnte auf Soderini rechnen. Er wusste, dass schliesslich jede Feindschaft, jeder Neid gegen ihn im oberen Stockwerk der Signoria, wo Pieros Amtsstuben lagen, zerschellen würde. Erst als Soderini Gonfaloniere wurde konnte Machiavelli, im sechsten Jahre seiner Büroarbeit, befreit von der Sorge, seine Stellung zu verlieren, wirken. Erst jetzt konnte er, durch die fortlaufende Tätigkeit des Chefs gedeckt, die Bilanz seiner Erfahrung ziehen und für die Armeereform arbeiten. Bald galt Niccolò als der Mann des Präsidenten. Die Feinde nannten ihn nur „den Spitzel des Gonfaloniere".

Der Mensch aber ist nur äusserlich bestechlich. Im Geheimen seiner Seele ist er unkäuflich. Er kann sich Zuneigung nicht einreden, sondern sie nur im verlogenen Glanz zeigen. Im Geheimen verachtete Machiavelli seinen Wohltäter, Vorgesetzten und Freund.

Niccolò sah in Piero den Mann, bei dem man lernen konnte, wie man nicht regiert; einen Führer, der die Macht hatte und der für sie nicht glühte, der zu ihr ein hygienisch-verfassungsmässiges Verhältnis hatte, der sie mit Tinte, Feder, Gesetzestexten und Reden, aber nicht mit allen Fasern des Lebens, mit Ingrimm, Schlauheit und tausendfacher Gewalt zu verteidigen bereit war. Er verachtete Soderini, nicht weil der Gonfaloniere den

Gedanken an eine persönliche Diktatur unter jeder Bedingung weit von sich wies, sondern weil er überzeugt war, dass ein Mann, der nicht imstande ist, persönlich die Macht zu ergreifen, auch nicht die Fähigkeit besitzt, die einer Gemeinschaft, die des grossen Florentiner Rates, im Ernst zu verteidigen.
Als Soderini verschied, sollte Niccolò für das Grab des Präsidenten das Epigramm schreiben:

„Nacht war's, als Piero Soderini starb
Und seine Seele niederfuhr zur Hölle.
Doch Pluto schrie ihr zu: Einfältig' Seel,
Was suchst Du hier?
Scher Dich ins Schattenreich der Kinder!"

Nichts war dem Wesen des Gonfaloniere fremder als die Armeereform, die gerade er, der einzige politische Funktionär mit Dauer im Amt, beginnen musste. Trotz seiner Liebe zu Florenz hätte er doch keine Soldaten sehen mögen und die Republik nur durch geschickt geschlossene Bündnisse verteidigen wollen. Die Armeereform erweckte bei Soderini und bei allen Behörden Angst; bei den Optimaten von rechts und bei den extremen Populanen von links starke Verdachtsmomente gegen den Präsidenten der Republik.
So unzuverlässig die Condottieri auch waren, sie lebten als Fremdlinge auf dem Boden der Republik. Täglich konnte man sie entlassen. Mehr als desertieren, mehr als nicht kämpfen, mehr als verraten, mehr als prellen konnten sie nicht. Welchen Ehrgeiz würde aber eine nationale Armee haben?
Machiavelli setzt auseinander, die Milizmannschaft, wie er sie versteht, würde niemals den Frieden stören, sich nie gegen die Republik wenden, die Waffen, welche das Gesetz den Bürgern in die Hand geben würde, seien vielmehr imstande, die besten Dienste zu leisten und

die Heimat unbefleckt von Knechtschaft zu erhalten. Rom hätte mit seiner bewaffneten Bürgerschaft 400, Sparta 800 Jahre in Freiheit gelebt.
Diese allgemeinen Ideen vermögen nicht zu überzeugen. Die Miliz kann theoretisch noch so einleuchtend und notwendig sein. Ihre unmittelbaren praktischen Folgen vermag niemand mit Sicherheit zu übersehen.
Machiavelli, der viel umfassendere militärische Pläne hatte, musste seine Reform von den innerpolitischen Begrenztheiten Toskanas bestimmen lassen. Römische und griechische Beispiele passen nicht in die Aktensprache der Behörden. Hauptsache war, trotz allen Kompromissen, die seine Idee bis zur Unkenntlichkeit veränderten, der ideale Kern: Die militärischen Gewichte, die das Gesetz der entwaffneten Republik gab, und die Tatsache, dass die Fahne, die Devise der neuen Soldaten, „das Wappen des Staates ist". Er gibt in einer wichtigen Geheimschrift den Eingeweihten gesetzliche und Verwaltungsbürgschaften, dass die Wehrpflicht nicht das Verhältnis zwischen Herrn und Knecht, zwischen Herrschaftsrepublik und Untertanengebieten stören würde. Diese Reservate bilden zugleich die Grundschwächen Toskanas und seiner Armeereform. Den Auguren erklärt er beinah freimütig alle Momente, die die allgemeine Bewaffnung einengen. Er betont, dass sich die Wehrpflicht vorläufig nur auf die Landbezirke der Republik erstreckt. Nur diese sind ruhig und willenlos. In diesen Gebieten hofft er mit der Zeit 20.000 bis 30.000 Mann in Bataillonen organisieren zu können. Die Florentiner selbst werden nicht bewaffnet, nicht formiert. Denn die Stadt ist von Parteiungen zerrissen. Hier kann noch jeden Augenblick aus Familienfehden ein Kampf aller gegen alle werden. Das populane Regiment könnte die Bewaffnung der Bürger nicht ertragen. Machiavelli gleitet über diese Frage leicht dahin. Er sagt den Männern

der Populanen nicht deutlich: Die jungen Söhne der Optimaten, die Freunde der Mediceer, die jeunesse dorée, die Euch verachtet, würde nicht in Fähnlein wie die Bauern durch die Stadt marschieren, ohne zugleich zu versuchen, das Rathaus von den Soderini zu säubern. Er tröstet sich und die Eingeweihten, sagt, die Florentiner seien zum Befehlen und nicht zum Gehorchen geboren, und verspricht eine der Anzahl nach beschränkte Reitermiliz für reiche Leute: Eine Ehrengarde zuverlässiger Populanen innerhalb der allgemeinen Wehrpflicht. Das „Distretto" will er unbedingt ohne Waffen wissen. Es sind das die Gegenden, in denen die Empörungszentren liegen: Arezzo, Cortona, Volterra und Pistoia. „Die Stimmung dieser Gebiete", schreibt er, „ist wie die eines Mannes, der keinen Herrn mehr dulden würde, wenn er wüsste, dass er auf eigenen Beinen stehen kann." Er verzichtete nicht auf die theoretische Möglichkeit der Bewaffnung ganz Toskanas. „Man wird das Distretto", schreibt er, „erst dann bewaffnen, wenn die Miliz in Euren Landbezirken Wurzeln gefasst und Ansehn gewonnen hat." Vor allem versucht seine geheime Denkschrift, die Quadratur des Zirkels der Florentiner Demokratie zu lösen: Die Republik braucht eine Armee zum Leben und fürchtet sich gleichzeitig vor ihr! Die Republik hat in ihrer bewegten Vergangenheit Vieles versucht und dennoch nicht verstanden, die Autorität mit der Freiheit zu versöhnen. Dieselbe ungelöste Frage, die die Verfassung Toskanas auf schwebende Grundlage stellt, jeder staatlichen Behörde nur ein schweres Eintagsleben lässt, erhebt sich jetzt auch innerhalb der Miliz. Der gleiche Zwiespalt offenbart sich von unten nach oben in allen Führerposten des Zivils und des Militärs: Vom Gonfaloniere bis zum letzten Korporal. Die Befehlsgewalt eines Einzelnen erweckt bei den Florentiner Republikanern eine gespenstische

Angst vor der Tyrannei. Und wie sie in der Verfassung überall die individuelle Autorität durch ein Kollegium, durch eine Behörde ersetzen, so opfert auch Niccolò die Autorität und die Kommandogewalt innerhalb seiner werdenden Armee den Freiheitssorgen der Florentiner. Gesetzliches Misstrauen begleitet jede noch so kleine Charge im Heer.

Er darf ein militärisches Oberkommando überhaupt nicht aufkommen lassen. Wie die Zivilisten, so müssen auch die Soldaten von mehreren Instanzen abhängig sein; wie die Zivilisten sollen auch die Soldaten keinem Gesicht, keinem einzelnen Menschen, sondern einer Behörde gehorchen.

Er schlägt vor, die Armee im Frieden von einer neu zu schaffenden Instanz, mit Chefs, die alle acht Monate wechseln, dem „R a t d e r N e u n", leiten zu lassen. Im Kriege aber müssen die Neun sofort ihre Geschäfte dem Rat der Zehn, dem Florentiner Innen- und Aussenministerium, übergeben.

Die einzigen Berufsoffiziere, die das Milizgesetz vorsieht — die Hauptleute —, degradiert er zu einfachen Dressurkünstlern. Sie sollen nicht mehr Macht und Ansehen haben als die Buralisten der Florentiner Kanzleien. „Man muss", schreibt er in seinem Geheimbericht, „Vorsorge treffen, dass niemand ein Fähnlein befehligen darf, der in dessen Bezirk geboren ist, dort heimisch ist oder Besitzungen hat; sondern man nimmt Hauptleute aus dem Cassentino für das Muggello und aus dem Muggello für das Cassentino. Und weil die Autorität mit der Zeit einwurzelt, muss man die Hauptleute alljährlich versetzen." Dadurch, dass er die Gewalt der Offiziere aufhebt, glaubt er nicht nur einem Generalspronunciamento von oben, sondern auch einer revolutionären Erhebung von unten vorgebeugt zu haben. „Denn", schreibt er, „eine Menge ohne Haupt stiftet niemals Unheil an."

Nach langen geheimen Beratungen für den Plan eingenommen, liess ihm Soderini die Möglichkeit der Arbeit und lieh ihm die notwendige Unterstützung bei allen Instanzen und Klüngeln.

Niccolò veränderte sein Wesen, wurde hart, bestimmt, wenn es sich um Kriegs- und Soldatendinge handelte. Mit weit geöffneten Augen sieht er klare Dinge. Sein Wille ersetzt den des Gonfaloniere und den aller brüchigen Institutionen. Die Revolutionierung des Heerwesens, vom Söldnertum zur Miliz, geschieht durch den Unterbeamten Niccolò Machiavelli. Aus seinen Büchern, aus Titus Livius, aus seinen richtigen und falschen Berechnungen, aus seinen schiefen und geraden Gedanken, aus seinen Phantasien schafft er sich in der weiten Wirklichkeit Platz zum Experimentieren.

Machiavelli, der nicht gewöhnt war, mehr als einen begrenzten Einfluss zu haben, arbeitet, um ein Maximum von Einstimmigkeit zu erreichen, so vorsichtig, als ob er auf einem unsicheren Gerüst stünde.

Es gilt jetzt, auch das gewöhnliche Volk mit der Idee der Miliz, noch bevor sie eingeführt wird, vertraut zu machen. Noch vor dem neuen Gesetz werden einige hundert Bauern ausgehoben. Schnell und fleissig sind sie eingeübt. Erstaunt sieht Florenz die Paraden. Auf dem Platz vor dem Rathaus, entlang dem Arno, mitten durch die Hauptstrassen, von einem Ende der Stadt zum anderen, ziehen im neu erlernten Schritt singende Soldaten. An der Spitze jeder Rotte marschiert der Längste aus dem Zug mit der Fahne in der Hand. Neben ihm trommelt der Tambour. Die Soldaten tragen ein weisses Wams, der Kürass leuchtet, die Hosen sind in der Landesfarbe, das eine Bein rot, das andere weiss. Es ist, schreibt ein Hauptmann, „ein Augenschmaus". So oft die Florentiner bis jetzt Soldaten gesehen, hatten sie Angst gehabt. Entweder waren es verbündete, aber zum Raub bereite Franzosen oder gemietete Condottieri, deren wahre Gesinnung niemand kannte. Einen Aufmarsch bewaffneter Kräfte, mit denen man sich verwandt fühlte, hatten die Toskaner noch nie erlebt. Diese Versuchstruppen gewinnen die Bevölkerung schneller, als es den Behörden mit theoretischen Beweisführungen gelungen wäre. Der Apotheker Landucci, der in seiner Chronik alle Regungen der Strasse aufzeichnet, ist noch nie so entzückt gewesen wie nach diesen Paraden. „Der Gonfaloniere", schreibt er, „ordnete an, in allen Landbezirken viele Tausende solcher Soldaten auszuheben, sodass man nicht mehr nötig hat, Fremde zu nehmen. Dies wurde für die schönste Sache gehalten, welche jemals in der Stadt Florenz befohlen wurde."

Jetzt erst verfasste Machiavelli sein Milizgesetz, das von Soderini vorgelegt und angenommen wurde.

Nach vollendetem 15. Lebensjahr, befiehlt diese Wehrpflicht, wird jeder männliche Bewohner der florentinischen L a n d b e z i r k e in die neugeschaffenen Dienstrollen der Infanterie eingetragen. Die Formationen sind lokale. Sie müssen in jedem kleinsten Verwaltungssprengel — in der Podesteria — gebildet werden. Je zehn Mann stehen unter einem Korporal. 100 bis 300 Mann bilden eine Kompagnie, die von einem Hauptmann befehligt wird. Die Abrichtung geschieht an jedem Fest- und Feiertag. Von je 100 Mann haben 90 blanke Waffen und 10 Gewehre. Die Waffen, die jeder besitzt, werden registriert. Zwei Mal im Jahr findet eine grosse Heerschau statt.

Alle von Machiavelli vorgeschlagenen Sicherungen und Einengungen, den herrschenden Populanen aus dem Herzen gesprochen, wurden durchgeführt. Florenz bekam eine durch die Zünfte und durch den Grossen Rat gemeinsam gewählte Zentralinstanz mehr: Den Rat der Neun für Milizsachen! Zum ständigen Kanzleichef dieser wechselnden Neun, dieser nur besuchsweise arbeitenden kollegialen Kriegsminister für Friedenszeiten, wurde Niccolò ernannt. Zudem behielt er seine Stelle als Kanzleichef der Zehn. Dadurch leitete er die Organisation des Heeres im Krieg wie im Frieden. Er konnte die Ausführung seiner Gesetze selbst verwirklichen. Er wurde zum Rekrutierungsmeister Toskanas. „Wir befehlen", heisst es im Patent seiner Vollmacht, „allen, die in den Stammrollen unserer Republik eingetragen sind, Machiavelli zu gehorchen, und allen Behörden, ihm in seiner Aufgabe behilflich zu sein."

Niccolò ging von Anfang an von dem Plan aus, nicht alle Milizpflichtigen auch wirklich für den aktiven Dienst auszuheben. Dachte er, an die 30 000 Mann zu organisieren, so rechnete er auf nicht mehr als auf eine effektive Feldstärke von 10 000 Militärpflichtigen. Der grössere Rest sollte als eine Art Landwehr in seinen Sprengeln bleiben und auf eigener Scholle jede Invasion zurückschlagen. „Zur Gewinnung von Ansehen", schreibt er, „dient einem die grosse Zahl, zum praktischen Gebrauch die kleine Anzahl Tüchtiger." Die Auswahl will Machiavelli selber treffen, von Angesicht zu Angesicht die Entscheidung über Tauglichkeit oder Untauglichkeit fällen.

Er reitet hinaus ins Land, weder Frost noch Regen noch glühende Hitze lassen ihn seine Reisen verschieben. Er hat es eilig, und wenn der glatte vereiste Boden der hügeligen Wege sein Pferd nicht vorwärts kommen lässt, geht er viele Stunden zu Fuss. Kreuz und quer durch die Republik, bergab und bergauf sucht er eine Gemeinde nach der anderen auf. In den Podesterien, auf dem platten und gebirgigen Boden Toskanas, entlang den Tälern, den Eichen-, Zypressenwäldern und Weinbergen, ist die Quelle der Lebendigkeit: der Menschen, die Soldaten werden müssen! Niccolò berät sich mit dem Regierungsbeamten des Ortes und mit dem Vikar, erkundigt sich nach der Stimmung innerhalb der Podesteria, bringt Nachrichten aus Florenz, erläutert das neue Wehrgesetz. Am nächsten Tag kommen die Bauern der Stammrollen. Niccolò prüft Mann für Mann. Diese Landleute sind misstrauisch und verlegen. Sie wissen nicht recht, was dieser Mensch aus Florenz will. „Was sie bedenklich macht", berichtet Machiavelli, „ist die Furcht vor einer neuen Steuer oder irgend einer anderen Tücke."

In einer Podesteria erscheinen von 100 Dienstpflichtigen nur 10; in einer anderen erklären die Bauern es als unter ihrer Würde, mit Landsleuten ihres Sprengels, die jenseits des Flusses wohnen, zu dienen. In einer anderen Gemeinde stellen sich die Rekruten zwar vollzählig, kaum hat man ihnen aber die Waffen gegeben, sind sie drauf und dran, eine alte Fehde mit Leuten, die ihre Höfe auf dem Berge haben, blutig auszufechten. In einem vierten Sprengel hat kurz nach der Musterung ein Rekrut dem Hauptmann Grobheiten zugerufen. Der Offizier hebt seinen Stock und schlägt dem Frechen gegen den Spiess. Der Bauer schreit: Capricciolai! den Namen seines Dorfes. Die Freunde verlassen sofort die Reihen. Eine allgemeine Rauferei unterbricht für Tage die weitere Organisierung des ganzen Bataillons.

Inmitten dieser ungezählten Zwischenfälle, in denen sich kleine verkrochene Orte erlauben, das Wehrgesetz zu durchkreuzen, auf Reservatrechte und Privilegien pochen, verliert Niccolò keinen Augenblick die Geduld. Er hat nicht die Empfindung, ein gewöhnlicher Rekrutenfänger zu sein, sondern die, vor einer grossen Aufgabe zu stehen, die unbedingt gelingen muss.

Ich glaube, schreibt er, mehr als je an den Erfolg der neuen Armeeverordnung, „immer jene Sorgfalt vorausgesetzt, die einer anwenden muss, der ein Land reformieren will". Niccolò will nicht das oft wilde Ungestüm einzelner Bauern und ganzer Gemeinden durch die Gewalt der kleinen Florentiner Polizeitruppen brechen. Aus der Rekrutierung, die trotz alledem im grossen und ganzen gut vor sich geht, soll kein Krieg gegen das flache Land entstehen! Niccolò möchte jede einzelne Gemeinde überzeugen. Er redet sich die Seele aus dem Leib mit widerspenstigen Bauern. Dieser Büchermensch, Politiker und Diplomat versteht, seine Theorien zu popularisieren, versteht, die Sorgen der Ackersleute um ihren Hof mit den Gedanken der Republik und des Staates zu verbinden. „Ihr müsst bedenken", sagt er einer Gemeinde, „dass alle Ausgaben, die Ihr für Befestigungen und für die Mauern Eurer Orte macht, zum Fenster hinausgeworfen sind, wenn Ihr nicht organisiert seid, um sie zu verteidigen, wenn Ihr nicht selber den Kampf erlernt."

Im Büro der Neun hat er die ganze Milizarbeit der Republik zentralisiert und bemüht sich, dieselbe Flexibilität, die ihn selbst belebt, auch den anderen Rekrutierungsbeamten einzuhauchen. Die Beamten sind verpflichtet, den Neun womöglich täglich Bericht einzusenden. Machiavelli will, dass das Wehrgesetz in allen Einzelheiten befolgt werde. Aber, schreibt er einem Kommissar, „Du musst mehr an die Folgen denken, die aus harten Strafen entstehen, als an Dein Rechtsgefühl". Man muss es, wo strafen unbedingt notwendig ist, „mit Menschenfreundlichkeit und Vorsicht tun".

Will eine Gemeinde trotz aller Überzeugungskunst der Florentiner Behörden und des örtlichen Vikars nicht dienen, dann soll man sie laufen lassen, denn ihre Weigerung zeigt ihre rebellische Gesinnung. „Und die Waffen, die man ihnen nicht gibt", schreibt Niccolò, „halten wir für gewonnene Waffen."

Es ist noch nicht der moderne Staat, wo das Gehorchen

wie das Blut durch die Adern der Menschen fliesst, noch bevor sie uniformiert werden. Es ist auch noch nicht die moderne Armee. Machiavelli arbeitet aber an der Urform kommender Heere.
Er sieht die Mischung zwischen Freiwilligkeit und Zwang, die seelischen Kräfte, die miteinander und gegeneinander wirken. Ausschliesslich auf Zwang oder ausschliesslich auf Freiwilligkeit kann ein Heer nicht aufgebaut werden. Die Regierung, die als erste ein neues Heer zu bilden unternimmt, muss bei ihren Untertanen Autorität geniessen. Der Befehl muss im Herzen der Leute ein Echo haben. „Wenn es dann schliesslich dazu kommt, sie für den Ernstfall zu gebrauchen, nehmen die, die man zurücklässt, es sogar übel."
Die Signoria hatte nicht diese Autorität, die Niccolò erträumte. Er versucht, sie durch Elastizität zu ersetzen. Tausende von Milizpapieren tragen im Verlauf von 2 bis 3 Jahren seine Unterschrift, Tausende hat er verfasst und von anderen unterzeichnen lassen. Auch um alle Einzelheiten des taktischen Körpers, um den neu eingeführten Gleichschritt, um das neu eingeführte Schaufeln der Infanteristen kümmert er sich mit pedantischer Genauigkeit.
Die Signoria ist froh, einen Zivilisten, einen in ihren Augen ohnmächtigen Schreiber gefunden zu haben, der ihr die militärischen Mühen abnimmt. Sie lässt ihm auch freie Hand, seine Mitarbeiter und Stellvertreter zu wählen, doch erlaubt sie ihm nicht, sich ausschliesslich der Miliz zu widmen. Soderinis Vertrauen, das ihm die Armeereform ermöglicht, reisst ihn immer wieder heraus. Er, der Cesares florentinischer Begleiter war, erscheint Soderini als der geeignete Mann, die Republik im Kriegslager Julius' II., der von der Signoria Hilfstruppen verlangt, zu vertreten.
Inmitten von 24 Kardinälen, die Julius begleiten, fühlt

sich Niccolò wie der Satan im Weihwasser. Die päpstliche Armee nähert sich Perugia, den Staaten Baglionis, der als Condottiere Florenz verraten und verkauft hatte. Baglioni kommt Julius entgegen, erklärt sich bereit, auf seine Souveränität zu verzichten, regelt mit dem Feldhauptmann der Kirche die Übergabe der Tore, Festungen und Plätze.

Niccolò glaubt nicht an die Unterwerfung Baglionis. Niccolò glaubt an Verrat und berichtet nach Florenz: „Man wird warten und sehen, was die Zeit in ihrem Schoss birgt." Julius, von Ungeduld getrieben, reitet seiner Armee voraus. Die jüngsten Kardinäle können nur schwer dem Galopp dieses 64jährigen Mannes folgen. Noch vor seiner eigenen Armee betritt der Heilige Vater Perugia, das in der Gewalt Baglionis bleibt. In Machiavellis Wunschbild hat sich Julius durch Ungestüm in eine Falle begeben, aus der kein Ausweg mehr führt. Niccolò blickt und horcht, um ja nichts vom Ton und von der Farbe der Dinge, die da geschehen werden, zu verlieren. Eine Woche, solange die Truppen Julius' noch nicht in Perugia sind, hält die Erwartung Niccolò Tag und Nacht wach. Julius nimmt ruhig Wohnung im Palast Baglionis. Niccolò kann der Signoria seine gotteslästerliche Hoffnung nicht offen sagen und meldet nur: „Wenn Baglioni dem, der gekommen ist, um ihm sein Land zu entreissen, nichts Böses zufügt, so unterlässt er es aus Gutmütigkeit und Menschlichkeit ... Man wird es bald sehen, wenn der Papst 6 oder 8 Tage hier ist." Als aber Baglioni den Augenblick nicht sehen will, notiert Niccolò für sich, wie um eine grosse Hoffnung betrogen: „Allen verständigen Männern im Gefolge des Papstes fiel diese Feigheit Gianpaolos auf. Sie begriffen nicht, warum dieser seinen Feind nicht zu seinem ewigen Ruhm mit einem Schlag niederwarf, noch sich mit Beute belud ... Man muss daraus schliessen, dass die Menschen nicht vermögen, in Ehren Böses zu tun ... So hatte Gianpaolo nicht das Geschick, bei der rechten Gelegenheit eine Tat auszuführen, bei der jedermann seinen Mut bewundert und durch die er seinen Namen unsterblich gemacht hätte. Denn er wäre der Erste gewesen, der den Pfaffen gezeigt hätte, wie wenig man sich aus ihnen zu machen braucht."

Nach zwei Monaten, aus dem Lager Julius' zurückgekehrt, hofft Niccolò, sich ruhig seiner Armeereform widmen zu können. Er findet aber eine ratlose Signoria vor.

Der Gonfaloniere schüttet ihm sein angsterfülltes Herz aus: Kaiser Maximilian habe in der Versammlung der deutschen Stände den Krönungszug nach Rom verkündet. Alle italienischen Staaten senden deshalb Diplomaten nach Konstanz, um die Souveränität ihrer Länder für viel Geld mit neuen kaiserlichen Siegeln bestätigen zu lassen. Für 30, 50, oder 100.000 Dukaten soll der Kaiser, falls er nach Rom zieht, auch Florenz als seine Verbündete betrachten und ihr Pisa garantieren.

Die kontinentalen Momente und Tendenzen, die Verdrängung Venedigs vom Welthandel, den Ehrgeiz der Lagunenstadt, diesen Verlust durch neue Erwerbungen wettzumachen, das Streben des Papstes, sich diesem Willen zu widersetzen, den Zwiespalt des Kaisers Maximilian, einerseits scharf umrissene Grenzen gegen Frankreich aufzubauen, andererseits den mittelalterlichen Universalismus neu zu beleben, empfinden die Florentiner als Berge, die die Republik immer mehr einengen.

Je unheimlicher das zornerfüllte Schicksal Toskana bedroht, um so verwirrter werden alle Büros und Behörden der Signoria. Jedes neue europäische Ereignis hat bei ihnen ein innen-, partei- und personalpolitisches Echo.

Alle Ängste, Ehrgeize und Kabalen leuchten frisch auf. Jetzt wird hinter den Kulissen um den Mann gefeilscht, der zum Kaiser gehen soll. Soderini will allen Überraschungen vorbeugen und bittet deshalb Niccolò, sich nach Deutschland zu begeben. Er möchte keinen anderen für diese Mission, denn die Diplomaten der Republik sind zumeist Söhne berühmter Optimatenfamilien, die im Geheimen zu den Mediceern neigen. Sie dienen zwar den Populanen, aber ihre alte traditionelle, ghibellinische Vorliebe für den Mythus des römischen Reiches könnte sich in der Nähe der kaiserlichen Majestät regen.

Den Parteigängern Soderinis aber erscheint Niccolò aus zu geringem Milieu, zu unerfahren mit der grossen Welt, um Florenz bei Maximilian zu vertreten. Wie könnte gerade er, der während seiner Legationen die Signoria stets um einige Dukaten anbettelt, um Hunderttausende mit Maximilian verhandeln? Sie schlagen Francesco Vettori vor, einen begüterten Mann aus alter Diplomatenfamilie, dessen Ahnen stets zu den Mediceern hielten, der aber schon seit Jahren der Republik dient.

Soderini muss nachgeben, und Vettori fährt zum Kaiser. Der Gonfaloniere aber gibt sich nicht zufrieden. Mit dem Bedenken, Vettori könnte, auf sich allein gestellt, doch zu nachgiebig sein, erschreckt der Präsident seine Anhänger. Unter dem Vorwand, Vettori neue Instruktionen zu überreichen, wird ihm Machiavelli nachgesandt.

Über Genf, Konstanz, Innsbruck und den Brenner erreicht Niccolò Bozen, wo sich Vettori und der Kaiser befinden.

Die beiden Florentiner Diplomaten beargwöhnen sich keinen Augenblick. Vielmehr entsteht eine Freundschaft zwischen ihnen, die alle Missgeschicke, alle Veränderungen der kommenden Jahre überleben wird. Sachlich beurteilen sie die Lage gleich: „Wenn Maximilian nach Rom zieht", schreibt Machiavelli, „so würden die Blätter aller Pappeln Italiens, in Dukaten verwandelt, nicht für ihn ausreichen. Es gibt nichts, was man dann nicht mit Geld in der Hand erkaufen müsste." Vettori und Machiavelli verhandeln an die hundert Tage und lernen die ganze kaiserliche Schwäche kennen. Sie erblicken in Deutschland lauter Feindschaft. Feindschaft der Fürsten gegen die Städte, Feindschaft der Städte gegen die Fürsten, Bindungen der Städte mit dem Kaiser, Verrat der Städte am Kaiser, und wer in Germanien „nicht wagt, mit der Majestät den Krieg anzufangen, der wagt, ihm die Hilfsvölker zu versagen, und wer sie ihm nicht versagt hat, der verspricht sie ihm, hat aber Mut genug, sie nicht zu schicken. Und wenn er das nicht wagt, so wagt er doch, die Absendung so sehr zu verzögern, dass sie zu spät kommen, um ihm etwas zu nützen".

Die Zehn in Florenz, durch diese Berichte ermuntert, weigern sich, die Kaiserkrönung zu bevorschussen. Sie glauben zuletzt, die projektierte Krönung Maximilians sei nur eine Gelderpressung. Sie sind zum Geben nur bereit, falls Maximilian im Herzen Italiens sein wird.

Soderini ist überzuegt, der Republik viel Geld gerettet zu haben. Die mündlichen Nachrichten, die Machiavelli und Vettori überbringen, stärken die gute Laune nach überstandenen Zahlungsängsten.

Allein die Pausen zwischen den Sorgen sind in Florenz nur sehr kurz. Ludwig von Frankreich, der jetzt im Bündnis mit Ferdinand von Spanien ist, erhebt schwere Vorwürfe gegen Toskana. Sein Vertreter erscheint und sagt Soderini: Die Gesandtschaft an Maximilian sowie der lange Krieg gegen Pisa sind ein flagranter Bruch unseres Bündnisses mit Euch. Wir hätten das Recht, alle florentinischen Kaufleute aus den Gebieten des Königs Ludwig auszuweisen und unsere Galeeren den

Pisanern zu Hilfe zu senden. Der völlig verdutzte Gonfaloniere, der stets bereit ist, für Frankreich zu wirken, zeigt vergebens die Unterschrift Ludwigs und seiner Vorfahren unter Verträgen, die Pisa den Florentinern garantieren; er erinnert auch vergebens daran, dass man Maximilian kein Geld gegeben habe, sondern sich nur vor ihm schützen wollte. Die Vorwürfe der Franzosen sind Einleitung zu Geldforderungen. Soderini weiss es und ist auch bereit, zu zahlen. Noch bevor aber über die Summe zu Ende gefeilscht wird, sendet der König von Spanien zwei Gesandte: einen nach Pisa, der mit der Stadt alte Hilfsverträge erneuert und sie aufmuntert, den Toskanern unbedingt zu widerstehen, und einen nach Florenz, der den Preis für die Annullierung alter und neuer Verträge nennt. Soderini will nicht im geheimen Ferdinand und Ludwig zahlen, damit die beiden Majestäten dann die Signoria einzeln prellen; er möchte sie vor einander festlegen und schlägt das Verhandeln zu Dritt vor: Frankreich, Spanien und Florenz. Monate lang sitzen die Gesandten um einen Tisch und lösen alle Schwüre und Verträge in Dukaten auf. Die Franzosen verlangen 125000, die Spanier wären mit 50000 Dukaten zufrieden. Die Ehre aber verbietet Ferdinand, weniger als Ludwig zu verlangen. Hinter dem Rücken der Spanier verhandelt deshalb Soderini mit Ludwigs Gesandten. Frankreich erklärt sich öffentlich mit 50000 Dukaten zufrieden. In einem Geheimvertrag aber bekommt es noch weitere 50000, und die Minister des Königs erhalten zur persönlichen Verwendung 25000 Dukaten. Ausserdem verpflichtet sich Florenz, der Liga von Cambray — die Spanien, Frankreich, den Papst, Ferrara und Mantua vereinigt — gegen Venedig beizutreten.

Für Florenz mündet die Politik vor Pisas Mauern. Zur selben Zeit, als Venedig den Kampf ohne gleichen gegen das verbündete Europa führt, sieht die Signoria im grossen Weltgeschehen nur einige Quadratmeilen: Die Umfriedung der nachbarlichen Stadt am Arno. Die Gegensätze, die sich aus dem Innern ihres Staates erheben, sind fundamentaler als ihre Erfahrung, ihre Geschicklichkeit, ihre Klarheit und ihre Intelligenz. Sie vermögen nichts anderes, als sich dem Unmittelbaren zu beugen. Der Zwang diktiert! Florenz braucht Pisa wie Lyon Marseille, wie Berlin Hamburg, wie Manchester Liverpool.

Nachdem, wie Machiavelli sagt, alle offenen Mäuler mit Geld gestopft worden waren, ist der diplomatische Weg zur militärischen Einkreisung Pisas frei. Florenz muss nur noch die alte Feindin erobern.

Die Signoria befiehlt, alle Pisa benachbarten und befreundeten Gebiete zu verwüsten. Besonders Lucca muss daran glauben. Kunstvoll, wie sonst nur ein Garten angelegt wird, vernichten die Milizfähnlein jeden eingefriedeten Hain und jede Wiese. In weitem Bogen um die belagerte Stadt ist die Gegend bald verdorrt, abgebrannt.

Drei Lager werden um Pisa errichtet. Das erste soll den Arno überwachen, das zweite die Strassen gegen Lucca und das dritte alle übrigen Wege versperren. Diese Lager, durch einzelne grössere Abteilungen und Patrouillen miteinander verbunden, umgürten Pisa zu Lande. Von der Seeseite her wird die Arnomündung durch Pfahlwerke verschlossen; an der Küste kreuzen neugemietete Rennschiffe, Gallionen und Brigantinen. Hunderte von Schmugglern versuchen, alle Hindernisse zu umgehen und den Belagerten zu helfen. Sie können sich in dem zerklüfteten, oft sumpfigen Gelände, entlang gebirgigen Schluchten, hinter Kreide- und Sandsteinfelsen leicht verbergen. Die toskanischen Milizsoldaten lernen den Nahkampf im Ringen gegen diese mutigen

Männer. Bald müssen sich die Florentiner auch in grösseren Gefechten messen. 800 Genueser versuchen, mit ihrer Ware sich nach Pisa durchzuschlagen, und werden davongejagt.
Die Seele dieses Kleinkrieges und dieser methodischen Vernichtung ist Machiavelli. Diese einjährige Belagerung, die sich auf ein ungewöhnlich weites Gebiet erstreckt, soll die Prüfung seiner Armee sein. Drei Jahre konnte er sie aus seinem Büro und in den Dörfern formen. Jetzt steht sie im Felde. Noch nie sind die Miliztruppen so lange mobilisiert gewesen. Er beugt der Desertion vor, packt die Leute an der Ehre. Ein Drittel der Armee besteht noch aus Söldnern. Niccolò erweckt die verkümmerten Hassgefühle seiner ausgehobenen Bauern, stachelt ihren Ehrgeiz vor den Berufssoldaten auf. Ganze Fähnlein verzichten freiwillig auf Urlaub, lernen die Waffen und die Gefahren lieben. Kommen neue Rekruten, dann verteilt Niccolò sie auf die einzelnen Lager und begleitet sie zu ihrem Standort. Oft verlässt er für einige Tage das Operationsgebiet, um Musterungen zu leiten. Daneben führt er die Geschäfte der Heeresverwaltung, sorgt für Sold und für Waffen, verhandelt auf eigene Faust mit fremden Städten um Getreidelieferung, fungiert als „Verwüstungskommissar", weist der Axt und der brennenden Fackel neue Gebiete an, kontrolliert die schon vernichteten, inspiziert die Absperrungsarbeiten des Arno. Tage lang reitet er, Nächte lang diktiert er Berichte an die Signoria.
Obwohl Niccolò die alles organisierende, geschmeidige Autorität innerhalb des Heeres ist, bekleidet er nicht das höchste Amt vor Pisa. Der Generalkommissar der Republik bei der Armee ist Niccolò Capponi. Seit über einem Jahrzehnt war Machiavelli gewohnt, die meiste Arbeit zu leisten und dennoch ewiger Gehilfe zu bleiben. Dieses Mal aber nimmt er auf seinen Chef keine Rück-

sicht. Er arbeitet, als ob er allein die Kommandogewalt hätte, und lässt es auf Streit ankommen. Der Generalkommissar trifft seinen Gehilfen gar nicht, um ihn zurechtzuweisen. Denn Machiavelli ist überall und nirgends. Vor allem vermeidet er es, sich da zu befinden, wo Capponi weilt. Der Generalkommissar protestiert bei der vorgesetzten Behörde — den „Zehn" —; will sein Amt zur Verfügung stellen.

Solange Machiavelli den Hauptteil der Arbeit leistete und niemand dagegen Klage erhob, waren die „Zehn" glücklich, sich in die Kompetenzstreitigkeiten des Heeres, die ebenso verwickelt waren wie die innerhalb der Signoria, nicht einmengen zu müssen. Sie liebten ihre tägliche Gewohnheit: In allen Armeeangelegenheiten nur ihren Kanzleichef zu gebrauchen. Sie spornten ihn an, trieben seinen angeborenen Fleiss zur Eile. „Ordne an und tue", schreiben sie ihm, „was möglich ist. Denn wir haben die ganze Sorge für die dortigen Angelegenheiten auf Deine Schultern gelegt."

Dieser Befehl entspricht ihrer wahren Gesinnung und den tatsächlichen Verhältnissen. Niccolò Capponi hatte aber nicht nur das hierarchische Recht auf seiner Seite, sondern auch seine Anhänger. Die posaunten in alle Winde das Wort: Skandal, Skandal! Machiavellis Arbeit im Felde wurde von vielen Kollegen der Signoria als Anmassung empfunden. Bosheiten und Verdächtigungen fliegen aus den Büros in die Stadt: Der Kanzleichef spielt den Feldherrn! Warum darf er es? Weil die Zehn nichts vom Kriege verstehen, weil der „Spitzel des Gonfaloniere" für seinen Herrn arbeitet.

Die gerade amtierenden Zehn waren extreme, bigotte Republikaner und wollten Soderinis Einfluss im Heere bekämpfen. Sie fürchteten, seinem Freunde Machiavelli vielleicht doch zu grosse Selbständigkeit eingeräumt zu haben. Halb kapitulierten sie, halb waren sie überzeugt. Die Zehn schreiben an Machiavelli einen dringenden Befehl, er habe sich Niccolò Capponi zu fügen und ihm pünktlich Bericht zu erstatten. Machiavelli antwortet mit der Bitte, ihn sofort seines Postens zu entheben. Die Zehn wollen aber weder seine Stelle einem anderen geben, noch ihm Urlaub gewähren. Es genügte ihnen, ihn an sein abhängiges Amt erinnert zu haben. Vor allem können sie die Kopie ihrer Befehle allen Freunden Capponis zeigen. Am unglücklichsten darüber ist der Gonfaloniere. Soderini will aber in dieser Atmosphäre des Misstrauens nicht direkt mit seinem Schützling korrespondieren und ruft Blasius zu sich. „Gestern", schreibt Blasius an Niccolò, „habe ich lange mit dem Superius [1]) gesprochen. Er trug mir auf, Euch zu schreiben und Euch zu ermahnen, Ihr möchtet um seinetwillen Geduld haben. Capponi remonstriert und schimpft . . . Die Mächtigen müssen eben immer recht haben . . . Ihr aber seid doch gewohnt, Geduld zu üben . . . Betrachtet man die Sache genau, so ist sie im Grunde eine Kleinigkeit . . . Wenn einige Rapporte Capponi zufrieden stellen können, dann sind sie doch leicht zu schreiben. Von Weggehen soll nicht mehr die Rede sein . . . Hier hat man Sorge, dass man dort nicht ohne Euch auskommen könnte."

Machiavelli schreibt nun alle Nebensächlichkeiten an Capponi; vor allem berichtet er ihm, dass es nichts zu berichten gebe und dass alle Schwierigkeiten des Krieges und alles Gelingen auf des Generalkommissars Schultern lägen. Alles bleibt wie vor dem Streit. Niccolò sorgt dafür, dass die kriegerische Arbeit nicht unter den Kompetenzkabalen leidet.

Pisa verendet. Seit 15 Jahren sehen die Pisaner zum ersten Male keine Hoffnung. In der weiten Welt regt sich niemand mehr für sie. Seine Freunde sind von

[1]) Spitzname für den Gonfaloniere.

Florenz gekauft, und das verbündete Venedig wurde durch die gewaltige Überzahl der Liga von Cambray in der Schlacht geschlagen. Pisa spürt die grosse Einsamkeit und späht in dunklen Nächten nach Wundern aus. Der Hunger entzaubert den pisanischen Bauern den Krieg und den Mut. Seit Monaten darben sie als Flüchtlinge in der Stadt; ihre Felder liegen brach, ihre Dörfer sind verwüstet. Die Herren Pisas beraten ununterbrochen im Rathaus. Sie sehen auf 15 Kampfjahre und erbitten vom Schicksal eine letzte Schlacht und den Tod. Die Bauern aber wollen ihre Äcker sehen, sie brennen darauf, nach Hause zu gehen. Sie rebellieren, umzingeln das kampfgewohnte Pisaner Rathaus und erklären, nicht eher zu weichen, bis eine Friedensdelegation für Florenz ernannt wird. Die Herren können nicht zugleich gegen die eigene Stadt und gegen Toskana kämpfen. Sie geben trotz ihren kriegerischen Beteuerungen nach. Fünf Städter und vier Vertreter der Landgemeinden fahren in das benachbarte Piombino, wo der Herzog des Landes den Frieden vermitteln will.

In einem Saale des Schlosses zu Piombino, an einen breiten Stuhl gelehnt, im feierlichen schwarzen Kleid, Kälte und Strenge im Gesicht, wartet ihrer Machiavelli. So oft hat er kreuz und quer durch Italien und Europa der Florentiner Ohnmacht vertreten. Endlich kann er jetzt den Sieg geniessen! Die Pisaner aber, so gedemütigt sie sind, zerstören mit ihrem ersten Satz Niccolòs Regie. Sie nahmen an, erklärt ihr Wortführer, Florenz werde zum Verhandeln einen grossen Mann, einen Gesandten schicken. Statt dessen beleidige man sie gleich zu Anfang und zwinge sie, mit einem Kanzleichef über Sein oder Nichtsein ihrer Stadt zu diskutieren.

Niccolò erinnert sie erbost an ihre Lage und verlangt, ihre Kapitulationsvollmachten zu sehen. Die Pisaner haben sie nicht, versuchen, von Bedingungen zu reden.

Machiavelli schneidet ihnen das Wort ab: „Wollt Ihr", sagt er, „den Frieden oder wollt Ihr den Krieg? Falls Ihr den Krieg wollt, werdet Ihr ihn genug und übergenug haben."

Niccolò bricht die Verhandlungen ab.

Der Friedensvertrag aber, den Soderini mit Machiavelli aufsetzte, entsprach nicht diesem Ton. Er gewährte den Pisanern Amnestie, setzte sie wieder in alle ihre Rechte ein, die sie vor dem Abfall, vor dem Jahr 1494 gehabt hatten, hob alle Konfiskationen auf, liess alle Handelsprivilegien unberührt.

Dieser noch vor der Annahme überall verkündete Vertrag und der Hunger liessen die letzten kriegerischen Funken Pisas verglimmen. Die Belagerten warten nicht erst ab, bis ihre Behörden alle Kapitulationsformalitäten beendigen. Zu Tausenden ziehen sie in die Lager der Sieger und erflehen Brot. Freudig werden sie begrüsst. Der 15 jährige Hass ist wie eine einzige Nacht vergessen. „Wir wollen", berichtet ein Florentiner Kommissar, „die Grausamkeit des jahrelangen Pisanischen Mutes versüssen."

Am 8. Juni 1509 kommt ein Reiter mit dem Ölzweig nach Florenz und meldet der Signoria, der Vertrag sei in Pisa ratifiziert, die toskanischen Truppen könnten morgen früh in die bezwungene Stadt einziehen. Es ist ein Fronleichnamstag, und in den vollen Kirchen von Florenz erzählt einer dem anderen vom Reiter und seiner Botschaft. Die Menge aus allen Gotteshäusern zieht ergriffen vor die Signoria. Das grösste aller Mirakel schien in Erfüllung gegangen. Da dieser 15 jährige Kleinkrieg, während dessen die Jünglinge erwachsen und die Männer zu Greisen geworden waren, ein Ende hat, scheint es ihnen, der ewige Friede der ganzen Welt habe heute seine barmherzige Herrschaft begonnen. Die Stadt verwandelt sich bis zum Abend in ein Paradies aller Freuden. „Jedermann", schreibt ein Gehilfe der zweiten Kanzlei an Niccolò, „ist verrückt vor Glücksgefühl ... Es fehlt nichts, als dass auch der Himmel seinerseits irgendwelche Seligkeit offenbart. So gross ist das Frohlocken ... Ich weiss nicht, was ich rede." Machiavelli ist auf dem Wege nach Florenz.

Soderini umarmte ihn als den bescheidenen Vollender einer mühseligen Aufgabe. Der tapfere Giaccomini, durch Kabalen von der Armee ferngehalten, drückt ihm still die Hand. Francesco Vettori beglückwünscht ihn mit lächelnder Miene. Die „Zehn" sprechen ihm im Namen der — mit Ehren geizenden — Republik ein „Lob" aus. Der allzeit getreue Blasius und einige Gehilfen aus den Büros feiern ihn in der Stammkneipe am Arno und lassen ihn beim Wein mit lallender Zunge als den grössten Feldherrn aller Zeiten hochleben, proklamieren ihn zu ihrem Privatgeneral.

Einen anderen Triumph hat Niccolò nicht gekannt. Für einen Kanzleichef wuchsen in Florenz keine Lorbeeren!

FLORENZ WIRD ZUR BEUTE

MACHIAVELLI hatte der Signoria sieben Jahre zuvor aus Cesares Lager ein Gerücht mitgeteilt: „Ein Mann zeigte mir einen Brief, darin zu lesen steht, dass in Portugal Schiffe voller Gewürze direkt aus Calcutta angekommen sind. Das wird den Preis dieser Waren stark herabsetzen."

Niccolò machte sich über diese Nachricht nicht viele Gedanken. Die Republik Venedig selbst wusste noch nicht, dass sie die Leidtragende der Revolutionierung des Weltmarktes war.

Nachdem die Republik dem weiten Kreise des Mittelmeeres das Erbgut römischer Rechtsbegriffe auf ihre eigene kommerzielle Weise eingeprägt hatte, nachdem sie das Mittelmeer durch ungezählte Formen der Herrschaft unter ihr Handelsmonopol gezwungen hatte, wurde die Dogenrepublik durch die Umschiffung Afrikas, durch die direkte Verbindung Lissabons mit Indien geschlagen. Die geschichtliche Wendung brauchte dieses Mal nicht das Medium neuer kategorischer Imperative, nicht das eines gewaltigen Individuums, sondern das prosaische einer Verkehrs- und Preisrevolution. Venedig konnte nicht mehr durch seine entbehrlich gewordene Schlüsselstellung an allen Kreuzpunkten der Levante, in Zypern, in Candia, in Kairo, das östliche Mittelmeer nach Belieben wie einen Sack zuschnüren. Das Szepter Neptuns fällt der Republik aus der Hand, und sie verliert die Preisdiktatur. Auf dem Marktplatz zu Lissabon waren Ingwer, Gewürznelken, Pfeffer, Perlen, Lack und Färbholz um zwei Drittel billiger als in den Hallen am Rialto, wo die Dogenrepublik Waren aufstapelte, um sie dann nach dem Norden und nach dem Westen Europas mit grossem Zwischengewinn zu verfrachten. Deutschland, Frankreich, Holland, England und Italien selbst kauften immer weniger in der Lagunenstadt. Venedigs Filialen in Tunis, in Catalanien, in Oran und tief drinnen in Afrika bis nach Timbuktu arbeiteten mit Verlust. Berühmte Stammhäuser entlang den drei wohlgepflegten Kanälen verbreiteten die Panik der Unsicherheit, das Schweigen des Bankrotts. Durch den Verlust des Hauptgewinns — des Zwischenhandels — litten auch die einheimischen Zweige der Manufaktur, das Tuch, das Glas, das Metall. Es fehlte der früher so leicht gewährte Kredit. Das Geld aus aller Herren Ländern glaubte in Venedig kein gewinnbringendes Asyl mehr zu finden, die auswärtigen Kaufleute kamen nicht mehr, um ihr Edelmetall in der Münze der Republik zu stempeln.

Die Venezianer symbolisierten ihre Vergangenheit durch zwei Löwen, die in der Kirche zu San Marco in Mosaik glänzten. Der eine hatte sein Antlitz dem Meere zugewandt: Er war stark und gross. Der andere blickte dem Festlande zu: Er war mager und schwach.

Solange die Republik Königin der Meere gewesen war, vernachlässigte sie ihr heimatliches Hinterland. Sie hatte keine territorialen Ehrgeize in Italien. Jetzt aber, da sie erschrocken sieht, wie Lissabon sie immer mehr vom Handelsgewinn vertreibt, sucht sie festländische Marktplätze auf der Halbinsel selbst, giert nach dem Stapelrecht in den besten Häfen. Schnell, voller Energie, trachtet Venedig nach neuen Niederlassungen kreuz und quer durch ganz Italien. Was ihr in einer tausendjährigen, glorreichen Geschichte, entlang der adriatischen, griechischen und kleinasiatischen Küste gelungen war, versucht sie während eines Jahrzehntes in Italien selbst neu zu vollbringen. Deshalb hat Venedig die

Invasionen, die Vernichtung des Gleichgewichts in Italien ersehnt und an erster Stelle mit verschuldet. Die Massen fremder Armeen, die seit 1494 durch alle Wege, Pässe und Landungsplätze sich über die Halbinsel ergiessen, eröffneten der Dogenrepublik die besten Aussichten.

„Die Herrn Venedigs sind sehr klug", sagt der französische Gesandte Commines, „sie sitzen täglich und halten Rat. Ihre Nachbarn werden es bald fühlen." Und im Schatten der Katastrophen pflanzten die Venezianer ihre Fahne auf, annektierten Städte auf tausendfach gewundenen Wegen. Während des Kampfes der Spanier in Süditalien hatte die Republik die fünf besten Häfen Apuliens besetzt. Den Papst bedrohten sie in Mantua und Ferrara, die Franzosen in der Lombardei, den Kaiser Maximilian in Dalmatien und Istrien, die Ungarn in Albanien, die Florentiner in Pisa.

Eine gewaltige Koalition, im Feuer des Hasses und Neides gegossen, erhob sich gegen Venedig. Die gärenden Triebe des neuen Europa, die das Schlachtfeld als Erlösung suchten, empfanden den Glanz des Erdballs, der aus der Dogenrepublik strahlte, als eine moralische Provokation zum Raub. Wie viele Kriege konnten mit dem Gelde Venedigs geführt werden! In Reim und Prosa wurde in Paris, Konstanz, in Madrid, in Rom und in Florenz gegen den „feigen Krämer" an der Adria geflucht. Claude de Seyssel beschreibt die Stimmung des Kontinents, wenn er den Ruf gegen Venedig ausstösst: „Wer vermag ohne Empörung zu sehen, wie eine Nation, die in Sümpfen sich verkriecht und nur von Ware lebt, durch Betrug, Diebstahl und Hinterlist nach der Herrschaft über Land und Meer trachtet und alle Könige und Fürsten bedroht."

15 Jahre haben Frankreich, der Kaiser und Spanien gebraucht, um sich, von Julius II. geführt, gegen

Venedig zu verbinden, um dann die Dogenrepublik vernichtend in der Schlacht von Vaila zu schlagen. Venedig, in der auswärtigen Politik von Diplomaten geführt, deren Berichte in Genauigkeit und Klarheit eine Zeit allen Zeiten staublos offenbaren, hat an die Gefahr einer europäischen Koalition, die die erste seit den Kreuzzügen sein sollte, nicht geglaubt. In Tradition und Kontinuität erzogen, erkannten sie nicht den Charakter Julius', dem es gelang, die Weltmächte trotz ihren Gegensätzen zu verbinden und alle politischen Prozesse zu beschleunigen. Dieselbe Plötzlichkeit in dem Charakter Julius', die nicht raschem Wechsel seiner Gesinnung, sondern nur seinen grossen Gesichtspunkten entsprach, liess ihn nach der Niederlage der Dogenrepublik ihr Retter vor völligem Untergang werden. Julius hatte Venedig gezwungen, auf die territoriale Hegemonie in Italien zu verzichten, er hatte sie zur Bescheidenheit geschlagen. Jetzt galt es, ein grösseres Ziel zu erreichen: die Halbinsel von den Fremden zu befreien. Der nächste gefährliche Feind erschien ihm das, auf Kosten Venedigs, erstarkte Frankreich. Er hasste plötzlich Ludwig, wie er früher Cesare gehasst hatte, nachdem er sich seiner bedient hatte. Er hasste Frankreich, als ob er nicht lange Jahre im Dienste von Paris gestanden hätte. Sein Zorn wird Spanien und dem Kaiser von neuem den Weg in die Halbinsel eröffnen. Jetzt sieht und fühlt er aber nur das Unmittelbare, nur die französischen Lanzen in Ferrara, Brescia, Genua und Mailand. Er empfindet sie als gegen die eigene Brust gerichtet. Sie rauben ihm Schlaf und Hunger. Nächte lang geht er durch sein Zimmer und seufzt mit gepresster Stimme: Züchtige Ludwig! Züchtige die Franzosen! Gegen Morgen ruft er den venezianischen Gesandten. „Nie, nie", sagt er ihm, „werde ich der Kaplan Ludwigs sein. Ihm zum Trutz bin ich Papst."

Julius greift ohne Kriegserklärung die französischen Stellungen in Italien an. Er sendet im geheimen Truppen nach seiner Vaterstadt Genua, um diesen Hafen gegen Ludwig zu empören. Er selbst, durch seine Eile der Schrecken seiner Generäle, zieht, mitten im Winter, über die vereisten Stege der Apenninen, im Kürass und Helm, ins Feld gegen Ferrara.
Die Soldaten, die nach Genua marschieren, durchqueren, ohne die Signoria zu befragen, Toskana. Der Rat der Zehn, Soderini, zittern. Kurz war der Traum der Sicherheit. Schön war es, im Bunde mit Ludwig und mit Julius zu stehen. Plötzlich ist aus dieser Allianz eine Zange geworden, und Florenz ist die Nuss, die geknackt werden soll. Sich Julius zu widersetzen, ist unmöglich. Dieser gewaltige und gewalttätige Greis, einmal in Bewegung, schlägt zu, ehe Ludwig eine Frage beantwortet, geschweige denn Truppen senden kann. Der König aber ist der Verbündete, und es bedeutet einen flagranten Bruch des Vertrages, päpstliche Soldaten durchziehen zu lassen.
Machiavelli muss sich gleich nach Frankreich begeben, um die abhängige Lage, um das Unglück der Republik zu erklären.
Niccolò findet den französischen Hof in Blois unorientiert und unschlüssig. Jeder hat hier die Empfindung, am Vorabend einer tiefen Krise zu stehen, die allen Unsicherheiten die Tore öffnet. Weder Ludwig noch sein Kanzler Robertet, noch der von allen Seiten bestürmte Nuntius, noch die Gesandten Spaniens, Frankreichs noch die Maximilians wissen, ob es in Italien Krieg oder Frieden geben wird. Die Initiative liegt allein in Julius' Händen. Niccolò hört nur Flüche gegen den Vatikan. Die Dreistigkeit des Heiligen Vaters verblüfft und empört. Was will der Papst? Hat es ihm nicht genügt, an der Spitze einer Weltkoalition zu

stehen, sein Territorium erweitert, seinen Staat befestigt zu haben? Warum hat er den Separatfrieden mit Venedig geschlossen, auf wen rechnet er, um mit schwachen Kräften die Stellungen der Franzosen in Italien anzugreifen? Will er nur Konzessionen erpressen oder neue Kriege, die sich weit über Italiens Grenzen erstrecken werden, entzünden? „Machiavelli", fragt ein Diplomat, „ist uns dieser Papst von Gott gesandt worden, um die Welt zu vernichten?" Der Kanzler Robertet, vom Zorn gerötet, schwört, Frankreich werde Julius den kirchlichen Gehorsam kündigen, ihn vor ein Konzil zitieren, die Verbindung der Kleriker mit Rom unter Todesstrafe stellen lassen.

Die Empörung gegen die Kurie erleichtert Machiavellis Mission. Er hat einen Sturm der Entrüstung gegen Florenz erwartet. Statt dessen wird er freundlich empfangen. Ludwig zeigt sich gnädig und spricht in zuvorkommendem Ton: „Herr Sekretär, ich befinde mich weder mit Rom noch mit einem anderen Lande im Krieg. In diesen Zeiten aber, wo die Freundschaften so schnell wechseln, muss ich wissen, wo meine Verbündeten und wo meine Gegner sind. Ich will wissen, auf wen ich mich verlassen kann."

Niccolò versichert, der Signoria diktiere schon das eigene Interesse, dem Bündnis Treue zu bewahren: befänden sich doch die reichsten Faktoreien Toskanas auf französischem Boden. Die Truppen des Kirchenstaates seien durchgelassen worden, weil man in Julius noch den Verbündeten Frankreichs gesehen. Niemand hätte die Gesinnungsänderung des Papstes ahnen können. Da man sie aber jetzt kenne und vom Krieg ernstlich die Rede sei, fühle er sich verpflichtet, ausführlich die topographischen Bedingtheiten Toskanas zu schildern. Drei Viertel des Landes grenze an Julius' Staaten. Der Papst habe Möglichkeiten, entlang vielen Meilen in die

Republik einzudringen. Der König dürfe von der Signoria nicht verlangen, offensiv vorzugehen, er müsse der Florentiner Führung erlauben, sich ausschliesslich an Ort und Stelle zu verteidigen. Die Kräfte seiner Heimat reichen zu mehr nicht aus.
Ludwig ist mit dieser defensiven Festlegung des Bündnisses, die den Florentinern Möglichkeiten dunkler Verhandlungen mit aller Welt lässt, einverstanden. Niccolòs eigentliche Mission ist mit Erfolg beendet. Er verlässt aber den Hof nicht, weil er die Geneigtheit Ludwigs zum Frieden sieht, und alle Gefahren diktieren ihm gebieterisch, für diesen Frieden zu arbeiten.
Die Lage zwingt ihm eine Aufgabe auf, die sich über seinen eng umrissenen Auftrag erhebt: Vermittler zwischen Julius und Ludwig zu sein! Niemand braucht den römisch-französischen Frieden dringender als Florenz. Durch den Kanzler Robertet ermuntert, schildert er der Signoria alle Momente, die Julius beruhigen könnten. Er drängt Soderini, Verhändler zum Papst zu senden, will auf allen Wegen, die von Florenz nach Rom führen, einen Diplomaten wissen, übertreibt den Willen der Franzosen zur Nachgiebigkeit, versucht durch List, Zeit für den Frieden zu gewinnen.
Zugleich stellt er seine Erfahrung in italienischen Dingen in den Dienst Ludwigs und des Kanzlers Robertet. Seitdem des Königs Vertrauter, der Kardinal d'Amboise, gestorben ist, werden die römischen Angelegenheiten dem Zufall überlassen. „Der König", schreibt Machiavelli, „ist nicht gewohnt, in die Details der Geschäfte einzudringen. Er lässt sie gehen, und die, die regieren, sind nicht fleissig genug. Sie machen nicht nur die Sachen falsch, sie haben auch keine klare Vorstellung von den Dingen."
Ludwig und sein Kanzler lassen sich gerne von Niccolò beraten. Um die beiden hohen Herrn nicht zu ver-

letzen, erfüllt er diese Aufgabe als ein Meister der Bescheidenheit. Seine langjährig geübte Kunst, geschickt zu soufflieren, gewinnt ihm die Sympathie des Kanzlers. Sicherlich, doziert Niccolò, der Papst hat Frankreich nicht nur beleidigt, nicht nur provoziert, sondern auch angegriffen. Julius zu bekämpfen, bleibt eine Notwendigkeit. Dennoch wäre es verkehrt, gegen Rom Koalitionen zu schmieden, Europa in Bewegung zu setzen. Je breiter ein Bündnis gegen Rom ist, um so unsolider wird es in kurzer Zeit. Denn der Papst geniesst überall die Liebe der Gläubigen. Der Papst ist als Freund von kleinem Vorteil, als Feind ist er aber der Gefährlichsten einer. Stets kann er sagen, die Religion sei in Gefahr. Er vermag Gefühlsmomente in Bewegung zu setzen, gegen die die Majestät keine Gewalt hat. Es gibt aber andere Methoden, um Julius zu vernichten: Kleine, treffliche, bewährte Mittel! In der Romagna, in Rom, in der Campagna leben die Söhne der Condottieri und Barone, deren sich Frankreich stets gegen die Kurie bedient hat. Mit einem Teil der Energien und Summen, die ein grosser Krieg kostet, könnten diese jetzt verängstigten Rebellen aufgemuntert, tausend Feuer gegen Julius angezündet, die grossen Schlachten, die grossen Koalitionen und die Bindungen neuer, noch unbekannter Gegenkoalitionen vermieden werden.

Der Kanzler ist eines Sinnes mit Niccolò. Der König sagt: „Gibt mir der Heilige Vater nur den Fingernagel, so reiche ich ihm den ganzen Arm."

Niccolò lebt zwei Wochen lang in der Hoffnung, den allgemeinen Frieden gerettet, Florenz vor furchtbaren Entscheidungen, vor Schlachten an seinen Grenzen, vor der Möglichkeit der Invasion durch Freunde oder durch Feinde bewahrt zu haben.

Der Papst aber ist starr wie am ersten Tage seines Hasses. An der Spitze seiner Armee sieht er nur die

feindlichen Festungen und hört nicht die friedlichen Worte. Um weiter zu provozieren, verhaftet Julius einen französischen Kardinal. Der König, von Rom verhöhnt, in seinen errungenen Stellungen gefährlich bedroht, atmet jetzt nur Wut gegen Julius. „Ich werde," sagt er, „einen neuen Himmel und eine neue Erde in Italien machen". Vor dieser Beharrlichkeit des Heiligen Vaters klingen Niccolòs Friedensworte wie weltfremde Ratschläge. Machiavelli erkennt, am Ende seiner Argumente zu sein. In Angst und Sorgen tief versunken, verabschiedet er sich vom Kanzler Robertet. Der Kanzler hat die Sympathie für seinen Ratgeber nicht verloren. Er tröstet ihn, klopft ihm freundschaftlich auf die Schulter, erklärt, von der wohlwollenden Neutralität Spaniens und Englands gedeckt, von Maximilian unterstützt, werde Ludwig an der Spitze neuer Armeen nach Italien ziehen. Niccolò lässt nicht ab, zu warnen, meint, Julius habe seine geheimen, zuverlässigen Freunde in England, in Deutschland und handle höchstwahrscheinlich im geheimen Einverständnis mit Spanien. Robertet antwortet, man sei der Freundschaft der Mächte gewiss; er könne nur nicht alle Einzelheiten der Verträge preisgeben. Vor so viel Zuversichtlichkeit wird Niccolò wankend in seinem Unglauben. Vielleicht behält der Kanzler, der die Verhandlungen mit Europa geführt hat, alle Akten genau kennen muss, recht. Vielleicht erhebt sich, wie im Vorjahre gegen Venedig, so jetzt gegen Rom eine übergewaltige Koalition? Der Papst ist, da der Krieg beginnt, der Verantwortliche. Niccolò hasst ihn nicht nur als den Pontifex, sondern auch als den Bedroher Toskanas. Nichts, schreibt er der Signoria, ist dringender zu wünschen, als dass Robertet recht hätte und „unsere unverschämten Priester auch etwas von der Bitternis dieser Welt zu kosten bekommen".
Machiavellis diplomatischer Erfolg: Das Recht Toskanas,

trotz den Bündnissen mit Ludwig defensiv bleiben zu dürfen, gibt der Republik kurze Möglichkeiten des Lavierens. Sie kann sich von den Wellen der Weltpolitik noch einige Zeit treiben lassen.

Plötzlich, mit ungeahnter Schnelligkeit, für Machiavelli, für die Signoria, für ganz Toskana, siegen die Franzosen in der grössten Schlacht seit des Jahrhunderts Beginn, bei Ravenna. Alle Wege, die nach Rom führen, stehen ihnen offen.

Der Papst, am Rande seines Lebens und vor der Invasion seiner Gebiete, versteht es aber, den grossen französischen Sieg in eine entscheidende französische Niederlage zu verwandeln. Durch alle Zaubermittel der Julianischen Diplomatie verführt, erhebt sich binnen weniger Wochen Europa gegen Ludwig. Die Liga von Cambray ist zur „heiligen Liga" zum Schutze der bedrohten Christenheit geworden. Aus der Schweiz bewegen sich 20 000 Eidgenossen in das Mailändische gegen das französische Heer. Von Navarra aus wird Ludwig durch Spanien im Süden, von Calais aus durch die Engländer im Norden gefährdet. Die Franzosen verlassen, von dem Aufstand aller lombardischen Städte bedroht, in beständige Rückzugsgefechte verwickelt, Italien. Einen erfolgloseren Sieg als den von Ravenna hat Europa nicht gesehen!

Ehe die Republik die Gewalt der französischen Katastrophe überblicken kann, ist sie im Norden und im Osten von fremden Armeen umkreist. Soderini und seine Leute, grosse Künstler in langwierigen Verhandlungen, sind von den Ereignissen überrascht. Der schnelle Sieg der Franzosen, ihre plötzliche Niederlage, der Triumph des Papstes lähmt sie. Kann der Feind den Sieg, den er über Nacht gewann, nicht wieder über Nacht verlieren? Kann man nicht einen noch so schmalen sicheren Boden zwischen den Schlachten finden?

Wie oft hat sich schon die Lage fundamental in den letzten zwei Jahren geändert: zweimal lag der Papst, zweimal Ludwig darnieder, zweimal war der Kaiser Maximilian mit Ludwig gegen den Papst, zweimal mit dem Papst gegen Ludwig verbündet, einmal war England mit Frankreich gegen Spanien, einmal mit Spanien gegen Frankreich alliiert. Und im ersten Augenblick erschien die neue Situation jedes Mal starr, wie für alle Zeiten gegossen.

Soderini, der Grosse Rat, der Rat der Achtzig, die Zehn der Freiheit, denken nicht an die eigene Kraft. Sie fliehen in die Verhandlung. Kommissionen und Unterkommissionen tagen in Permanenz. Die Signoria hofft, die Spaltung innerhalb der heiligen Liga werde die Selbständigkeit der Republik retten. Weder Kaiser Maximilian noch Ferdinand von Spanien gönnen dem Papst Florenz. Die beiden Herrscher versprechen für Geld Toskana die Freiheit. So oft aber wurde die Signoria schon geprellt, dass gerade jetzt die Herrn im Rat Sicherungen über Sicherungen von den handelsbereiten Potentaten verlangen.

Im Lager der heiligen Liga aber siegen nicht die Unentschlossenen, nicht der König von Spanien, der weit von Italien weilt, nicht der Kaiser Maximilian, der von entgegengesetzten Richtungen angezogen wird, sondern der durch Florenz beleidigte Julius.

Julius will das populane, franzosenfreundliche Regiment in Florenz vernichten, will Soderini mit allen Mitteln vertreiben.

Er übergibt die Angelegenheit der Republik dem Hause Medici.

Vor 18 Jahren waren die Medici aus Florenz vertrieben worden und weilen seit der Revolution Savonarolas in Rom. Der Kardinal Giovanni Medici, der spätere Papst Leo X., ist das Haupt der Familie. Er hat die Republik mit einem Netz von Geheimagenten bedeckt, ist ungezählte Male an die Grenzen seiner Heimat gekommen, hat Bürger und Bauern empfangen, Arme und Reiche getröstet, dasgoldene Zeitalter versprochen. Kein wichtiges Tor in der Republik, kein Weg, der zum Herzen des Landes führt, ist heute von seinen Leuten frei. Vom Monat Juni bis August hat der Kardinal täglich mehr Anhänger gewonnen als früher während eines Jahres. Seine Freunde, die sonst im engen Kreis berühmter Optimaten mehr Poesie und römische Geschichte als Politik trieben, sind heute lärmende, intrigierende Parteiführer geworden. Wie haben sie in diesem Sommer des Jahres 1512, der sich drückend auf Florenz niederliess, über Soderini gelacht! Der Biedermann an der Spitze des Staates fand in seinem Kampf für die Republik nichts Entscheidenderes zu tun, als in einer langen Rede seine Ehrlichkeit unter Beweis zu stellen, ein mustergültiges Budget zu veröffentlichen. Derweilen aber schienen sich aus allen Quellen kontinentaler und italienischer Entzweiung Ströme des Unglücks in den Arno zu ergiessen. Selbst die Natur verband sich mit der Politik und erschwerte das Dasein Toskanas durch den trockenen Brand einer monatelangen Dürre. Bebende Herzen, Mutlosigkeit, Verzweiflung hören schon den Tritt der Spanier, die Siegeshymnen der Kaiserlichen, der Venezianer, der Päpstlichen. Aus Städten und Dörfern ergiessen sich fliehende Menschen in die Hauptstadt. An den Toren von Florenz stauen sich Karren mit Kindern, mit Greisen, mit Hafer, mit Öl, mit Linnen und mit verschlossenen Truhen. Inmitten dieses weit hörbaren Jammers trösten die Anhänger der Mediceer. Jeder fühlt es, dass sie die Herrn von morgen sind. Ihnen wird das Land gehören. Als einzige Hoffnung schmeicheln sie sich in die Herzen ein. Mancher Freund der Populanen ertappt sich auf sündigen mediceischen Gedanken.

Hat man nicht glänzende Tage unter Lorenzo, dem Erlauchten, erlebt? War seine Zeit nicht die schönste der Heimat? Ein schwätzender Mönch hat das alte Regiment vertrieben, und ein ewig moralisierender Gonfaloniere kann sich für seine Anhänger am Ruder erhalten.

Auf dem Platz vor der Signoria drängen sich die Menschen. Gibt es Krieg? Wenn es nicht das Elend ist, dann ist es mehr Neugierde als Entschlossenheit, die aus den meisten Gesichtern spricht. Einige schreien: Es lebe der Gonfaloniere! Gleich fallen den wenigen Begeisterten andere ins Wort: „Soll für einen Mann, für Soderini, die ganze Stadt verderben?" Die Diskussionen machen drohenden Debatten Platz. Einige Beherzte, zumeist Mitglieder niedriger Zünfte, gehen zum Rat der Zehn, verlangen die Bewaffnung der Florentiner. Man habe, sagen sie, auch Karl VIII., der die Restauration der Medici verlangte, widerstanden, als er mitten in der Stadt war. Soll man denn jetzt vor dem Gegner kapitulieren, der erst an den Grenzen des Landes steht? Die Zehn erklären den Verängstigten und den Entschlossenen, in einigen Stunden entscheide sich das Schicksal der Stadt. Alle Behörden würden gleich, durch den Gonfaloniere präsidiert, tagen. Die Signoria hat vom spanischen Vizekönig und vom Papst Ultimaten in Händen. Der Krieg der heiligen Liga, heisst es in diesen Schreiben, gelte nicht der Selbständigkeit der Republik. Die Liga wolle vielmehr die Republik von Soderini und vom französischen Bündnis befreien. Sie verlange die sofortige Absetzung des Gonfaloniere. Für die Medici fordere sie keinen Thron und kein Amt, sondern nur das Recht, als Bürger in ihrer Heimat wohnen zu dürfen.

Der 64jährige Piero Soderini steht vor seinen Anhängern, die den bitteren Ernst wie er empfinden. Er hat hier niemanden zu überzeugen, diese Männer

Raffael (1483–1520):
Papst Julius II.

wissen, um was es geht. Sie würden wie er alles Gold aus ihren Truhen opfern, um nicht kämpfen zu müssen. Sie lieben aber sich selbst, die Freiheit und Florenz und sind bereit, diesen bösen Kampf wie einen bösen Traum zu erdulden. Die Vernunft zeigt ihnen keine andere Möglichkeit. Und vernünftig, ohne grosse Worte, als ob es gelte, eine Lanze für die Kanalisation zu brechen, redet zu ihnen Soderini. Wenn er die Verantwortung nicht allein tragen muss, wenn er sie mit anderen teilen darf, findet er seinen inneren Frieden. Jedermann in diesem Grossen Rat, der Gonfaloniere braucht es erst kaum zu versichern, weiss: Er würde sein Amt verlassen, wenn der Krieg ihm und nicht der Republik gelten würde. „Und handelte es sich", spricht er, „wirklich nur darum, die Mediceer als Bürger bei uns leben zu lassen, dann dürfte man sich ihrer Rückkehr nicht in den Weg stellen . . . Die Mediceer werden aber nicht als ruhige Privatleute in unserer Mitte leben . . . Durch die Republik enteignet, im Exil erzogen, von fremden Armeen gestützt, werden sie nur an Selbstherrschaft und Rache denken. Gebt Ihr heute, bewaffnet, nach, kämpft Ihr nicht, dann werdet Ihr den Preis der Freiheit erst dann kennen lernen, nachdem Ihr sie verloren habt . . . Das Unglück, das sich dann über uns neigen wird, lässt mich erzittern."
Der Rat hört aus der Rede des Gonfaloniere die eigene Stimme und beschliesst, Soderini nicht zu opfern. Um aber auch in letzter Minute das Tor zu Verhandlungen nicht zu schliessen, wird die Forderung nach der Rückkehr der Mediceer nicht abgewiesen, sondern stillschweigend übergangen.
Dieser halbe Entschluss, der die Beklemmung der Bürger zeigt, ihr offenes Ja und das geheime Nein ihrer Seele, bedeutet den ganzen Krieg.
Die Florentiner sind an effektiver Truppenstärke, an

Reserven, an Bewaffnung, an Möglichkeiten des Nachschubes und der Approvisionierung den Spaniern überlegen. Dennoch legt sich die Republik durch ihren Kriegsplan auf die absolute Defensive fest. 10 000 Milizsoldaten sollen bei Prato, einen Tagesmarsch von der Hauptstadt entfernt, konzentriert werden. Entlang der Grenze müssten die lokalen Fähnlein das Land vor vereinzelten feindlichen Zügen bewahren.
Ein Kriegsrat der Republik aber ändert diesen ursprünglichen Plan. Die Defensive wird eingeengt, erstreckt sich nicht mehr auf den Boden Toskanas, schrumpft beängstigend zusammen. Die kompakte grössere Hälfte aller Milizformationen, die Achse des Widerstandes soll nicht mehr bei Prato, sondern unter den Mauern der Hauptstadt stehen. Florenz, denkt der Kriegsrat, in unmittelbarer Nachbarschaft mit seinen Tausenden von Republikanern, mit den Strassen, die zu Barrikaden werden können, bilde ein ideales Hinterland des Widerstandes.
Während der Kriegsrat noch tagt, haben die Spanier die Grenzen der Republik schon überschritten, die Quellen des Arno erreicht, leicht die lokalen, schlecht bewaffneten Milizformationen in die Flucht gejagt. Die Verbindungen der Grenzorte mit der Signoria sind zumeist unterbrochen, dem Zufall überlassen. Je ungenauer die Zahl und Stärke der Spanier bekannt ist, um so deutlicher glaubt man, sie überall zu sehen. Zaghaftigkeit verdunkelt die Übersicht, lässt ein allgemeines Durcheinander entstehen, das zum Hindernis aller kriegerischen Operationen wird.
Erst drei Tage vor dem Einmarsch der Spanier, sieben Jahre nach der Milizgründung, wurde endlich auf Drängen Machiavellis ein Oberkommandierender, Jacopo Savelli, ernannt. Und Savelli ist, nachdem ihm die Signoria das Amt übergeben hat, spurlos verschwunden.

Vergebens suchen ihn Boten in der ganzen Stadt. Statt seiner ist nun Niccolò der wichtigste Mann in der Leitung. Er hat heute grosse Vollmachten. Er muss die Autorität der Signoria nicht nur vor der Miliz, sondern auch vor den Condottieri der Republik wahren. Sein Wort und seine Befehle geniessen Achtung und Gehorsam. Jeder weiss es, dass nur dank seiner Milizarbeit der Widerstand beschlossen wurde. Er war es, der Soderinis Zaghaftigkeit besiegte und ihn zur Verteidigung des populanen Regimentes trieb. Seine grossen Vollmachten nützen ihm aber heute ebensowenig, wie ihm die kleinen vor Pisa geschadet haben. Er verzettelt sich, ist überall und nirgends zu sehen. Niccolò reitet nach Firenzola, wo 900 Meter hoch an dem Abhang der Apenninen 2000 ausgewählte Milizsoldaten stehen, die die Spanier in der Flanke bedrohen sollen. In Firenzola aber ist keine Spur vom Feind. Von hier reitet er die Grenze entlang, flösst den lokalen Formationen Mut ein, lässt auf den Pässen der Apenninen Gräben schanzen, versucht vergebens, für gefährdete Punkte Artillerie und Munition aus Florenz zu bekommen, organisiert im kleinen, überall da, wo sich der Feind nicht stellt. Niccolò ist von der Menge der Möglichkeiten dieser Tage erdrückt. Er befindet sich in den unteren Räumen der Wirklichkeit, wo man von der Hand in den Mund lebt, und wird nicht von dem leichten Überblick des Feldherrn beseelt.

Die Florentiner Schwäche, die gerade während der Entscheidung jeden Willen erzittern lässt, berührt auch Machiavellis Energie, unterdrückt auch seine kriegerische Vorstellung. Der seelische Zustand der Republik hebt die Grösse ihrer materiellen Mittel, ihre Truppenzahl, ihre Bewaffnung, ihren Nachschub auf. Niccolò verschwindet in der Flut allgemeiner Ohnmacht. Sein Sehen hängt mehr mit dem Schreibtisch zusammen,

als er es selbst weiss. Er hat den Blick des Kritikers, nicht des Handelnden. Er kann nicht so verfahren, wie die Idealgestalt seiner Vorstellung, der Mann seiner Virtù heute handeln würde: Die Regierung bevormunden, die mediceische Opposition terrorisieren, allen den eigenen Willen einhauchen, Berg des Widerstandes werden! Ohne Machiavelli hätten die Florentiner ihren Krieg auch nicht gedankenloser und schwächer führen können. Er war im Kriegsrat dabei und hat seine Stimme nicht gegen die verkrüppelte Defensive erhoben. Er, der allen Zeiten die Sätze für die Schlacht, für die Entscheidung prägen sollte, hat gar nicht an das Gewicht des Krieges, an seinen Zweck, an das schnelle Marschieren und das plötzliche Schlagen gedacht. Freilich, grössere Soldaten als er, Männer, die an der Spitze furchtbarer Gemetzel gestanden, die ihr ganzes Leben im Lager verbracht und Erfahrung über Erfahrung gesammelt hatten, hofften auch, ohne Schlacht, durch Manöver den Feind vernichten zu können. Selbst der General der Spanier, Pescara, meinte: „Gott gebe mir 100 Jahre Krieg und keinen einzigen Tag Schlacht!" „Man soll", schreibt der Spanier Mendozza, „langsam, bedachtsam, mit einem bleiernen Fuss zur Schlacht schleichen." Bewegt man, dachten viele Generäle, seine eigenen Truppen nur glücklich, so können die Feindlichen durch die Schwierigkeiten des Soldes, durch Nahrungsmangel, durch sengende Hitze, durch vernichtende Kälte, durch die Feindschaft der Bevölkerung, wenn nicht vernichtet, so doch zermürbt, ermattet werden. Dann lässt sich der Feind, um Schlimmeres zu verhüten, auf ein Kompromiss ein.
Und die gesamten kriegerischen Umstände, nicht nur die seelische Schwäche der Toskaner, sprachen für die Anwendung der Manövertaktik gegen den Feind der Republik. Die Spanier waren nicht mehr in der Blütezeit

der heiligen Liga. Venedig und der Papst zahlten ihnen keine Subsidien mehr, ihr König sandte ihnen keine Dukaten. Das hispanische Kommando war geldlos, die Truppen, siegreich und bettelarm, ohne Nachschub, ohne Munition, ohne Artillerie. Bevor die Spanier Toskana betraten, wurden ein Brot und einige Feigen für drei Soldaten pro Tag verteilt. Ohne den Legaten des Papstes in ihren Reihen, ohne den Kardinal Giovanni Medici, hätten sie, von der Not zerrieben, jeden Kompromiss unterzeichnet. Der Kardinal hielt sie von der Auflösung zurück. Seine Worte eröffneten ihnen das Bild des florentinischen Reichtums. Er reizte den Appetit ihrer Augen und ihrer Mägen. Er beschwor den Vizekönig Cardona, immer rascher zu marschieren, sagte ihm, der Widerstand der Florentiner sei dank der mediceischen Partei durchbrochen, zeigte die Liste seiner Agenten und Spione, erzählte von den Freunden, die das Pulver der Florentiner nass machten, und von denen, die an den Wällen toskanischer Städte republikanische Truppen kommandierten; sprach von der Verschwörung, die jeden Moment gegen die Signoria ausbrechen würde. Seine Worte geben dem Vizekönig, allen Offizieren, allen Soldaten, den Feigen wie den Mutigen, den Marodeuren wie den Kranken und den Verwundeten, die Flügel an die Füsse, die vorwärts treiben.

Am Sonnabend, dem 28. August 1512, stehen diese 10.000 Spanier vor den hohen, dünnen Mauern Pratos. Sie umschliessen die Stadt und nehmen die Zinnen der Festung unter Feuer. Als sei Prato ein verwunschenes, unverletzbares Märchenkastell, bleibt es stumm, beantwortet nicht das gegnerische Feuer. Keiner unter den 3000 Mann der Besatzung wagt es, zum Schiessen die Mauern hinaufzusteigen. Der Vizekönig Cardona lässt angesichts der Mutlosigkeit seiner Gegner zum Sturm blasen. Die Spanier werden aber von den Höhen der

Palisaden abgeschlagen. Der Vizekönig ist über den plötzlichen Widerstand verdutzt, erinnert sich an die gefährdete Lage seiner Armee und hält inne. Am nächsten Morgen lässt er seine Leute antreten. „Wir haben keine Wahl", sagt er ihnen. „Entweder verhungern wir oder nehmen Prato ein." Nach dieser Ansprache wird wieder zum Sturm geblasen. Die Spanier, schreibt ein Augenzeuge, „laufen wie reissende Hunde einer Bresche in der Mauer entgegen". Dieses Loch, einem offenen Fenster ähnlich, ist 4 Meter breit und 2 Meter hoch. Im Augenblick, in dem die Toskaner die ersten Spanier sehen, die diese Bresche passieren, laufen sie wie erschrockene Ratten davon. Entlang der ganzen inneren Mauer, von allen Palisaden und Bastionen herab, werfen die Toscaner die Waffen weg, anstatt zu dem bedrohten Punkt zu eilen. Ihr wildes Rennen findet kein offenes Tor; alle Ausgänge hatten sie selbst vermauert. Das grosse, dumpfe, erfinderische Morden der Sieger beginnt. Alles, was ein menschliches Antlitz trägt, nicht nur der Soldat, muss die Stunde der Geburt büssen. Die Spanier sieden in Öl, vierteilen lebendig, schnüren die Köpfe mit Stricken ein, enthaaren die Körper mit der Hand, sie blähen Leiber mit Blasebälgen auf, sie rösten die Fussohlen, sie martern so lange, bis sie das Versteck des letzten Golddukaten erfahren.

Schon in den ersten Stunden der Plünderung reitet der Kardinal Giovanni Medici durch Prato. Das Entsetzen stimmt ihn etwas melancholisch. „Die Plünderung", schreibt er dem Papst, „verläuft nicht ohne einige Grausamkeit des Tötens. Ich empfinde darüber Missvergnügen. Aber Prato hat auch eine gute Seite. Es wird anderen zum schrecklichen Beispiel dienen." Selbst wenn der Kardinal dem Gemetzel hätte Einhalt gebieten wollen, niemand hätte ihm gehorcht. „Schwer kann man", sagt der General Pescara, „zugleich Christus und Mars dienen." In dem Vermögen zu solcher Grausamkeit wurzelt die Macht der ersten Infanterie der Welt, der spanischen! Diese Grausamkeit begleitet sie auf allen Wegen, gibt ihr Kampfeinheit, Sturmwillen und Kampferfahrung, ersetzt den unbekannten Drill.

Die Miliz Machiavellis, die, 10 000 Mann stark, zur selben Zeit müssig vor den Mauern der Hauptstadt stand, kannte diese Furien der Schlacht nicht. Die Männer der Fähnlein hatten weder Blut noch Beute gerochen, weder kannten sie die Entbehrung langer Marschwochen, noch wussten sie vom Grauen der Verzweiflung, nach vorwärts getrieben zu werden. Sie hatten keine Schlachterfahrung. Der Fleiss und die Theorien Niccolòs konnten die Praxis, die die Spanier auf den Ebenen Kalabriens, in der Lombardei, in Afrika, in Aragon und in Kastilien gewonnen hatten, nicht ersetzen. Machiavelli hatte sich nach rückwärts, als er an die römischen Milizlegionen dachte, um eineinhalb Jahrtausende geirrt und nach vorwärts um zwei Jahrhunderte. Er sah richtig, dass die soziale Struktur die Armee bedingt, doch identifizierte er zu sehr den ganzen Aufbau seiner Heimat mit der römischen Verfassung. Nach vorwärts sollte erst im Verlauf einer 200 jährigen politisch-militärischen Veränderung die misera plebs durch Drill, Disziplin und Kaserne für die Schlacht erzogen werden. Die kleinen Leute aller Länder mussten erst auf den Barrikaden ganz Europas das Recht erobern, für ihr Vaterland in den Krieg zu ziehen.

Jetzt fällt der erste tragisch-geniale Versuch des Volksaufgebotes in sich zusammen.

Der Sturm, der aus Prato wehte, trieb die Regimenter der Miliz wie Laub auseinander. Vor so viel Grauen und Schrecken laufen die Soldaten davon, wie in Florenz jeder, der sich nicht mediceisch fühlt, am liebsten das

Weite sucht oder einen Winkel zum Verkriechen finden möchte.
Die Signoria ist bereit, die Armee zu entlassen, um den Vizekönig Cardona nicht zu reizen. In den Kapitulationsbedingungen verlangt der Vizekönig die Absetzung des Gonfaloniere, die Rückkehr der Mediceer als Privatleute und präsentiert zur Strafe für den versuchten Widerstand einer Woche die Rechnung: fordert für den Kaiser, für Ferdinand, für sich und für seine Armee grosse Summen. Nur unter dieser Bedingung ist Cardona gewillt, in Prato zu bleiben, Florenz nicht zu betreten. Die Signori sind zum Zahlen bereit. Sie erklären aber, wenn auch mit stotternder Stimme, von Soderini nicht lassen zu können; für sein weiteres Verbleiben im Amt wollen sie dem Feinde besondere Summen zahlen.
Die Optimaten der Stadt, mit dem Vizekönig im Bunde, lösen selbst die Frage des Gonfaloniere. Binnen einer halben Stunde jagen sie die Milizposten der Populanen davon, besetzen die Ein- und Ausgänge des Rathauses, den Platz davor und alle Brücken der Stadt. Aus dem Gefängnis holen sie im Triumph ein Dutzend mediceischer Anhänger. Dreissig Jünglinge aus den verschuldeten florentinischen nobilaren Familien dringen in Soderinis Arbeitszimmer und schleppen den Erschrockenen in das Haus eines Optimaten.
Der Gonfaloniere ist, ein Gefangener, gesetzlich noch immer das Haupt der Republik.
Francesco Vettori, der Freund aller Welt, der Freund Soderinis, der Machiavellis, der Optimaten und des populanen Regiments, besucht den gefangenen Präsidenten. Er tröstet ihn, wie nur ein Sohn seinen unglücklichen greisen Vater trösten kann. Dann geht er raschen Schrittes in den grossen Saal der Signoria, wo die Behörden tagen. Mit gekreuzten Armen, die Stimme von

Tränen erstickt, sagt Vettori den zum Dulden bereiten Populanen, sie müssten, um das Leben des geliebten, um die Republik hochverdienten Präsidenten zu retten, Soderini absetzen. Der Rat ist nicht weniger gerührt als Vettori und erklärt Soderinis Amtsgewalt für erloschen. In derselben Nacht noch verlässt der Präsident Florenz. Die Körperschaft, die dazu berufen war, und keine andere, hat den Gonfaloniere abgesetzt. Die Verfassung wurde mit Tränen der Schwäche benetzt, sie konnte aber sagen, niemand habe ihr Gewalt angetan.

Durch die Hilfe Spaniens, Venedigs, des Papstes und des Kaisers vermögen die Mediceer ihre alte Herrschaft wieder zu erklimmen. Durch die Verschwörung der Optimaten gelingt ihnen das weit zartere Ziel: Trotz ihrer Invasion, trotz ihren Kriegen, trotz Prato, keinen Buchstaben der Verfassung verletzt zu haben.

Die Mediceer hatten von ihren Ahnen gelernt, ihre Ziele durch die Hand der Freunde, indirekt, wie ohne ihr Zutun zu erreichen und den Schein zu wahren. Auch heute nach 18 jähriger Emigration, nach 18 Jahren Kampf und Intrigue in allen Hauptstädten der Welt, auch heute, da sie übergewaltig vor dem besiegten, ihnen verhassten populanen Regiment stehen, wollen sie nicht als offene Verächter der Verfassung und der Gesetze erscheinen. Die Mediceer fürchten, ihr Schicksal an den vergänglichen Sieg fremder Armeen zu ketten. Sie wissen, dass sie in dieser Stadt der Bürger nicht in ewiger Feindschaft mit diesen Bürgern leben können. Im kühlen Schatten der Legalität wollen sie den Tempel ihrer Macht erheben.

Durch diese Diplomatie eingeführt, verlassen sie an den Toren der Stadt ihr militärisches Kleid und ihre siegreiche spanische Begleitung: Giuliano Medici betritt ganz bescheiden in der republikanischen roten Tunica mit breitem Samtgürtel, von wenigen Freunden umgeben, Florenz.

NACH VERLORENER SCHLACHT.

GROSSE LEIDEN UND KLEINE FREUDEN.

ALS Machiavelli am Morgen des 2. September seine Kanzlei betrat, fehlte im Palast der Signoria nur ein Mann: Piero Soderini. Wer unter den Beamten nicht gekommen wäre, hätte mit gutem Grund als Rebell gegolten. Er und nicht die Mediceer hätten verfassungswidrige Gesinnung offenbart. Wechseln die Herren, dann haben die Diener die vorgeschriebene Treue zu zeigen und zu schweigen. Die Ängste und Hoffnungen, die diese Büralisten bewegten, tauschten sie in wilden und ungezügelten Vermutungen aus. Ihre vertrauten Arbeitszimmer erscheinen ihnen ungemütlich wie ohne Tür und Fenster, denn sie wissen noch nicht genau, wem ihre Ergebenheit zu gelten hat. Einerseits herrschen noch die populanen Institutionen. Andererseits prangt Florenz im Glanz der über Nacht ersprossenen mediceischen Wappen. Die Kanzlisten fühlen sich wie während eines Leichenschmauses. Dem verschwundenen Piero Soderini gelten nur flüchtige Gedanken, und die ganze Hoffnung des Daseins fliegt der Casa Medici entgegen. Die Optimatenfamilien und die der Populanen waren im kleinen Florenz nicht kastenmässig getrennt. Freundschaften, Geschäftsverbindungen, Bekanntschaften, Heiraten unterbrachen oft die Bande der Politik. Es gab nicht nur den Kardinal Medici, sondern an die 50 Glückliche, die diesen Namen trugen oder die durch Ehen die Hausgenossenschaft bildeten: Des Kardinals Bruder, seine drei Schwestern, seine Vettern, Schwäger, Onkel, seine vielen Neffen, die jüngere, vom Bruder des alten Cosimo, dem „Vater des Vaterlandes“, stammende Linie und die natürlichen

Kinder der Dynastie, die alle legitimiert worden waren. Zu einem aus dieser zahlreichen Familie eine Verbindung zu finden, bildete das grosse Suchen des Tages. Die Erinnerung aller Verängstigten, aller Eitlen und aller Ehrgeizigen wurde spiegelhell bis in die fernsten Tage, um Freundschaften zu finden, um aus einem flüchtig gewechselten Wort, aus einem Gruss alte Titel mediceischer Anhängerschaft zu machen. Unter dieser Schar befand sich auch Machiavelli. Er war wie seine Bürokollegen entschlossen, seinen Posten nicht zu verlieren. Bis zum ersten September hatte er keine Arbeit und keine Gefahr gescheut, um Soderini zu verteidigen. Am 2. September wollte er nicht zum Märtyrer einer schon verlorenen Sache werden. Für eine Herrschaft, die sich halten will, indem sie sich stückweise vergibt, für einen Anführer, der, wohl bepackt mit tausend vernünftigen Gründen, flieht, stirbt kein Mann. Durch seine Freunde, durch Francesco Guicciardini und Francesco Vettoi, konnte sich Niccolò den Mediceern nicht nähern. Sie waren selbst zu neu in der Partei der Sieger und überbeschäftigt, die Spuren ihrer politischen Reise zu verwischen. Niccolò blieb nur der direkte Weg, die eigene Feder. Er entwirft für eine hohe mediceische Dame, für Alfonsina Orsini, die Witwe des vertriebenen Piero, eine ausführliche Schilderung der florentinischen Umwälzung, verfasst ein klares Bild der populanen Hoffnungen und der populanen Niederlage, zeigt unparteiische Gerechtigkeit für Soderini und erwähnt linkisch Pratos Verwüstung. Dann proklamiert er in bangem Optimismus die Mediceer zu seinen Herren und Beschützern. Dem Kardinal Giovanni schreibt er, man solle sich vor den kläffenden Feinden Soderinis hüten, sie belaste nur die neue Herrschaft. Sie seien imstande, innerhalb der Restauration eine eigene Partei zu bilden. Dieser Ratschlag genügt Niccolò nicht, er schreibt dem Kardinal, man dürfe die Leute, die, dank der Revolution Savonarolas, Teile aus den Besitzungen Lorenzo Medicis erworben haben, nicht enteignen: „denn die Menschen klagen mehr, wenn man ihnen ein Gut nimmt, als wenn ihnen der Vater oder der Bruder erschlagen wird. Der Bruder oder der Vater erwachen nicht mehr. Das Gut aber vermag die nächste Umwälzung zurückzugeben".

Unter allen Schmeichlern von Florenz offenbart sich Niccolò, der stets unter Freunden mit seiner Verstellungskunst tüchtig prahlte, als der schlechteste Lügner. Er findet nichts Klügeres, als dem ihm feindlich gesinnten Sieger ebenso richtige wie ungebetene und unangenehme Ratschläge zu erteilen. Der durch die Fabel der Jahrhunderte erdichtete, vulgäre Begriff des „Machiavellismus" passt auf niemanden weniger als auf diesen Bürowurm, der vom Gewicht aller Existenzsorgen niedergedrückt, trotz seiner Feder kein rundes Lob zusammenreimen kann. Nach jedem Satz, der Weihrauchgeruch hervorzaubern soll, rutscht er in die trockene Vernunft aus. Das Elend des Wahrheits-, des Wirklichkeitsmenschen ist nicht, dass er nicht lügen „darf" oder will, sondern dass er es nicht kann und als Gefangener einer an Narrheit grenzenden Objektivität leiden muss. Wie geschickt loben, mit ihm verglichen, seine Freunde, die Meister der Florentiner Skepsis. Francesco Guicciardini, dieser Weise von 30 Jahren, hatte am 1. September eine Denkschrift für die Fundierung des republikanischen Regimes verfasst. Am 6. September beweist er in einer neuen Arbeit das Gegenteil. Und Jacopo Nardi, der Theoretiker und Historiker des Grossen Rates, versteht es, Hymnen zum Ruhm der Casa Medici zu singen.

Der Kardinal und seine Schwägerin, die Francesco Guicciardini und Jacopo Nardi ihre Freundschaft schenken, die selbst Piero Soderini ins Exil ihr Verzeihen nachsenden, warnen gleich vor Machiavelli. Haben die beiden Mediceer seine Denkschrift gelesen, so hat sie in ihnen nur neuen Widerwillen gegen den Begründer der Miliz erweckt. Wenn Niccolò, der täglich geduckter, schweigsamer seine Kanzlei betritt, um nach getaner Arbeit schnell zu verschwinden, weiter zwei Monate lang die Akten bearbeiten darf, so nur, weil sich die Mediceer noch nicht der ganzen Herrschaft erfreuen und die populanen Behörden ruhig über Verfassungsänderungen beraten lassen. Wie Machiavelli und seine Bürokollegen freuen sich auch die Herren im Rat der Behörden, offiziell annehmen zu dürfen, es habe sich nichts geändert. Inoffiziell aber, in ihren stündlichen Ängsten und nächtlichen Träumen, warten sie, was die Mediceer verlangen werden. Die Mediceer wollen nicht sprechen. Ihr Schweigen ist für die populanen Behörden ein verzehrender, trockener Brand. Die Signoria glaubt, durch Leisetreten die Grundlagen des populanen Regiments retten zu können. Sie will durch freundliche Massnahmen die Mediceer überraschen, ihnen die Legalität erleichtern. Die versammelten Behörden beschliessen deshalb, die Miliz aufzuheben und das Amt des Gonfaloniere nicht mehr lebenslänglich zu erhalten, sondern auf ein Jahr festzusetzen. In allen Institutionen werden nach rascher Wahl Florentiner eingesetzt, die den Optimaten nahestehen. Der Grosse Rat aber, die in letzter Instanz entscheidenden 3000 Bürger, soll weiter, wenn auch mit beschränkten Rechten, bestehen bleiben.

Vom Hause Medici kommt auf diese Reform noch immer keine Antwort. Die geheime Nervenschlacht unausgesprochener Worte und Gedanken zwischen dem Kardinal Giovanni und den Populanen ist noch nicht beendet. Giovanni formt eine elegante Restauration mit seinen Charaktereigenschaften, die er zu politischen Waffen

Unbekannter Meister:
Piero Soderini

schmiedet. Er errichtet die Herrschaft durch seine Art, stets allem Unangenehmen aus dem Weg zu gehen, durch seine Scheu vor jeder Härte und Anstrengung, durch seine Langsamkeit, durch seine Gewohnheit, nie offen nein zu sagen, durch seinen Stern von Bethlehem: durch bestrickende Falschheit. Seine glänzende Mischung von gemessener Würde, Witz, Laschheit und Freigebigkeit zieht die Menschen unwiderstehlich an. Ergriffen, ohne einen Schatten des Vorwurfes hört er die Berichte der vielen Bekehrten an. Er tröstet sie über ihre Sünden. Bitter weinend oder frech ihre Vergangenheit leugnend, schliessen die klangvollsten Namen des Regimes von gestern ihren Frieden mit dem Kardinal. Wenn auch nicht jeder Giovannis Zimmer mit der Ernennung zu einer neuen Würde verlässt, so doch keiner ohne grosse Hoffnung. „Hier gehen", schreibt Piero seinem Bruder Francesco Guicciardini, „die Dinge auf das Beste. Angesichts der leutseligen Güte der Medici ist die Öffentlichkeit beruhigt."

Giovannis Herzen stehen sogar die neuen Freunde näher als die alten. Die alten verlangen, die neuen sind bereit, alles zu geben; die neuen schweigen, die alten erklären: „Die kommenden Dinge müssen nach unserem Willen geschehen." Die alten und die neuen sind aber einig gegen die verfassung-schwatzenden Behörden der Signoria. Die Herren der populanen Institutionen sind in den Augen des Kardinals nur Vereinsamte, die den glatten, freien Weg in die Unterwerfung nicht finden können. Er baut ihnen eine Strasse, sendet seinen Bruder Giuliano mit einigen Soldaten in den Palast der sterbenden populanen Macht. Beim Anblick des Siegers verstummen die Herren. Ein Signore erhebt sich und fragt Giuliano, was sein Haus wünsche. Nichts wollen wir, entgegnet Giuliano, als Bürgschaften für unsere Freiheit, als Pfänder für unsere Gleichberechtigung, nichts

als eine Revision der Verfassung durch das treue Florentiner Volk. Noch am selben Abend läuten die Glocken die Florentiner zum Plebiszit, fordern zum Handaufheben vor dem Rathaus auf.
„Mein Volk", hatte Savonarola vor 20 Jahren gesprochen, „wenn Du die Glocke hörst, welche das Parlament berufen soll, so stehe auf, ziehe das Schwert und rufe: Was willst Du? Vermag nicht der Grosse Rat alles zu tun? Was für ein Gesetz willst Du? Kann es nicht der Grosse Rat geben?"
An diesem Abend aber wird durch die tumultuarische, unkontrollierte und im Geheimen gut geleitete Versammlung — Parlament genannt — der Grosse Rat, diese Grundlage der letzten zwei Florentiner Jahrzehnte, abgeschafft. In den Hallen der 3000 soll von nun ab das Wachregiment der Mediceer wohnen. Vor der Signoria schreien die Anhänger, mit Soldaten vermengt, die alle Nebenstrassen besetzt halten, ihre Begeisterung für die neue Verfassung aus, die die alte des grossen Vorgängers Lorenzo Medici ist. Jeder unter den hier Versammelten hätte das Recht, „Nein" zu rufen. Aber es wäre sein letztes Wort gewesen.
Eine Kommission von 45 Männern, deren Namen man verliest, und die den Kern mediceischer Anhänger bilden, die Balia, bekommt die Befugnis, einen lebenslänglichen „Rat der 70" und einen „Rat der 100", der alle sechs Monate wechselt, zu ernennen. Die vielen Instanzen der Republik tagen weiter. Aber die Männer darin sind durch unsichtbare Fäden geleitet, die in den Händen der Balia liegen. Der Herr der Balia, der nie vor ihr auftritt, sondern aus seinen Schlössern befiehlt, ist das Haupt der Casa Medici.
Nachdem ein Gonfaloniere auf 2 Monate ernannt ist und alle allgemeinen Personalfragen geregelt sind, fährt der Kardinal nach Rom. Er überlässt Florenz nach dem

Recht der Primogenitur seinem 21 jährigen Neffen Lorenzo. Jetzt hat man Zeit, die Schreiber der Kanzleien näher zu prüfen. Die neuen Herren sind nicht übermässig rachedurstig. Sie wollen aber ihre eigenen Augen und Ohren in der Signoria haben. Die Beamten werden einzeln wie Möbelstücke betrachtet, ob sie auch zum Ganzen der veränderten Einrichtung passen. Jeder unter ihnen möchte klein und nebensächlich erscheinen, nicht wichtiger als der Teppich und der Spucknapf. Marcello Virgilio, Niccolòs unmittelbarer Chef, war immer vorsichtig gewesen und hatte sich stets gehütet, mehr als seine Pflicht zu tun. Er wird als der lebendige Stempel der Büros empfunden und darf sein Amt weiter behalten. Alle Gründe aber sprechen für Niccolòs Entlassung. Dieser Mann wird nie vom Übereifer lassen, nie darauf verzichten, Politik treiben zu wollen. Er kann noch so ergeben seine Treue betonen, die neuen Postenverteiler sind klug genug, zu wissen, dass dieser Charakter sich nicht ändern kann. Ganz allgemein erscheint er als der böse Geist der Vergangenheit, als der tüchtigste Beamte Soderinis, als der Mann, der stets zu extremen Massnahmen gegen die Mediceer gehetzt hatte. Niccolò erhält das barsche Patent seiner Entlassung: „Wir entheben Niccolò, den Sohn des Bernardo Machiavelli, seines Amtes als Sekretär der zweiten Kanzlei, und wir entbinden ihn aller seiner übrigen Obliegenheiten."

Der davongejagte 43 jährige Machiavelli macht die Bilanz seines Daseins. Es ist der Augenblick im Leben, wo die Vergangenheit, so wie sie war, und die Gegenwart, so wie sie ist, erscheint. Weil er nicht an Gott glaubt, zieht er von allen Dingen, die er erlebt hat, die Haut der Illusion, und Vergangenheit und Gegenwart verdichten sich ihm zu einer einzigen Fratze. So schwer es auch bis jetzt war, die praktische Arbeit konnte ihn doch immer aufrichten. Im allgemeinen Geschehen hatte er sich vergessen können. Er hatte vermocht, aus den Augen der Mächtigen das Geschick der Völker zu lesen. Was soll er jetzt beginnen? Wohin mit den Stunden, den Tagen, den Jahren? Was soll er mit seinen Händen tun? Als Entlassener, Verpönter macht er sich in seiner Kanzlei weiter zu schaffen, will seinen Nachfolger beraten, belästigt seine ehemaligen Kollegen, ist nicht aus den Zimmern zu bringen. Ein neuer Befehl der Signoria gibt ihm den letzten Tritt, verbietet ihm bei Gefängnisstrafe, das Rathaus zu betreten. Diese Demütigung erweckt in seinem Herzen nur neue Verzweiflung. Weinend verzerrt er das Gesicht. Wenn er einen Sorglosen sieht, schaut er ihm lange nach. Wie viele können leben! Die anderen können eben vieles. Ich aber, schreibt er, „verstehe weder von Seide noch von der Wollweberei, weder vom Gewinn noch vom Verlust etwas. Ich verstehe nur etwas vom Staate".

In diesem Staatsdienst ist er bettelarm geblieben. So gross die Not bis jetzt auch war, am Ende jedes Monats hatte er doch für einige Tage den Trost der Sicherheit. Erst jetzt wird die Dürftigkeit beginnen. Er spürt, wie sie ihn am Halse packt, um ihn stündlich zu schütteln. Er ist über das eigene Unglück beschämt. „Ich werde lächerlich durch die Armut", schreibt er. Er hat nie auf den Pfennig sehen können. Mit der grossen Rebellion der Freien gegen die Armut im Herzen gab er das Kleingeld, das addiert zum grossen Geld wird, unbekümmert aus. Jetzt wird er es nicht mehr können; auf das winzige Erbgut seiner Ahnen angewiesen, wird er aus den Augen seiner Frau und seiner vier Kinder das stumme Verlangen nach Rechenschaft lesen.

„Ich will doch sehen", schreibt er, „ob sich Fortuna nicht endlich schämt, mich stets mit den Füssen zu treten." Das Schicksal schien sich indes dafür rächen zu wollen,

dass er es unternommen hatte, das Pathos der Kraft gegen die dunkle Tücke der Fortuna zu preisen.
Machiavelli wird unverhofft verhaftet.
Zwei junge Florentiner aus adligem Geschlecht, Agostino Capponi und Paolo Boscoli, hatten eine lächerliche Verschwörung gegen Giuliano Medici angezettelt. Sie wollten ihn töten. Auf ein Blatt Papier schrieben sie die Namen einiger Männer, die sie zur Rebellion bereit glaubten. Machiavelli stand auf dieser Liste. Der Zufall hatte dem Verrat geholfen, und das kindische und dennoch kompromittierende Papier gelangte in die Hände der Signoria.
Niccolò ist in Ketten in einem schmutzigen dunklen Verlies des Florentiner Gefängnisses. „An den Wänden sitzen Läuse gross wie Schmetterlinge." Der Gestank würgt ihm die Kehle. Neben sich hört er die Schreie eines Unglücklichen, der zu hoch über dem Fussboden angeschnallt ist. Eines Morgens vernimmt er die Schritte Capponis und Boscolis, die zum Sterben geführt werden. In der Seele dieser beiden Jünglinge streitet die fromme Republik Savonarolas mit der des Römers Brutus. Sie blicken in den Tod wie in den willkommenen Tag der Erlösung. Sie wollen auf ihrem letzten Gang dem Beichtvater beweisen, dass Thomas von Aquino die gewaltsame Vernichtung eines Tyrannen nicht zur Sünde rechnet. Nicht das Sterben fürchten die beiden, sondern als Heiden zu sterben. „Pater", seufzt Boscoli vor dem Henker, „treibt mir den Brutus aus dem Kopf, damit ich als Christ die Welt verlasse."
Auch wenn Niccolò die gleiche Begeisterung für Brutus wie Boscoli hat, so betrachtet er doch das Beginnen dieser Verschwörer als eine lächerliche Tat, die ihn in einen fremden Untergang hineinzuziehen droht. Kommt jetzt nach dem Ende dieser zwei die Reihe auch an ihn? Seine Nerven können das Gefängnis ebensowenig

ertragen, wie es die Nerven Savonarolas vermochten, der den Himmel in seinem Busen trug. Niccolò wird sechs Mal am Folterseil emporgezogen. Im Fieber seiner Pein schreibt er an Giuliano Ergebenheitssonette, erzählt ihm von ihren gemeinsamen Freunden; preist die Mediceer, den Körper noch ganz von den Hieben der Mediceer gekrümmt.

Nicht der Klang seiner untertänigen Lyra, sondern die Geständnisse der beiden geopferten Märtyrer lösen ihn nach vier Wochen aus dem Dunkel des Kerkers. Er ist frei.

Niccolò geht noch nicht nach Hause, sondern irrt tagelang im festlichen Florenz, das die Wahl des 37 jährigen Kardinals Giovanni Medici zum Papst Leo X. feiert, umher.

Ein Bacchanal solcher Lust hat weder Machiavelli noch einer seiner Zeitgenossen je gesehen. Die Stadt jauchzt und nimmt an einem Riesengastmahl teil. Aus Brunnen wird Wein ausgeschenkt, Karren mit Ochsen verteilen auf den Strassen Braten, Torten und Fässer mit Chianti. Von dem Balkon ihres Palastes werfen der Bruder, die Neffen und Schwäger des neuen Papstes drei Abende hindurch aus vollen Säcken Golddukaten unter die Menge. „Und wenn ein Sack fast leer war", schreibt ein Augenzeuge, „dann schleuderten ihn die hohen Damen und Herren hinunter. Wo sie am meisten Leute sahen, dahin warfen sie am meisten." Silberne Becher, Hüte, Mäntel, Barette, Samt und Seide werden zur Glückswolke, die sich auf die Florentiner niederlässt. Die reichsten Familien ahmen zu Ehren des neuen Kirchenfürsten die Verschwendung nach. Vom Palast des Hauses Salviati, von dem der Rucellai und von dem der Strozzi fliessen Ströme von Gaben.

Auf diese allversöhnliche Freigebigkeit der Mediceer hat Niccolò vom ersten Tag der Restauration an gehofft.

Noch wirr im Kopf von den Wochen seiner Haft, sieht er jetzt diesen Märchenregen. Er weiss, dass das in Florenz verteilte Vermögen nur ein Trinkgeld ist, verglichen mit dem Glanz päpstlicher Freigebigkeit in Rom selbst. „Eher", heisst es unter Niccolòs Bekannten, „kann ein Stein in die Höhe fliegen, als der Heilige Vater 1000 Dukaten zusammenhalten." Machiavelli brennt es im Herzen, wenn er an die Literaten um den Papstthron denkt. „Gold schenkt Leo für die silbrigen Töne der Lyra", singen sie. Der Papst hat in seinem ersten Breve stolz verkündet, bei seinem Vater Lorenzo unter Büchern und Codicis, umgeben von allen Schöpfungen der Kunst erzogen worden zu sein. Er betrachtet es als Pflicht der Kirche, die Bibliotheken zu pflegen und zu vermehren, alle Schätze der Antike zu sammeln und den gewaltigen Ahnungen, die sich in Architekten, Malern, Bildhauern, Dichtern, Komponisten und Historikern offenbaren, die Wege in die Wirklichkeit zu bahnen. Er ernennt zu seinen Sekretären, Vertrauensleuten und Familiaren die besten Latinisten Italiens. Aus der Kanzlei der Kurie werden die Theologen hinausgedrängt; sie gerät unter die unordentliche, indiskrete Herrschaft der Humanisten. Die Literaten aller Länder pilgern nach Rom. Der Poetenschwarm verfolgt den Heiligen Vater unbarmherziger, als es der grollende Luther an der Spitze seiner Bilderstürmer getan hätte. Nicht in seinem Schlafzimmer und nicht in seinem Bad findet Leo Schutz vor der Zudringlichkeit der Poeten. Er verliert aber nie die Geduld und liebt es, „Ernährer der Literatur" genannt zu werden. Niccolò sieht mit traurigen Augen das Licht und die Bibliotheken Roms, die exklusiven Villen der Kurtisanen, die offenen Häuser der Freudenmädchen, die Berühmtheit, wenn nicht die Kunst Raphaels, Bramantes, Michelangelos, den Historiker Giovio, das Theater, die hemmunglos freie politische Sprache, die Satire, die päpstlichen Jagden in Gesellschaft europäischer Berühmtheiten, den Tisch des Bankiers Chighi, der seinen vielen literarischen Gästen die Dukaten neben dem Braten servieren lässt. Für ihn ist das hilfsbereite Rom eine Seifenblase. Für ihn führt kein Pfad in dieses Gefilde der Freude. „Nur ich", schreibt er, „muss bei so vielem und so grossem Glück der Florentiner unter den Ruinen von Pergamon bleiben."

Was aber den Menschen nicht tötet, das macht ihn stark. Das Gefängnis hat Niccolò nicht nur der Freiheit, sondern auch dem Leben selbst wiedergegeben. Die Lethargie ist gebrochen. Der Born des Unglückes ist unendlich tief. Niccolò hat so viel Leid erlebt, dass er über jede Traurigkeit erhaben scheint und nur noch das Lachen sucht. Trotz seiner Unschuld glaubt er durch ein Wunder dem Schlund der Justiz, dem gleichgültigen Richter und der Tortur entgangen zu sein. „Ich geniesse", schreibt er, „das wiedergewonnene Leben und glaube zu träumen." Er hat den Trost des Skeptikers, der durch die Selbstironie zu leben sucht. Niccolò findet den Weg zu seinesgleichen, zu Unglücksgefährten, und erfreut sich ihrer Narrheit. Er sitzt stundenlang auf einer Bank vor dem Hause neben einem Girolamo del Garbo, dessen Frau vor einigen Tagen gestorben ist und der mit ihm jede Vorübergehende betrachtet, ob sie nicht zur neuen Ehe taugen würde. Er lacht Tränen über einen Grafen Orlando, der in einen Knaben aus Ragusa verliebt ist und Tölpeleien ohne Zahl begeht. Er streitet mit einem etwas verrückten Tomaso, der für ein gemeinsames Mahl ein Pfund Kalbfleisch gekauft hat, eine Woche lang um 4 Soldi. Gegen Abend geht die ganze Gesellschaft zur Donna Sandra di Pero, die die Rente eines offenen Salons gefälliger Damen geniesst. Vom Fenster dieses Hauses betrachten die

Freunde die Prozession zu Ehren des Papstes Leo X. Die Kumpanei Niccolòs tanzt für den neu gekrönten Kirchenfürsten den Engelsreigen und lässt die Mädchen Äbtissin und Novizinnen spielen.
Die Freunde gehen in der Morgendämmerung heim. Niccolò bleibt aber bei der Sandra eine Woche lang. Hier ist ein Asyl vor seiner Familie, vor der festlichen Stadt, vor dem Glück der anderen. Er erzählt den Mädchen tausend Geschichten vom Papst, vom Kaiser, von dem König der Franzosen, erfindet galante Märchen, unwahrscheinliche Begegnungen. Er erzählt ihnen von ihren vielen Schwestern, die er in Frankreich und Italien kennen gelernt hat. Niccolò wird gesprächig wie in seinen besten Tagen und freut sich, kein Blatt vor den Mund nehmen zu müssen. Die Magdalenen umringen ihn, hören mit grossen, schönen Augen zu und streicheln dankbar diesen verwundeten Krieger des Lebens. Diese Frauen sind mehr als eine Flasche Wein, mehr als ein schöner Herbsttag, mehr als der Trost eines Freundes, mehr als Dantes Beatrice, sie sind die Geschenke des Zufalls, die der Kluge klug und der Dumme dumm geniesst. Sie haben Niccolò das Leben immer erleichtert. Sie waren zu ihm in seinen dunklen Tagen gutmütig, hilfsbereit und edel. Ihr Geplapper, ihr Lachen und ihre rauhe Stimme und nicht die platonischen Dialoge mit Blaustrümpfen oder Herzoginnen schenken ihm Mut und Trost.
„Die Politik", schreibt er, „hat mir nur Unglück gebracht, die Frauen nur Freude und Genuss."
Er feiert seine Rettung noch bei einer beinah monogamen, dicken Dame, bei seiner Freundin Riccia. Freudig umarmt sie ihn. Er stört sie aber beim Kochen und zerbricht ihr das Geschirr. „Diese Weisen, diese Weisen", klagt sie, „wissen nie, was sie tun, greifen alles verkehrt an. Diese Weisen sind doch nur Narren."

Trotz allen Umwegen muss er endlich nach Hause — in die Wirklichkeit! Die brave Marietta bekreuzigt sich vor Freude bei seinem Anblick. Niccolò erzählt, er komme, so schnell es seine Glieder zulassen, direkt aus dem Kerker und zeigt ihr und den Kindern die Spuren der Ketten an seinen Knöcheln.
Die Behörden haben ihn indes nicht vergessen. Sie gönnen ihm nicht die Ruhe seines traurigen Hauses. Die Quälgeister der Kanzleien können sich für alle seine Witze und für seine grossen Tage rächen. Er wird von seinem Nachfolger zitiert, muss Rechenschaft über die Buchführung seines Büros geben, jeden Pfennig legitimieren. Dieses Rennen in das Rathaus, wo er jeden Tag erwartet, wieder zurück in das Gefängnis geführt zu werden, lässt ihm die gegen ihn verkündete Verbannung auf sein Erbgut als Erlösung erscheinen. Da hofft er, Ruhe zu finden, arbeiten, denken zu können. Denn in jeder Niederung seines Daseins spürt er noch seinen Funken.
„Wenn später jemand unsere Briefe lesen wird", schreibt er an Francesco Vettori, „dann würde er zunächst glauben, dass wir durchaus ernste Männer voller edler und grosser Gedanken sind. Aber beim Umblättern würde er umgekehrt meinen, dass wir nur leichtsinnig, wankelmütig, schamlos sind und uns in lauter Nichtigkeiten verzetteln. Wir ahmen aber nur die Natur nach, die so vielseitig ist. Und wer dies tut, ist über jeden Tadel erhaben."

UNGLÜCK UND UNSTERBLICHKEIT

FRANCESCO Vettori, durch den Machiavelli immer noch hoffte, die mediceische Gnade zu erlangen, wurde florentinischer Gesandter beim Heiligen Stuhl. Allein seitdem die Mediceer im Vatikan und in Toskana zugleich regierten, hatte dieses hohe diplomatische Amt vom Glanz nur noch den Namen. Der Gesandtenposten wurde zum vornehmen Verbannungsplatz eines bekannten, in allen Lagern berühmten Mannes, den ein Teil der siegreichen Fraktion aus purem Neid nicht in Florenz wissen wollte. Den um Hilfe seufzenden Niccolò konnte Francesco auf die eigene abhängige Lage hinweisen. War aber das Exil Vettoris eines nach oben, im Vorgarten der Macht, so das Machiavellis eines nach unten, im Land der Getretenen. Das Missgeschick Vettoris war das des Glücklichen, dem noch im Unglück die Tage reichen Trost spendeten, das Niccolòs war das des Armen, stets von den Ereignissen Verfolgten.
Vettori lebte als herrliches Exemplar eines klugen Egoisten, der Angst hatte, eine Träne zu verlieren, und der seinem Freunde nicht einmal die Klage gönnte. Seine Phantasie ist nur mit sich selbst beschäftigt. Die Sorgen, die er Niccolò schildert, sind angenehme Liebessorgen. Er empfängt viele schöne Römerinnen, die ihre Tugend gern und leicht entblättern, und hat die Qual der angenehmsten Wahl. In seiner eleganten Wohnung in der Nähe der vatikanischen Gärten, in seinen gepflegten Räumen, in denen die Teppiche, das Tafelgeschirr, die Büchereinbände und die Bilder den Stempel des erlesensten Geschmackes tragen, ohne Reichtum, aber auch ohne Geldsorgen, kann dieser Aristokrat ge-

duldig, vernünftig auf die Gunst des Heiligen Vaters warten. Er liebt die Vernunft, die für ihn im richtigen Mass besteht, in allen Dingen. Selbst über seine Freundin schreibt er, sie habe eine „vernünftige Schönheit". Seine Nachbarin missfällt ihm nur, weil sie ihm dank ihrer strahlenden Grazie zu stark gefällt. Aus diesem Vergnügen könnte eine Leidenschaft, ein Laster werden. Für einen verheirateten Mann, Vater einer erwachsenen Tochter, für deren Mitgift er sorgen muss, wäre solch nachbarlicher Zündstoff höchst unvernünftig. Dieselbe Vernunft sagt ihm, dass er bald Platz nehmen werde an der neu gedeckten Tafel mediceischer Macht. Er befiehlt seiner Vernunft, seinen glühenden Ehrgeiz hinter Gleichgültigkeit zu verbergen. Vettori ist täglich im Vatikan, spricht aber mit dem Papst so wenig wie möglich. Er lässt die anderen aus aller Herren Ländern sich vordrängen. Nie hätte er etwas für sich oder seine Freunde verlangt. Mit dem Kardinal Giulio Medici, dem Vertrauensmann des Heiligen Vaters, speist er oft zu Mittag und klagt über die Masse florentinischer Bittsteller. Leo, meint Francesco, hätte gar keinen Grund, seiner Heimat dankbar zu sein, da sie sich den Mediceern gegenüber wankelmütiger als das loseste Weib gezeigt habe. Im allgemeinen müsse man ganz anders mit diesen Herren reden, die gewohnt sind, wenn sich ihre Laune ändert, die Glocken der Signoria zur Rebellion zu läuten. Vettori kann leicht alle Namen aufzählen, die erst Feuer und Flamme für Lorenzo den Erlauchten gewesen waren, dann für Savonarola, dann für Soderini, und es endlich für Leo sind. Selbst seine populane Vergangenheit verschweigt er nicht. Er belächelt sie als verzeihliche, sympathische Jugendsünde. Jetzt aber haben ihn die Jahre und die Ereignisse gelehrt, wie widerlich, wie nichtig der tobende Sturm jeglicher Begeisterung ist. Diese vielbesungene „Freiheit" ist nichts

als ein Hirngespinst der Florentiner, ein Wort, womit sie spielen wie die Kinder mit Schneebällen.
„Ausser in der imaginären Republik Platons und in der von dem Engländer Thomas Morus geschilderten", schreibt Vettori, „gibt es keine Form der Herrschaft, die nicht nach Tyrannei riecht. Jede Macht hat ihre Wurzel in der Usurpation."
Jede Herrschaft ist ihm Regieren für einen Teil der Bevölkerung gegen einen anderen. Die Signori, die so viel von Freiheit reden, sollten lieber an die Konsequenzen dieses Wortes denken. Durch dieses Wort umnebelt, könnte die Bevölkerung auch die Güterverteilung verlangen. Den Mediceern empfiehlt er, sich von einer Parteibildung, die nur in einer Schicht der Bevölkerung wurzelt, sei es in dem Mittelstand, in der Plebs oder in den Optimaten, zu hüten. Die Mediceer sollen sich durch keine Partei belasten, die für gewöhnlich als eigene Kaste auftritt und die Stimme gegen die Herrn erhebt. Die sicherste Basis der Herrschaft sieht er in der Gewinnung der Ehrgeizigen aus allen Schichten. Die Ehrgeizigen neigen nicht nur zur Rebellion, sondern sie sind auch bereit, ihr Leben zu wagen. Man kann sie gewinnen, indem man in ihnen die Illusion erweckt, dass sie zur Regierung gehören, dass sie sich der eigentlichen Macht erfreuen.
Vettori doziert aber nur selten in so strengem Ton. Als temperierter Liebhaber aller Schwächen ist er weit von jeder Verbesserungssucht entfernt. Es sind nur diskrete, unverbindliche Ratschläge, die er gibt und von denen er meint, sie „eignen sich nicht dazu, aufgeschrieben zu werden".
Das Schöne, das Angenehme in der Welt sieht er in ihrer Gebrechlichkeit. Die Grundlage des irdischen Daseins und zugleich das Gute an diesem Dasein ist ihm der Betrug. Der Betrug ist das, was alles lebendig er-

hält, was die Gedanken formt und die Energien löst. Nur der Betrug zeigt in der menschlichen Gesellschaft einen mannigfaltigen, in allen Farben glitzernden Fortschritt. Die einen spannen ihre Gehirne an, um neue Mittelchen zu erfinden, und die anderen, um sich gegen diese Mittel zu wehren. An der Spitze der allbestimmenden Unredlichkeit stehen die Priester, dann kommen die Rechtsgelehrten, dann die Ärzte und die Astrologen und endlich alle weltlichen Herrscher mit ihren Satelliten.

Sein Freund Machiavelli ist mit ihm über die Brauchbarkeit der Finessen und der Kunstgriffe einer Meinung. Aber Niccolò verengt sein Denken nicht in dieser Richtung. Der Betrug ist ihm eine Notwendigkeit zweiten Grades. Er erkennt elementare Momente und Gesetze im Leben der Völker, die man durch keine Geschicklichkeit aus der Welt schaffen kann. Der Politiker ist kein Schuster, der durch Betrug die Tatsachen zusammenflickt, sondern der Mann, der sich vor keiner Notwendigkeit fürchtet und die Dunkelheit, die die Zukunft stets umgibt, mit den Augen des Geistes und des Charakters zu durchdringen versucht.

Francesco polemisiert nicht mit Niccolò über die Grundeinstellung, die sie trennt, über diese nie alternden Probleme der unübersichtlichen Menschheit. Vettori verlangt von dem Freunde, den er für den klügsten Mann unter seinen Bekannten hält, politische Situationsberichte. Er verspricht, sie dem Papst zu unterbreiten. Dadurch meint er, Niccolò zu helfen. Der Heilige Vater liest die Berichte, aber übersieht den Namen des Verfassers. Dieser schüchterne Versuch, Machiavelli zu helfen, misslingt. Niccolò wird immer stolzer in seiner Seele und immer untertäniger nach aussen. „Die Mediceer", schreibt er an Vettori, „müssen mich in ihrem Dienst verwenden, und wenn ich für den Anfang für sie nur einen Felsen wälzen müsste." Francesco entschuldigt sich, noch nichts erreicht zu haben, erwähnt seine angeblich linkische Art, zu verlangen. Da die Politik seinen gefallenen Freund nicht retten kann, schildert er ihm immer wieder seine Liebesabenteuer. Niccolò kann sich da von Vettori nicht schlagen lassen! Er verfasst viele Histörchen, in denen er als jugendlicher, stets glücklicher Held erscheint: „Ich nähere mich den Fünfzigern, aber ich lasse mich weder durch meine Jahre stören noch durch rauhe Wege ermüden, wenn es der Liebe gilt", schreibt er an Vettori.

In Wirklichkeit aber plagen ihn ganz andere Sorgen. Wie der Schrei eines verwundeten Tieres in der Nacht klingt aus dem Tal der Verbannung sein Jammer. Auf seinem Gut Sant Andrea in der Landschaft Perugina, einen Tagesritt von Florenz entfernt, verbauert er. Die Korrespondenz mit Vettori ist das einzige, was ihn mit der Welt verbindet. Die Tage erheben sich vor ihm mit erdrückender Gleichförmigkeit. Jeden Morgen steht er mit der Dämmerung auf, zieht Bauernkleider an und beginnt, die Arbeit auf dem Felde zu kontrollieren. Seit einigen Tagen beaufsichtigt er die Abholzung seines Eichenwäldchens. Er hofft, mit dem Erlös Steuern und dringende Schulden zahlen zu können. Er treibt die Holzhauer zur Eile, kontrolliert die Arbeit des Vortages. Dann gilt es, das Holz zu verkaufen. Jeder aus seiner Florentiner Narrenkumpanei möchte einen Klafter besonders billig bekommen. Einer zahlt 10 Lire weniger, weil er behauptet, Niccolò sei ihm vor vier Jahren beim Kartenspiel Geld schuldig geblieben. Ein anderer, der auch eine Fuhre gekauft hat, lässt sich beim Aufschichten von seiner Frau, seinen Mägden und Söhnen helfen, sodass Machiavelli um die Hälfte bestohlen wird. Kurz entschlossen erklärt er, für Bekannte habe er kein Holz mehr.

Nach zwei bis drei beschäftigten Morgenstunden spürt Machiavelli das drohende Schweigen des erst beginnenden Tages. Die stille Erde, der Wind, der durch die Wipfel rauscht, die gelben Herbstblätter, die den Boden bedecken, erwecken in ihm nur Feindschaft, zerreissen seine Geduld. Er muss reden, er muss dieser toten Natur entlaufen. Und jeder Mensch ist ihm lieber als gar keiner. So geht er sie suchen und setzt sich ins Wirtshaus an der Landstrasse. Von dem ebenen Fenster der Schenke spricht er die Vorübergehenden an, fragt sie aus, verwickelt sie mit seiner Kunst in lange Gespräche, möchte sie mit dem Wort festhalten. Er glaubt, dabei zu profitieren. „Ich höre allerlei Geschichten, achte auf den verschiedenen Geschmack, auf die verschiedenen Launen und Sorgen der Menschen."
Zum Mittagessen geht er in die Wohnung, wo er Frau und Kinder trifft. Sie können nur das verzehren, was das Gut bringt. Aus der Stadt wird nichts gekauft. Käse, Brot, Bohnen, Feigen, Birnen und Geräuchertes bleiben die ständige Nahrung. Nach dem Essen geht er ins Wirtshaus zurück. Da sitzt er in der Gesellschaft eines Fleischers, eines Müllers und zweier Ziegelbrenner lange Stunden. Die Leute haben seine Erzählungen schon satt. Er kennt ihre Sorgen und sie die seinigen. Sie hören nur noch zu, wenn er eine besonders gepfefferte Geschichte erzählt. Sonst muss er sich ihnen unterwerfen. Sie sind in der Mehrheit und diktieren. Machiavelli spielt mit ihnen bis zum Irrsinn Karten und Würfel, Würfel und Karten. Oft streitet die Gesellschaft, und das Geschrei wird bis weit in das Dorf hinein gehört.
„So verschimmle ich", schreibt er, „unter diesem Pöbel und lasse allen Widrigkeiten freien Lauf."
Erst wenn es zu dunkeln anfängt, geht er in sein Arbeitszimmer. Hier umsäumt ihn die Einsamkeit, die er um

diese Stunde regelmässig sucht, die Einsamkeit der Gedanken, nicht die Stummheit der Natur. An der Schwelle „lege ich die schmutzigen und kotbefleckten Bauernkleider ab und hülle mich in königliche und festliche Gewänder. So würdig angetan, trete ich unter die Männer des Altertums . . . Ich empfinde keinen Verdruss, vergesse alle Beschwerden, fürchte nicht die Armut, ängstige mich nicht vor dem Tode. Ich lebe ganz in ihnen. Und da Dante sagt, das sei kein Wissen, etwas verstanden zu haben, ohne es sich zu merken, so habe ich aufgezeichnet, was ich aus dem Umgang mit ihnen gewonnen habe."

Das republikanische goldene Zeitalter Roms, wie Titus Livius es schildert, ist die Epoche, die er sucht. Er hört die Göttersprache des Willens, bewegt sich inmitten der Scharen scipionischer Bauernlegionen. Frisch, neu, ohne Wunden, ohne Schatten, wie sie nie war, erblickt er die römische Erde. Alles, was ihm gefällt, übernimmt er kritiklos in seinem Buch, in den „Discorsi". Gegen jedes seiner historischen Beispiele kann die Fachwissenschaft Belege bringen. Aber aus dem Ganzen des Buches erhebt sich der Eindruck einer ewigen Wirklichkeit. Neben Livius sind Polybius und Aristoteles seine Kronzeugen. Es ist eine willkürliche Mischung der Antike, wobei Aristoteles mit seiner Politik des Stadtstaates, mit seiner Schilderung der Tyrannis mehr für das Italien des XV. und XVI. Jahrhunderts zu sagen hatte als Titus Livius. Niccolò wird in seiner politischen Kritik, in seinen Maximen, von Aristoteles stärker beeinflusst, auch wenn er ihn weniger als Livius beim Namen nennt. Sein eigenes Wollen und das des Jahrhunderts wird an dem Idealmass zweier Dutzend politischer Axiome gemessen.

Cesare Borgia, die Miliz, die französische, spanische, kaiserliche Politik, seine vielen Legationen, die Fraktions- und Daseinskämpfe der Florentiner, alles, was er in der „Schule des Unglücks", wie er seine Erfahrung nennt, gelernt hat, wird von den unfehlbaren Richtern seiner Antike gerichtet. Und trotzdem er seine eigene Zeit in die Vergangenheit einkapselt, trotzdem er das zweite vorchristliche Jahrhundert über das XV. und XVI. schreiben lässt, trotz seines höchsten Subjektivismus, zwingt er sich immer wieder, zu wissen, dass Rom nur sein Symbol ist, und dass sein Gegenstand die Gegenwart und Italien sind. Er ringt um Objektivität. Er flieht vor den eigenen Axiomen.

Er will dem einzelnen Beispiel, den allgemeinen Sätzen entfliehen, um auf den festeren Boden der Erfahrung zu gelangen. Die Erfahrung ist ihm entscheidender als die ideale Vernunft.

Der Mensch ist für Machiavelli seit Urzeiten und für alle Zeiten derselbe, der menschliche Gedanke der gleiche in immer neuer Erscheinung. Der schönste, beste, der dem Staat ergebenste Mensch ist in Niccolòs Willen und Vorstellung d e r der römisch-republikanischen Antike. Ihn kennt er seit einem Vierteljahrhundert. Jetzt schildert, systematisiert er ihn in seinen Discorsi. Warum aber, da der Mensch stets derselbe bleibt, hat er im XVI. nachchristlichen Jahrhundert nicht mehr die Erhabenheit vorchristlicher Zeiten? Weil er die römische Erfahrung verloren hat! Um den Menschen der Gegenwart zur Höhe der livianischen Epoche zu erheben, enthüllt Niccolò die Erfahrungen Roms. Die Summe antiker Erfahrungen sind in seinen Augen die republikanischen Institutionen. Diese Institutionen entstanden ihm während eines langen Prozesses der in Freiheit geführten inneren Klassenkämpfe. Im Ringen zwischen Besitzenden und Nichtbesitzenden um die Güterverteilung ist der römische Welteroberer geboren worden. Diese Freiheit des inneren Klassenkampfes hat in Rom

alle Tugenden der Disziplin und des Krieges lebendig erhalten.
„Verdammt man", schreibt Machiavelli, „die Kämpfe zwischen dem römischen Volk und den Edlen, so tadelt man die erste Ursache der Erhaltung der römischen Freiheit. Man beachtet dann mehr das Geschrei und Gelärm bei solchen Kämpfen als die guten Wirkungen, die daraus hervorgehen, und bedenkt nicht, dass in jeder Republik das Streben der Grossen und des Volkes verschieden ist und dass aus ihrer Zwietracht alle Gesetze zugunsten der Freiheit hervorgehen."
Nichts ist aber schwerer, als die Freiheit zu organisieren, nichts schwerer, als sie zu schirmen, nichts schwerer, als sie waffenfähig nach aussen zu erhalten, nichts seltener, als dass aus der Freiheit ein welthistorisches Ereignis wird. Die Freiheit, die Niccolò als das „goldene Zeitalter, in dem jeder seine eigene Meinung hat und verteidigen darf", definiert, wird bedroht durch das republikanische Recht der Anklage, die oft zur Zügellosigkeit der Verleumdung wird. Die Freiheit wird bedroht durch die Revolution der Begüterten, die Furcht haben, zu verlieren. Die Nichtbesitzenden wollen sich durch Beraubung rächen, wollen ihrerseits Reichtümer erwerben, wollen die von ihren Feinden missbrauchten Ämter selbst bekleiden. Die Freiheit wird durch das Volk selbst bedroht, das, oft getäuscht, niemandem mehr traut und unaufhaltsam, wie es Dante schon gehört hat, mit der inneren Losung: „Es lebe mein Tod und es sterbe mein Leben" ins Verderben rennt.
Kühne Männer vermögen die Freiheit infolge der Fehler, Schwächen und Unterlassungen der Herrschenden auf unverhofften, unvorhergesehenen Schleichwegen zu erschlagen. Machiavelli spürt allen Pfaden nach, die ein werdender Diktator betreten könnte. Niccolò möchte alle Glücksreize, die die Menge beim Anblick des

Tyrannen empfindet, und alle Hoffnungen der besitzenden Minderheiten, die sie in die Arme des Selbstherrschers treiben, zur ewigen Warnung aufschreiben. Er belauscht mit seiner Feder die Stimmungen, die allgemeinen Situationen, die konkreten Momente, die die Freiheit verderben.

Gegen das siegreiche Individuum der Alleinherrschaft entwirft er alle Möglichkeiten der Verschwörungen. Er schreibt die glänzendsten Sätze, die je über den Tyrannenmord verfasst wurden. Hier vermengt sich sein politischer Sinn mit seinem dramatisch-theatralischen, um den Zeiten die spannendsten Blätter der historischen Literatur zu hinterlassen. Machiavelli begleitet den Tyrannenmörder Schritt für Schritt. Er blickt ihm in die Augen. Er sieht seine Ängste. Er ist mit ihm, wenn er seinen Mordgedanken gefasst hat, wenn er zweifelt, wenn er sich mit anderen berät, wenn er sich durch Unachtsamkeit verrät, wenn ihm die Hand zittert, wenn er den Dolch in die Brust des Feindes stösst, wenn die Tat misslingt, wenn er gefasst und wenn er aufs Schafott geführt wird. Niccolò warnt vor den Spielereien mit dem Mord. „Ohne die Probe gemacht zu haben, verlasse sich in solchen grossen Dingen niemand auf seinen Mut . . . Die Majestät des Fürsten und die Ehrfurcht, welche seine Gegenwart einflösst, ist so gross, dass sie den Mörder leicht verwirrt und schüchtern macht."

Niccolò kommt von seinem Gegenstand nicht weg und untersucht alle Arten und alle Beweggründe der Verschwörung. Er sieht den Tyrannenmord derjenigen, die alte oder neue Freunde des Fürsten sind und die sich in seiner nächsten Umgebung gegen den Gewaltherrscher richten, und behauptet, diese Verschwörungen seien am erfolgreichsten. Viele dieser Morde geschehen ebensooft durch zu grosse Wohltaten der Fürsten wie durch ihre Missetaten und Beleidigungen. „Die Fürsten dürfen ihren Günstlingen nur so viel Ansehen geben, dass zwischen ihnen und dem Thron ein Zwischenraum bleibt und in der Mitte noch etwas Begehrenswertes liegt. Sonst werden sie selten eines natürlichen Todes sterben."

Er schildert dann den „grossartigen Tyrannenmord", den, der seine Ursache im bohrenden Verlangen hat, die Heimat vor der Verhaftung durch ein Individuum zu befreien. „Vor solchen Anschlägen kann sich kein Tyrann schützen ausser durch Verzicht auf die unumschränkte Gewalt. Da aber keiner dies tut, nehmen auch die meisten ein schlechtes Ende."

Er sagt es allen Tyrannen ins Gesicht: „Der Fürst soll sich hüten, denn er kann nie einen Mann so ausplündern, dass ihm kein Messer bleibt, sich zu rächen."

Ist für Machiavelli die Drohung mit dem Tyrannenmord ein verzweifelter Akt der Freiheit, ihr letzter, unsicherer Ausweg, so die Diktatur ihr ständiger legaler Schutz gegen unmittelbare äussere und innere Gefahren.

„Der gewöhnliche Geschäftsgang in Republiken ist schleppend" — schreibt er. — „Kein Rat, keine Behörde kann allein alles entscheiden . . . Bis man die vielen Willensmeinungen unter einen Hut gebracht hat, vergeht die Zeit. Die Gefahr aber wartet nicht."

Die Freiheit soll dank ihrer Tugenden kein Freiwild werden! Sie ist verpflichtet, den höchsten kriegerischen Elan zu entfalten. Man darf diese vorübergehende Notwendigkeit der Vereinigung der Macht in einer Hand nicht dem letzten Moment, nicht dem Spiel unkontrollierbarer Kräfte überlassen. Auf eigene Faust darf in einer Republik auch angesichts ungeheuerlicher Gefahren niemand sich zum Diktator proklamieren, niemand das Gesetz brechen, auch dann nicht, wenn die Verletzungen der Institutionen im Augenblick nützen. Der Gesetzgeber der Freiheit ist verpflichtet, Einrichtungen für die Diktatur vorzusehen.

Der Begriff, der Name der Diktatur kann der Freiheit, wenn die Herrschaftsverhältnisse richtig gelagert sind, nichts schaden. „Weder der Name noch das Amt des Diktators brachte Rom in Knechtschaft ... Hätte in Rom der Diktatortitel gefehlt, so hätte man einen anderen gefunden, denn die Macht schafft sich leicht ihren Namen, und nicht der Name die Macht ..."

... Plötzlich stockt seine Arbeit! Die angefangenen Kapitel, die Notizen, die Bücher werden ihm fremde, gleichgültige Gegenstände. Die Stunden verlieren ihre Gewichtslosigkeit, erklingen laut, um zu sagen, dass sie da, dass sie stärker sind als er. Niccolò sieht nicht mehr Rom, die Freiheit, die Virtù; er sieht nur sein Zimmer — den kleinen Raum mit vergittertem Fenster, der am Tage Verwaltungszwecken dient und in dem es nach Dünger riecht. Gestern noch hatte er gedacht, das Neue, das noch niemand ahnt, in Worten und Sätzen gefangen zu haben. Dieser Trost, den ihm die Schriftstellerei gibt, ist das Böse. Sie verzaubert sein Elend. Sie streichelt ihn an den langen Abenden, wie nur Gedanken streicheln können. Der kleinste Schreiberposten in der Signoria, der vergessenste Platz vor einem Pult in der vatikanischen Kanzlei wäre eine Fahrt hoch oben auf dem Wagen des Erfolges, verglichen mit dieser Meditation im Elend.

Machiavelli liest einen Brief Vettoris; da steht mit der Gleichgültigkeit des Sorglosen geschrieben, dass der Papst daran denke, seinem Bruder Giovanni und seinem Vetter Lorenzo Staaten und Macht zu schenken. Niccolò, der nie den Ehrgeiz gehabt hatte, ein Gelehrter zu sein, der Livius, nicht um Wahrheiten über die Vergangenheit zu gewinnen, sondern um Grundsätze für die Gegenwart zu finden, bearbeitete, erscheint diese Mitteilung seines Freundes wie das höchste Gebot zum unmittelbaren Handeln. Was sollen ihm die Discorsi?

Wozu die Discorsi? Ausser einem Dutzend Freunde wird sie niemand lesen, sie werden ihm nichts, gar nichts bringen, nicht eine Flasche Wein, nicht eine Tagereise nach Florenz. Warum im allgemeinen über die Macht schreiben, warum nicht für die Mächtigen selbst denken, für die einzigen, die imstande sind, Bücher zu belohnen?
Aus den Discorsi, die er befreit beiseite legt, und die später in jahrelanger, aber nur gelegentlicher Arbeit vollendet werden sollen, entsteht schnell, binnen weniger Monate, der „P r i n c i p e", den er Lorenzo Medici widmet. „Ich habe eine kleine Schrift verfasst: De principatibus . . . Einem Fürsten und zumal einem neu zur Herrschaft gelangten müsste sie willkommen sein. . . Zu der Widmung trieb mich die Not, die mir im Nacken sitzt."
Er war zur Schmeichelei entschlossen, entschlossen, durch seine Feder den Mediceern zu beweisen: „dass ich die 15 Jahre, die ich dem Studium der Staatskunst gewidmet habe, nicht verspielt und nicht verschlafen habe . . ." Der Mensch aber ist weder der Herr seiner guten noch seiner schlechten Vorsätze. Er wird zu seinem Tun nicht nur von einem, sondern von ungezählten Momenten getrieben. Auch Machiavelli schwankt. Er will die Kraft der Mediceer in den Himmel heben, und das Rom der Freiheit erscheint ihm vor Augen. Er will an Italien glauben und muss über die Uneinigkeit der Fürsten, über die Soldaten, die keinen Pfennig wert sind, lachen. Mitten in der Arbeit, mitten in der Untertänigkeit, wird er aber plötzlich durch Wellen aus der Wirklichkeit Italiens hinausgespült, um Ufer werdender Welten zu sehen. Seine elende Lage vermengt sich mit der elenden Lage ganz Italiens. Er weint über sich und über Italien zugleich. Er ist nicht mehr sein eigener, sondern der bettelnde Prophet des schönsten und unglücklichsten Landes Europas.

Italiens Bewohner, schreibt er, „sind in die tiefste Tiefe des Elends geraten, unterjochter als die Israeliten, bedrängter als die Perser, zerstreuter als die Athener, ohne Haupt, ohne Gesetz, verachtet, geplündert, zerrissen, von Ausländern tyrannisiert".

Vor ihm erheben sich mit anziehender, betäubender Gewalt die grossen objektiven Möglichkeiten der Mediceer. Zum ersten Mal ist Toskana und Rom — das Gebiet von Neapel bis zur Po-Ebene, vom adriatischen und mittelländischen Meer bespült — e i n Land; in einer Hand, in der der Familie der Mediceer. Niccolò will dasselbe wie drei Jahrhunderte später die drei Soldaten Scharnhorst, Gneisenau, Clausewitz, als sie aus Preussen Deutschland machten; wie Cavour, der im XIX. Jahrhundert aus Piemont das einheitliche Italien schuf.

Um aus Rom-Toskana den Mittelpunkt nationaler Unabhängigkeit zu machen, muss der Mann der Virtù, der Mann des gewaltigen Ehrgeizes, der Erretter erscheinen. „Auf niemand kann zur Zeit Italien hoffen als auf Ihr Haus, erlauchter Herzog", schreibt Machiavelli an Lorenzo Medici, den Herrn von Florenz. Niccolò träumt für Lorenzo den ganzen Traum der Macht; mit seiner Feder möchte er tiefer als alle Pflüge die Fluren Italiens durchfurchen. Er will Lorenzo nicht nur durch die Grösse, sondern auch durch die Schwierigkeit der Aufgabe locken. „Für einen neu zur Herrschaft gelangten Fürsten", heisst es im „Principe", „ist es ein Geschenk des Glückes, wenn Feinde sich gegen ihn erheben und er so Gelegenheit hat, sie zu überwinden und auf der Leiter, die seine Feinde ihm halten, emporzusteigen."

Eindringlich — um die Möglichkeit, die Wirklichkeit seines „Principe" zu beweisen — hält Niccolò Lorenzo die neuen Staatsgründer der Zeit als Beispiele vor: Cesare Borgia, der aus dem Nichts den Kirchenstaat gebaut hatte und der viel schwächere Voraussetzungen, viel beschränktere Möglichkeiten als die Mediceer hatte. Niccolò möchte Lorenzo alle Worte Cesares, alle seine grossen Züge und kleinen Praktiken, seine blutige Verwegenheit in die Seele giessen. Warum soll, was für den Kirchenstaat gelang, nicht für ganz Italien gelingen? Niccolò singt Lorenzo das Hohelied des Staatengründers Ferdinand von Spanien. Machiavelli hat in 15 Jahren Dienst die Gefahr Hispaniens gefühlt. Er erschaudert, hingerissen, vor Ferdinand, dessen Niedertracht „man nicht öffentlich nennen darf". Wie dieser Ferdinand als König eines zerrissenen Landes einen ohnmächtigen Thron bestieg, und wie er dann „mit dem Gelde der Kirche und des Volkes ... immer im Namen der Religion ... erst ebenso schändlich wie einzigartig die getauften Juden aus seinem Reich vertrieb, mit ihrem Gelde, während des Krieges selbst, eine Armee schuf und dann weiter durch eine fromme Grausamkeit Feldzüge in Afrika, Italien und Frankreich geführt hat, wie er dadurch seine Untertanen in Erwartung und Bewunderung hielt", diese Methode soll den Mediceern eine Lehre werden. Ferdinand ist ihm und soll auch den Mediceern der grosse Meister sein, der seinen Willen und seinen Ehrgeiz dem Gesetz der Klugheit und nur der Klugheit unterwirft, der seinen Untertanen jede Mordgier, alle bösen Instinkte, die seinen eigenen Endzweck nicht stören, lässt „und dabei stets die Worte Frieden und Treue im Munde führt".

Ferdinand und Cesare Borgia sollen der Geist italienisch-mediceischer Diktatur werden.

Hat Machiavelli seinen Freiheitsgesang der Discorsi vergessen? Waren seine Töne nur die Lügen eines Träumers, und sind die des Principe die Wahrheit eines Schmeichlers? Nein. Die Welt, wie sie war, und nicht der Schreiber des Principe, hat die Aktualität des Freiheitsideals der

Discorsi aufgehoben. Niccolò hat sein Bild der Freiheit nicht begraben. Auch in den Discorsi ist er kein weicher Schreiber, der die Grenzen der Dinge verwischt, der, über Papiere gebeugt, mit seinen Tränen alle Bilder des Lebens und des Todes verwäscht. „Wer einer Republik Verfassung und Gesetze gibt, muss alle Menschen als böse voraussetzen", heisst es in den Discorsi. Und in den Discorsi, nicht nur im Principe, redet er von der Pflicht der Diktatur zur Selbsterhaltung: „Die Republiken , die in dringender Gefahr nicht zur Diktatur oder zu einer ähnlichen Gewalt ihre Zuflucht nehmen, werden bei schweren Ereignissen stets zu Grunde gehen."
Freilich war diese Diktatur die römischer Freiheit.
Das Italien des Jahres 1514, das unter der Drohung lebte, vom Kaiser Maximilian, von Ferdinand von Spanien und von dem König der Franzosen bis auf den letzten Rest aufgeteilt zu werden, das Italien des Principe kannte keine römische Republik. Der Boden der Halbinsel war von ohnmächtigen Staaten einer sonst in Europa schon überwundenen Struktur bedeckt.
In diesen schwachen Gebilden konnte kein politischer Mensch, keiner, der die einzelnen Erscheinungen und ihre Gesamtheit kannte, auf einen Sturm von unten hoffen. Nur ein gewaltiges Schwert von oben, an der Spitze eines bewaffneten Milizvolkes, hätte nach Niccolòs Meinung vermocht, zugleich das Mittelalter zu vernichten und gegen die Fremden zu kämpfen. Machiavelli füllt theoretisch in Italien den leeren Platz eines Ferdinand von Spanien, eines Ludwig von Frankreich aus. Sein Herz ist dabei in einen Roman der Freiheit verwebt.
Erst das geeinte Italien könnte das Reich der Freiheit werden. Als Übergang aber, zugleich gegen den äusseren Feind und gegen die innere Schlaffheit und Zügellosigkeit, als Zwangs- und Besserungsmittel soll die Diktatur

wirken. Der Soldat, der die abgebaute Miliz Florenz' neu in seinen Staaten durchführt, um dann imperatorisch den Krieg gegen die Barbaren zu führen, schafft erst der kommenden Freiheit die territorialen, nationalen Möglichkeiten. Ausserdem wird dieser Diktator die Italiener lehren, endlich Gesetze zu beobachten. Denn ohne die Achtung vor dem Gesetz kann keine Freiheit bestehen. Der notwendige, von allen politischen Momenten befohlene Diktator bereitet die Freiheit in seiner Schule vor. Die Macht des idealen Diktators ordnet und richtet das Haus des Staates so, dass der Baumeister überflüssig wird. Auch wenn der Weg schmutzig ist, das Ziel bleibt rein. Sicherlich, schreibt er, „in jedem Ding ist ein ihm eigenes Übel verborgen". Ist aber Lorenzo Medici wirklich der Retter, dann hat er auch die Kraft, durch die Regeneration des ganzen politischen Körpers sich selbst überflüssig zu machen.

Einmal ein erklärter Parteigänger der Diktatur Lorenzo Medicis, begnügt er sich nicht mehr mit der allgemeinen Aufforderung und mit Beispielen aus der Epoche, sondern möchte den ganzen Geist und alle Stunden der neuen Herrschaft durchdringen. Lorenzo soll nach seinem Wunsch kein Tyrann alter Schule sein, kein Hysteriker der Macht, der vor dem eigenen Schatten erzittert, der sich am Morgen erst befühlt, ob er noch am Leben ist, der in Familienmord und Intriguen der Freunde untergeht. Er soll ganz genau wie der Diktator der römischen Republik die Freiheit der eigenen Entschliessung, das selbständige Kommando übeı die grosse Armee haben und in einer breiten Basis der Bevölkerung wurzeln. Derselbe volkstümliche Diktator der Discorsi lebt auch im Principe! Das Bild Cesare Borgias — wie dieser Papstsohn mit der einen Hand die gedungenen Mörder und mit der anderen die Plebs streichelt — kann ihn nicht mehr verlassen. Er meint, nur diejenigen

Diktatoren verstünden etwas von ihrem Beruf, „die die Menge zum Freund und die Grossen zum Feind haben, weil ihre Gewalt eine stärkere Grundlage hat, als wenn sie das Volk zum Feind und den Adel zum Freund haben". Diese alte, von Aristoteles, Thucydides und Xenophon gemachte Beobachtung und Lehre von der plebejischen Tyrannis wurde während des Mittelalters, dank der territorial eng umgrenzten Gebiete feudaler Herren, vergessen. Nur die Kirche blieb diesem Axiom der Griechen treu. Niccolò hebt diese Massenlehre aus der Vergessenheit empor. Die Plebs ist ihm treuer, anhänglicher, der Herrschaft ergebener als die intrigierenden Optimaten, als der hartköpfige Adel. Diesen Vornehmen muss der innere Kampf der Diktatur gelten.
Lorenzo Medici wird durch die allgemeine Liebe und nicht durch Festungen regieren. Er wird, wie sein Grossvater gleichen Namens, „auf die Zünfte und Gewerken Rücksicht nehmen, gelegentlich mit ihnen zusammenkommen, seine Leutseligkeit und Freigebigkeit beweisen, dabei aber stets seine Würde bewahren; denn diese darf er bei keiner Gelegenheit ausser acht lassen". Lorenzo wird ein für alle Regungen und Reflexe der Macht aufgeklärter, ganz und gar vorurteilsloser Despot sein.
Diese Krönung Lorenzos durch Machiavelli entsprach aber in nichts der päpstlich-florentinischen Wirklichkeit. Lorenzo, der nur der Widmung des Principe verdankt, im Gedächtnis der Menschen geblieben zu sein, war ein hochfahrender junger Mann. Keine Idee, kein staatlicher Ehrgeiz beseelte ihn. Eitelkeit, Eigensinn und Familienintriguen erfüllten sein Leben. Seiner Tage höchstes Streben war, als Herr eines prinzlichen Hofes zu thronen. Er umgab sich in Florenz mit einer aristokratischen Garde junger Männer. Die Waffenröcke aus schwerer Seide, die Livreen seiner Diener, gestickte und

gemalte Wappen, die Teppichfarben in seinen Zimmern, Bibelots und schön geschnitzte Holzmöbel waren Gegenstand seiner Leidenschaft. Er suchte oft die Einsamkeit auf und galt als Träumer. In den Nächten zog er vermummt durch die Vorstädte herum, um sich seine Bräute aus dem Volk zu suchen. Er dachte, kein wirklicher Fürst in diesem, der Verfassung nach, noch immer republikanischen Florenz zu sein, bis er seine Legitimität nicht durch die Ehe mit einer Herzogin aus dem regierenden französischen Hause bestätigt sähe. Sein ganzes politisches Trachten ging danach, Verwandter des französischen Königs zu werden. Der schnell wieder in mediceischer Gnade emporgekommene Francesco Vettori wurde sein Vertrauensmann und verhandelte um die Braut in Frankreich. Lorenzo eröffnete Vettori seine Ängste und Sorgen. „Man muss sich", schreibt er ihm, „um meine fürstliche Heirat kümmern. Ich denke an nichts anderes, wünsche nichts anderes; nur so kann ich teilhaft werden des Glückes des Papsttums ... Die Verwandten und Nepoten der Päpste waren in der Vergangenheit von so viel Missgeschick verfolgt, dass ich immer wieder daran denke, wie ich mich vor dem Unglück schützen kann, und ich sehe keinen anderen Weg als den einer fürstlichen Ehe." Um dieser Heirat alle Schwierigkeiten aus dem Wege zu räumen, durchkreuzten der jugendliche Mediceer und Vettori, so weit es in ihrer Macht lag, die Politik Leos X., die sich nicht einseitig an Frankreich binden wollte. Als ihn der König aber endlich mit seiner Verwandten, Madeleine de la Tour d'Auvergne [1]), vermählte, lebte er nur noch als Werkzeug von Paris.

An einem Vormittag, vor der Jagd im Garten seines Schlosses, inmitten seiner Windhunde, erhielt er durch einen Lakaien ein schön auf Pergament geschriebenes

[1]) Dieser Ehe entspross Katharina Medici, Königin von Frankreich.

Exemplar des Principe. Er beachtete es nicht weiter. Am Abend nach der Jagd sah er das sorgfältig gebundene Manuskript auf dem Tisch seines nur selten benützten Arbeitszimmers. Der Prinz erkannte den Umschlag, las den Namen des Verfassers, läutete einen Diener herbei und befahl ihm, Machiavelli zwei Flaschen Wein als Dank zu überbringen.

Ausser wenigen Freunden, für die der treue Buonaccorsi das Manuskript des Principe fleissig kopierte, kümmerte sich niemand um das Buch. Vergebens wartete Niccolò auf irgend ein Echo. Er glaubte, mit der Feder in die Luft geschrieben zu haben, nicht einmal den Druck des Werkes erlebte er.

Der Widerhall, den der Principe durch die Jahrhunderte erregen sollte, schien Niccolò mit der Qual verzweifelter Erfolglosigkeit zu bestrafen, damit das Wort des Evangelisten zur Wahrheit werde: „Es ist nicht möglich, dass keine Ärgernisse kommen; wehe aber dem, durch welchen sie geschehen."

IM DIENSTE DER MEDICEER

MACHIAVELLI bleibt länger, als seine Verbannung lautet, auf dem Land. Über ein halbes Jahrzehnt weiter zwingt ihm die Not dasselbe beschränkte bäuerliche Dasein auf. Während dieser Zeit, in der ihn das Alter zu streifen beginnt, findet der gefesselte Strom seiner Erfahrungen, Gedanken und Melancholien das Bett regelmässiger, geduldiger Arbeit. Am kahlen Ufer des Unglücks klagt, flucht, jammert und schreibt er die beste Prosa Italiens. Machiavelli vollendet die Discorsi, beginnt sein Buch über die Kriegskunst, verfasst Novellen, Komödien, Karnevalsgesänge, schlechte Gelegenheitsgedichte und einen Dialog über die Sprache.

Er ist unter den Literaten ein Fremdling. Niemand erwähnt ihn. Jeder gewöhnliche Reim-, Komödien-, Geschichts- oder Geschichtenschreiber wird mehr als dieser Fünfzigjährige beachtet, der mit dem Drang eines Jünglings die Abende langer Jahre vor seiner Arbeitslampe sitzt und der Menschheit seine Welt schildert. Ariost hat im Rasenden Roland das ganze schreibende Italien erwähnt; nur Niccolò bleibt ungenannt. „Wenn Sie Ariost in Rom treffen", bittet er einen Freund, „empfehlen Sie mich ihm. Sagen Sie ihm auch, dass er nur mich inmitten so vieler Dichter wie einen Hund vergessen hat."

Die Geduld Niccolòs ist nicht zu schlagen. Er schreibt die bis zu seiner Zeit beste Komödie Italiens: Mandragola. Niccolò erlegt den Menschen, von dem er sich am entscheidensten verfolgt glaubt — den Heuchler! Machiavelli ist auf der Spur Tartuffes und zeigt ihn im Gewand des Priesters. Timoteo, der Beichtvater in

Mandragola, beweist für Geld alles. Er beweist, nichts sei ehrenhafter, als dass die Nonne in einem Kloster ihre Frucht abtreibe, denn dadurch werde die Ehre des Klosters, der Sünderin und ihrer Familie gerettet. Er beweist einer tugendhaften Bürgersfrau, Lukrezia, deren Mann unfruchtbar ist, es sei unter keiner Bedingung eine Sünde, ein Kind zu gebären. Denn das Ziel bleibe, dem Paradies die Seele eines neugeborenen Menschen zu schenken. Man darf, sagt er zu Lukrezia, nie das Gute aus Furcht vor dem Übel unterlassen.

Alle Figuren dieses Stückes, der Gatte, die Mutter, die Bekannten Lukrezias, verbinden sich, um die Tugend zu Fall zu bringen. Die Menschen werden in alle möglichen Lagen gebracht, sodass nicht einmal ein Heiliger entscheiden kann, wer gut und wer böse ist. Die Narren sagen Weisheiten, und die Weisen reden wie die Narren. Und die im dritten Akt noch tugendhafte Lukrezia meint im vierten, aus der neugierigen Geilheit ihrer Mutter, aus der Tölpelhaftigkeit ihres Mannes, aus der Niedertracht ihres Beichtvaters müsse der Wille Gottes sprechen, der ihr die Lust durch das gute Gewissen versüssen will ...

Mandragola erweckt bei Freunden und Bekannten ein begeistertes Lachen. Von einem Tag zum anderen bringen die Boten Glückwünsche, Anfragen, Einladungen und Versprechungen ins Haus. Mandragola wird in Villen, bei Gelagen und von wandernden Truppen gespielt. Ein reicher Florentiner Kaufmann lässt es in seinem Garten aufführen, in Anwesenheit der herrschenden mediceischen Familie, die ihrerseits das Stück spielen lässt. Auch in Faenza, Bologna, Venedig und Rom wird die Mandragola jubelnd aufgenommen. Fünfzehn Jahre Staatsdienst, sieben Jahre freier Schriftstellerei über die Macht vermochten seinen Namen nicht so bekannt zu machen wie dieses Theaterstück. Niccolò hat die Öffentlichkeit als Kanzlist verlassen müssen und begrüsst sie als Dichter wieder. Mandragola befreit Niccolò noch nicht von Sorgen. Er hat aber nicht mehr die Empfindung, das Unglück sei seine unheilbare Krankheit. Er kann leise das Spiel gedämpfter Hoffnungen hören. Seinen hohen Freunden, Vettori, Guicciardini und dem reichen Filippo Strozzi, erleichtert dieser unerwartete Erfolg, für Machiavelli zu arbeiten. Sie müssen nicht mehr für einen Pechvogel, sie können für einen Tageshelden reden, für einen, dessen Name sich schon von selbst empfiehlt. Leo X. glaubt, mit politischen Ratschlägen mehr als genug verfolgt zu werden. Ein Mann aber, der gute Dialoge für die Bühne schreiben kann, ist kein gewöhnlicher Bittsteller; der vermag vielleicht auch in der Politik Neues zu sagen. Der Papst hört zum ersten Mal geneigt zu, als ihm der Name Machiavelli genannt wird. Er verlangt, das Stück zu sehen, macht allgemeine Versprechungen für Niccolò, wenn er sich auch nicht beeilt, sie zu erfüllen. Machiavelli wartet auf diese politische Gnade und geniesst den Erfolg von Mandragola. Die unübersichtliche, geheime Berührung der Dinge, die einem Menschen Anerkennung verschaffen, hilft Niccolò erst jetzt, im Herbst des Lebens. Trotz allen neuen Freuden hört man seinen tiefen Seufzer nach dem verlorenen politischen Leben. Er empfiehlt und entschuldigt sich im Prolog der Mandragola mit den Worten:

„Versagt ist mir auf anderen Gebieten
Die mir verliehenen Gaben zu erproben,
Weil meinem Streben Anerkennung fehlt."

Nach langen Jahren der Einsamkeit sind ihm Lichter, Töne, Masken und Gesichter der Bühne ein verwirklichtes Märchenland. Die Hauptdarstellerin in der Mandragola, Barbara, ist seine Geliebte geworden. Sie

ist eine verheiratete Dame, die, ob sie will oder nicht, bald ihr vierzigstes Jahr feiern muss. Voller Unbekümmertheit, immer guter Laune, singt sie alle Lieder Toskanas, alle Gassenhauer von Florenz; sie kann die Stimmen der Priester und aller gewichtigen Magistratspersonen nachahmen. Um Barbara herum ist eine lustige Gesellschaft, die den Morgen zechend begrüsst, den Tag verschläft und jeden Abend neu feiert. Niccolò ist immer dabei. Hier findet sein Witz ein Echo aus Kehlen, die gerne lachen. Er und Barbara werfen sich die Einfälle zu und zeigen die Kunst, wie man ständig, unermüdlich alle anderen Stimmen übertönt, seiner guten Laune die Freunde unterwirft und als Letzter nach Hause geht. „Sage Machiavelli", schreibt Francesco Vettori einem Freund, „es ist viel angenehmer, mit Barbara zu Abend zu speisen, als hier in Rom zur Essenszeit hinter einer Tür auf eine Audienz zu warten."
Niccolò, der in Rom nichts Entscheidendes für sich erreichen kann, bittet für seine Freundin. Filippo Strozzi soll ihr ein Engagement als vatikanische Sängerin verschaffen. Niccolò ist ihr Impresario, schreibt Lieder für sie, studiert mit ihr die Texte und die Musik. Sein Freund, der päpstliche Gouverneur Guicciardini, muss ihr eine Tournee in die Romagna ermöglichen. Niccolò schreibt ihm: „Bereiten Sie der Barbara ein Logis inmitten der Mönche vor, und wenn die dann nicht den Kopf verlieren, dann bin ich keinen Pfennig wert." Der sonst gewichtige, strenge Guicciardini ist ganz Feuer und Flamme für diese Tournee. Er meint, alle sonstigen Verhandlungen seines Amtes werden mit ungewissem Erfolg beendet, „wenn wir uns aber für die Vorbereitung der Komödie bemühen, dann riskieren wir wenigstens nicht, unsere Zeit zu verlieren".
Arbeitet Niccolò für Barbara in Rom, so Barbara für Niccolò in Florenz. Er ist nach seiner Entlassung Bürger

zweiter Klasse geworden, darf nach dem Buchstaben des Gesetzes nie mehr ein Amt bekleiden. Die brave Barbara kann mit den Herren der Signoria anders als Guicciardini, als Filippo Strozzi und als die sonstigen hohen Beschützer ihres Freundes reden. Machiavelli wird wieder wählbar, darf wieder politische Ämter bekleiden, ist offiziell rehabilitiert. Das ist Barbaras Erfolg — schreibt der Historiker Nerli an seinen Freund Niccolò.

Auch die literarischen Kreise von Florenz bemühen sich um Machiavelli. Die Gärten der, den Mediceern verwandten, Familie der Rucellai öffnen ihm die Pforte.

Bei den Rucellai, deren Palast von altem Reichtum zeugt, bildet nach Toskaner Tradition das Vermögen, die Kunst und die Literatur die Einheit einer glücklichen Atmosphäre.

Cosimo Rucellai, der jüngste Spross der Familie, liegt gelähmt auf einer tragbaren Sänfte und hält literarischen Hof. Im Schatten alter Bäume, durch die vornehme Stille des Gartens behütet, reden Professoren, Historiker, Dichter, Latinisten und Novellisten über das alte Rom, über Hellas und über die Zukunft Italiens. Oft reizt Niccolò die offiziellen Gelehrten, meint, die Weisen der Katheder wüssten zwar alles, sonst aber leider gar nichts. Durch seine Discorsi, die er dem Herrn des Hauses, Cosimo Rucellai widmet, durch seinen Dialog über die Kriegskunst, der die nachträgliche Theorie seiner Praxis als Milizgründer ist, geniesst er bald hohes Ansehen.

Der literarische Enthusiasmus verirrt sich hier von Zeit zu Zeit in politische Gespräche, die die freundlichen Akkorde des Gartens stören. Auch wenn Cosimo Rucellai seine Zusammenkünfte nicht zum politischen Klub verengen will und nichts vom Kampf der Fraktionen hören möchte, so hütet er sich doch seine Freunde zu

bevormunden. Und in den ungezwungenen Reden, in den geregelten Dialogen, die zumeist vom frühen Nachmittag bis sich der Park verdunkelt währen, erklingen immer öfter Töne der Unzufriedenheit aus der Stadt.
Der Tod Lorenzo Medicis, der in seinem 27. Jahr schon als alter Mann verschied, gab den Populanen einen unvermuteten Anlass, ihre Misstimmung ungestraft zu zeigen. Im Leichenzug des Mediceers schritten einige Priori der Zünfte in roter, republikanischer Tunika. Florenz gab dem Toten ein hoffnungsvolles, freudiges Geleit. Im Lichte der Kerzen, hinter Trauerschleiern, hinter schwarzen Fahnen, beglückwünschten sich die Bürger, als ob sie die Nachfolge eines grossen Vermögens anträten. Viele meinten, die Herrschaft der Stadt erben zu können. Mehr aber als die Liebe zur Freiheit vereinte die Florentiner der Spott über den vornehmen, verspielten, tyrannischen Spleen des Verstorbenen.
Der Neffe des Heiligen Vaters, der Kardinal Giulio, der als Nachfolger Lorenzos in Florenz weilt, kennt diese feindliche Stimmung. Giulio hatte nur Verachtung für das mühelose Leben Lorenzos gezeigt und neigt zur Versöhnung mit allen Schichten der Stadt. Er möchte die Querulanten aller Parteien, die extremen Optimaten und die Populanen zugleich versöhnen. Am genauesten hofft er die Wünsche von Florenz im freundlichen Garten der Rucellai vernehmen zu können. Dieser fürstliche Gast wird mit Reden über die Freiheit empfangen. Vornehme Jünglinge erzählen mit glänzenden Augen, die Republik allein könne die Quelle reiner Herrschaft sein. Der Kardinal ist ein vorurteilsloser, geduldiger, erfahrener Mann. Er hatte gehofft, hier praktische Vorschläge zu finden, und hört Phantasien. Jeder, antwortet er, könnte zur Genüge aus der Erfahrung gelernt haben, dass selbst die stets neuerungssüchtigen Florentiner

nicht ohne ein Oberhaupt zu leben vermöchten. Hat doch die Signoria aus freien Stücken einst Piero Soderini zum Gonfaloniere auf Lebenszeit gewählt. Warum sollten die Florentiner nicht freiwillig einem Mediceer ihr Vertrauen schenken, der Toskana Reichtümer bringe und dem Lande der Welt gegenüber die hohe Autorität seiner Familie und die des Heiligen Stuhles schenke?
Der Kardinal hat seine Wachregimenter in der Stadt; seine Leute sitzen in allen wichtigen Ämtern, die päpstliche Macht deckt ihn — er braucht nichts zu fürchten! Am allerwenigsten könnten diese Literaten eine Gefahr für ihn bedeuten. Giulio aber neigte sein Leben lang dazu, Ratschläge zu hören. Seine angeborene Unentschlossenheit sucht die Gedanken anderer. Giulios ewiges Schwanken bekommt durch seine Liebe zu Denkschriften und zu Verhandlungen den Anschein tiefer Überlegung. Der Kardinal fordert von den Gästen Rucellais, darunter auch von Machiavelli, Gutachten über die Gegenwart und Zukunft von Florenz.
Niccolò setzt in seiner Denkschrift die Unzufriedenheit mit den Mediceern als bekannt voraus. „Zwei Wege", meint er, „gibt es, um die Krise zu lösen: Entweder schüchtert man die Bürger derart ein, dass sie es nicht mehr wagen, ungefragt zu reden, wie das Lorenzo seligen Angedenkens getan hat; oder man regelt die Verfassung der Stadt so, dass sie sich allein verwalten kann und der Kardinal nur aus der Ferne ein Auge auf sie zu haben braucht. Der zweite Weg bewahrt vor Gefahren und vor Verdriesslichkeiten, der erste nur vor Verdriesslichkeiten." Machiavelli empfiehlt als einziges Mittel gegen die Unzufriedenheit, den Grossen Rat wieder zu eröffnen, dabei aber durch ein geheimes System die Wahlen ständig zu beeinflussen. Die Herrschaft der Mediceer könne dabei um so weniger Gefahr laufen, als der Kardinal weiter die wichtigsten Kommandoposten

der Republik — Armee, Finanz und Gerichtsbarkeit — in Händen behält. Für die Zukunft aber, wenn das Haus der Mediceer erloschen sein werde, verlangt Niccolò die ganze Freiheit für Florenz.

Machiavelli schreibt, als ob er nicht wüsste, dass der grosse Ehrgeiz der Mediceer die reibungslose Herrschaft ihrer Dynastie erstrebe. Im florentinischen Palast des Kardinals werden zwei Knaben für die Macht erzogen. Der eine, Ippolito, ist der Sohn Giulianos [1]) und seiner ferraresischen Geliebten, der andere, Alessandro, der des eben verstorbenen Lorenzo und der Frau eines Fuhrmannes. Der Kardinal selbst ist ein illegitimer Sohn, dessen Geburtsakten zum Zwecke der Erlangung kirchlicher Würde gefälscht wurden. Er eröffnet den mediceischen Bastarden die Nachfolge und will die jüngere, vom Bruder Cosimos, des Vaters des Vaterlandes, abstammende Linie von der Macht fernhalten.

Giulio verübelt Niccolò seine Denkschrift nicht. Der Kardinal sieht, wie sich Machiavelli bemüht, die Quadratur des Zirkels zu lösen: Gleichzeitig den Herrschaftsansprüchen der Mediceer und dem republikanischen Ideal zu genügen. Die offenen Worte des Gutachtens und die politischen Momente, die es diskret verschweigt, gefallen ihm. Der Kardinal hat praktische Gedanken aus dem Entwurf herausgelesen und gibt seiner Zufriedenheit Ausdruck. Solche anerkennenden Worte durcheilen schnell die Stadt, und jeder, der sie hört, zaubert etwas dazu. Niccolòs Freunde erzählen, seine Stunde habe geschlagen. Filippo Strozzi nennt ihn einen „Mann grosser Zukunft". Gerüchte wollen wissen, Machiavelli werde den Kardinal nach Frankreich begleiten, andere meinen wieder, nichts stehe ihm mehr im Wege, den alten Posten in der Signoria von neuem zu

---

[1]) Giuliano ist der Bruder Leos X.

bekleiden. Niccolò wartet als Kronprinz seiner eigenen Wünsche. Die Gnadenlaunen der Mächtigen sind unergründlich. So schnell wie die Lacher im Theater gewinnt man den misstrauischen Kardinal nicht. Er liebt es, im Gegensatz zu allen anderen Mediceern, die Geduld der Bekehrten zu prüfen. Ein Jahr erst nach seiner Denkschrift wird Niccolò berufen. Wie gerne ist er bereit, alle literarischen Erfolge für das gärende Gebiet der Politik zu verlassen! Von Machiavellis Haus bis zur Signoria sind nicht zwanzig Minuten. Jeder Schritt nähert ihn der Macht und bezaubert seine Vorstellung. Soll sich ihm wirklich die Welt der Handlung wieder eröffnen? Und einmal das Vertrauen des Kardinals errungen, werden dann nicht alle Wege zu seinen Zielen ein leichtes Beginnen? Im zweiten Stock des Rathauses angelangt, vor dem Sekretär, der ihm die Gnade des Kardinals eröffnet, der geruht habe, ihn, Niccolò, nach dem benachbarten Lucca zu senden, nehmen die Träume ein frostiges Ende. Es ist eine nebensächliche, unpolitische Mission, der jeder beliebige Jurist genügen könnte. Machiavelli soll in Lucca private Forderungen der Toskaner verfechten. Er tröstet sich aber schnell. Schliesslich ist der Kardinal nicht der Verantwortliche für seine Hoffnungen. Und dieser Auftrag, so nebensächlich er ist, bedeutet doch den ersten sichtbaren Ausdruck mediceischer Gnade.

Niccolò muss, mit juristischer Plackerei beladen, einige Monate in Lucca bleiben. Er hat viel freie Zeit. Die Literatur hat ihm in verzweifelten Tagen den Weg zum Erfolg gewiesen. Nach Mandragola kennt er sie als die Brücke zur Versöhnung mit sich und der Welt. Er schreibt jetzt für seine Freunde der Rucellaischen Gärten die romantische Lebensbeschreibung Castruccio Castraccanis [1]). Niccolò konkretisiert in dieser erdichte-

[1]) Luccheser Fürst aus dem Anfang des XIV. Jahrhunderts.

ten Biographie die Eigenschaften, die er im Principe von einem Fürsten verlangt: „Dankbar gegen die Freunde, furchtbar den Feinden, gerecht gegen die Untergebenen, treulos gegen die Fremden, und niemals suchte er durch Gewalt zu siegen, wo er durch Betrug siegen konnte, denn er sagt, dass der Sieg und nicht die Art des Sieges Ruhm bringt. Auch pflegte er zu sagen, dass Gott die starken Menschen liebe, denn man sähe ja, wie er die Schwachen durch die Starken züchtigt."
Diese kleine Schrift, in den Gärten der Rucellai vorgelesen, erregt die Begeisterung der Gäste. Auch wenn einige Professoren darauf hinweisen, dass die Schilderung Castruccios mehr der Phantasie als der Wirklichkeit entspricht, so sind doch alle anderen der Meinung, Niccolò sei der Berufene, um die Geschichte von Florenz zu verfassen. Er soll Herr über die Chroniken Toskanas werden; nur er, meint man, vermag sie zu beleben. Der Kardinal und der Papst legen ihr Wort für Niccolò ein. Eine Jahresrente von 100 Dukaten wird ihm gewährt.
Anders aber als Niccolò verstehen einige junge Männer aus dem Garten Rucellais die Politik. Brutus, die Freiheit und die Republik spuken ihnen noch immer im Kopfe. Bei der Nachricht vom Tode des Papstes Leo X. meinen sie, der Augenblick sei gekommen, um sich in Florenz seines Neffen, des Kardinals, zu entledigen. Vom Bruder des Gonfaloniere Soderini unterstützt, zetteln sie eine Verschwörung an, um Giulio, diesen milden Herrscher, zu ermorden. Die Häupter der Verschwörung sind enge Freunde Niccolòs, Anhänger, denen er die Discorsi und das Leben Castruccios gewidmet hat, Schüler, die begeistert seine Sätze zitieren und die seinen Ruhm überall verkünden. Nerli meint, dieser Mordversuch sei frisch aus dem Verschwörungskapitel der Discorsi entsprungen. „Hätten aber diese Jünglinge Machiavelli besser verstanden, dann würden sie ihre Tat

entweder gar nicht begangen haben oder sie wären viel vorsichtiger zu Werke gegangen."

Diese entschuldigenden Worte, die aber dennoch zwischen ihm und dem Mord einen unmittelbaren Zusammenhang finden, schreibt ein Freund; was werden die Feinde, was der Kardinal sagen?

Drohend erhebt sich noch einmal die Vergangenheit vor Niccolò. Alle Umstände sprechen tausendmal stärker gegen ihn als vor einem Jahrzehnt, da er die unklare Begeisterung republikanischer Jünglinge büssen musste.

Der Kardinal glaubt aber keinen Augenblick an Niccolòs Mitschuld. Er weiss ihn über die Familienarchive der Mediceer gebeugt. Beamtete Historiker pflegen keine Dolche zu zücken. Giulio, als das Haupt des regierenden Hauses, hat alle Rancüne gegen Niccolò begraben.

Machiavelli sucht diese laue Gnade des Mediceers in seiner florentinischen Geschichte nicht durch Untertänigkeit zu beantworten. Er ist kein gefangener Literat, der für seine Auftraggeber in fleissiger Hausarbeit Lorbeerkränze flicht.

Sein Überblick über die Wende Europas, über die Heeresverfassung, über den Parteikampf in Florenz ist so hoch, dass er den eigentlichen Auftrag, eine Hofgeschichte der Mediceer zu dichten, vergisst. Er schreibt an Guicciardini, die Mühe mache ihm Freude, weil er die Fürsten anklagen kann, die alles getan hätten, um Italien zu vernichten.

Niccolò wirkt an dem gemeinsamen Geist, der seit über einem Jahrhundert alle Systeme und Lehren, alle Studios und Akademien, alle aristokratischen und platonischen Zirkel belebt und der der Geist der Freiheit ist. Diese Freiheit mit ihren Auswüchsen, ihren Pamphleten, ihren leeren Frechheiten, ihrem tollen Übermut, prägt der florentinisch-römischen Renaissance und vor allem der mediceischen Zeit ihr Signum auf. Die geistige Unabhängigkeit, die freie Forschung ist keine Folge der Reformation oder der französischen Revolution. Sie erlebt in der vorlutherischen Kurie ihre Verwirklichung. Die Kirche hat in ihrer Weisheit auch das ihr Entgegengesetzte ernährt. Bis die Reformation den Heiligen Stuhl zwang, sein mildes Lächeln zu verleugnen, enthielt die Mannigfaltigkeit des Katholizismus alle Erscheinungen der Genialität. Sie war das grosse Haus der Menschheit, in dem der Glanz und das Poetische aller neuen und alten Dinge, aller grossen Gedanken und gewaltigen Empfindungen sich sammelte. Die Päpste empfanden keinen Gegensatz zwischen der Wahrheit und den Interessen der kirchlichen Organisation. Sie fühlten sich von der Wissenschaft ebensowenig bedroht wie von der Tatsache, dass zwei mal zwei vier ergibt.

Die Kirche gab den Männern des Geistes das Brot. Und der, der gibt, ist immer der Herr. Diese Herren waren keine Neureichen. Sie lebten durchdrungen von der Würde des Menschen, der Gottes Antlitz trägt. Da die Abhängigkeit des Schriftstellers von der äusseren Welt eine naturgegebene Tatsache ist wie der Tod und wie die Krankheit, so ist es erträglicher, von Fürsten als von der Masse der Dienenden abzuhängen. Zwischen den Männern des Geistes und einer Aristokratie kann eine Wechselwirkung der Abhängigkeit bestehen, die zwischen den Intellektuellen und der Menge nicht zu wachsen vermag.

Den Gegensatz, der zwischen Kunst und Brot immer bestehen wird, suchte Machiavelli und der Kreis politischer und historischer Denker seiner Epoche durch den Skeptizismus zu überbrücken. Diese Grundstimmung nützte ihrer Arbeit, hielt Wache vor ihrem Papier, um die Schatten der Abhängigkeit zu verscheuchen. Prunkten die Intellektuellen nachlutherischer Zeiten mit Tugenden, so die der Renaissance mit angeblichen Lastern.

„In der Heuchelei", schreibt Machiavelli, „habe ich längst Taufe, Einsegnung und Kommunion erhalten. Im Lügen besitze ich sogar die Doktorwürde. Das Leben lehrte mich, das Falsche mit dem Wahren und das Wahre mit dem Falschen zu mischen."

Der grosse Historiker Jovius, der eine 37 jährige Musse am päpstlichen Hof genoss, pflegte sich mit den Worten zu brüsten: „Ich habe eine goldene und eine eiserne Feder, die goldne für die, die zahlen, und die eiserne für die, die nicht zahlen." In seinem Werk aber hat er seine Ernährerin, die Kirche, nicht geschont, keine Tatsache unterschlagen. Leo X. verfolgte seine Arbeit mit unermüdlichem Interesse. Oft musste ihm Jovius bis in die Morgendämmerung sein Werk vorlesen. Der Papst hörte gespannt zu, wie sein Historiker die vatikanisch-mediceische Politik „schamloser Ungerechtigkeit und ungezählter Schändlichkeiten" bezichtigte.

Guicciardini, in allerlei Praktiken, die der Dienst unter drei Päpsten mit sich bringt, ergraut, hat in seiner Geschichte Italiens eine nicht zu übertreffende Rücksichtslosigkeit gezeigt. Die Handelnden ziehen vorbei, sagen sich Freundlichkeiten, lächeln und erwürgen sich. Er sieht keine Gesichter, sondern Masken. In hunderten von Seiten untersucht er die Gegenwart. Er zeigt alle Leidenschaften und alle Gefühle. Aber die Quelle keiner einzigen Handlung ist ihm, im Gegensatz zu Machiavelli, Religiosität, Gewissen oder Tugend. Er sieht seit Anfang der Welt und bis zum Ende aller Zeiten nur Eigennutz, Ehrgeiz und Laster, die die Ereignisse bestimmen.

Francesco Guicciardini hat die höchsten Ämter und Würden, die der Kirchenstaat vergeben kann, innegehabt. Im Verlauf seiner Karriere ist er Generalleutnant der päpstlichen Armee, Statthalter in der Romagna, Gouverneur von Bologna, Parma und Reggio gewesen. Darüber hinaus galt er als europäisches Orakel. Karl

V. pflegte zu sagen: „In einem Augenblick kann ich hundert spanische Granden machen, aber in hundert Jahren keinen einzigen Guicciardini."

Mit dem alternden Niccolò verband Francesco enge Freundschaft. Sie sind in ständigem Gedankenaustausch. Guicciardini kritisiert die Discorsi, und seine Kritik ist die Frucht der Erfahrung, die die Politik aus eigener Kommandogewalt kennt. Er sieht das Geschehen nicht wie sein Freund aus dem hohen Flug des Adlers, sondern aus der Nähe; er sieht mehr die Poren der Dinge als den Fluss der Ereignisse; er sieht daher oft die Einzelheiten böser und richtiger.

Jetzt ist er Gouverneur von Modena. Allen Menschen gegenüber sucht er Distanz. Niccolò aber will er in seiner Nähe wissen. Oft hat er ihn eingeladen. Sein Freund ist heute endlich in einer kleinen offiziellen Mission in seinen Staaten, einige Meilen von seinem Sitz entfernt. Im Franziskaner- Kloster zu Carpi soll er im Auftrag der Wollzunft den Florentinern einen Prediger aussuchen. Der päpstliche Generalgouverneur muss den ganzen Tag lächeln. „Was für eine Idee war es", schreibt er ihm, „gerade Sie zu schicken, um einen Prediger zu finden."

„Ich habe der Republik", antwortet ihm Niccolò, „immer nach bestem Wissen und Gewissen gedient. In dem besonderen Fall meiner Mission bin ich aber mit meinen Mitbürgern nicht einverstanden. Sie wollen einen Prediger, der ihnen den Weg zum Paradies zeigen soll. Ich will einen suchen, der ihnen den Weg zum Teufel zeigt. Ich will einen Nichtswürdigen, einen Lügner, einen Hypokriten finden. Denn der wahre Weg zum Paradies setzt voraus, dass man den zur Hölle kennt und ihn meidet."

Guicciardini sendet ihm jeden Tag einen Eilboten mit Briefen. Bald glauben die Franziskaner, Niccolò sei ein ganz hoher päpstlicher Beamter in einem wichtigen Auftrag, und öffnen dem geheimnisvollen Fremdling alle Schätze ihrer Kellereien und ihrer Küche. Niccolò lebt wie im Schlaraffenland. Er reckt die Glieder auf weichen Kissen, lässt sich von morgens bis abends bedienen und hofieren, stachelt die Neugierde der naiven Betbrüder immer mehr an. Machiavelli brummt laut, wie für sich, einige Sätze aus den Briefen Guicciardinis. Die Brüder sollen glauben, er erwarte in ihrem Kloster die Boten des Kaisers, und der Generalgouverneur übermittle ihm täglich die Instruktionen des Heiligen Vaters. „Während ich dieses schreibe", heisst es in einem Brief Niccolòs an Guicciardini, „bilden die Kleriker mit offenem Mund einen Kreis um mich. Sie blicken mich, da ich lange vor einem Papier sitze, ganz verzaubert an, als ob ich illuminiert sei. Ich, um sie noch mehr zu verwundern, höre von Zeit zu Zeit gewichtig zu schreiben auf, bewege mich unruhig hin und her, spiele ganz bedeutungsvoll mit der Feder. Wüssten die, was ich schreibe, so würden sie sich noch mehr wundern, als sie es schon tun." Guicciardini antwortet ihm, er soll die Zeit im Kloster ausnützen und danach trachten, die Brüder gegeneinander aufzuhetzen, damit ein höllischer Radau entstehe. Er solle sich aber in acht nehmen, kein so abgefeimter Schuft wie diese Beter zu werden. Niccolò bürgt für sich, an ihm sei nichts mehr zu verderben.

Der Spass hört nur auf, weil Machiavelli befürchtet, der Prior von Carpi — „der gewitzigter als 30.000 Teufel ist" — fange an, die Korrespondenz zu durchschauen. Machiavelli fährt nach Modena zu seinem Freund; da können sie die Farce von Carpi in aller Ruhe rekapitulieren.

Ein päpstlicher Beamter wie Francesco Guicciardini, wie Francesco Vettori, päpstliche Historiker wie Jovius und Machiavelli wären nach der Renaissance, nach den Stürmen der Reformation unmöglich gewesen. Für den Glanz eines Bewusstseins, das nur von Klugheit, von Ironie, von dem Spiel mit allen hohen und niedrigen Dingen lebt, ist in der neuen Welt, in der der obligatorische Ernst durch die neuen furchtbaren Schullehrer der Menschheit eingeführt wird, kein Platz mehr.

WELTKRISE UND TOD MACHIAVELLIS

DEM Niederländer Hadrian, Leos X. Nachfolger, erschien der Sitz der päpstlichen Macht als das Grabmal Gottes. Die Stanzen Raphaels, die Arbeiten Bramantes und Michelangelos waren ihm die Träumerei des Bösen. Seinem Blick graute vor dem marmornen Apoll, vor dem Torso des Herkules, vor den Statuen der Venus, des Tiber und des Nil. Es schwindelte ihm nach allen Seiten. Der hochgewachsene, magere Greis glaubte, die von Christus getrennte Menschheit zu sehen, wie sie stürzte, wie sie in das unendliche Nichts des Heidentums fiel. Immer kälter wurde es ihm, immerfort sah er nur Sünde und noch mehr Sünde. Vor der Laokoongruppe bedeckte er sein Gesicht mit beiden Händen und sagte unter Tränen: „Nichts als Götzenbilder, nichts als Götzenbilder!"

Hadrian wollte dem Vatikan entfliehen, um in einem einfachen Gartenhaus zu wohnen. Erst den Bitten seiner niederländischen Freunde und den Worten des kaiserlichen Gesandten gelang es, ihn zum Verweilen im Palast der Päpste zu bewegen. Er machte aber aus dem Vatikan ein Kloster und lebte als Betbruder. Alle Tore, die in die Gärten des Belvedere führten, wo die antiken Statuen standen, liess er schliessen, nahm die Schlüssel in eigene Verwahrung. Die Schüler Raphaels mussten die angefangenen Malereien unterbrechen, kein Hammerschlag durfte mehr fallen, kein Pinsel sich rühren. Er wohnte in einem kleinen, mit Theologiebüchern angefüllten Raum, der neben seinem Schlafgemach lag. Streng waren seine Stunden eingeteilt. Er empfing wenige Menschen, brachte täglich das heilige Opfer dar und spähte aus, für das von allen Seiten umtobte Schifflein Christi einen Ankerplatz zu finden.

Hatte Leo gegen hundert Pagen, so begnügte sich sein Nachfolger mit zwei Dienern und einer alten niederländischen Köchin. Gaben die Kardinäle Gelage, bei denen 75 Gänge aufgetischt wurden, und assen sie an den Fasttagen Störe zu 18 Dukaten das Stück, so reichte Hadrian jeden Abend seinem Kammerdiener einen Dukaten für die Küche des nächsten Tages. Gegen die Kardinäle versuchte er mit heiligem Eifer einzuschreiten. Er verbot ihnen das Waffentragen, er wollte ihre Einnahmen kontrollieren, ging jeder gegen sie gerichteten Beschwerde nach und verkündete, dass kein Prälat mehr als eine Pfründe haben dürfte. Gegen den Ämterkauf, den Gnaden- und Bullenhandel, gegen den Nepotismus bereitete er radikale Massnahmen vor. Er entliess die Humanisten aus den Kanzleien und berief an ihre Stelle Theologen. Als gelehrter Gottessucher wollte er wieder die theologische Wissenschaft zu hohen Ehren bringen. Alle Benefizien und Renten der Literaten wurden aufgehoben. Nur dem Historiker Jovius liess er weitere Unterstützung zukommen, mit der ausdrücklichen Begründung, Jovius sei kein Dichter. Gegen die Poeten schritt er nach den ersten Tagen seiner Herrschaft sofort ein, und über Nacht wurden Hunderte von Schöngeistern brotlos. Ausdrücklich machte er sie für das ganze lose Treiben, für die Spielerei mit heidnischen Göttern, für das Liebäugeln mit allen Lastern verantwortlich. Die Klage der Literaten erhebt sich zeternd gegen den Vatikan. Ihr Geschrei, Rom sei unter die Barbaren gefallen, wird in empörten Satiren und Reimen wiederholt. Alles an diesem Papst wird bespöttelt: Sein Geiz, die harte Aussprache des Lateinischen, seine ausländische, deutsche und niederländische Umgebung. „Rom ist nicht mehr Rom", heisst es in

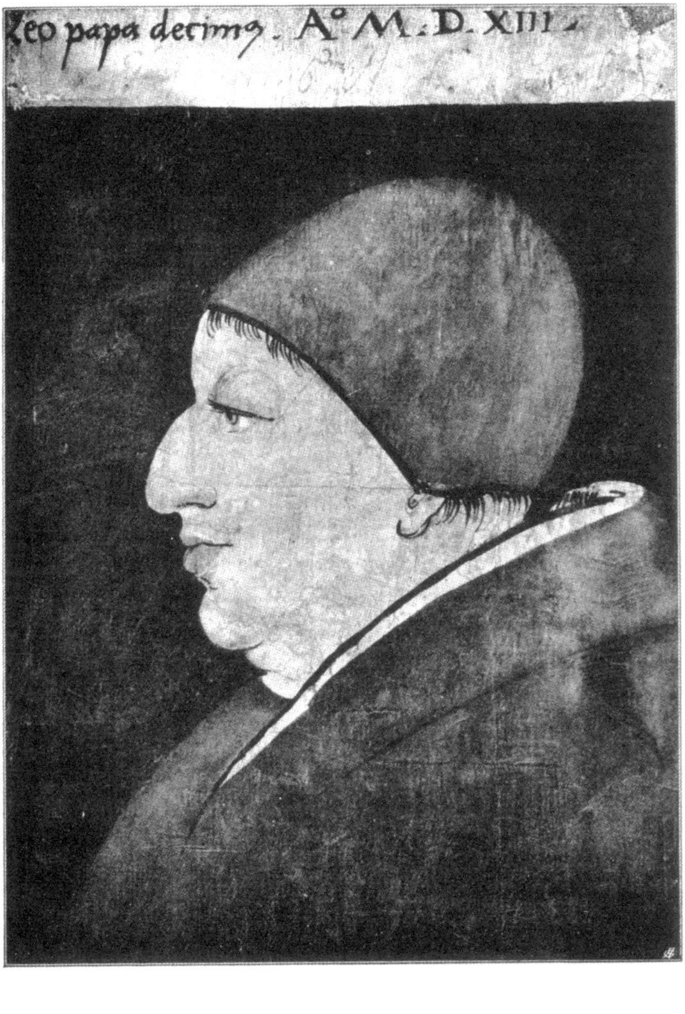
Leo papa decim9 . Aº M . D . XIII

Aquarell Wien Hofmuseum:
Leo X.

einem Brief. „Dieser Papst kennt niemanden, nicht ein Gnadengeschenk wird gesehen. Alles ist voller Verzweiflung."

Hadrian, der als ein zürnender Wind alle Lichter des mediceischen Glanzes auslöschen will, ist dennoch kein verirrter Asket auf dem päpstlichen Thron. Ein weltgeschichtlicher Versuch spricht aus dem Beginnen seines kurzen Pontifikates. Es galt, die Einheit der Kirche vor Martin Luther zu retten. Der Heilige Vater versucht es, indem er die Kritik Luthers ohne dessen Blasphemien selbst ausdenkt und ausspricht. „Wir wissen", heisst es in den Instruktionen des Papstes an seinen Nuntius, „dass seit einer geraumen Zeit viel Verabscheuungswürdiges bei dem Heiligen Stuhl stattgefunden hat. Von dem Haupte ist das Verderben in die Glieder, von dem Papste über die Prälaten ausgebreitet worden. Wir sind alle abgewichen. Es ist keiner, der Gutes getan, auch nicht einer."

Die neuen treibenden Kräfte des Kontinents aber lassen sich durch Frömmigkeit, Predigt und Reue nicht mehr bannen. Die Religion hat sich in weiten Gebieten Europas verselbständigt. Martin Luther ist drauf und dran, den Lauf der Welt gewaltiger zu verändern als die Entdeckung Amerikas, als die Umschiffung Afrikas, als das Schiesspulver und als die Buchdruckerkunst. Martin Luther erklärte jeden Christen zu seinem eigenen Papste. Er entzündete das „innere Licht" in einem Jeglichen. Gewaltig erhob sich in Millionen Seelen das Gewissen und masste sich an, alle Fragen der Vergänglichkeit und der Unvergänglichkeit zu lösen. In Elendslöchern, in patrizischen und plebejischen Häusern, in fürstlichen Palästen lebt die Sehnsucht der Menschen nach Erneuerung. Wilde Energien beleben Stadt und Land, sind trunken voller neuer Hoffnungen, toben gegen die alte Kirche, verunglimpfen und verhöhnen sie. Die

Städte erzittern; die Menschen sind nicht mehr einsam; die Hand des neuen Frommen sucht das Schwert wie sein Auge den Heiland. Ungezählte sitzen gebeugt und lernen Geist und Buchstaben aus der Bibel, die zum ersten Mal das Buch der Völker wird. Unendlich tiefe Quellen kriegerischer Energien sprudeln unter der Kruste des alten Bodens Europas; die kleinste politische Erschütterung wird sie den Kontinent überfluten lassen. Schlachten sind den Neubekehrten nur Kinderkrankheiten, Gefahren sind ihnen die höchste Wonne, und nur der Tag bringt Trauer, der die Frommen nicht um einen Frommen vermehrt.

Hadrian, ob er will oder nicht, muss das Flüstern des Gebets verlassen und nach dem mächtigsten Arm Umschau halten, um die Kirche zu verteidigen.

Der mächtigste Arm ist der des Nachfolgers Maximilians, des Kaisers Karl V. Dem Enkel Maximilians, dem jugendlichen Karl, ist Martin Luther der Beweis, wie alle Glieder des „Corpus christianum" durch die Schwäche der zentralen imperialen Gewalt verfaulen, wie aus ihnen schmutzige Miasmen aufsteigen und die Luft verpesten. Karl vermag sich allen Kräften, die sich aus den Tiefen der berstenden Welt erheben, entgegenzustellen. Denn er hat die zerbröckelte Kaisergewalt seiner Ahnen durch seine spanische Hausmacht neu umgürtet. Er fühlt eine doppelte Mission: der Kirche und dem weltlichen Imperium zugleich zu befehlen!

Gebieter des Okzidents zu sein, bedeutet aber vor allem die Herrschaft über Italien. Nicht nur aus traditionellen Gründen, nicht nur weil die kaiserliche Idee mit dem Stadt-Römischen verbunden war, sondern auch weil die Lombardei die Brücke von Österreich den Rhein entlang nach den Niederlanden bildet. Die Lombardei ist aber der Boden französischer Ansprüche. Die Lombardei im kaiserlichen Besitz bedeutet die Anerkennung der neuen spanisch-österreichischen Suprematie über Europa. Zugleich bildet die Lombardei in den Händen des Kaisers die Bedrohung Roms. Die Spanier sitzen schon im Süden Italiens: In Neapel. Sässen sie nun jetzt auch im Norden, in Mailand, dann wäre Rom durch die Macht des Kaisers umzingelt, dann verlöre der Papst nicht nur seine geistliche, sondern auch seine territoriale Selbständigkeit. Er wäre der Hauskaplan der Spanier und nicht mehr der Fürst der Christenheit. So verwirrend erheben sich die Probleme vor der frommen Seele Hadrians. Er, der nur an Reinheit des Glaubens gedacht hat, sieht sich als Gefangener aller politischen Tendenzen und Widersprüche. Mit Bitternis muss er an die Worte seines Kardinals Soderini denken, der ihm von Anfang an gesagt hat, man werde, um die neue Häresie glücklich bekämpfen zu können, Kriege ohne Zahl führen müssen. Hadrian, dieser einsame Mann auf dem Stuhl Petri, erschrickt vor der Wirklichkeit. Sein Herz hört, nach achtzehnmonatigem Pontifikat, zu schlagen auf.

Sein Nachfolger, der Kardinal Giulio Medici, der Herr von Florenz, der als Clemens VIII. zum Papst gewählt wird, erweckt grosse Hoffnungen. Seine Nüchternheit, sein Fleiss, sein Ernst, seine langjährige Welterfahrung stempeln ihn in den Augen der Eingeweihten zum berufenen Staatsmann.

Clemens, von Natur prosaisch, wird weder vom Asketentum Hadrians noch von der Verschwendungssucht Leos noch von den gigantischen Energien Julius' II. geleitet. Er erstrebt ein friedliches, ordentliches Pontifikat. Dieser Realist hat aber nicht den stetigen Zusammenhang mit der Wirklichkeit. Er sieht nicht die ganze Tiefe der Rivalität der spanisch-französischen Gewalten, die in Italien um Europa ringen. Im geschickten Lavieren allein glaubt er die Kunst der Politik zu finden.

Verhandelt Clemens öffentlich mit dem Kaiser, so im

Dunkeln mit Franz I. Jeder Annäherung an einen der beiden Monarchen lässt er geheime Herzensergüsse an den anderen folgen. Oft ist er mit allen beiden gegen alle beide verbündet. Die vatikanischen Diplomaten sind entweder kaiserlich oder französisch gesinnt und zerschneiden gegenseitig die Fäden ihrer Arbeit. Alle beiden Richtungen, die französische und die kaiserliche, haben im Kirchenstaat selbst ihre bewaffneten Anhänger, die vor nichts zurückschrecken und bereit sind, dem Feinde alle Tore Roms zu öffnen. Der Papst brütet oft vor dem Labyrinth seiner diplomatischen Korrespondenz still vor sich hin. Die Gesandten, die geheimen Emissäre, die spanischen und französischen Generäle sitzen einer nach dem anderen bei ihm. Seine Gedanken können sie aber nicht erfahren. Jeder hört aus dem Munde des Heiligen Vaters nur Allgemeinheiten und Beteuerungen. „Der Papst", berichtet der kaiserliche Gesandte seinem Herrn, „ist der geheimnisvollste Mensch der Welt und so voll Chiffern, wie ich noch niemals jemanden gesprochen habe."

Diese Politik, die als Beispiel höchster Unaufrichtigkeit gelten könnte, ist nichts anderes als ein Beweis höchster Schwäche.

Der Zufall lässt Clemens am Anfang des Jahres 1525 auf Seiten Frankreichs statt auf der des Kaisers stehen. Im 21. Jahr des Kampfes der Franzosen um die Lombardei will Franz I. von neuem versuchen, Mailand zu nehmen. Auf die Ärmel seiner Leibwache lässt er in vergoldeten Lettern die Worte sticken: „Noch einmal und nicht wieder".

Bei Pavia wird Franz I. von dem spanischen General Pescara geschlagen und gefangen genommen. Pavia öffnet dem Kaiser die Wege nach Frankreich, nach Lyon und Avignon. Pavia kettet Mitteleuropa an die spanische Macht. Pavia gibt dem Kaiser, der in Mailand,

Wien, Konstanz, Genf und Amsterdam herrscht, die Berechtigung, seine junge, übernationale Macht als das neue Weltimperium zu feiern.

Das allgemeine bange Gefühl Europas: Karl ist der vom Schicksal bestimmte Herrscher, lässt den Papst nirgends eine Kraft des Widerstandes sehen. Clemens ist von Angst betäubt. Er ist, berichtet ein Augenzeuge, wie tot. Er flieht in die Unterwerfung: Er sendet Kurier nach Kurier zu den kaiserlichen Generälen, verspricht alles, ist bereit, alles herzugeben. Clemens schliesst einen demütigen Vertrag mit dem Kaiser, der um viel Geld die Herrschaft der Mediceer in Rom und in Toskana unter seinen Schutz nimmt und sich auch verpflichtet, alle Truppen aus dem Kirchenstaat zurückzuziehen.

Aber die Katastrophe Clemens' war, dass er sich in seiner Angst nicht verkroch und sich Plänen, die über seinen Willen und seinen Charakter gingen, für Tage und Wochen geneigt zeigte. Wie ein Spieler, der verliert, lässt er sich abergläubisch von jeder Beeinflussung leiten. Seine Zaghaftigkeit ist noch grösser als seine Ohnmacht. Ein kleiner Mann wird durch gewaltige, ihm aufgedrängte Ideen nicht gross. Und die Aussichten der italienischen Patrioten, vor allem die seines Staatssekretärs und Bischofs Ghilberti, waren von einer nur durch Schlauheit gezügelten Kühnheit. Der Heilige Vater lebte als Gefangener fremder Hoffnungen. Wohl ist Clemens durch den letzten Friedensschluss im Bündnis mit dem Kaiser. Aber gerade diese Allianz könnte nach der Meinung der Italiener die Deckung werden, hinter der man den Widerstand gegen das Übergewicht Karls vorbereiten kann. Die italienischen Patrioten hatten aber nicht die kriegerische Kraft und die Bereitschaft der Nation hinter sich. Um so mehr rechnen sie auf die Kombinationen der Politik.

Jetzt, da der Hochverrat in Europa immer mehr zur

Komponente der Politik wird, jetzt, da jeder Potentat auf das Gewohnheitsrecht der Revolution bei seinem Nachbar rechnet, da der französische Grosswürdenträger — der Connetable von Bourbon — die Armeen Karls V. gegen Frankreich führt, die deutschen Fürsten gegen den Kaiser mit Franz I. im Bündnis standen, hielten auch die Italiener Umschau nach einem grossen Verräter. Sie erblickten ihn in dem General Pescara, der Franz I. bei Pavia gefangen genommen hatte. Pescara war von Karl V. verletzt worden. Er war Italiener. Umstrahlt durch die Auriole einer grossen, siegreichen Schlacht, sollte er nach den Berechnungen der italienischen Patrioten ihr Feldherr werden.

Der Sieg von Pavia, so erschreckend er auch war, konnte die Bewegung innerhalb der Völker, das Drängen gesunder, aufrührerischer Kräfte, das Pathos der Handlung nicht aufheben. Auf dem Kontinent herrschte nicht Ruhe, sondern der Lärm einer Weltkrise, die alles Überlieferte, alle Grenzen, alle Konfessionen, alle Throne, alle agrarischen Besitzverhältnisse in Frage stellte und die die tiefste war, die Europa bis zu den Napoleonischen Kriegen erleben sollte. In Deutschland brannten die aufrührerischen Bauern alles Feindliche nieder. Luther war nicht mehr Herr über die Neubekehrten, der Blitz seiner Revolte zündet auch die Paläste seiner Beschützer an. In Spanien erheben sich die Städte in blutigem, verzweifeltem Ingrimm gegen Karl. An der Donau zeigt sich die geheimnisvolle, kriegerische Macht der Muselmänner. In England regte sich bewaffnetes Misstrauen gegen Madrid, und in Frankreich hatte die Gefangennahme Franz' I. keine Verzweiflung, sondern erst recht den Willen zum nationalen Dasein erweckt.

Der päpstliche Stuhl mit seinen grossen Möglichkeiten gilt den Italienern als der ideale Boden, um die Tendenzen gegen den Kaiser zu sammeln. Die vatikani-

sche Kanzlei ist ihnen das Territorium des Widerstandes.
Mit der sich überall regenden Lust zum Leben sich zu verbinden, aus der Quelle jeglicher kontinentalen kriegerischen Opposition den eigenen Strom des Widerstandes zu bilden, ist die grosse Hoffnung der Nationalisten um Clemens. Sie sind sich der Stunde bewusst. „Jetzt handelt es sich nicht", schreibt der Bischof Ghilberti, „um verletztes Ehrgefühl, nicht um Rache, nicht um die Behauptung dieser oder jener Stadt, sondern um Italiens Freiheit oder ewige Knechtschaft. Niemals hat es eine günstigere Gelegenheit gegeben."
Selbst Francesco Guicciardini wird von seinen gewöhnlichen Zweifeln verlassen. Er bezeichnet das Beginnen gegen den Kaiser Karl als ein heiliges und notwendiges Gebot. Guicciardini ist nicht überschäumend, zeigt aber das Maximum von Zuversicht, dessen er fähig ist, wenn er an Machiavelli schreibt: „Ich hoffe, dass jeder seine Pflicht tun wird, und wenn auch nicht alles mit der notwendigen Exaktheit und Eile geschehen wird, so doch nicht so langsam, dass uns der günstige Augenblick entgleitet."
In diesem Kulminationspunkt der Krise, während der gespannten Erwartung Italiens, leben Guicciardini und Machiavelli — die beiden klügsten Vertreter der Politik ihrer Zeit, wie sie Leopold von Ranke nennt — von derselben Hoffnung. Niccolò hat für Monate kein persönliches Leben mehr, er verschwindet in den Ereignissen. Der Glaube, der sich plötzlich aus dem italienischen Boden erhebt, schenkt dem 57 jährigen Machiavelli ein jugendliches Herz. Krank, von einem Darmleiden zernagt, fühlt er sich dennoch wohl. Um so mehr glaubt er an das Glück, als an der Spitze des nationalen Widerstandes Guicciardini steht.
Von seinem Freund ermuntert, fährt Niccolò eiligst nach

Rom, um dem Papst seine Geschichte von Florenz zu überreichen. Diese Arbeit ist ihm nur der Vorwand, um gerade in diesem Augenblick, da jeder Tag das Kriegsglück bringen kann, sich dem Heiligen Vater, dem Zentrum des Widerstandes, zu nähern.
Clemens empfängt ihn voller Wohlwollen. Ihr Gespräch erwähnt nur beiläufig das Buch. Mehr als Zeichen der Gnade als aus Interesse verlängert und erhöht der sonst knauserige Clemens die Pension zur Vollendung der Arbeit. Der Vorabend kommender Kämpfe leiht Niccolò eine niederstürzende und dennoch sachliche Beredsamkeit. Der Papst ist von dem gewaltigen Bild populaner Energien, die ihm sein Historiker öffnet, berauscht. Schon nach einigen Stunden ist der Heilige Vater mit der Milizgründung einverstanden. Clemens sendet Niccolò zu Guicciardini, dem Gouverneur der Romagna, um mit ihm die Rekrutierung auf neuer, breiter Basis zu besprechen; er gibt den beiden in dieser Kardinalfrage des Widerstandes alle Vollmachten. „Mit Niccolò Machiavelli", heisst es in dem Breve an Guicciardini, „haben wir die ganze Angelegenheit untersucht und eingehend studiert. Er wird Dir über alle unsere Pläne und Ziele berichten. Die Angelegenheit ist wichtig für das Heil der Kirche, des Staates, für ganz Italien, ja für die ganze Christenheit."

Machiavelli ist überzeugt, Francesco für die Miliz gewinnen zu können. Hoch erfreut umarmt ihn Guicciardini. Er ist beglückt, Niccolò in wichtiger amtlicher Mission, in hohem päpstlichem Vertrauen zu wissen. Einen besseren Verhandlungspartner hat er sich nie gewünscht. Die beiden italienischen Patrioten der ersten Stunde trennt aber in der militärischen Frage der Unterschied des Temperamentes, des Charakters und der Gesamtauffassung menschlicher Dinge. Guicciardini kann sich mit dem Gedanken der levée en masse nicht befreunden. Sein Geschmack schaudert davor zurück, das Volk, „dieses dunkle Ungeheuer mit ungezählten Füssen und ohne Kopf", zu bewaffnen. Seine Durchdringung der Praxis, wenn nicht der Theorie, seine Kenntnis Clemens' aus langem persönlichem Umgang, sagt ihm, dass das Einverständnis des Papstes nicht hohen, sondern niedrigen Motiven entspringt. Machiavelli hat Clemens gesagt, die Miliz erfordere keine staatlichen Zuschüsse. Die Gemeinden müssten sich selbst bewaffnen. Der Heilige Vater, der über die Militärausgaben täglich aufs neue verzweifelt ist, hat durch den begeisterten Krieger Niccolò die ersehnte Ausrede für weitere Knauserei geschenkt bekommen. Und wenn Machiavelli die Niederlage von Prato vergessen hat, so nicht Guicciardini. Soll man den Soldaten von Pavia, den spanischen Brigaden eines eben errungenen Weltruhmes, den Söldnern des berühmten Frundsberg, verängstigte romagnolische Bauern entgegenführen? Diese Bauern hassen die Herrschaft Clemens', die sie kennen, mehr als den blutigsten Feind, den sie nicht kennen. Guicciardini erscheint die ganze Milizgründung am Vorabend des Krieges als eine gelehrte Herzensangelegenheit seines Freundes.

Keinen Schatten der Uneinigkeit hinterlässt dieser Zwischenfall. Machiavelli lässt seine Ideen nicht zur Marotte werden, die ihm das weitere Handeln erschweren könnte.

Dank dem neuen päpstlichen Vertrauen und den eindringlichen Empfehlungen Francesco Guicciardinis gehört jetzt Niccolò zu den einflussreichen Männern um die Signoria. Er drängt nach einer militärischen Beschäftigung und wird zum Kanzler der Befestigungskommission ernannt. Mit Enthusiasmus erfasst er die neue Materie; entwirft Pläne, stösst die schon angenommenen um, ist den halben Tag an der Peripherie der Stadt und will trotz allen finanziellen und bürokratischen Hindernissen aus Florenz die erste Festung Italiens machen. Niccolò vergisst darüber sogar die Korrespondenz mit Guicciardini. „Entschuldigen Sie, dass ich lange geschwiegen habe. Mein Kopf ist aber voller Bastionen", schreibt er ihm.

Nach jeder neuen Nachricht, die Florenz erreicht, erscheint die Befestigung der Stadt dringlicher. Die Ereignisse sind jetzt wie von den handelnden Menschen losgelöst, erheben sich in ungezählter Zahl zum Himmel, leuchten hell auf und hinterlassen schwere Wolken, die die Italiener umnebeln.

Die geheimen römischen Verhandlungen haben zwar mit Frankreich und mit Venedig zur Liga von Cognac geführt, diese Liga wird aber zur Tragödie der Täuschung. Binnen weniger Wochen stirbt eine Hoffnung nach der anderen. Pescara will den Kaiser nicht verlassen, der englische König sendet keine Gelder, noch die Franzosen und Venezianer Truppen. Die mit tausend Erwartungen begrüsste Weltkoalition lässt Rom isoliert und lähmt deshalb alle Kräfte des Angriffs und der Verteidigung. Die kontinentalen Momente der Krise, auf die die Patrioten des Vatikans gehofft hatten, sind ringende Kräfte und bleibende Tendenzen, zugleich stärker und schwächer als eine Armee. Vergebens hofft Vettori, wie er schreibt, auf die Nachricht, „dass die Türken Ungarn genommen haben und gegen Wien marschieren, dass die Lutheraner in Deutschland gesiegt und die Mauren den Kaiser aus Aragon und Valencia vertrieben haben". Der Krieg ist konkreter, die Schlacht wird in engerem Rahmen geführt. Die Weltkrise schickt den Italienern keine Bataillone zur Hilfe. Die kaiserlichen Armeen hingegen überqueren ungehindert die Alpen, stehen bei San Giovanni, unweit Bologna, in der Nähe der untätigen Liga-Armee der Italiener. Über Nacht

sind dem Heere Karls V. die Wege nach den beiden reichsten Städten der Halbinsel, nach Florenz und Rom, offen.
Die zwei Zentren des nationalen Widerstandes, Florenz und Rom, werden zu Zentren der Panik.
In Rom wird Clemens von der Baronenfamilie der Colonna bedroht und ist in seinem neuen plötzlichen Schrecken bereit, mit Karl Frieden zu schliessen. Der Papst, dieses Bündel der Schwäche, von Angst umgürtet, infiziert mit seiner Zaghaftigkeit die Armee der Liga.
In Florenz herrscht Empörung über die päpstliche Kriegsführung. Die eisige Luft erschreckender Gefahren lässt die Stadt erzittern. Der mediceische Gebieter Toskanas, der Kardinal von Passerini, ist eine Karikatur aller Schwächen seines päpstlichen Herrn. In der Signoria kennt niemand die Lage von Bologna, von Rom, entlang den Alpentälern, von Genua und von Livorno, wo die verbündete Flotte der Franzosen vergeblich erwartet wird. Um sich zu unterrichten, senden die Signori Machiavelli zu Guicciardini, dem Generalkommissär des Papstes bei der Armee der Liga.
In diesem winterlichen Frühling des Jahres 1527 empfinden die beiden Freunde alle Verzweiflung der Ohnmacht. Ihr Ingrimm brennt um so tiefer, als sie oft die Siegesmöglichkeiten zum Greifen nahe sehen. Aber alle Vorteile der Italiener werden ihnen zum Unglück, und den Kaiserlichen gereicht alles Unglück zum Vorteil. Wilde Klagen tönen aus den Berichten Niccolòs. Mit eiliger Hand am Lagerfeuer geschrieben, verhallen sie in einem Labyrinth der Unfähigkeit und des bösen Willens. Aus den Kriegssitzungen der Kommandanten hört er nur „ohnmächtiges Hundegebell", die Offiziere sind ihm feige und eingebildet, der Herzog von Urbino, Generalissimus der Liga, ist ihm ein Mann, am Geist noch kränker als am Körper. Schenkt kein Wunder den

Italienern einen gemeinsamen Plan, Mut und Manneszucht, dann ist die Katastrophe unvermeidlich. Er sieht die Auflösung des feindlichen Heeres, die durch die ewigen Verhandlungen des Papstes hingezogen wird. Clemens ist in Rom von Süden her aus Neapel, von Norden aus Siena und vor den Mauern des Vatikans durch die Colonna bedroht; er will den Frieden erkaufen.

Die Söldner des Kaisers aber, durch diese Schwäche gelockt, sehen nur Blut und Gold, schreien die eigenen Kommandanten nieder und wollen sich dieses Mal für alle Zeiten von der Armut befreien. Die zwei Jahrzehnte alte Erfindung des spanischen Kommandos, den Soldaten das Land, in dem sie Krieg führen, preiszugeben, ist das einzige Moment, das das Heer Karls zusammenhält. Der General des Kaisers, der Connetable von Bourbon, ist Willensträger der Beutegierigen. Damit er sich nicht in Friedensverhandlungen verwickle, kontrolliert ihn ein Soldatenrat. Bourbon ist ein entschlossener Goldjäger. Er möchte nicht nur den grossen Raub in Rom oder in Florenz vollenden, sondern auch den Preis des Verzichtes auf die Plünderung gewinnen. Der Connetable handelt um den Waffenstillstandspreis, steckt dann für seine hungernden Leute das Geld ein und lässt weiter marschieren. Seine Armee ist schon auf dem Boden Toskanas, in Arezzo, und noch immer kann Machiavelli nicht berichten, ob sich diese Horden über Rom oder über Florenz ergiessen werden. Bourbon weiss es selbst nicht; das kaiserliche Kommando führt nicht, es wird getrieben.

Jetzt, da Italien verloren ist, soll wenigstens Florenz gerettet werden. Guicciardini und Machiavelli gelingt es, auf den Wegen, die nördlich von Arezzo nach Florenz führen, Kräfte der Liga zu konzentrieren. Niccolò sendet der Signoria Nachricht um Nachricht, um alles im

Hinterland, alles in Florenz selbst zu befestigen. Er versucht, die Panik aus Toskana zu verbannen. Nicht nur ein wuchtiger Angriff, schreibt er beschwörend, selbst eine entschlossene Verteidigung wird die kaiserlichen Armeen unweigerlich auflösen.
Bourbon vermeidet den Widerstand der Toskaner, schlägt den leichteren, verlockenderen Weg nach Rom ein. Die kaiserliche Armee in zerrissenen Kleidern, schuhlos, ohne Löhnung und Nahrung, von Hunderten von Bettlern der Landstrassen begleitet, fliegt über angeschwollene Flüsse und hohe Bergpfade dem Tiber zu.
Clemens, der sich sonst nie einem Mann allein anvertraute, sich stets vom Strudel zwischen Ja und Nein bewegen liess, glaubt heute in höriger Untertänigkeit seinem Stadtkommandanten Da Ceri. Da Ceri lacht über die Botschaft Guicciardinis, der Heilige Vater solle aus Rom fliehen, schlägt 6000 Mann Hilfe, die ihm der päpstliche Generalleutnant anbietet, aus, proklamiert die ewige Stadt als uneinnehmbar.
Am Morgen des 5. Mai 1527 erwachte der Sitz der Christenheit zum letzten Mal als die reichste Stadt der Welt. In der Dämmerung des selben Tages ergossen sich an die 25.000 wütender Bettler, mit Schwert und Brandfackel in Händen, das Losungswort: „Imperium, Spanien, Sieg!" brüllend, über Rom. „Da muest alles sterben, was auf den Gassen gefunden wardt, es war gleich jung oder alt, Mann, Pfaffe oder Münch." Die Plünderer aller Länder sind über Meere und Täler gekommen, um die Hallen des irdischen Reichtums mit ihren Krallen auszurauben und dann alles an einem Abend in einem gigantischen Zechgelage zu verprassen. Da werden die Kirchen zu Ställen, die Kardinäle und Barone zu Wasserträgern, die Pronotare, Bankiers, Ordensgenerale dienen als Knechte in ihren Palästen und

Villen. Die feinsten Damen, die Marquisen, Gräfinnen und Baronessen werden so unzart umschlungen, dass sie von nun an nur „die Reliquien des Sacco di Roma" heissen. Die Soldaten ziehen priesterliche Gewänder an, reiten, von halbnackten Frauen begleitet, in den Sankt Peter und lassen sich zum Papst krönen. Besoffene schmücken Esel mit dem priesterlichen Ornat und zwingen Bischöfe, den Tieren das Sakrament zu geben. Überall „Geschrei, Waffengetöse, Geheul von Weibern und Kindern, Knistern von Flammen, Gekrach fallender Dächer", — schreibt ein Augenzeuge von den Zinnen der Engelsburg, wohin sich der Papst geflüchtet hat. Bald wird auch diese letzte Feste genommen. Trocken meldet der Landsknechtshauptmann Schärtlin seinen Lieben nach Württemberg: „Alsda haben wir gefunden den Papst Clementen samt 12 Kardinälen in einem engen Saal; den haben wir gefangen. War ein gross Jammer unter ihnen, weinten sehr, wurden wir alle sehr reich."

Was sterblich war am Glanze Roms, ging unter . . .

Wunderlich ist diese ungereimte Welt. Da hat vor kurzem der Kaiser ein gemeinsames Manifest mit dem Papst gegen die Weltrevolution erlassen; zum Schutz des Ideals überlieferter europäischer Ordnung, zur Rettung von Kirche und Herd gegen Unglauben und Verbrechen. Die Stadt der Christenheit aber brennt, angezündet durch die Soldaten dieses Kaisers, dessen Seele in allen Geheimnissen der Eucharistie im strengen katholischen Sinne lebt, der bereit ist, für jedes einzelne Dogma eine Brigade marschieren zu lassen, gegen jede Häresie ins Feld zu ziehen. Die reissende Bestie gegen das Leben der Menschen — das Geschehen — belebt das Alte durch das Neue und das Neue durch das Alte. Alle Kräfte sind stets verschworen, um die menschlichen Einsichten, aber nicht den menschlichen Willen zu ver-

wirren. Der Wille kennt nur einen Trieb — die Macht. Verjüngt durch neue Momente erhebt sich die Macht aus der Weltkrise und krönt einen Cäsar, Karl V. Der Rahmen der Ereignisse ist so gross wie nie zuvor: Martin Luther, die Entdeckung der Neuen Welt, die Preisrevolution, die Goldentwertung, die Offensive der Türken gegen Europa, das selbständige Auftreten der Völker um das Baltische Meer. Die materiellen und geistigen Glieder dieser politischen Kette werden durch die kaiserliche Politik sachlich, untheologisch, unbiblisch addiert, subtrahiert, multipliziert und dividiert.
Der erste Rechenmeister dieser Schule ist der Florentiner Machiavelli gewesen. Er hatte gehofft, mit seiner Methode der Einheit Italiens zu dienen. Italien aber war von Beginn der Krise an ohnmächtig, ein Opfer der neuen Staatsraison.
Wenn das Schicksal Machiavelli in den vergangenen Monaten zum letzten Mal, nach brennend empfundenen Jahren politischer Untätigkeit, auf das Feld der Handlung, in den Krieg, in die Nähe des Kommandos gehoben hat, so nur, damit er genauer die schwarzen Wogen der Niederlage sähe, Es ist, als ob der grosse Verliebte in Italiens Freiheit der toten Italia das Auge zudrückt, um bald selbst daran zu sterben.
In Civitavecchia, wo sich Niccolò im Auftrage Guicciardinis seit einigen Tagen befindet, kann er sehen, wie seine verkündete Virtù — die neue Herrschertugend — die ewige Stadt mit Verderben züchtigt. Er hört das Donnern der von ihm geahnten Wirklichkeit und sinkt vor Schmerz in sich zusammen. Nebensächlich ist ihm jetzt sein Auftrag, von Andrea Doria, dem Admiral der Franzosen, Hilfe für den Papst zu erbitten. Er weiss, dass diesem Hohepriester, gegen dessen Schwäche sich alle Ereignisse zürnend verbunden haben, nicht mehr zu helfen ist. Der Admiral gebraucht die freundlich-

sten Ausreden, um sich für Rom nicht bewegen zu müssen.
Niccolò wankt kraftlos durch die Strassen. Im Hafen sind viele Flüchtlinge aus Rom zusammengedrängt, darunter Florentiner Kaufleute, die sich von der Plünderung haben loskaufen können. Niccolò verbirgt sich. Zum ersten Mal in seinem Leben ist sein Auge umnebelt, sein Mund verschlossen. Er sitzt in einer Schenke allein und erwartet seinen Diener. Kurz vor dem Aufbruch hört er die grosse Nachricht: In Florenz sei Revolution! Die Florentiner haben wider den Willen des mediceischen Regimentes gegen Spanien zu den Waffen gegriffen. Florenz glaubt, sich durch die Lösung seiner Kriegsführung und seiner Diplomatie vom gefangenen Papst vor dem Schicksal Roms retten zu können.
Solange es eine Regung gibt gegen die Flut der Niederlage, will Niccolò die Klage der Seele, die Müdigkeit der Glieder verbannen und weiter wie am ersten Tag des Widerstandes rufen: „Tötet diese Spanier, sie sind Tiere, sie haben vom Menschen nur die Stimme!"
Er reitet, so schnell es sein brennender Kopf und seine zitternden Knie zulassen, nach Hause. Dieser Sommer zeigt in Tälern und Wiesen, in Dörfern und Burgen, immer neue Bilder des Elends. Das Land ist durch Krieg, Angst und Pest verdorrt. Die Bauern sind in den Wäldern verkrochen. Unbeackert liegen die Felder. Aus den Städten und Marktplätzen ist das Leben entflohen. Nur die Landstrassen sind überfüllt: Flüchtlinge aus Rom bewegen sich langsam nach vorwärts, blicken stumm, gedankenlos in die Weite wie in ein unbekanntes, finsteres Meer.
Florenz aber ist fröhlich. Es freut sich, nach fünfzehn Jahren die Wappen und Standarten der Mediceer in den Arno werfen zu können. Die Florentiner feiern den Wechsel — vom mediceischen zum republikanischen

Unbekannter Florentiner Meister (15. Jahrh.):
Niccolò Machiavelli

Extrem — durch Reden und Gesänge. Die alten Gruppierungen aus Savonarolas und aus Soderinis Tagen erwachten in der ersten Stunde der Freiheit, als ob die Diktatur nur ein Staub gewesen wäre. Der Grosse Rat tagt seit fünfzehn Jahren zum ersten Mal und erhebt zornig das Haupt, harrt auf den Kampf gegen Spanien.
Die neue Signoria prüft rasch die Beamten auf Vergangenheit und republikanische Gesinnung. Der Mann, der unter den Mediceern Niccolòs Amt als Sekretär der zweiten Kanzlei innegehabt hatte, wird entlassen. Sofort bewirbt sich Machiavelli.
Seit dem ersten Tag seiner Ankunft in Florenz aber spürt er um sich einen kalten Ring der Feindschaft, den er nicht versteht und nicht zur Kenntnis nehmen will. Bekannte gehen wortlos an ihm vorüber. Anhänger, Schüler, Literaten meiden ihn. Die Gesinnung und Gesinnungsänderung ist jetzt in Aktion. Die Staatsumwälzung prüft die Bürger durch die Augen des kleinen Mannes. Wenn Niccolò auch nicht als offener Verräter gilt, so erscheint er doch allen Parteien, und nicht nur den alten und den neuen Republikanern, als verdächtig. Andere Männer, die reich und grau unter der Gnade des herrschenden Hauses geworden waren, spielen als neue Republikaner eine unbestrittene Rolle. Der grösste Teil der Optimaten, von den tausend Winkelzügen der Schwäche Clemens' erschreckt, verlässt den Papst und seine Dynastie der Bastarde. Bei allen diesen Herrn aber stört nicht das Persönliche, das bei Niccolò stets reizt. Selbst seine Freunde Vettori und Guicciardini, seine Anhänger im Zweifel, wenn nicht im Glauben, die auch in der neuen Republik mitbestimmend sind, hätten sich inmitten der Durchschnittsklasse ihrer Mitbürger eher ohne Hosen als ohne gewichtige Miene gezeigt.
Machiavelli glaubte, weil er die Missgestimmten immer übersah, die Lacher, die Zecher und die wenigen wirklich

Klugen auf seiner Seite hatte, er sei beliebt. Alle aber, die seine Zunge fürchten, alle, die seine ewigen Geldsorgen als einen Verstoss gegen die Ordnung empfanden, die über seine Frechheit erstaunt waren, entdecken seine grosse Sünde: Den Principe. Die Kopien des nicht gedruckten Principe sind von Hand zu Hand gegangen. Ihr Verfasser gilt als Giftmischer des Absolutismus, als Mann, der den Mediceern alle möglichen Kabalen gegen Florenz offenbart hatte. Plötzlich missfällt jeder Zug an Niccolò. Sein Gesicht wird in den Augen seiner Mitbürger zur Fratze. Hat er, fragen sie, nicht selbst Schlechtes über sich geredet? Machiavelli kann lernen, dass nichts gefährlicher ist, als vor Dummköpfen über sich selbst Grimassen zu schneiden. Das geheime Echo, das zurückbleibt, äussert sich später in wichtigen Momenten als die Rache des kleinen Mannes, der stets den Ernst verlangt.

Am 10. Juni 1527 steht auf der Tagesordnung des Grossen Rates die Kandidatur Niccolò Machiavellis. Von den neun, die sich zum Wort melden, sprechen acht bittere Worte gegen ihn. Der Erste erklärt: Niccolò hat die Florentiner verleumdet, sie karikiert, sie dem Spott der Fremden preisgegeben. Der Zweite: Machiavellis Aufgabe ist, schmutzige Komödien zu schreiben, nicht aber, der Stadt zu dienen. Der Dritte: Machiavelli kennt überhaupt Florenz nicht. Er ist Jahre lang auf Reisen gewesen und dadurch seinen Mitbürgern entfremdet. Der Vierte: Machiavelli ist kein guter Italiener, er neigt dazu, die Sitten der Ausländer jenseits der Alpen zu verherrlichen. Der Fünfte: Wo war der Bürger Machiavelli, als das Volk auf den Strassen gegen die Mediceer gekämpft hat? Der Sechste: Machiavelli kann vielleicht ein guter Literat sein, aber kein Beamter, kein Mann pünktlicher Pflichten. Der Siebente: Machiavelli hat die Kunst, wie man die armen Leute beraubt und die

Freiheit erdolcht, bei Cesare Borgia erlernt. Der Umgang mit diesem Tyrannen hat ihn für sein ganzes Leben verdorben. Der Achte: Machiavelli hat über Savonarola gelacht und selbst über seinen Gönner Soderini gespottet. Er führt ein ganz loses, ungläubiges Leben. Er ist schlimmer als ein Lutheraner.

Nur Luigi Alamani, ein Freund und Literat aus den Rucellaischen Gärten, erhebt sich und verteidigt den Geschmähten: Machiavelli, sagt er, gilt unter ernsten Männern als ernster Mann und unter Narren als Narr. Wahr ist es, dass er bei den Fürsten wohl gelitten ist, aber nicht, weil er die Freiheit verkauft, sondern wegen seiner Klugheit. Gerade dieses Vertrauen aber prädestiniere ihn zur diplomatischen Arbeit für die Republik. Zwölf Jahre lang, das halbe tätige Menschenleben, hat er im Dienste der Signoria gestanden, und jedes Aktenblatt aus republikanischer Zeit beweist seine ausserordentlichen Verdienste. Nach unzähligen Missionen, nach Jahrzehnten voller Mühen gehört er jetzt zu den Ärmsten. Er ist ein Ehrenmann vom Scheitel bis zur Sohle. Bis zu seinem 58. Lebensjahr hat er niemanden verraten, sondern nur in Treue gedient. Auf ihn könntet Ihr Euch unter jeder Bedingung verlassen. Was werft Ihr ihm denn eigentlich vor? Dass er im Dienste Clemens' gearbeitet hat? Dass er Florenz verteidigen half? Wie viele unter Euch waren noch vorgestern Freunde der Mediceer?

Die Rede wird hier durch die beleidigte Majestät des populanen Saales unterbrochen. Brüllende Laute, geballte Fäuste verwandeln den Grossen Rat in eine Kirchweih. „Verräter! Tod den Mediceern! Schluss!" — klingt es Alamani entgegen. Niccolò Capponi, der Gonfaloniere, macht dem Lärm ein Ende, indem er über die Kandidatur zur Abstimmung schreiten lässt. Die Zählung ergibt von 600 Stimmen 12 für Machiavelli!

Er liegt todkrank in seiner Florentiner Wohnung und

lässt sich die Reden, die über ihn gehalten wurden, berichten. Er erfasst sie nicht mehr ganz. Niccolò träumt die Gestalten seines Lebens. Alles Denken und alles Hoffen erscheint ihm eitel. Sein ganzes Leben hat er über die Macht nachgedacht und auf die Virtù, auf Cesare, auf Leo, auf Lorenzo, auf Florenz und auf Italien gehofft. Die Ereignisse haben ihm aber nur ihre tragische, die Menschen nur ihre lächerliche Seite gezeigt. Jetzt ist er wieder, wie vor fünfzehn Jahren, ein Geächteter! Soll er sich von neuem auf den Pfaden der Demut, im Gewirr der Armut verlieren? Soll er wieder in der Kneipe seines Landgutes bei Sant Andrea mit den Bauern Tric-Trac spielen und die Vorübergehenden vom Fenster des Wirtshauses aus, als komischer Alter, um Nachrichten bitten? Der Sterbende hat die Empfindung, vor allem Elend, das beginnen soll, sich hinwegstehlen zu müssen. Die Gedanken verlassen die Ferne, er sieht seine Frau und seine fünf Kinder, die um sein Bett stehen. Sanft streichelt er Mariettas Hand, zum Dank für das Leben. Die Söhne blickt er stumm an. Er kann nicht mehr reden; sie verschwinden ihm im Dunkel, in dem das Licht seiner Seele für immer erlischt . . .

* * *

Am 22. Juni 1527 [1]), am Tage seines Todes selbst, wurde er zu Grabe getragen. Nur seine Familie und einige wenige Freunde begleiten den Sarg. Sein Tod bleibt unbemerkt im Kampf, der um Florenz entbrennt. Die friedliche Stadt krönt und beendet ihr selbständiges Dasein in einem dreijährigen Ringen gegen den mit Karl V. verbündeten Clemens. In Toskana, Jahrhunderte lang das Asyl der edelsten Gedanken und Formen,

---

[1]) Machiavelli wurde 58 Jahre alt.

lodert der Krieg und beleuchtet das Schwert des Florentiner Festungsbaumeisters und Generals Michelangelo. Der Kampf galt nicht dem Wort einer Verfassung, nicht Italiens Unabhängigkeit allein, sondern dem Geist von Florenz. Toskana verteidigte das ewige Gefühl der Freiheit. Dieses Ideal der Freiheit überlebt das Dasein aller losgelassenen Gewalten. Ein Tag der Freiheit zerbricht Pyramiden der Sklaverei, die für die Ewigkeit in den Himmel zu ragen scheinen. Die Freiheit kommt immer wieder, liebkost die Menschen, zeigt ihnen ihre Würde, den Gott in ihrem Busen, und prüft die Schwerter.

Toskana unterlag, verlor seine Freiheit und seine Genialität. Ihm blieb die Dankbarkeit und Bewunderung, die das Menschengeschlecht für die Höhe Florentiner Vergangenheit stets bewegen wird.

Erst nach der Niederlage, erst im fünften Jahr nach dem Tode Machiavellis, erschien sein Principe. Schnell wurde er zur Fibel der Könige. Weil der Principe der glitzernde Ausdruck der Gegenwart — des werdenden Absolutismus — ist, haben alle Herrscher das Buch in der Hand. Sie versehen es mit Kommentaren, entdecken ihre geheimen Gedanken, hören das Herz ihrer Feinde schlagen, wollen es übertreffen und lernen die Staatsraison buchstabieren. Karl V. von Spanien soll ganze Kapitel auswendig gewusst haben. Die Königin Katharina Medici fühlte sich mit dem Buch verwandt, weil es ihrem Vater einst gewidmet war. Heinrich III. und Heinrich IV. von Frankreich sollen sich keinen Tag vom Principe getrennt haben. Christine von Schweden hat einen langen Kommentar dazu verfasst. Friedrich von Preussen schrieb als Kronprinz einen „Antimachiavelli". Er hat, meint Voltaire, in seine liebste Torte gespuckt, damit kein anderer mehr davon essen könne.

Aber nicht nur die Begründer des Absolutismus, auch

ihre Gegner sahen nirgends die einzelnen Fasern der Macht im allgemeinen und die ihrer Feinde auf dem Thron im besonderen so deutlich wie bei Machiavelli. Ich habe für die geschrieben, sagt Niccolò, „welche die Freiheit einer Republik erhalten wollen, wie für die, welche die Absicht haben, sie zu unterdrücken". Jean-Jacques Rousseau proklamiert den Principe als d a s Buch der Republikaner. Das italienische Risorgimento macht aus Niccolò einen weltlichen Heiligen. Für Cavour ist er der Lehrer. Und die Männer, die aus der Masse sich zur Macht erheben, über die Machiavelli geschrieben hatte: „Ich glaubte nicht, dass man je einen Mann finden wird, der sich aus niederem Stande, allein durch offene und ehrliche Gewalt zu einem Herrscher emporgeschwungen hätte, eher durch Betrug allein" — auch diese Männer fühlen den Funken der Virtù, der sie mit dem Florentiner verbindet. „Tacitus", sagt Napoleon, „hat nur Romane gemacht, Gibbon ist ein Märchenerzähler. Das einzige politische Buch, das man lesen kann, ist das Machiavellis." Und Lenin empfiehlt ihn in seinen „Kinderkrankheiten des Kommunismus" seinen Getreusten als Gift gegen die Dummheit.
Neben dieser Unsterblichkeit des Ruhmes begleitet Machiavellis Andenken die der Infamie. Die Päpste der Gegenreformation haben die in der vatikanischen Druckerei zum ersten Mal erschienen Schriften Niccolòs verdammt. Sie behaupteten, der Principe sei vom Satan selbst geschrieben. Einige Jahre nach dem römischen Fluch dachte ein Enkel Niccolòs, die Werke des Grossvaters, von Sünden gereinigt, neu zu veröffentlichen. Die Zensur wollte die Erlaubnis nur unter der Bedingung geben, den ominösen Namen Machiavellis wegzulassen. Der Enkel schloss diesen Handel nicht. Statt dessen erschienen ungezählte Exemplare gefälschter, verballhornter oder auf Skandal berechneter Machiavellis. Über

kein Buch wurden mehr Dummheiten geschrieben als über den Principe.
Der unzerbrechliche Spiegel, den Niccolò vor des Menschen Seele hielt, kann durch Zeit, Lob und Tadel verkratzt und verunglimpft werden; er glänzt nicht weniger als am ersten Tag.

ANHANG

LENIN

Die Philosophie ist nicht dürr und vergrämt, träumt nicht auf stillen Lagern, sondern ist der Kelch der Lebendigkeit, die ewige Auseinandersetzung mit allen Erscheinungen. Seit den Anfängen allen Denkens pendelt sie zwischen »Idealismus« und »Realismus« und, seitdem eine Geschichtsschreibung existiert, auf die Historie bezogen, zwischen »Idealismus« und »Materialismus«. Die Grenzen dieser Möglichkeiten bilden ihr weites Gefängnis. Beide Betrachtungsformen sind höchstwahrscheinlich gleich wahrscheinliche Hypothesen. Trotz ihrer Kämpfe borgen die Systeme Argumente voneinander, berauben sich gegenseitig ihres schönsten Schmuckes, ihrer besten Zitate. Die beiden Deutungen der Erfahrung kann man ins Unendliche kombinieren, wie die zweiunddreißig Buchstaben des Alphabets. Im langen Streit der Philosophen – dieses Metier lebt, wie jedes andere, vom Streit ihrer Streiter – retten die orthodoxen Propheten des Idealismus und des Materialismus ihre oft wunderbar konstruierten Systeme mit zwei einfachen Wörtchen: »Letzten Endes.«

Der Idealist fragt den Materialisten: Wie erklären Sie, sehr geehrter Herr Kollege, die Tatsache, daß die ersten Pioniere Nordamerikas inmitten ihrer jungfräulichen Wälder mehr kapitalistischen Geist entfalteten, als die katholischen Bürger der seit Jahrhunderten Handel treibenden Stadt Venedig? Nach Ihrer Theorie bestimmen doch die ökonomischen Verhältnisse das Denken des Menschen. Diese armen Emigranten aus England aber müßten ergo die Mentalität der Wilden haben, und siehe

da, sie handeln und denken moderner als das ganze alte Europa.
– Meister, antwortet der Materialist, Sie betrachten den Widerspruch nur an seinem Ende, begreifen deshalb nicht seinen Anfang. Der Calvinist ist ein Emigrant aus dem kapitalistischen England; er hat nicht nur die in seinem Mutterland fabrizierten Schuhsohlen, sondern auch den aus der wirtschaftlichen Umwälzung entsprungenen neuen Geist mitgebracht. Die neue Marke seiner sogenannten Seele hält sogar länger als die Stiefel aus Manchester; denn sie schafft das veränderte geistige Milieu, in dem seine Kinder und Enkel aufwachsen werden. Deshalb hat *letzten Endes* nur der Materialismus recht.
– Sonderbar argumentieren Sie, entgegnet der Idealist, warum sind denn gerade *die* ausgewandert, warum sind nicht alle ihre Standesgenossen von demselben Geist rationaler Wirtschaftsführung durchdrungen? Sie, als strenger Anhänger des Materialismus, können doch die Lehre Calvins von der Vorherbestimmung, von Auserwählten nicht annehmen. Das Ethos ist eben stärker als der Urwald, denn *letzten Endes* baut die Idee das Sein, das ganze äußere Leben.
Trotz der scheinbaren Unfruchtbarkeit millionenfach ähnlicher Diskussionen bleibt die Philosophie und der Streit der Orthodoxen die fruchtbarste Erscheinung. Denn indem sie das Weiche, das Sanfte, das Zärtliche, das Unberechenbare im Menschen, sein Bewußtsein, verändert, ihm ein neues Sehnen einflößt, gestaltet sie zugleich die harten, festen Wände der Wirklichkeit um. Aus der Analyse des Subjektiven, der Meinungen, aus dieser Untersuchung des Abstrakten im Menschen, aus der Art, wie sich die Realität in seinem Gehirn spiegelt, aus dem Gefühl von sich und anderen, aus allen vergangenen »Weltanschauungen«, aus dieser wellengleichen

Reihenfolge sich abwechselnder Bewußtseinsinhalte, wird die Vergangenheit nicht weniger als aus den Trümmern antiker Städte sichtbar, und die Geschichte der Philosophie offenbart sich als Weltgeschichte.
Selbst Lenin, der mit der Wut des Bekehrers den »philosophischen Idealismus« nur als »Pfaffentum« bezeichnet, dessen Mission es sei, »die unterdrückten Klassen durch den Glauben an die Göttlichkeit der Unterdrücker« zu züchtigen, schreibt über *denselben* philosophischen Idealismus: »Es ist unstreitig eine taube Blüte, die am lebendigen Baume der lebendigen, fruchtbaren, wahren, machtvollen, allmächtigen, objektiven, absoluten menschlichen Erkenntnis blüht.«
Aus den Augen der idealistischen Philosophie, die durch das freie, selbständige Leuchten des Geistes soziale Krankheiten in Gesundheit, gesellschaftlichen Tod in Leben zu verwandeln glaubt, liest Lenin *zwei* Dinge: den theoretischen Rahmen eines praktischen Betrugs, den sanften, spielerischen Zauber feindlicher Mächte und zugleich gedankliche Notwendigkeiten einer bestimmten Schicht in einer bestimmten Klassenlage während einer bestimmten Epoche. Die Erscheinungsgründe dieser von ihm als »reaktionär« getauften Ideen zu finden, bleibt seine Sehnsucht. Denn selbst eine an sich falsche Idee entspringt aus irgendeiner Wirklichkeit. Vielleicht ist nicht nur alles, was existiert, sondern auch alles, was gedacht wird, »vernünftig«. Die Motive der einzelnen Behauptungen der idealistischen Philosophie sucht er aber nicht im Glanze der Vergangenheit, in der literarischen Tradition – der Kulturmensch in Lenin wäre auf diesem langen Gedankenweg vielleicht dem Reiz so vieler Gleichnisse erlegen –, sondern dort, wo für ihn Ursprung und Quell des Alls ist: in der Bewegung der Materie selbst, die er mit Marx Dialektik nennt.
»Es ist«, schreibt Karl Marx im Vorwort zum »Kapital«,

»der letzte Endzweck dieses Werkes, das ökonomische Bewegungsgesetz der modernen Gesellschaft zu enthüllen.«
Millionenfach, ohne Unterbrechung im Rhythmus eines allumfassenden Prozesses, klopft im Warenaustausch das Herz der bürgerlichen Nation. Was ist einfacher, was »natürlicher«, als das Erzeugnis seiner Arbeit auf dem Markt zu verkaufen? Und doch birgt diese alltäglichste Erscheinung alle Widersprüche der Gesellschaft in sich, von den Tragödien des einzelnen Individuums bis zu allen Kriegen, Revolutionen, Eroberungen; sie bestimmt alle Statistiken, alle Armut, alle Wohlhabenheit, sie läßt alle Lampen der Arbeit flackern, die Lockungsschreie aller Unternehmungen erschallen; sie ist der Jahrmarkt des Lebens, und keines Menschen Schicksal bleibt von diesem Ereignis unberührt. So verschlungen indes die Interessen auch sind, so geschieht doch nichts willkürlich; aus allen Widersprüchen redet das Gesetz der Dialektik; und die Dialektik des Atoms der Gesellschaft: der *Ware,* wiederholt sich tausendfach in allem weiteren politischen und sozialen Verkehr. Aber einmal, meinen die am Tore einer vorgestellten Welt Harrenden, kommt der Siegestag aus diesem Fluch: Die Dialektik wird die Gegensätze aufheben. Sie muß es tun; denn sie herrscht überall, nicht nur in der Ware, auch in unserem Denkprozeß, in der Chemie, in der Physik, in der Biologie. Jedes Ding, auf die Spitze getrieben, schlägt in sein Gegenteil um und wiederholt sich dann auf einer anderen, »höheren« Basis.

Diese Dialektik, vergleichbar dem Gott der Pantheisten, der Liebe des heiligen Franziskus, der auf Grund seiner Pietà ausgezeichnet mit allen Tieren sprechen konnte, hat eine unendliche Zahl von Schattierungen, ebenso unzählbar wie die wirklichen Schatten selbst.

In der Ökonomie »wie in der Naturwissenschaft« – schreibt Karl Marx – »bewährt sich die Richtigkeit des von Hegel in seiner Logik entdeckten Gesetzes, daß bloße quantitative Veränderungen auf einem gewissen Punkt in qualitative Unterschiede umschlagen«. Ein sehr einfaches Beispiel dafür ist die Bildung von Ozon aus Sauerstoff. Bekanntlich besteht das Molekül des Sauerstoffgases aus zwei Atomen; schlägt nun ein elektrischer Funke hindurch, so gliedert sich den zwei Atomen ein drittes an; es entsteht Ozon, ein qualitativ verschiedener Körper, obwohl das Grundelement dasselbe geblieben ist.

Das Denken bewegt sich nach demselben Prinzip der Veränderung. »In der Erkenntnistheorie muß man« – schreibt Lenin –, »wie auf allen anderen Gebieten der Wissenschaft, auch dialektisch denken, das heißt, unsere Erkenntnis nicht für etwas Fertiges und Unveränderliches halten, sondern untersuchen, auf welche Weise das *Wissen* aus dem *Nichtwissen* entsteht, wie unvollkommenes, nichtexaktes Wissen zu vollkommenerem und exakterem Wissen wird.«*

Diese angenommenen Bewegungsgesetze, an sich nicht neu, vielmehr theoretisches Gemeingut einer sozialistischen Generation von sehr wenigen Denkern – mit vielen Millionen Anhängern –, wurde für Lenin die Quelle geistiger Elastizität und Lebendigkeit. Daß so viele derselben Lehre anhingen, nur er aber daraus ein Instrument der Beobachtung machen konnte, zeigt: Nicht eine Philosophie, sondern der Mann, der sie anwendet, ist immer die Hauptsache. Das Subjektive entscheidet! Vor dem denkenden Menschen liegt zunächst die Vergangenheit als ein Trümmerhaufen von Ruinen, die Gegenwart

* Lenin: Materialismus und Empiriokritizismus, Kritische Bemerkungen über eine reaktionäre Philosophie.

als ein Chaos von Dingen; erst durch Interpretation, durch Methode bringt er Ordnung in dieses Wirrwarr. Denn ohne Auslegung ist Gegenwart und Geschichte totes Nichts. Selbst ein Dogma ist ersprießlicher als gar keine Philosophie. Wie die Füße Schuhsohlen brauchen, weil sie sich sonst an den Unebenheiten der Erde wundreiben würden, so die Vernunft eine Theorie, um vor dieser stummen Wirklichkeit nicht in Melancholie zu verenden. An sich ist gerade die Marxsche Dialektik der höchste Relativismus. Mit tausend Tropfen des Gedankens überschüttet sie alles Endgültige, mit dem Hammer der Begriffe zerschlägt sie das Absolute; und gerade der Mann, der diese Lehre am ursprünglichsten begriff, war von einer starren Härte und Sicherheit gegen sich selbst und die äußere Welt beseelt. »Wenn jemand« – schreibt Lenin – »eine einzige grundlegende Voraussetzung verneint ..., dann entfernt er sich von der objektiven Wahrheit und fällt in die Arme der bürgerlichen reaktionären Lüge.«

Der Sozialismus in seiner Gesamtheit war ihm die dialektische Methode in all ihren Nuancen und Folgerungen; wer etwas von der Theorie verneint, muß auch einen Teil der Praxis negieren; und die menschliche Praxis, also auch die Erkenntnistheorie, beweist ihm die Richtigkeit der Lehre.

Diese Gedanken, diese mehr durch den Willen als durch die Philosphie diktierte Sicherheit, schenkten Lenin, der die Herrschaft Richelieus mit dem Fanatismus Campanellas vereinigte, in jeder Lebenslage das Bewußtsein eigenen Rechtes: die Überzeugung, am genauesten die Wirklichkeit zu kennen. Deshalb waren ihm die äußeren Umstände – ob er in sibirischer Verbannung auf Briefe wartete, in einer Münchener Mansarde Bücher schrieb oder an dem runden marmornen Tisch eines Genfer Kaffeehauses als Erwählter seines politischen Quartetts präsidierte – nebensächlich. Hauptsache blieb, »die objektive Wahrheit der absoluten menschlichen Erkenntnis« zu besitzen. Der Zar konnte gegen diesen ideellen Schatz seines Untertanen so wenig wie der heilige Synod der rechtgläubigen Kirche unternehmen. Was ist schon der Zar, wenn die Dialektik gegen ihn spricht?! Eine aus verschiedenen Kräften zusammengesetzte Tyrannei, die bald in ihr Gegenteil umschlagen muß. Verletzbar war Lenin nur im Reich *seiner* Monarchie: auf dem Gebiet der Philosophie. Wenn hier Untertanen des Marxismus, Nacherzähler des Sozialismus, Fraktionskollegen, Redaktionsnachbarn behaupteten, es gäbe keine absolute Wahrheit, die Wahrheit sei im höchsten Falle »eine organisierte Form der menschlichen Erfahrung«, alles erscheine überhaupt fragwürdig, selbst »Ursache und Wirkung« sei eine nicht bewiesene Annahme; in der Wissenschaft habe man ja den Begriff der »Verursachung« durch den der »Auslösung«, den der »Notwendigkeit« durch den der »Eindeutigkeit« ersetzt: dann und nur dann schrie Lenin wild auf, fluchte aus tausend Mündern und schrieb ein fünfhundert Seiten dickes Buch: Materialismus und Empiriokritizismus, Kritische Bemerkungen über eine reaktionäre Philosophie.

Ohne ein Simplist zu werden, ohne die besonderen ökonomischen, historischen, nationalen und geographischen Umstände zu vergessen, wird ihm die Frage der Revolution vor allem zum erkenntnistheoretischen Problem.

Der glänzende Rivarol, ein Metaphysiker im romantischen, weil unbezahlten, Dienst Ludwigs des Sechzehnten, hat vor Philosophen gewarnt, in jedem einen Jakobiner gesehen. Die Bücher der Enzyklopädisten schienen ihm das Kainszeichen der Guillotine zu tragen, in Menschenhaut gebunden zu sein. Die Vorbereitung einer großen sozialen Veränderung offenbart sich immer im Streit der Ideologen, auch wenn ihre Auseinander-

setzungen in gar keinem logischen Zusammenhang mit den kommenden Dingen stehen. Die »Ideologen« haben etwas von der Nervosität der Tiere, die ein Gewitter vorausahnen. Die Unzufriedenen aus dem Russenreich nahmen immer die neuesten Theorien an. Der dernier cri bezog sich auf Nitroglyzerin zur Bombenfabrikation, auf freie Liebe, auf Vegetarismus, auf Neu-Kantianismus, auf Neu-Hegelianismus, Machismus und anderes mehr. Jedenfalls haben sie keinen einzigen wirklich neuen Gedanken geboren, kein einziges bleibendes Buch hinterlassen.
In einem Hotelzimmer konnte sich der eine Teil der Brüderschaft über Eisenbahnattentate und der andere über eine mehr philosophische Erklärung der Materie, die leider nicht sprengbar war, über die des Weltalls, ereifern. Unendlich, wie die Leiden der asiatischen Anarchie, waren die Revolutions- und Vaterlandsrettungspläne. In diesem bunten Wirrwarr der Ohnmacht, der Gesinnung, der Neurasthenie, des Plagiats, der Entschlossenheit, der Aufopferung, der Aufschneiderei wirkte Lenin als erzieherische Anziehungskraft, als strenger Richter, der am wenigsten Stimmungen und Ängsten unterlag. Er war ein ruhiger Gelehrter und zugleich ein zeternder Mönch, der tausend Flüche verteilte. Jetzt, als er sich entschloß, ein Buch über Philosophie zu schreiben, schien ihm erst die große Ketzerei engster Freunde begonnen zu haben. Mit derselben Ausdauer, mit der er zwei Jahre vorher in der Heimat Straßenkämpfe geleitet hatte, saß er in der Londoner, dann in der Pariser Staatsbibliothek, Stellen bei Hume, Kant, Hegel und Mach unterstreichend. Mit diesen Zitaten bewaffnet, schrie er in allen Sitzungen seiner Fraktion: Wer zweifelt, ist ein Verräter! Der Zweifel bezog sich jedoch nicht auf die Vortrefflichkeit der Revolution, sondern auf Methoden und Probleme der Erkenntnis. »... unsere Empiriokritiker« – schreibt er

an Gorki – »kriechen geradeswegs in den Sumpf ... In der unerhörtesten Weise Materialismus und Kantianismus vermengen; ... ›religiösen Atheismus‹ und ›Vergöttlichung der höchsten menschlichen Potenzen‹ beibringen ... Aus der stinkenden Quelle irgendwelcher französischer Positivisten, Agnostiker oder Metaphysiker schöpfen. – Hol' sie der Teufel mitsamt ihrer symbolischen Erkenntnistheorie! Nein, da hört doch alles auf!«
Für die Diskussionen in den Grüppchen der Bolschewiki stellt Lenin zehn Gebote, zehn Fragen, zehn Bedingungen auf, die über die Zuverlässigkeit in Dingen der Dialektik entscheiden sollen. Wer dabei nur die Nase rümpft, ist schon des Teufels.
»1. Erkennt der Referent an« – heißt es in diesem Ukas –, »daß die Philosophie des Marxismus der dialektische Materialismus ist? ... 2. Erkennt der Referent an, daß Engels eine grundlegende Einteilung der philosophischen Systeme in Materialismus und Idealismus vornimmt, wobei er die Linie Humes als eine ... schwankende bezeichnet? ... 7. Erkennt der Referent an, daß die Idee der Kausalität, der Notwendigkeit, der Gesetzmäßigkeit usw. die Widerspiegelung der Naturgesetze ... im Kopf des Menschen ist? ... 8. Ist dem Referenten bekannt, daß Mach sich mit dem Haupt der immanenten Schule, Schuppe, einverstanden erklärt ..., eines Verteidigers des Pfaffentums und überhaupt eines offenen Reaktionärs in der Philosophie? ...«
Der Metropolit der griechisch-orthodoxen Kirche zu Moskau, in der leuchtenden Pracht seines Ornates vor den Wachslichtern seines Altars, war toleranter als Lenin, wie auch der Papst weitherziger als Luther die Dinge dieser Welt betrachtete.

Die Starrheit gegenüber der äußeren Welt, die von dem Anhang als Fahne vorangetragene fixe Idee, gebiert einen Teil der reformatorischen Kraft. Im Fluß des Geschehens bildet das Dogma, aus diesem Geschehen selbst geboren, Geschichte.

Die herrschenden Gewalten, die eine lange Vergangenheit hinter sich haben, in zivilisatorischer Ordnung leben, können den Sünder mitleidvoll erziehen, selbst Ketzer tolerant behandeln.

Eine Ketzerei indes – von feindlichen Kräften umgeben –, die den Zweck der Welteroberung in sich trägt, kann in ihren eigenen Reihen keinen geistigen Aufstand gegen sich selbst dulden; denn sie lebt *nur* von der Idee. Der Gedanke ist ihre bewaffnete Macht und jede Frage Hochverrat. Der Führer der Erneuerung kann aber von allen Zweifeln geplagt werden, Leid oder Lust vor vorübergehenden Erscheinungen empfinden und dennoch eine blinde Engherzigkeit anderen gegenüber an den Tag legen; er lernt, beobachtet, wägt ununterbrochen, befiehlt aber ein brüderliches Schweigen, stellt für den Anhang fix und fertige Axiome auf. Wenn Bolschewiki in der Stickluft ihrer Fraktionszimmer melancholisch werden, den Wiederholungen der Lehre, wenn nicht der Lehre selbst, entfliehen wollen, dann nennt Lenin sie »Dummköpfe« oder »Verräter«. Für sich selbst war er immer ein relativer, vergleichender Denker. In der Schule der deutschen Philosophie erzogen, betonte und unterstrich dieser Überzeugte das Besondere in jeder einzelnen Erscheinung, die Zusammenhänge der Idee mit bestimmten praktischen Notwendigkeiten der Epoche. Denn jedes Ding hat seine eigene Dialektik. Diese Methode des Denkens verengt nicht, sondern erweitert, kompliziert, verdeutlicht die Welt.

Was ihn vor allem bei Hegel anzog, waren die weiten Begriffe, die alle anderen, engeren, umspannten, wenn er auch den »Weltgeist« dieses Berliner Universitätsprofessors in »Weltmaterie« umtaufte. Jede klare gedankliche Möglichkeit schien Lenin auch in der Wirklichkeit durchführbar; im Fluß der Bewegung konnte er deshalb praktische Losungen aufstellen, die eine gänzliche Verneinung der augenblicklichen Wirklichkeit waren und dennoch keine Utopien blieben: Verwandlung des imperialistischen Krieges in Bürgerkrieg! Diktatur der bolschewistischen Minderheit statt der zaristischen! Zerschlagung, gänzliche Vernichtung der alten Armee ist die Voraussetzung des neuen Krieges! Um die Integrität Rußlands zu retten, müssen die unterdrückten Völker des Zarismus die staatliche Einheit sprengen! Hegel hätte diese von Lenin inmitten ungeheurer Begebenheiten und Taten aufgestellten Losungen »Kategorien der Veränderungen« nennen können.

»Es gibt« – heißt es im Testament des Kardinals Richelieu – »keine gefährlicheren Leute ... als diejenigen, die die Königreiche nach den Maximen regieren wollen, die sie aus ihren Büchern ziehen ..., weil die Vergangenheit keinen Bezug auf die Gegenwart hat und weil die Verfassung der Zeiten, Orte und Personen verschieden ist.«

Lenin, den die Legende immer über den sozialistischen Koran gebeugt sehen wird, hat stets nach dem Inhalt dieses Satzes gehandelt. Die Erkenntnistheorie sagte ihm nicht nur, daß Dinge unabhängig von unserem Bewußtsein, unabhängig von unserer Wahrnehmung existieren, sondern zeigte ihm auch, daß *erst* die politischen Verhältnisse die menschliche Praxis formen. Deshalb waren seine klassischen Losungen nur Ausdrücke der Notwendigkeit und keine allgemeinen Ideale. Wie bei jedem Staatsmann von entscheidender Bedeutung, so kann man auch bei ihm tausend »Widersprüche« feststellen. Während der Revolution von 1905 hat er als höchstes, erstrebenswertes Ziel die demokratische Repulik des allgemeinen Wahlrechts aufgestellt; zehn Jahre später verdammte der im plombierten Wagen zurückgekehrte

Emigrant diese Losung, weil die Notwendigkeit einer ersprießlichen Aktivität inmitten der allgemeinen gesellschaftlichen Katastrophe mehr verlangte, weil sich die Kräfte, die im wilden Egoismus gegeneinander und auseinander tobten, mit der einfachen Losung der demokratischen Republik nicht zufrieden gegeben hätten, weil das einst stolze Wort nur noch leerer Begriff war.
Verschieden von der gewöhnlichen Art der Theoretiker, geriet er vor neuen, unvorhergesehenen Tatsachen nicht in Verwirrung. Dieser Dialektiker wollte vielmehr immer einen Pakt mit der Wirklichkeit in der Tasche haben; und elastisch beugte er sich deshalb vor allen ihren Einfällen.
Kein Führer der Ereignisse war so wenig eigensinnig, und keiner wunderte sich weniger über den eigenen Sieg, über den Sprung von der Ohnmacht zur Macht. Die Dialektik hatte ja triumphiert! Die erkenntniskritische Philosophie hatte den Kreml annektiert und allen Mächten der Welt einen heillosen Schreck eingejagt. Er indes betrachtete sich in der Opposition wie in den Gemächern der Romanows als die denkende Realität, in der sich die objektive Wahrheit richtig abbildet; und das Kriterium dieser Richtigkeit – schreibt Lenin – ist die Praxis.

Kurz vor seinem Ende, als er an der Spitze der Macht immer einsamer wurde, wie der Gipfel im ewigen Schnee, als die Kräfte, die ihn an die Herrschaft gebracht hatten, immer mehr versiegten, seine Gesundheit nachließ, die Energie erkrankte, in der eigenen Partei der Diadochenkampf im stillen zu toben begann, wollte der Kranke eine »Gesellschaft materialistischer Freunde der Hegelschen Dialektik« gründen, ein »systematisches – wie er schreibt – von materialistischen Gesichtspunkten ausgehendes Studium der Dialektik Hegels organisieren«. Im großen Bau des errichteten Dogmas aber hatte selbst Lenin Angst, in diesem Dom seincs Systems, in dem vor aufgerichtetem Hochaltare Menschen knien *mußten* und haßerfüllte Priester sich um die Stellen mit List, Verdächtigungen und Spott bekämpften. Er hatte die starren Begriffe durch Bewegung zu lösen vermocht, sah nun aber, daß das eigene Dogma die eigene Dialektik auslöschte, daß Dunkel sich ausbreitete, fühlte, daß selbst der höchste Triumph nur Symbol der Ohnmacht ist.

Sein Nachfolger Stalin besiegte ihn noch, bevor er die Augen schloß. Vom Krankenlager aus schrieb er Mahnungen, gab beschwörend Ratschläge – die jedoch nicht veröffentlicht wurden. »Die Mitglieder des Sekretariats« – schreibt Trotzki – »waren besonders schroff und kurz angebunden in ihrer Opposition. Schließlich schlug ... Kuibischew ... vor, man sollte in Hinsicht auf Lenins dringendes Verlangen, ihm den gedruckten Artikel vorzulegen, eine besondere Nummer der Prawda mit Lenins Artikel herausbringen und ihm zeigen, während der Artikel selbst verheimlicht bleiben sollte.«

Sein politisches Testament: eine Warnung vor allen Leuten, die sich als seine Nachfolger betrachteten, wurde in der geheimsten Schatzkammer versteckt. Wenn man sterbende Zaren, heiße Liebe vorgebend, mit entschlossener Grausamkeit erdrosselte, so verheimlichten die Gunstbegnadeten der neuen Macht seine letzten Gedanken. Die sich am tiefsten bückten, warteten am ungeduldigsten auf die Herrschaft, und Gaukelspiele umgaben das Bett des Sterbenden.

Die Nachfolger Lenins glaubten, nicht nur das Riesenreich, sondern auch den Abdruck seines Geistes, seine Dialektik, zu besitzen. Als Beweis zeigten sie die einundzwanzig Bände des Nachlasses, als ob die Geige, die einen genialen Musiker überlebt, ihn ersetzen könnte. Im Leichenzug und in der Beerdigung siegten Asien und der Orient über den Geist der freien Philosophie. Ein Jahrzehnt Gottlosigkeit und Rebellion war für die Masse dieses Volkes eine zu lange Zeit. Alle Gefühle unterdrückter Religiosität konnten nun in Huldigung sich ergießen, im Schneestaub des roten Kremlplatzes verehren, weinen, in andachtsvoller Stummheit die Trauer ersticken.

HITLER

Hermann Rauschning zeigt in seinem außerordentlichen Buch *»Die Revolution des Nihilismus«* (Europa Verlag, Zürich) in ganz seltenem Maße Eigenschaften, die es ihm ermöglichen, den Nationalsozialismus zu offenbaren, ihn objektiv und subjektiv, wissenschaftlich und emotionell zu erfassen. Seine soziologische Methode geht eigene Pfade. Er ladet alle Lehrer, die sich mit Gesellschaftswissenschaft befaßt haben, ein, seine Kapitel zu kontrollieren. Wenn Rauschning sich oft wiederholt, so nur aus Gewissenhaftigkeit, nur um eindringlicher zu sein. Er ist kein Techniker, kein Bücherfabrikant; in seiner Tugend wirkt er vielleicht manchmal linkisch. Dafür läuft man bei der Lektüre des 510 Seiten dicken Buches nie Gefahr, schon längst Widerlegtes in populärer, wie üblich biographischer Form, für Flachköpfe präpariert, wiederzufinden. Darüber hinaus ist Rauschning von einem konservativen Pathos erfüllt, das ihn alle Höhen und Niederungen der preußischen Geschichte als ureigene Angelegenheit empfinden läßt. Das schenkt ihm die Kraft, die deutsche Vergangenheit nicht den zeitgemäßen Göttern zu opfern. Er gehört zu jenem Kreis preußischer Konservativer, die sich um das Jahr 1930 dem Nationalsozialismus anschlossen. Sie taten es ungefähr im Geiste einiger ihrer Ahnen, die nach der Schlacht bei Jena Jünger Scharnhorsts wurden: zur Neugestaltung des Lebens nach einer nationalen Katastrophe! ... In der deutschen Geschichte werden Revolutionen in höchst gewundenen, widersprechenden Formen von oben gemacht; von Junkern wie Bismarck oder, wider Willen, von Universitätsprofessoren wie Hegel. Die

Aktivisten der deutschen Geschichte waren stets die konservativen Elemente; sie allein haben den Willen zur Macht gezeigt.

Rauschning war, wie es in seinem Curriculum vitae heißt, »vor der nationalsozialistischen Machtergreifung Vorsitzender des Danziger Landbundes ... er wurde nach der Machtergreifung von der Partei zum Präsidenten des Senats gewählt und nahm diesen Posten bis zum November 1934 wahr«. Die Entwicklung, die ihn dann vom Nationalsozialismus wegführt, den er als die »Revolution des Nihilismus« erkennt, ist der Inhalt seines Buches.

Seine Wandlung ist kein Zufall, sondern der notwendige Weg für Männer seiner Art. Viele seines Standes werden von der gleichen Pein getrieben. Dieser Schmerz über die Verpöbelung von Macht, Herrschaft und Kriegertum, über die Verfinsterung des deutschen Geistes, gehört zur geheimen moralischen Reserve der Nation.

Rauschning sieht die nationalsozialistischen Ideen in der Aktion, in der Wirklichkeit, im politischen Verkehr mit den neuen Herrschern; denn in den Büchern der Partei steht das allerwenigste über ihre Natur. Man muß die Programmtexte, die aus lügnerischem wie die aus ehrlichem Herzen sprechenden, beiseitelassen, um die durcheinander schwirrenden Phänomene der engsten nationalsozialistischen Kreise – der »Elite« – empfinden zu können. Die Fähigkeit zu dieser geistigen Metamorphose verläßt Rauschning nie.

Die »Elite« besteht aus keinen Naivlingen, die eine Weltauffassung haben, vielmehr weiß sie, daß sie ihre Macht unmittelbar dem »Sieg der Propaganda über jede Art von Wahrheit« verdankt. Die neue Elite herrscht durch Technik, und sie wird sie ebensowenig verraten, wie der Zauberer seine Tricks. Rauschning schreibt: »Diese Technik wird als Geheimlehre behandelt. Sie wird zum wesentlichen Machtrequisit der Partei. Aus der unerschütterlichen Existenz der Masse, die zum völkischen Kollektiv umgedeutet wird, zieht die Partei ihre Unersetzlichkeit.«

Was die nationalsozialistischen Führerkreise zusammenhält, ist das gemeinsame Gift, ist ihre kalte, gepflegte Grausamkeit, selbst wo die Grausamkeit ihre Zwecke anscheinend überschreitet, ist sie noch berechnet. Ihre Grausamkeit ist Erziehung. Es gilt, ein 80-Millionenvolk von allen Ketten der Barmherzigkeit zu lösen. Mitglied der Elite zu werden, ist jeder berufen, der seine Brutalität »unter Beweis gestellt hat«. Erst in dieser Grausamkeit kann die Tyrannei in Vollkommenheit gedeihen. Und jeder Deutsche soll Mitschuldiger werden und den Sieg über sein besseres Ich, über seine Freiheit, lieben und genießen lernen. Der Antisemitismus ist nur ein Exerzitium in diesem Sinne; eine ideale Übung zum Massenzynismus. Die Elite meint, die Ausrottung irgendwelcher Schwacher, die Vertreibung der Juden etwa, gewöhne die Massen an den Gedanken der Ausrottung an sich. Wie die Verdunkelungsmanöver die Schule für den Fliegerangriff, so soll der Pogrom die Schule kommender Städte- und Staatsplünderung nach gewonnener Schlacht sein. Vor allem soll die Masse lernen, daß die Führung bestimmt, welche Teile der Erdbewohner zur Menschheit gehören und welche nicht. Der Staat leitet die aufrührerischen Instinkte; er reißt die Scheidewand, die ihn vom Pöbel trennt, nieder und gestattet allen Wüstlingen, Vollstrecker ihrer Irrtümer und Defekte zu werden. »Die modernen Revolutionen«, schreibt Rauschning, »spielen sich nicht in improvisierten Barrikadenkämpfen ab, sondern in disziplinierten Aktionen der Zerstörung. Sie folgen zwar irrationalen Impulsen, aber sie bleiben zugleich rational gezügelt und gelenkt. Diese Bewegung ist in ihren eigentlich treibenden und leitenden Kreisen völlig voraussetzungslos, programmlos, aktionsbereit, in ihren besten Kerntruppen instinktiv, in ihrer leitenden Elite höchst überlegt, kalt raffiniert.«

Natürlich müssen diese bewaffneten Parteisekretäre, die die neue »Elite« bilden, den Bürger hassen und verachten. Bürger – das ist der Bourgeois, der Spießer, der Sonntagsspaziergänger mit Kind und Kegel, der pünktlich zahlende Mieter, eine Kreatur, die am liebsten gegen alles versichert sein möchte; gegen Konkurs und gegen schlechtes Wetter, gegen Lotterieverluste und gegen Vulkanausbrüche, gegen Ehebruch und gegen Weltkriege. Ein Knirps gegen das Elementare! Es gilt, diesen Bürger im Weltmaßstabe zu entthronen, sonst hat der Sieg innerhalb des Dritten Reichs selbst, sonst hat die alles verwandelnde Flamme, die in Deutschland brennt, keinen Sinn. Der Bürger, den es jetzt zu erlegen gilt, wohnt in London, Paris, New York und in Amsterdam, kassiert Zinsen aus aller Welt und erntet, faul und träge, die Siegeskraft vergangener kriegerischer Taten seiner Heimat. Er verwest bei lebendigem Leibe. Er hat nicht den Instinkt der Selbsterhaltung, glaubt nicht mehr an sein Recht; man kann ihm im eigenen Haus alles durcheinanderbringen, man kann ihm die Schlüssel zu seiner eigenen Kasse stibitzen. In diesen Gleisen bewegen sich die Gespräche nationalsozialistischer Tafelrunden. Sie sind mehr als Theorie, mehr als vorübergehende Empfindung, sie sind der Lebenswille der Elite. Rauschning beschreibt ein solches Mahl: »Es waren neben dem Prinzen August Wilhelm ... Goebbels, Schirach, Hofmann, Hanfstängl und einige andere Prominente anwesend. Das Gespräch begann mit der Ukraine und der Behauptung, hier durch rechtzeitige ›Auflockerung‹ der innenpolitischen Lage mit Leichtigkeit Eingriffsmöglichkeiten zu schaffen ... daran knüpfte sich die Betrachtung, daß jeder Staat innerlich so zu zersetzen sei, daß er mit geringer Mühe niedergerungen werden könne ... Es gäbe keine Überzeugung in Demokratien. Überzeugung nämlich im realen Sinne, dafür mit der Existenz einzustehen ... Die Überzeugungslosigkeit wirke immer im Sinne des Defaitismus: Widerstand helfe doch nichts. Das Geld, das hierfür angewendet würde, sei jedenfalls nicht vergeblich ausgegeben. Es könnten daraufhin ruhig einige Divisionen weniger aufgestellt werden.«

Noch ehe die Staatsmänner in West-, Ost- und Südeuropa Gelegenheit hatten, sich über den Berchtesgadener Zeus zu täuschen, konnten es die Politiker innerhalb der alten Reichsgrenzen. Es gibt keine deutsche Partei – mag sie im Bunde oder in Feindschaft mit Hitler gelebt haben –, die von dem Diktator nicht aus dem Leben manövriert worden ist. Diese Arbeit vollzog er nicht durch Gewalt allein, sondern auch durch Bündnisse mit den Todgeweihten. Eine Rekapitulation der letzten Weimarer Jahre ergibt, daß Hitler, direkt oder undirekt, mit jeder Partei einmal liiert war. Mit den Kommunisten im »Volksbegehren« gegen Severing-Braun und im Berliner Verkehrsstreik, mit dem Zentrum und den Sozialdemokraten im Sturm gegen Papen, mit den Deutschnationalen im zähen Endringen um die Weimarer Verfassungsreste. Am einfachsten ist es, wenn die Verbündeten – wie die verschiedenen Kampfverbände und Kriegervereine, wie die Industrie- und Agrarorganisationen – politischen Selbstmord verüben und sich aus »eignem Impuls« als nicht mehr existierend erklären. Begeisterte, ekstatische »Gleichschaltung« des ursprünglich Feindlichen wie des ursprünglich Freundlichen ist die ersehnte politische Operation. Der Donnerer des Dritten Reichs ist ein Virtuose der Taktik, der seine bisherigen Triumphe nur als ein Versprechen des Schicksals empfindet, daß ihm noch viel Größeres vergönnt sei.

In Hitler haben sich aber nicht nur seine Feinde, sondern auch seine engsten Parteifreunde geirrt. Sie haben nicht nur auf ihn geschimpft, wie das in jeder Kameraderie vorkommt; sie nannten ihn aus ganzer Überzeugung auch den »Vorläufigen« und empfanden seine Reden als Peinlichkeiten. Noch kurz vor und noch kurz nach der Machtergreifung sagten sie, er sei der »Nullpunkt, um den sich alles dreht«. Sein langes Zögern vor einer Entscheidung, das Pendeln zwischen Ja und Nein, ließen den Allmächtigen oft als armen Mann erscheinen. Indes gehört sein Zögern, wie Rauschning zeigt, zu seinen Stärken: »Es ist nur der Ausdruck dafür, daß er sich allerdings erst entscheiden kann, wenn er von einem Problem innerlich angesprochen wird, wenn er die Konstellation fühlt. Beides ist in ihm, überlegene, kalte Berechnung und irrationale ›Erfühlung‹, Einfühlung oder wie man das nennen mag: kurz, das revolutionäre Temperament.«

Seine angeborene Neigung zum Maximum, zur radikalen Lösung, wurde im Laufe der Ereignisse nur gestärkt. Europa hat ihn nach vorwärts gereizt. »Die unverwüstliche Risikobereitschaft«, schreibt Rauschning, »hat gesiegt. Heute kann man bereits von einem Gesetz des abnehmenden Risikos in den künftigen Aktionen Hitlers sprechen. Jeder neugewonnene Vorteil verringert das künftige Risiko.« Rauschning hat Hitler in den wichtigsten Augenblicken seiner Karriere gesehen, er ist der Augenzeuge seiner Stimmungen gewesen. Nie hat sich Hitler so wohl gefühlt wie beim Austritt des Reichs aus dem Völkerbund. In diesen Tagen verspürte er den freien Weg zur Weltumwälzung. Rauschning schildert: »Ich fand bei Hitler einen außerordentlichen Optimismus vor, eine Aufgeräumtheit in der Stimmung, die durch die Gesamtlage Deutschlands mindestens nur wenig begründet schien. Man vermochte förmlich die

Freude an einem endlich legitimen Kampfgegenstand aus der federnden Gespannthcit zu entnehmen, die die lange zurückgehaltene und bisher mit Loyalität und Friedensbereitschaft getarnte außenpolitische Aktivität des Dritten Reichs auslöste ... «

Hitler sah den Feind nicht in den glatten gegnerischen Diplomaten, er begrenzte seinen Haß nicht auf feindliche Staaten. Vielmehr empfand er die gemeinsame Verachtung aller nationalsozialistischen Kreise für den »Weltbürger«. Axiom seiner Außenpolitik ist der Glaube, daß der weiße Mann des Westens die Beute der eignen Energielosigkeit sein wird. Hitler betrachtet die Diplomatie als eine Bürokratie guter Sitten, die die dargebotene »Freundeshand« als Weltfrieden ansieht. Diese Naivität seiner Gegner, ausgestattet mit potentieller, aber nicht virtueller Macht, ist Hitler ganz und gar auszukosten, auszunutzen bereit. »Er sei bereit«, sagt er Rauschning, »alles zu unterschreiben, zu unterzeichnen. Er sei bereit, alle Grenzen zu garantieren und Nichtangriffpakte mit wem auch immer abzuschließen. Es sei eine einfältige Meinung, sich solcher Mittel nicht bedienen zu sollen, weil man einmal in die Lage kommen müsse, feierliche Abmachungen zu brechen ... Warum solle man anderen Leuten nicht den Gefallen und sich selbst die Erleichterung verschaffen, Pakte zu unterzeichnen, wenn jene damit etwas getan und geregelt glaubten.«

Was indes Hitler bei der Überwindung seiner inneren und äußeren Feinde geholfen hat, ist nicht nur sein Glück, nicht nur das Halbdunkel, aus dem die Coups gegen Menschen und Völker geführt werden, nicht nur der betörende Zauber der Regie, der die eigene Macht wie durch ein riesiges Vergrößerungsglas hinauf- und die gegnerische hinablügt. Was ihm geholfen hat, ist auch das historische Gesetz: tritt das Feindliche zugleich in neuer Form auf, dann wird es verkannt oder wird geleug-

net. Die gemäßigten Inhaber der alten Macht sind zumeist gesittete Leute, die vor schlechterzogenen Demagogen nur Ekel empfinden. Die anerkannte Opposition dagegen benimmt sich wie ein Thronfolger und glaubt, daß jeder außer ihr zur Erbfolge unlegitimiert, ergo ungeeignet sei. Darüber hinaus ist das politische Denken angesichts der Tatsachen so primitiv, die Angst um geistige Bequemlichkeit, um die ererbten heiligen Bilder der Schul- oder Parteiweisheit ist so beklommen, daß nur die allerböseste Erfahrung zur Erkenntnis verhilft. Noch nach der Schlacht bei Austerlitz, vor Jena, sagte der Oberbefehlshaber, Fürst Hohenlohe, zu seinem preußischen König: »Generale wie den Herrn Buonaparte haben Seine Majestät mehrere.« Und Graf Czernin, der die Besucher der Wiener Cafés gut kannte, sagte, als man ihm von der Möglichkeit einer bolschewistischen Revolution sprach: »Wer soll sie denn machen? Etwa Herr Trotzki im Café Central?«
Hitler ist Revolution und Konterrevolution zugleich. Konterrevolutionär durch das, was er will, revolutionär durch das, was er auslöst. Er erscheint aber als einheitliche Kraft, als ein »Wille«, wie Rauschning schreibt, »in Ziel und in den Mitteln von einer Härte, der Europa in Jahrhunderten entwöhnt ist«.
Der Mann mit der weitesten kriegerischen Konzeption nach Gajus Julius Cäsar und Napoleon war Lenin. Wie um für sein Wollen Kraft zu schöpfen, sah er weit in der Zeiten Hintergrund den ewigen Frieden. Aber ein dreissig-, vierzig- oder fünfzigjähriger Krieg, währenddessen die Kontinente die unvermeidlichen Greuel der letzten, dann für die Ewigkeit geschlossenen Schlachtfelder sehen würden, war ihm wahrscheinlich. Vor seiner Abreise aus der Schweiz in die Macht schrieb er in seinem »Militärprogramm der proletarischen Revolution«: »Es wäre grundfalsch, an der Unvermeidlichkeit erstens

der revolutionären *nationalen* Aufstände und Kriege, zweitens der Kriege und Aufstände des *Proletariats* gegen die Bourgeoisie, *drittens der Vereinigung beider Arten von revolutionären Kriegen zu zweifeln.*«
Diese Lehre Lenins von der Vermischung des Kriegs mit dem Bürgerkrieg bedeutet eine unermeßliche Ausweitung des kriegerischen Rahmens und der kriegerischen Möglichkeiten; unermeßlicher als es durch irgendwelche neue Erfindung zu Wasser, zu Lande oder in der Luft möglich wäre. Diese Lehre bedeutet die innere, die seelische Munition des Kriegs. Sie erneuert den Krieg förmlich auf kombinierter, erhöhter Basis. Der alten Menschheit, die schon alle Konflikte durchgekostet hat, wird neue Kampfeslust gegeben. Der Wille zur Macht, die Freude am Kampf, die Hochschätzung des Muts können in jedem einzelnen Mann die Auferstehung feiern.
Der Krieg, schreibt Clausewitz, ist ein Ding, »das bald mehr, bald weniger Krieg ist«. Das heißt: der Krieg wird durch zahllose Momente gehemmt. Denn nicht Götter, sondern Menschen führen ihn. Er wird gehemmt durch Friktionen, die aus der Größe der körperlichen Anstrengungen erwachsen, und er wird bedingt oder erweitert durch das politische Ziel, das nicht willkürlich konstruiert werden kann, sondern aus den Grundverhältnissen entsteht. Jede Zeit hat ihren eigenen Krieg. Für den Krieg des zwanzigsten Jahrhunderts scheint Lenin die oft ausgesprochene (manchmal auch geheim gehaltene) Formel gefunden zu haben; eine Formel, die diese dunkle Macht des an sich schwachen, von Natur furchtsamen Menschen in die Todeszone zwingt. Das bestimmte konkrete politische Ziel ist oben. Unten sind nur Reflexe davon, allgemein verwässerte Ideen, Emotionen.
Indem der Krieg so immer intensiver, immer mehr Krieg wird, bildet er in seiner »totalen« Form allerdings keinen Gegensatz zu den Ideen Clausewitz', wie Rauschning es

in seinem Buch, mit dem wir es hier zu tun haben, meint. »Der absolute oder totale Krieg«, schreibt Rauschning, »steht im Gegensatz zur bisherigen Begriffsbestimmung des Kriegs – als einer Fortsetzung des politischen Verkehrs mit Einmischung anderer Mittel.« Wir meinen, daß der totale Krieg sich vielmehr der alten Vorstellung der hemmungslosen, absoluten Gestalt des Kriegs nähert – »wo alles aus notwendigen Gründen geschieht, alles rasch ineinander greift, kein wesenloser neutraler Zwischenraum entsteht«, wie es Clausewitz sagt. Indes zeichnet Rauschning treffend das Allgemeine, das Wahrhafte, den Grund- und Ausgangspunkt des nationalsozialistischen Wollens und Tuns und die daraus resultierenden kriegerischen Aspekte, wenn er schreibt: »Der *mangelnde Geist* in der heutigen Machtsphäre ist die große Gefahr etwaiger militärischer Aktionen ... Es ist bisher in der hohen militärischen Führung in Deutschland nicht üblich gewesen, die Macht des Geistes zu unterschätzen.«

Der Geist ist im ganzen kriegerischen Konzept keine bloße Arabeske. Ein noch so barbarisches Toben, eine noch so tadellos funktionierende Militärbürokratie vermag ihn nicht zu ersetzen. Kann der Geist die kriegerische Brutalität, die gesamte Kraftanwendung nicht leiten und beflügeln, dann wird er von der Masse, die er führen soll, zerrieben, aufgehoben. Es ist kein Zufall, daß die großen Feldherrn zugleich die besten Stilisten waren, daß Cäsars und Napoleons Sätze sich mit ihren Schlachten messen können, daß sie in ihren *Büchern* dieselbe Klarheit für die Zusammenhänge der Ereignisse gezeigt haben, wie in ihren Feldzügen. Der Krieg ist in gleichem Grade eine geistige wie eine blutige Erscheinung. Durch mangelnden Geist, durch mangelnden strategischen und operativen Gedanken wird er viel öfter verloren als durch mangelndes Blut.

Hitlers Seele wird nun von dem Barbarismus der leninistischen Kriegstheorie angezogen, aber ohne daß er die Voraussetzung, die Reserven, die Vorsichtsmaßregeln beachtete, die Lenins Theorie zugrunde liegen und begleiten. Denn wenn die bolschewistische Aufrichtigkeit auch gering zu schätzen ist, muß man doch den mäßigenden Bedingungen, den theoretischen Reservaten, die Lenin seiner Kriegs- und Bürgerkriegstheorie beigab, Glauben beimessen. Ausdrücklich und im engsten Einverständnis mit Lenin warnte Trotzki, der Erbauer und in vielen Schlachten siegreiche Führer der russischen Armee, vor den Politikern und Theoretikern seiner Partei, die, ähnlich wie heute die Jünger Hitlers, in der Glanzzeit der Kommunistischen Internationale überall dabei sein wollten, um kriegerische Entladungen aus dem Innern naher oder ferner Länder zu provozieren. Sein hauptsächlichstes Argument war dabei die wirtschaftliche Schwäche Rußlands. Er meinte, die Französische Revolution habe sich wollend oder nicht wollend mit der ganzen Welt in Krieg einlassen können, weil Frankreich damals das reichste Land Europas gewesen sei. Rußland aber sei das ärmste.
Hitler dagegen ist auf militärischem Gebiet ein weit übertriebener Leninist. Er sieht wohl die Kräfte, die für ihn wirken, nicht aber die Gegenkräfte. Er betrachtet die pazifistischen Länder, gegen die er sich richtet, als in alle Ewigkeiten pazifistisch. Er, der Prophet des Dynamischen, glaubt den Dynamismus monopolisiert zu haben. Seine Erfolge als glänzender, glückgekrönter Taktiker verhindern tiefere Erkenntnis. Er übernahm den Gedanken der Vermischung von Krieg und Bürgerkrieg, machte ihn zum Kern der nationalsozialistischen Kriegspolitik und benannte diese Theorie *»erweiterte Strategie«*. Überall sieht er Möglichkeiten, diese Form der Kriegsführung zu verwirklichen. »Militärische Aktionen«,

schreibt Rauschning über Hitlers Auffassung, »werden überhaupt nur noch denkbar in Verbindung mit revolutionären Handlungen. Das ist das entscheidend Neue. ... Den Aktionen der Armee kommt die Funktion der bewaffneten Elite-Kader des Staatsstreichs zu.«

Clausewitz, der die revolutionären Kriege, diese gigantische Überflutung aller Gebiete mit neuen seelischen Phänomenen erlebt hat, warnt vor derlei politischem Spiel in operativen Fragen – einem Spiel, zu dem die Männer einer neuen Macht, die eine Armee in die Hände bekommen haben, stets neigen. Das politische Moment, schreibt er, »dringt nicht tief in die Einzelheiten des Kriegs hinunter. Man stellt keine Vedetten und führt keine Patrouillen nach politischen Rücksichten.« Dieser Satz aus seinem Buch »Vom Kriege« ist praktisch bestätigt worden durch die in Westeuropa nie zu Ende studierte polnisch-russische Kampagne des Jahres 1921. Trotzki erläuterte auf der Moskauer Kriegsakademie einen konkreten Fall des Bürgerkriegs und Kriegs ungefähr so: »Es war die Frage, ob wir die Gegend um Bialystok, die nur äußerst schwer zu halten war, sofort evakuieren sollten; oder ob wir – in der Hoffnung, daß sich die in Feindeshand gebliebene Industriebevölkerung zu unseren Gunsten erheben würde – ausharren sollten. Die Evakuierung hätte dem militärischen, die Nicht-Evakuierung dem revolutionären Standpunkt entsprochen. Aber was ist das Kriterium, das im Krieg den Ausschlag gibt? Das Kriegerische. Also haben wir die Gegend evakuiert.«

Der militärische Über-Lenin Hitler, von seinen propagandistischen Axiomen getrieben, glaubt indes, das Kraftfeld seiner Energien in die Weite eines permanenten chronischen Gewaltzustandes dehnen zu können. »Die Kriegsaktion«, schreibt Rauschning über die Strategie der Nationalsozialisten, »beginnt im Frieden mit der Durchsetzung des gegnerischen Staats mit revolutionären Stützpunkten. Jedes Land ist als gegnerisch aufzufassen. Es gibt keinen Staat, der nicht wichtig oder sogar entscheidend für die Weitertreibung der dynamischen Entwicklung sein könnte, ob in der Südsee, in Brasilien, in China oder USA ... Heute nach wenigen Jahren nationalsozialistischer Außenpolitik scheint es möglich zu sein, daß ein letzter Krieg mit Frankreich um die Hegemonie in Europa sich vielleicht überhaupt erübrigen könnte. Schließlich und endlich besteht die Möglichkeit, geradezu als Befreier der französischen Nation auftreten zu können, nicht anders als Napoleon im alten deutschen Reich einmarschiert ist. Und das Schicksal, das der Militärmacht zugedacht ist, könnte dasselbe sein, das der Tschechoslowakei zugefallen ist: die Kapitulation, ohne daß die Maginotlinie ihren Wert in der Verteidigung erweisen könnte.«

In der Tat: hat diese »erweiterte Strategie«, die Deutschland, Italien und Japan betreiben, und die den Vorteil besitzt, mitten im Frieden kriegerisch handeln zu können, nicht glänzende Erfolge gezeigt?

Sie hat da Triumphe erzielt, wo der Krieg am wenigsten Krieg war; wo er sich im Zermürben und in der Ermattung eines Gegners äußerste, der für die Unterwerfung all jene Preise zu zahlen bereit war, die er für die Chancen des Widerstandes nicht leisten wollte. Denn die Staaten der »erweiterten Strategie« gewähren um keinen Preis den Frieden. Ihr aufgezwungener Friede heißt: »Wehrbündnis« des Besiegten mit dem Sieger. Hitler, schreibt Rauschning, sucht »Partner, die sich aktiv an einem gemeinsamen Unternehmen beteiligen«. Im Schatten der nationalsozialistischen Macht gibt es keine bequeme Servitude. Wollen die Völker nicht für *sich* kämpfen, dann müssen sie es schließlich für die nationalsozialistische Macht.

Aber so erfolgsgekrönt die »erweiterte Strategie« gegen Leichtgläubige, Unentschlossene, Phantasielose war, so erfolgsarm blieb sie, wo Affekte der Spannung und Erregung, wo Vorstellungen der Freiheit den Widerstand gebären und wo die Seele der Kämpfenden die Waffen verjüngt: in Spanien und in China!
Die Ereignisse dort sind eine Ehrenrettung all der ewigen kriegerischen Tugenden, die den Soldaten zieren und jegliche Formwandlung der Strategie überleben.
Die antikapitalistische Stimmung der deutschen Nachkriegszeit wurde in den letzten Jahren der Weimarer Republik zum chronischen Gefühl. 1932 hatten drei Viertel der Deutschen gegen den Kapitalismus gestimmt: kommunistisch, sozialistisch oder nationalsozialistisch. Aber auch die anderen Parteien wären nicht bereit gewesen, für die Rechtsbegriffe des Vorkriegskapitalismus einzutreten. Sich offen zum Standpunkt des klassischen Kapitalismus zu bekennen, wirkte mehr als nur unpopulär. Es wirkte lächerlich oder paradoxal. Dies allgemeine Gefühl hatte indes nichts mit klaren Ideen, mit konkreten wirtschaftlichen Zielen zu tun. Der Kapitalismus war der anerkannte Teufel, dem jeder die Eigenschaften andichten konnte, die die entzündete Phantasie als böse ansah. Dieses negative, undefinierbare, in allen Farben dahinfließende antikapitalistische Gefühl wurde zur bestimmenden politischen Tatsache. Sie wirkte als große Realität der individuellen und kollektiven Phantasie.
Dieses antikapitalistische Gefühl vermochte Hitler durch Hinzufügung nationalistischer Momente zu sammeln. Ähnlich wie gewisse antipathische Käfer in Deutschland »Russen« heißen, oder wie ursprünglich die Syphilis in Neapel die »französische Krankheit« genannt wurde, verstand es die nationalsozialistische Propaganda, den »Kapitalismus« als etwas »Artfremdes« zu charakterisieren. Der Mensch, dessen echte, ewige Substanz nicht

durch Blutmischung gefälscht wurde, ist nach der nationalsozialistischen Suggestion ein geborener Antikapitalist. Kapitalist ist in erster Linie der Jude, dann der nordamerikanische, englische oder französische »Bastard«. Dieses »Stimmungsgut« gegen den »Nicht-Deutschen«, gegen den »Kapitalisten« bildet das »Kraftreservoir« der nationalsozialistischen Partei.

Die Masse darf nie ihre Erregung verlieren, darf nie eine Gliederung, eine objektive Ordnung finden. Denn verlöre sie die Objekte ihrer Negativität, verlöre sie ihre offiziellen Feinde, die bösen Unterdrücker, die teuflischen Verräter, dann verlöre sie auch die Gefühlsprimitivität. Die Propaganda hat es verstanden, die permanente Masse und den permanenten Rausch lebendig zu erhalten. »Man kann es«, schreibt Rauschning, »geradezu sagen, daß es ihr gelungen ist. Alle Lasten, die früher Anlaß zu gröbstem Unwillen geworden wären, zu Motiven der Begeisterung umzugestalten. Die Krisis des Systems wird eintreten, wenn die Propaganda nicht mehr wirkt. Mit Gewaltanwendung allein kann ein Diktator ihr Regiment nicht aufrechthalten.« In einem Augenblick, in dem die Dinge so weit gediehen sein werden, können die Gefühle der *zweiten Revolution* in Aktion treten und deren Kader leiten.

Der Radikalismus dieser zweiten Revolution wird naturnotwendig ein nur noch unter Stalin erlebtes System der Ruchlosigkeit sein, erfüllt von dem moskowitischen Ideal einer gigantischen Mietskaserne mit Wohnungen für Staatssklaven. Und wo auch die letzten Spuren einer Idee fehlen, werden die vom Nationalsozialismus erzogenen Terroristen den Mangel durch überdisziplinierte Ekstase ersetzen. »Im heutigen Deutschland«, schreibt Rauschning, »hat man in der Arbeiterschaft alle Gesellschaftstheorien über Bord geworfen. Dafür besteht ein sichtbarer Wille zum radikalen Umsturz. Es ist zu einer entscheidenden Radikalisierung der proletarischen Massen im Reich gekommen ... Der Nationalsozialismus hat in erstaunlich kurzer Zeit einen revolutionären Typ erzielt, der bis ins Detail hinein dem Typ der skrupellosen Moskauer Parteigruppen der blutigen Revolution entspricht.«

Hier ersetzt die Form, der Trieb zum Umsturz schlechthin, den Inhalt. Denn waren die Bolschewiki wenigstens von der Idee des Sozialismus geleitet und umjubelten sie den Terror nur als Mittel zur Verwirklichung ihrer Ideale, so sind die Nationalsozialisten ideallose Terroristen. Sie sind so erfüllt von einer permanenten »Nacht der langen Messer«, so getrieben von ihrer Gefühlsprimitivität, daß sie nicht einmal als reservatio mentalis eine allgemeine Idee der Erlösung haben. Die Gewalt nach innen und nach außen ist ihnen die Bildnerin der Welt. Dieser radikalen Stimmung gegenüber sind die Brachial-Formationen des Dritten Reiches ohnmächtig. Denn manche, die die Nutznießer der zweiten Revolution, der erträumten Tabula rasa werden wollen, beherrschen wichtige Stellen im Staat und in der Partei. Sie sind die entschlossensten Stützen des Regimes, zugleich bereit, dieses Regime zu erweitern.

»Die Polizei«, schreibt Rauschning, »fahndet nach Akten der Illegalität. Sie sind farbenblind für die neue Farbe der revolutionären Gesinnung. Ihr Systemapparat ist im letzten Grund ein leer laufender Betrieb, in ihrem Mechanismus fängt sich alles, was im Grund nicht staatsfeindlich ist, was höchstens in untergeordneter Weise beunruhigen kann. Das Gefährliche an der neuen Situation im Reich ist, daß die proletarische Revolution unter den Augen der Regierung und mit ihrer Hilfe vorbereitet wird. Noch nie konnte sich eine Revolution auf eine so unmittelbare Weise in den Besitz der Machtmittel setzen, wie es heute im Reich geschieht.«

Und warum soll die zweite Revolution nicht mit denselben Methoden siegen, mit denen Hitler zur Macht gekommen ist? Mit Hilfe der staatlichen Organe! Warum soll sie nicht die »gemäßigten« Elemente in der Partei so liquidieren, wie Röhm und seine Gesellen liquidiert wurden? Rußland und Deutschland haben bis jetzt erwiesen, daß der Meuchelmord die einzig mögliche Form der Auseinandersetzung innerhalb der Diktatur-Parteien ist. Die Situation in Deutschland ist aber um so komplizierter, der Wirbel der Probleme um so gewaltiger, als die Männer, die für den Trieb zur Tabula rasa die *Theorie* liefern und die Parteinörgler, die Parteijugend, die noch unbeamteten Parteiidealisten dahin zu beeinflussen suchen, in Opposition zu dem Regime stehen. Sie waren für die Machtergreifung, weil ihnen die Diktatur als eine Voraussetzung der Änderung, als die »Andersartigkeit« schlechthin erschien. Jetzt aber leben sie außerhalb der offiziellen Suggestionen und lehnen, wie Rauschning schreibt, »das kindische Lied ruhmloser Trunkenheit« ab. Sie sind eine Auslese selbstbewußter Krieger, die der Machtkorruption mit souveräner Verachtung widerstehen, und jeder, der sie kennt, der ihnen in die Augen geschaut hat, muß ihnen zubilligen, daß sie in diesem Meer der lallenden, blutbetrunkenen Demagogie harte *Antidemagogen* sind. Sie sind für ihre Person bereit, nicht wie es ihrer Erhaltung, sondern wie es ihrer Bedeutung entspricht, zu leben und zu sterben. »Die Akklamation ist ihnen«, wie Ernst Jünger schreibt, »ein Angriff gegen jeden Wert – gut für die Schauspieler der Macht, die Lorbeeren ernten, die im Treibhaus gewachsen sind.« Sie stellen nur das Konkrete fest und tun eine übernationale Pflicht, wenn sie vor dem abendländischen System einer kindischen Bequemlichkeit warnen: »Nunmehr aber«, schreibt Ernst Jünger, »flammen die gesicherten Bezirke der Ordnung selbst wie Schießpulver auf, das lange trocken gelegen hat, und das Unbekannte, das Außerordentliche, das Gefährliche wird nicht nur das Gewöhnliche – es wird auch das Bleibende.«

Was haben aber diese Theoretiker, diese Mystiker der Gewalt mit der zweiten Revolution und mit den von ihnen idealisierten Arbeitern zu tun? Dasselbe, was der Philosoph Karl Marx mit dem Proletariat zu tun gehabt hat. Er hat es im British Museum entdeckt und es für würdig befunden, als Organ seiner neuen ökonomischen Wirklichkeiten zu handeln. Die jüngsten Verkünder des »Arbeitertums« entdecken den Proletarier in den seelischen und technischen Notwendigkeiten der totalen Mobilmachung. »Die Entwicklung«, schreibt Jünger, »läuft darauf hinaus, daß die soldatische Uniform als ein Spezialfall der Arbeiteruniform erscheint.«

Den radikalisierten, durch Autokratie, Militärlasten, Staats- und Parteibürokratie verelendeten Massen werden am Tage der zweiten Revolution die Lautsprecher des Regimes zurufen: Das Leben stellt euch vor die Wahl zwischen Untergang oder Eroberung!

Im Reiche selbst ist aber alles schon erobert. Die Begrenztheit und Dürftigkeit des deutschen Daseins wird nur noch ein Maximalziel haben können: Neuverteilung der Güter unseres Planeten, Welteroberung.

Außer Bismarck hat kein führender deutscher Politiker die Grenzen gegebener Machtmöglichkeiten erkannt. Die Tragik der deutschen Geschichte äußert sich in dem Mißverhältnis der Staatsmänner zur Macht. Der deutsche Cäsar glaubt immer, die Macht verpflichte ihn, den Planeten anzuzünden.

Dreimal schon stand Deutschlands Spitze vor der Weltherrschaft. Zweimal hat sie sie verloren. Im Prozeß des dritten Falles befinden wir uns jetzt.

Der erste historische Augenblick war der Prager Friede des Jahres 1635. Dieser Friede hätte dem Römischen

Reich Deutscher Nation dreizehn weitere Kriegsjahre erspart, das Gleichgewicht der Länder und der Konfessionen wieder hergestellt; aber Ferdinand III. ließ sich vom spanischen Schiff weiter auf dem Meer der Weltkämpfe herumschleppen. Dem Kaiser gingen die Augen vor nebensächlichen Appetiten über, er zerfaserte und vernichtete die Macht des Reiches.
Der zweite weltgeschichtliche Moment war der Brest-Litowsker Friede des Jahres 1917. Ein Kompromiß mit Rußland, nicht ein törichter Waffenstillstand, der den Völkern als warnendes Beispiel diente und sie zum Letzten aufraffte, hätte dem Reich die Vorherrschaft in der Welt geschenkt.
Die Münchener Konferenz des Jahres 1938 ist der dritte weltgeschichtliche Augenblick. München bedeutet das dem Nationalsozialismus übertragene Recht zur Vorherrschaft in Europa, deren Folgen die Grenzen dieses Kontinents sogar noch weit überschreiten müssen. München ist nicht nur die Liquidierung von Versailles, sondern die Infragestellung aller bestehenden Grenzen, Machtsphären und strategischen Stützpunkte, sogar in den Weltmeeren. Eine ruhige nationalsozialistische Außenpolitik nach diesem Triumph, nach dieser Anerkennung Hitlers durch die derzeitigen westeuropäischen Machthaber – eine ruhige nationalsozialistische Politik, die den kleinen und mittleren Staaten Sicherheit gewährte, würde die absolute Hegemonie Deutschlands binnen einiger Jahrzehnte bedeuten.
Aber eine ruhige nationalsozialistische Politik ist ein Widerspruch in sich.
»Keine Frage«, schreibt Rauschning, »ist daher sinnloser als die nach den letzten Forderungen, den äußersten Preisen der dynamischen Außenpolitik. Es gibt keinen Grad der Saturiertheit in dem politischen Wollen des Nationalsozialismus. Es kann ihn nicht geben, weil in

demselben Augenblick, in dem ein gewisser Grad der Sättigung erreicht ist, der Charakter der politischen Macht in das Gegenteil umschlagen müßte.«
Der Dynamismus der nationalsozialistischen Politik unterminiert die eigene Machtsphäre, sprengt die deutsche Hegemonie in die Luft.
Übergewaltige Koalitionen gegen das Dritte Reich müssen entstehen, weil der Nationalsozialismus alle Wunden der Welt reizt, weil er nicht nur alle bestehenden Landesgrenzen bedroht, sondern auch jeden einzelnen Menschen innerhalb dieser Grenzen. Die Energiematerie des Individuums, seine Selbsterkenntnis und seine Selbstbeherrschung werden alles Wollen und jedes Ziel gegen das Dritte Reich richten.
In jedem Land werden die übrigen politischen Parteiungen verschwinden, und nur eine Frage wird übrigbleiben und täglich lebendiger werden, Widerstand oder kein Widerstand gegen die allbedrohende Berchtesgadener Gewalt. Freilich kann dieser politische, erst in letzter Linie militärische Prozeß möglicherweise jahrelang dauern. Die Bildung eines gewaltigen kriegerischen Willens ist ein Vorgang, der vielleicht in jedem Lande durch eine Reihe von Krisen, Niederlagen, Revolutionen und Gegenrevolutionen hindurch muß. Während dieses Prozesses werden vielleicht morsche Staats- und Parteigebilde verschwinden. Aber das und vieles andere, was sich auf der politischen Weltbühne bläht, ist sekundär. Primär ist nur die Endwucht in einem schier ungeahnten Kampf der Sterblichen gegen Deutschland.
Die alte Mutter Erde wird in unendlicher Schlachtenglut flammen.
Gebeugt von solchen Gesichten der Zukunft ruft Hermann Rauschning, ein großer Patriot, die Deutschen zum Leben auf; zur Wehr gegen die Zerstörungswut ihrer inneren Vernichter.

INHALT

INHALT

VALERIU MARCU

MACHIAVELLI. DIE SCHULE DER MACHT

Das Erbteil der Vergangenheit

Im Amt

Nach verlorener Schlacht

VALERIU MARCU